宁夏文物考古研究所丛刊之十

山嘴沟西夏石窟

下　册

宁夏文物考古研究所　编著

文物出版社

北京·2007

XIXIA GROTTOES TEMPLE IN SHANZUIGOU VALLEY

(Ⅱ)

(WITH AN ENGLISH ABSTRACT)

The Institute of Archaeology and Cultural Relics of Ningxia Hui Autonomous Region

Cultural Relics Press

Beijing · 2007

山嘴沟石窟远景（西—东）

K1 窟前护壁（西—东）

K1洞口（西北—东南）

K1 壁画讲经图

K1 出土壁画残块毗卢巴像 K1：2

1. 手部壁画残块 K1：17

2. 衣角壁画残块 K1：1

K1 出土壁画残块

1. 佛像右臂壁画残块 K1：5

2. 手部壁画残块 K1：15

3. 壁画残块 K1：6

K1 出土壁画残块

图版八

1. 佛画残片 K1：46

0   2 厘米

2. 泥佛像 K1：24

3. 陶佛像 K1：14

4. A 型擦擦 K1：26

5. A 型擦擦 K1：27

K1 出土佛画残片、泥佛像和擦擦

1. B型擦擦 K1：28

2. 瓷碗底 K1：22

3. 瓷碗口沿 K1：23

4. 塔刹残块 K1：25

5. 正隆元宝

K1 出土擦擦、瓷器、塔刹残块和钱币

K2 洞口（西—东）

K2 佛经出土情况

K2 通道北壁壁画菩萨和供养人

K2 通道北壁壁画菩萨和髡发童子

K2 通道北壁壁画比丘、力士和护法

K2 通道北壁壁画菩萨

K2外室北壁壁画护法

K2 外室北壁壁画伏虎罗汉

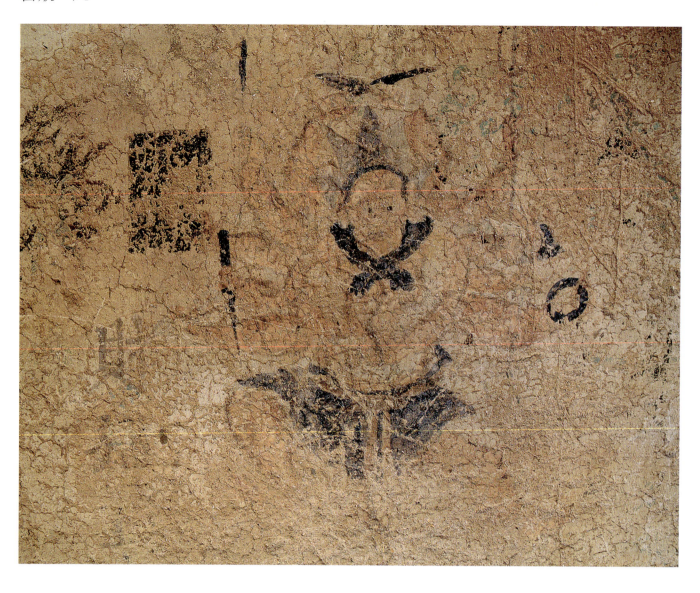

K2 后室北壁壁画护法金刚

K2 后室北壁壁画菩萨

K2后室北壁壁画上师、僧人和菩萨

1. 菩萨

2. 上师、罗汉和菩萨

K2 后室南壁壁画

K2 洞口前壁壁画五方佛

K2 洞口前壁壁画八臂观音菩萨

K2 外室南壁壁画比丘（局部）

K2 外室南壁壁画力士（局部）

K2 外室南壁壁画罗汉

K2外室南壁壁画菩萨

K2通道南壁壁画供养人

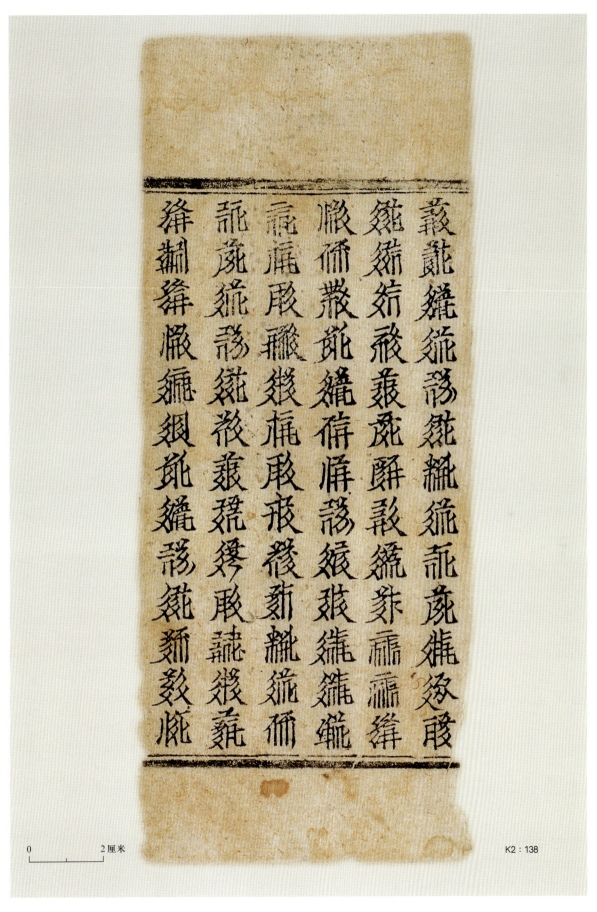

K2出土《大方广圆觉修多罗了义经》残页

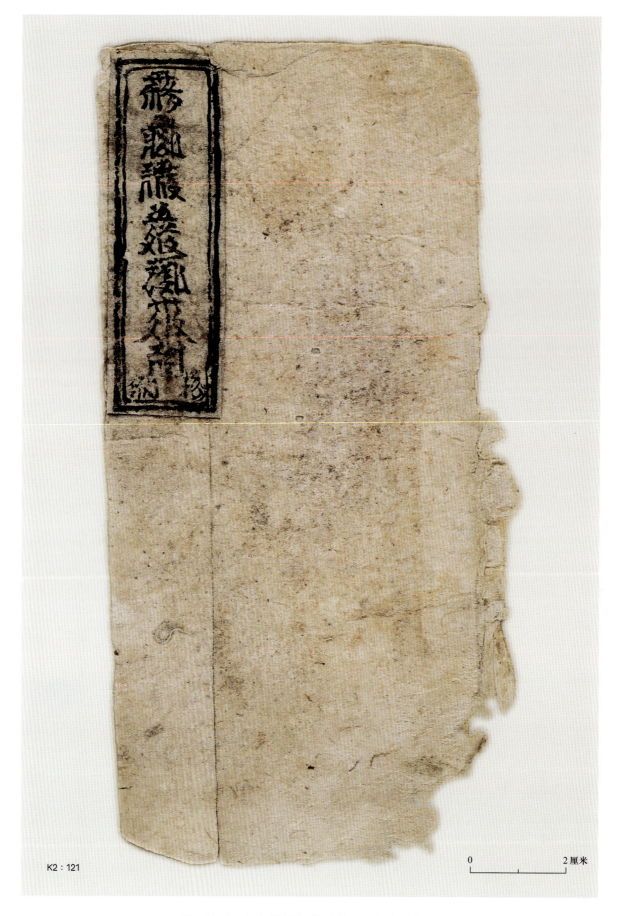

K2：121

0   2 厘米

K2 出土《金刚般若经集一卷》封面

K2：26

0　　　　　　　2厘米

1．《金刚般若经集》残片

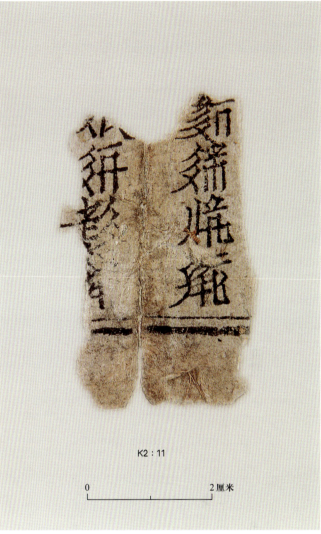

K2：11

0　　　　　　　2厘米

2．《金刚般若经集》残片

K2 出土《金刚般若经集》残片

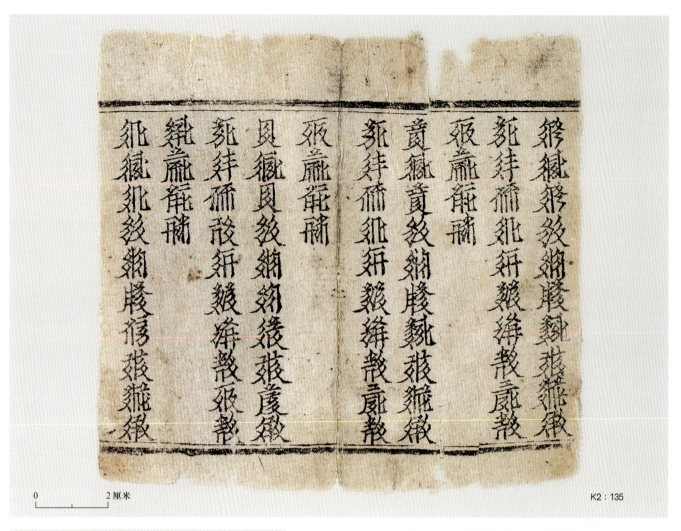

0 ⊢⊢⊢⊢⊣ 2厘米 K2：135

1．《金刚般若经集》残页

K2：64　　0 ⊢⊢⊢⊣ 2厘米　　2．《金刚般若经集》残片

K2出土《金刚般若经集》残页、残片

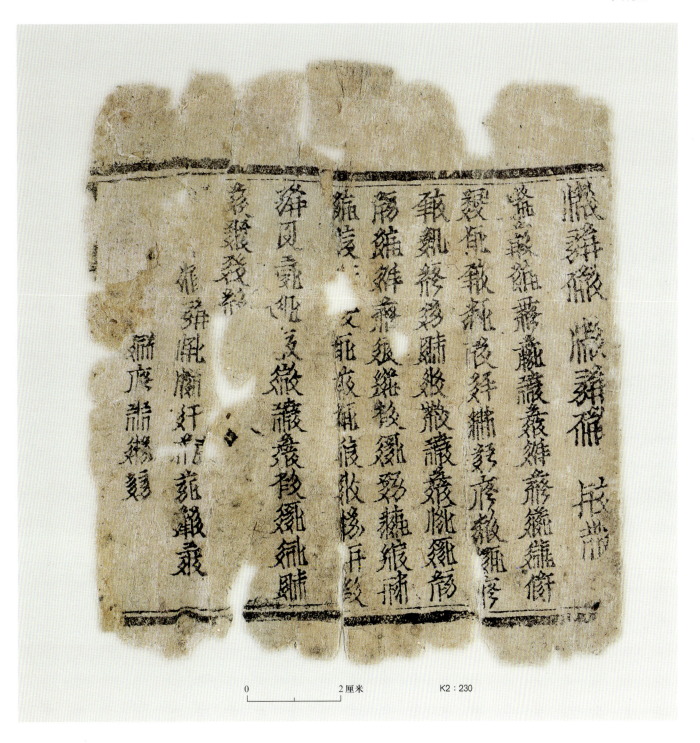

K2 出土 《金刚般若经集》 残页

0   2厘米   K2：129

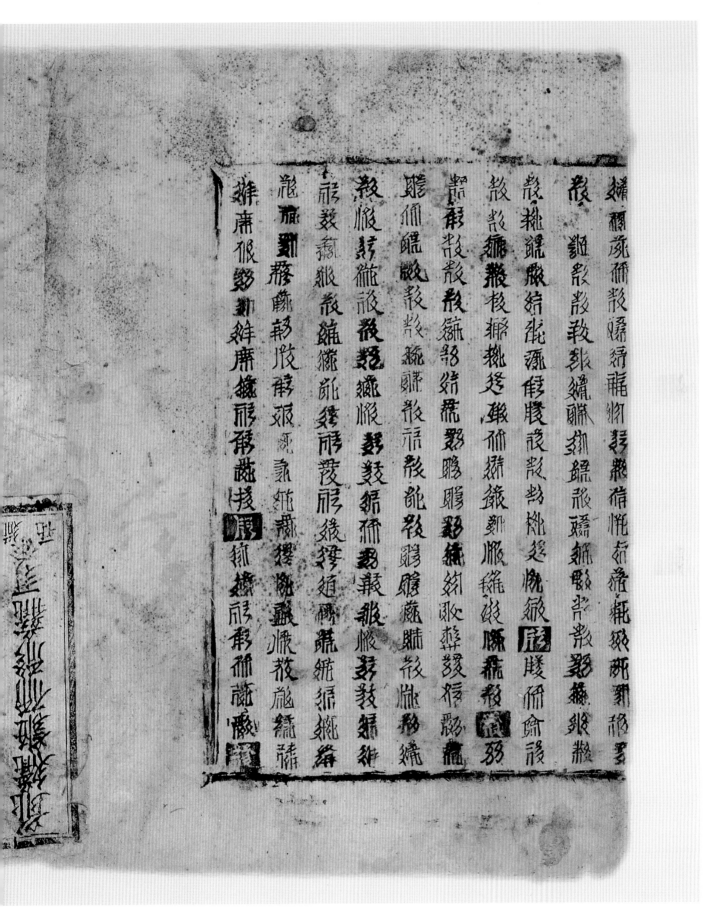

K2 出土《圆觉注之略疏第一上半》残页

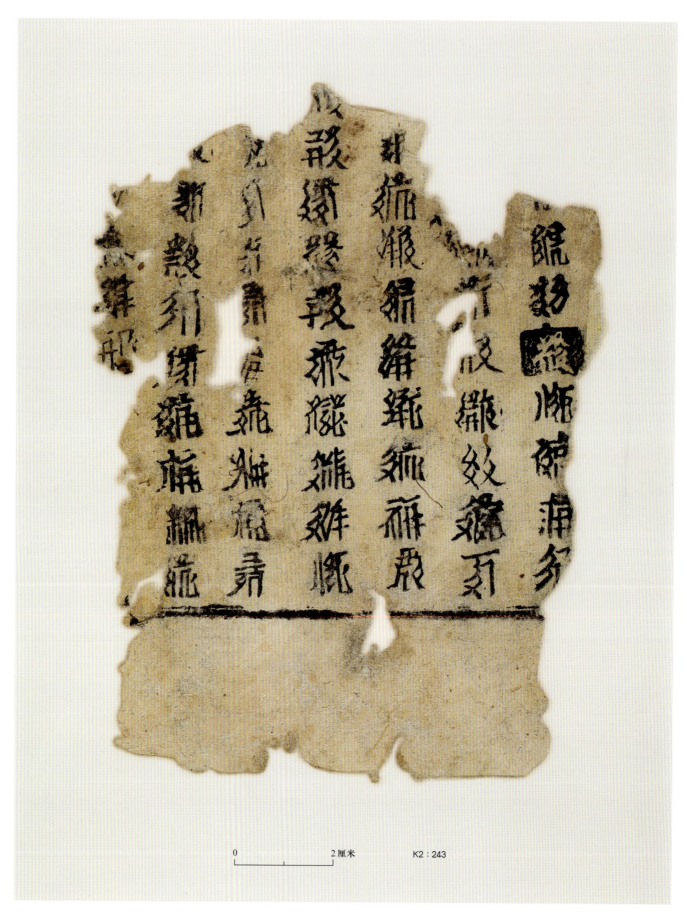

K2 出土《圆觉注之略疏第一上半》残片

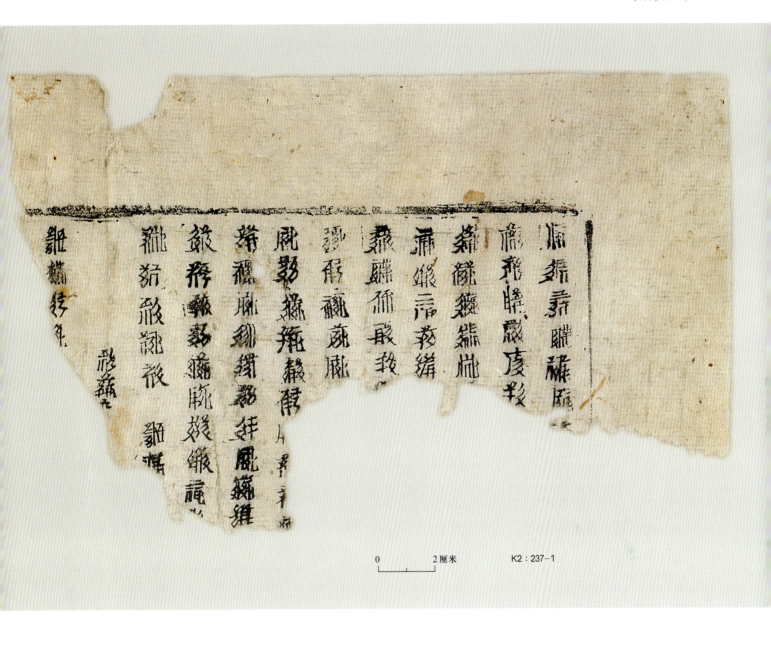

0 ⊢—⊢—⊢ 2厘米　　　K2∶237-1

K2 出土《圆觉注之略疏第一上半》残片

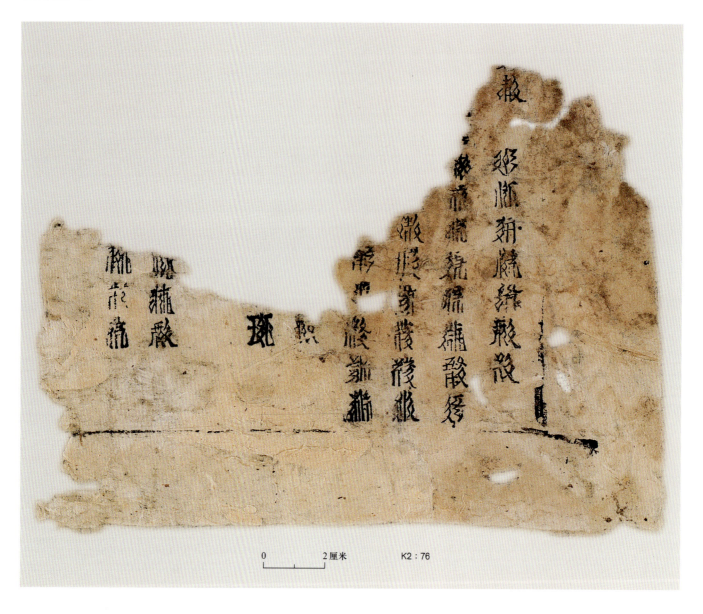

0 ⊢—⊢—⊣ 2厘米　　　K2：76

K2出土《圆觉注之略疏第一上半》残片

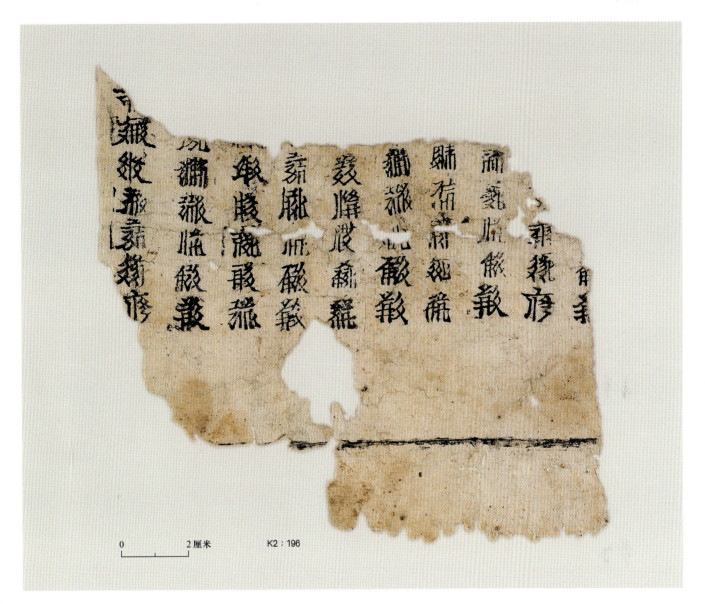

0　　　2厘米　　　K2：196

K2 出土《圆觉注之略疏第一上半》残片

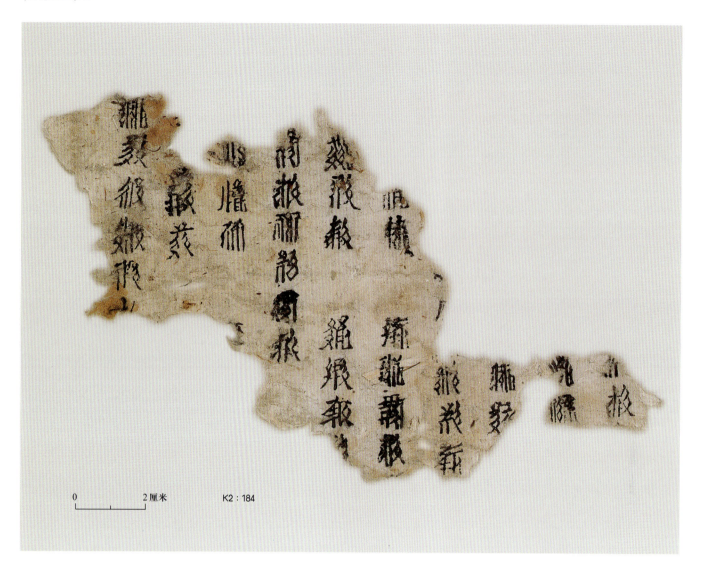

0　　　2厘米　　　K2：184

K2 出土《圆觉注之略疏第一上半》残片

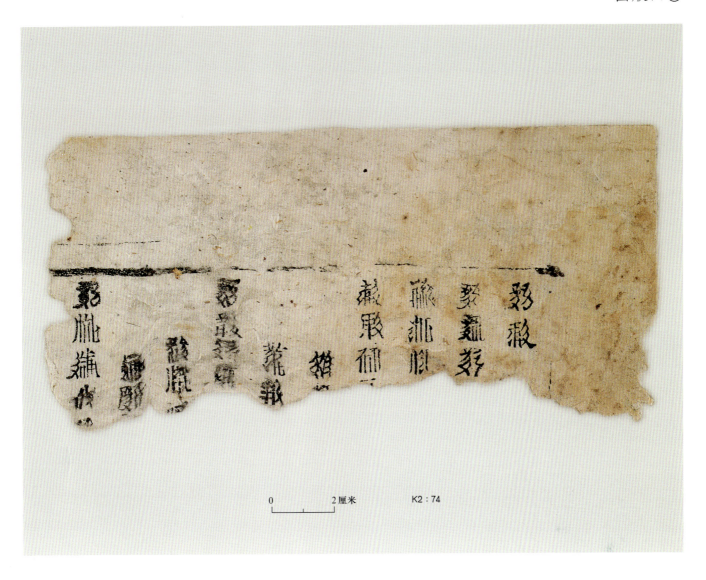

0 _____ 2厘米　　　K2：74

K2 出土《圆觉注之略疏第一上半》残片

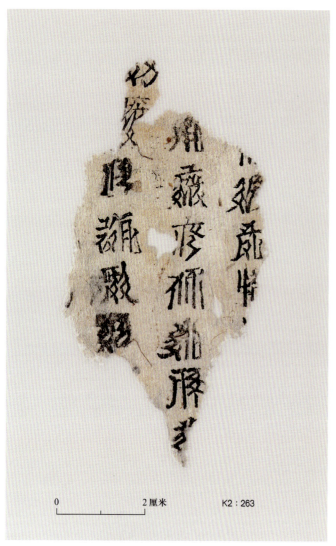

0 　　　 2厘米　　　　 K2：263

1.《圆觉注之略疏第一上半》残片

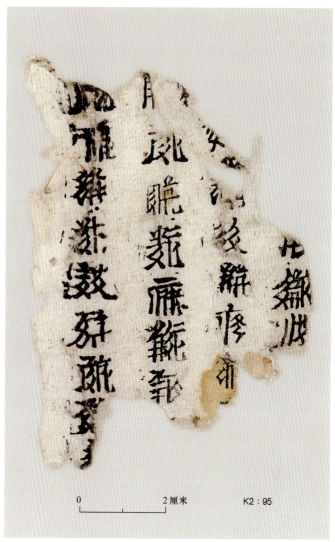

0 　　　 2厘米　　　　 K2：95

2.《圆觉注之略疏第一上半》残片

K2出土《圆觉注之略疏第一上半》残片

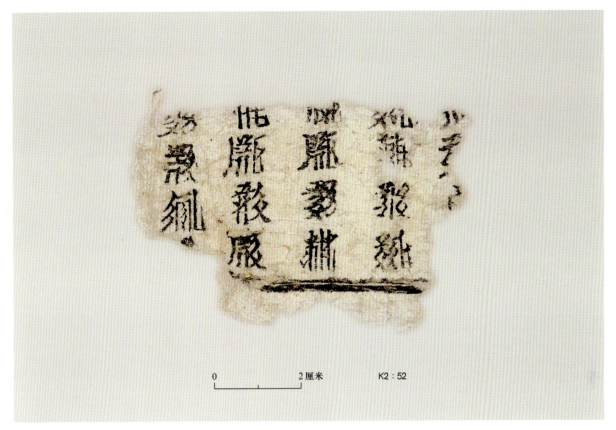

1. 《圆觉注之略疏第一上半》残片

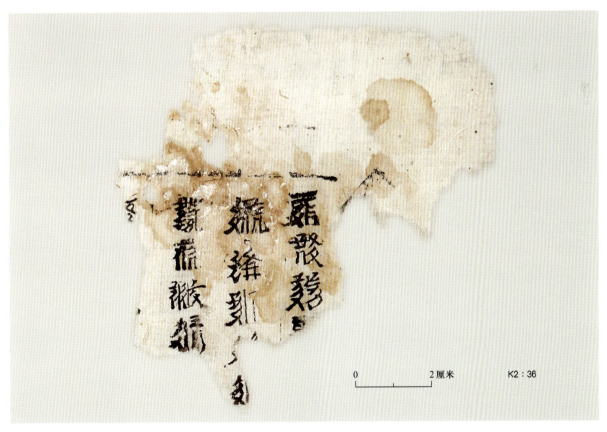

2. 《圆觉注之略疏第一上半》残片

K2 出土 《圆觉注之略疏第一上半》残片

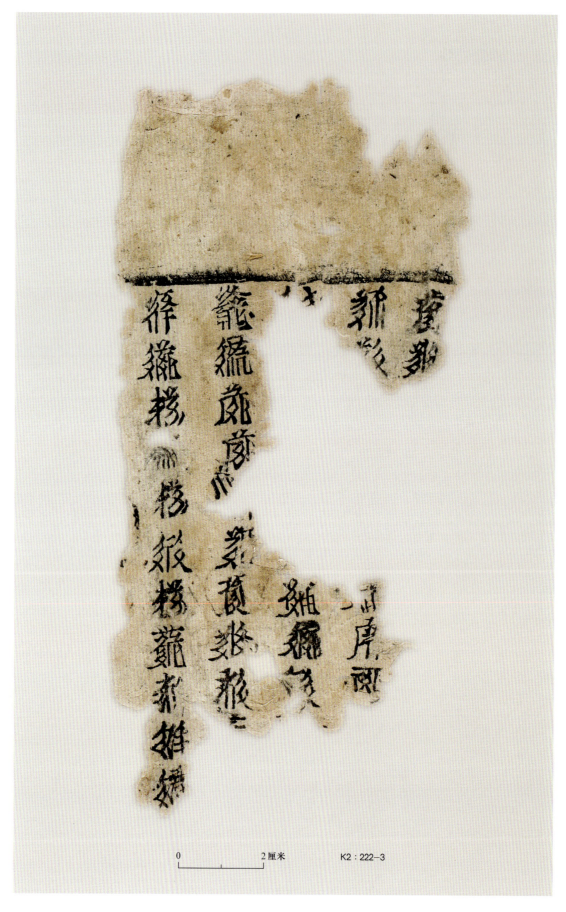

0   2厘米   K2：222-3

K2出土《圆觉注之略疏第一上半》残片

K2：12

0　　　2厘米

K2 出土《占察善恶业报经》残页

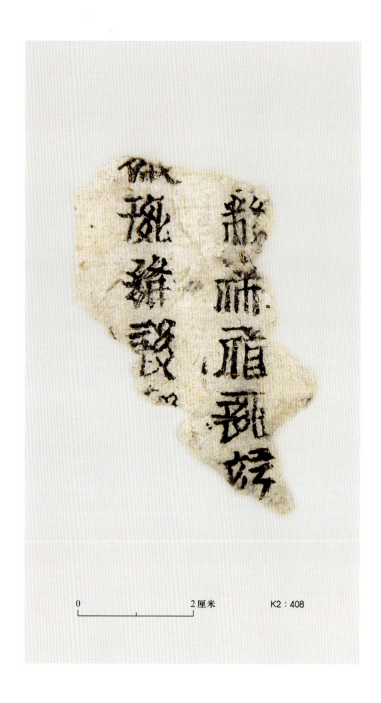

0   2厘米   K2：408

K2 出土《占察善恶业报经》残片

0 ____ 2厘米　　　　K2：244

K2 出土《妙法莲华经集要义镜注第一》封面

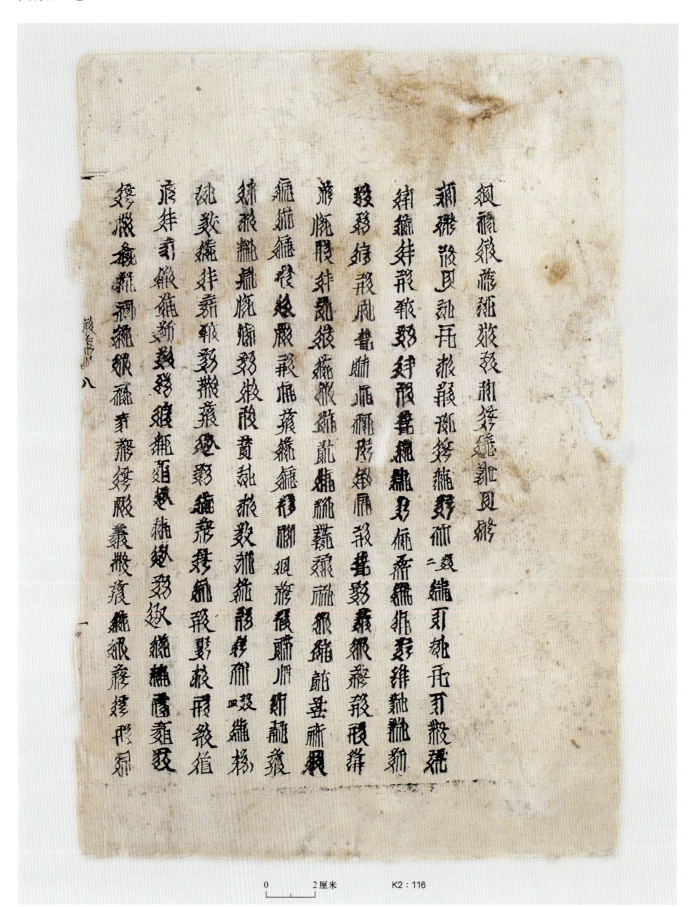

K2 出土《妙法莲华经集要义镜注第八》残页

0　　　2厘米　　　K2：245

K2出土《妙法莲华经集要义镜注第十二》残页

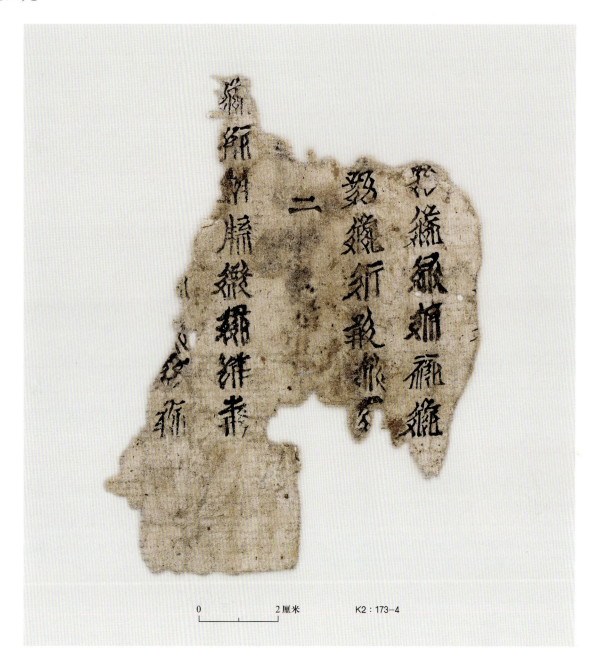

0   2 厘米   K2：173-4

K2 出土《妙法莲华经集要义镜注》残片

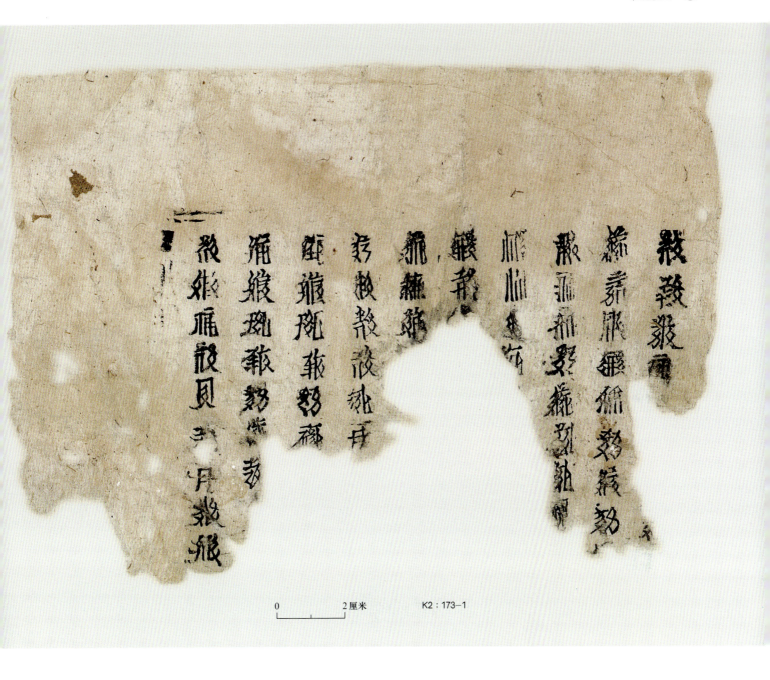

K2 出土《妙法莲华经集要义镜注》残片

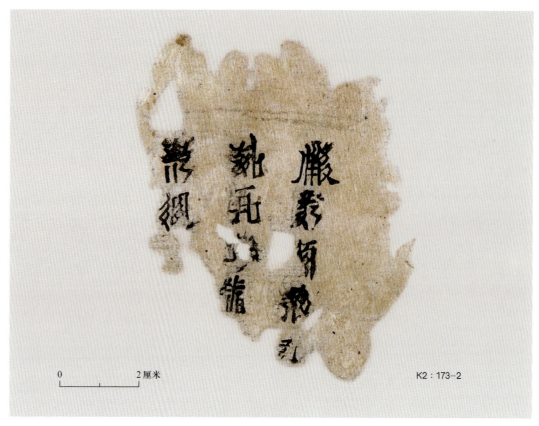

0   2厘米

K2：173-2

1.《妙法莲华经集要义镜注》残片

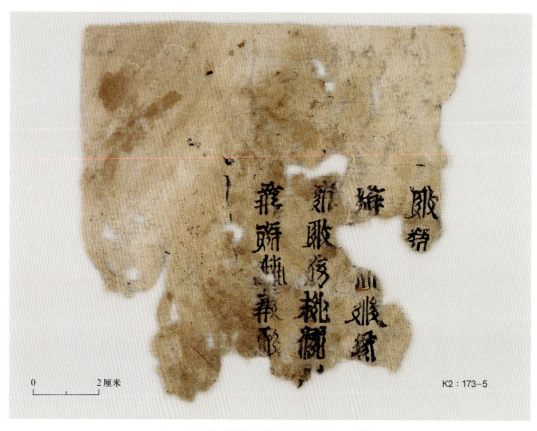

0   2厘米

K2：173-5

2.《妙法莲华经集要义镜注》残片

K2 出土《妙法莲华经集要义镜注》残片

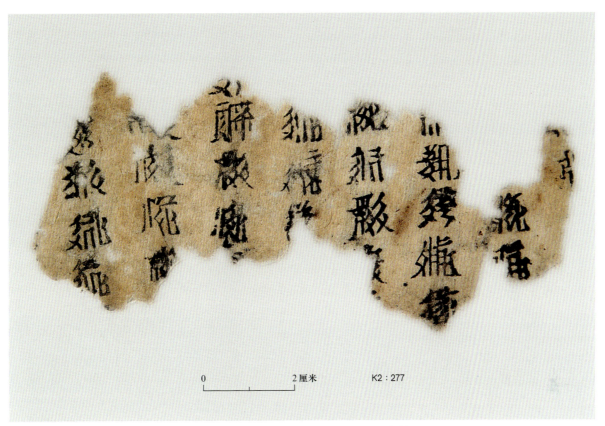

0　　　　　2厘米　　　　　K2：277

1．《妙法莲华经集要义镜注》残片

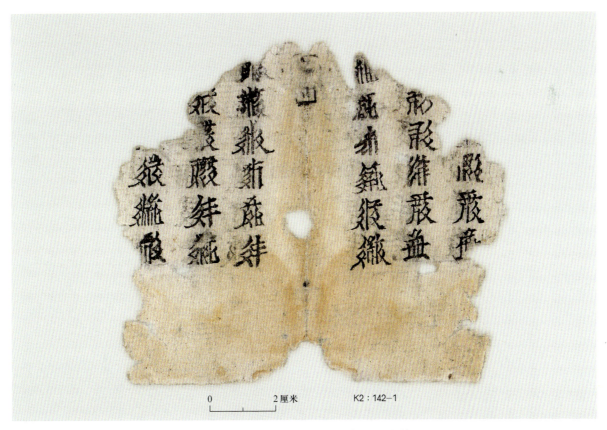

0　　　　　2厘米　　　　　K2：142-1

2．《妙法莲华经集要义镜注》残片

K2出土 《妙法莲华经集要义镜注》残片

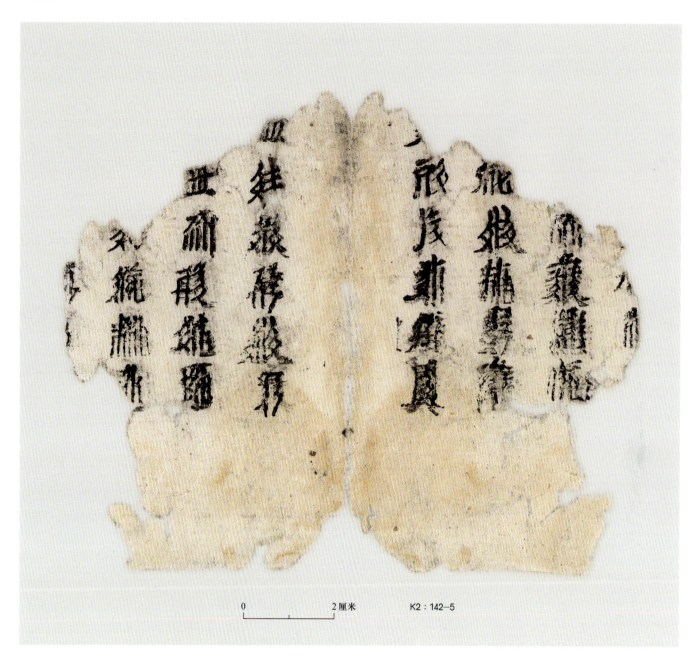

0 　　　　　2 厘米　　　K2：142-5

K2 出土《妙法莲华经集要义镜注》残片

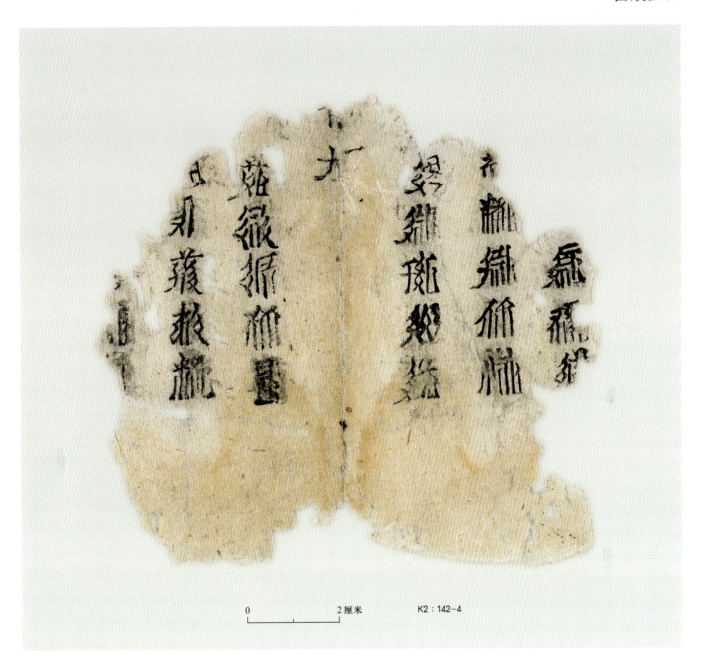

0   2厘米   K2：142-4

K2 出土《妙法莲华经集要义镜注》残片

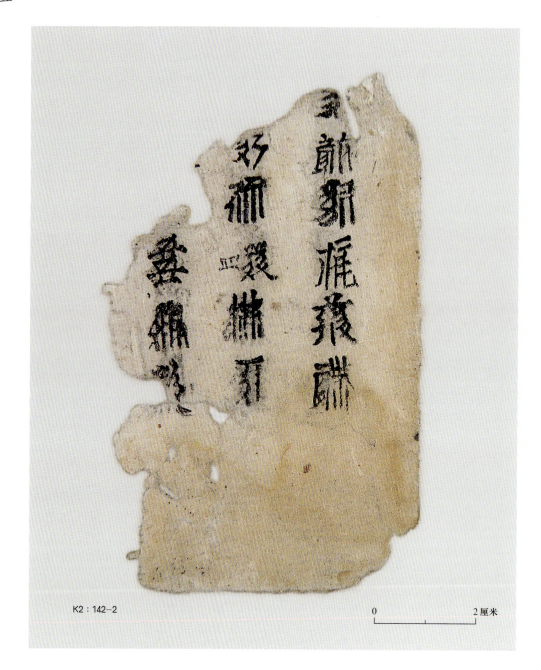

K2：142-2

0 　　　　　　　　　　2 厘米

K2 出土《妙法莲华经集要义镜注》残片

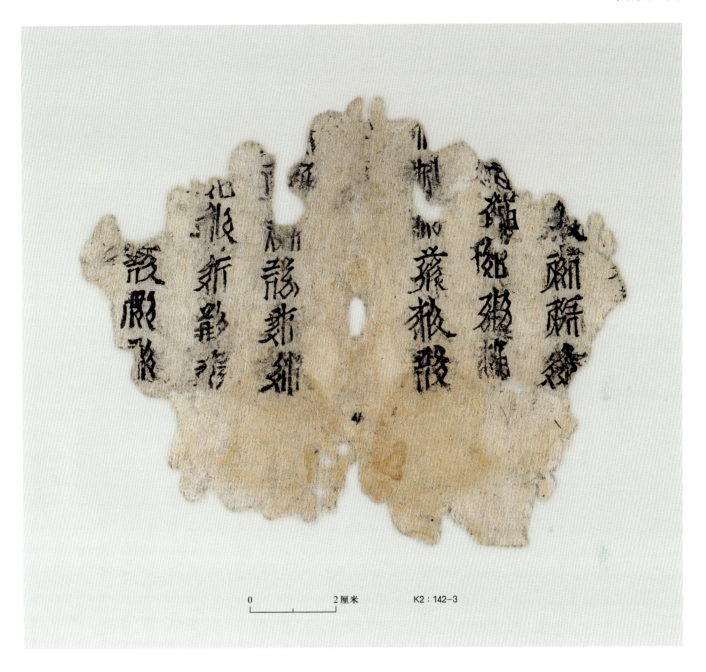

0 　　　　　 2厘米　　　　　 K2：142-3

K2 出土《妙法莲华经集要义镜注》残片

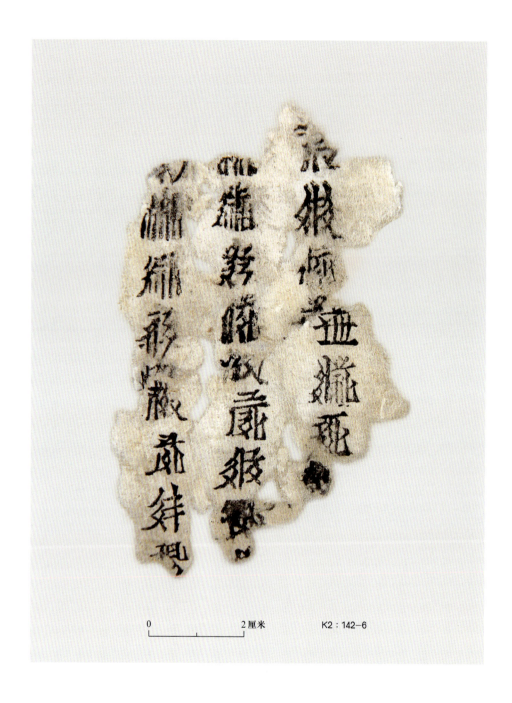

0 　　　　　　 2厘米　　　　 K2：142-6

K2 出土《妙法莲华经集要义镜注》残片

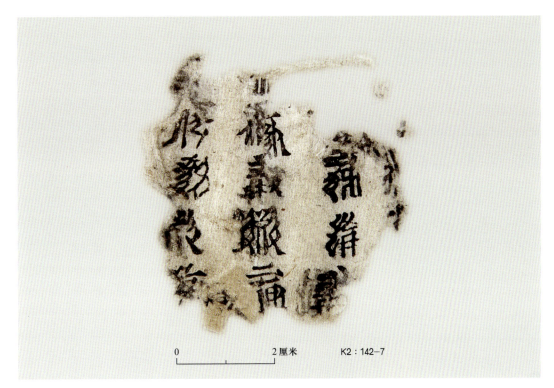

0　　　　　　2厘米　　　　K2：142-7

1. 《妙法莲华经集要义镜注》残片

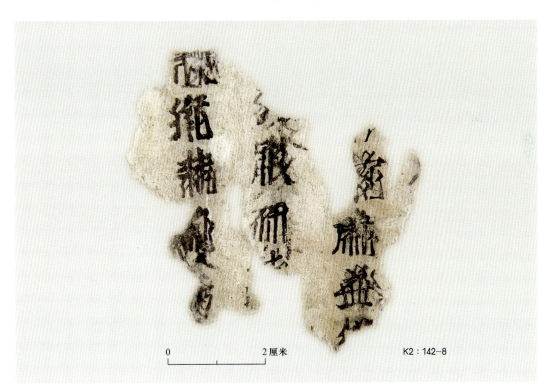

0　　　　　　2厘米　　　　K2：142-8

2. 《妙法莲华经集要义镜注》残片

K2出土《妙法莲华经集要义镜注》残片

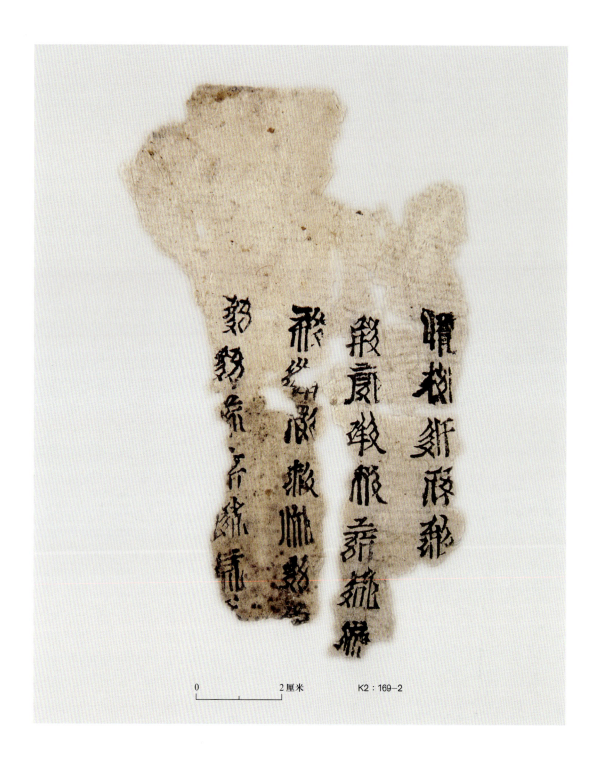

0   2厘米   K2：169—2

K2 出土《妙法莲华经集要义镜注》残片

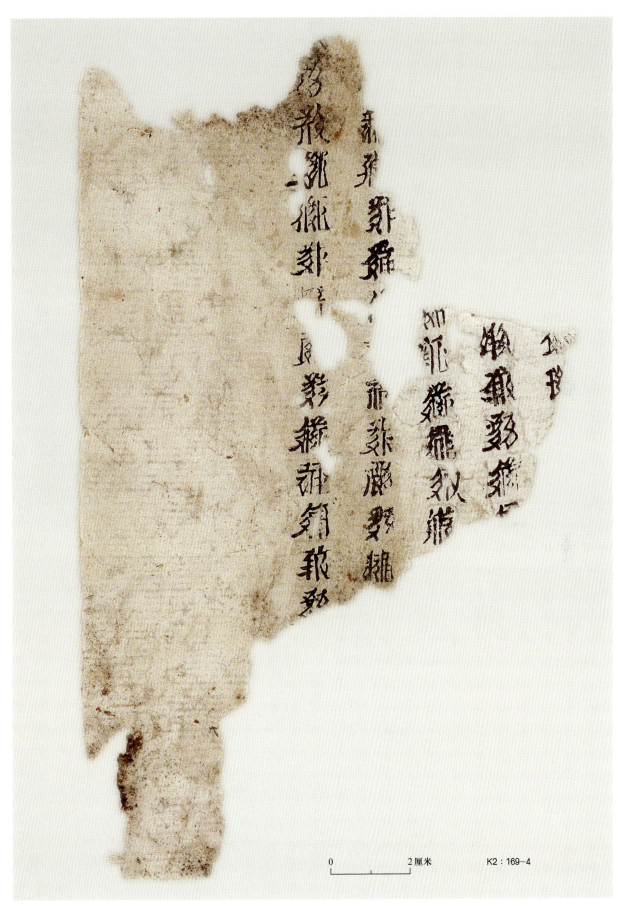

0 　　2厘米　　　K2：169-4

K2 出土《妙法莲华经集要义镜注》残片

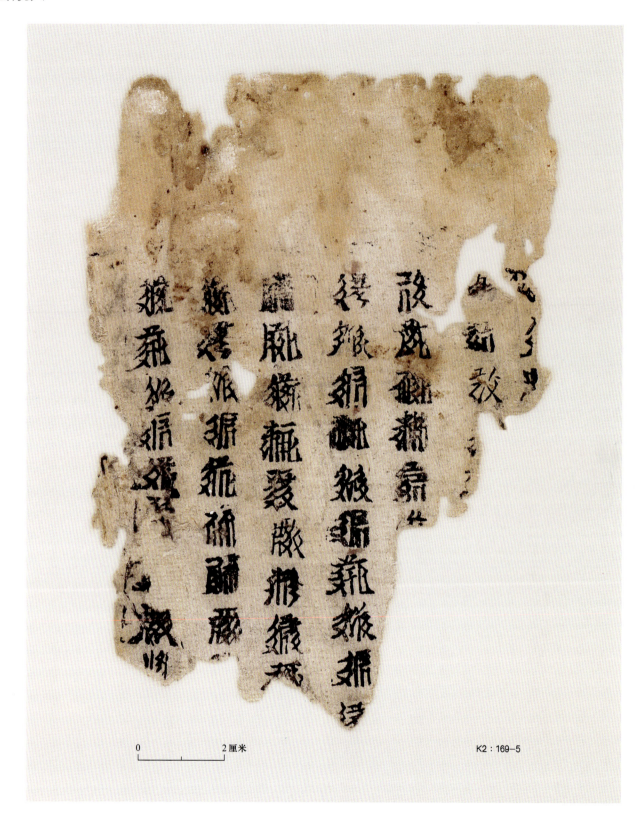

0　　　　2厘米

K2：169—5

K2 出土《妙法莲华经集要义镜注》残片

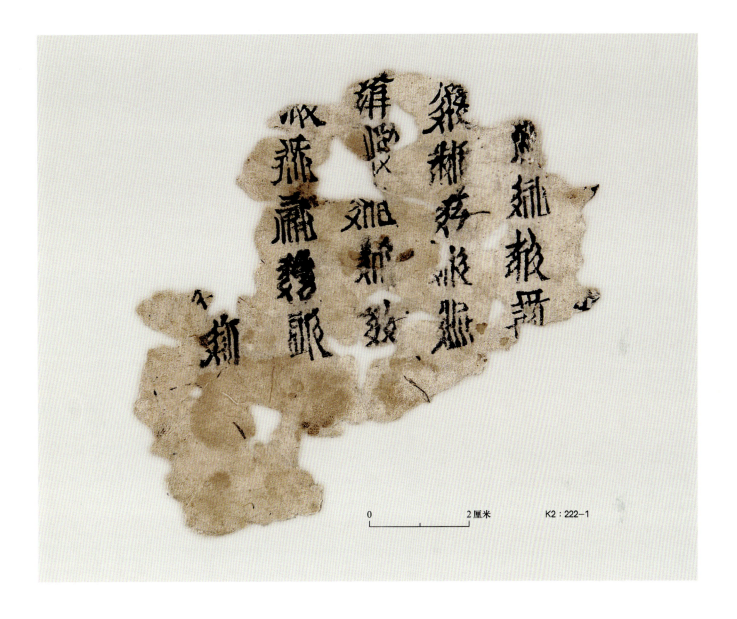

0   2厘米   K2：222-1

K2 出土《妙法莲华经集要义镜注》残片

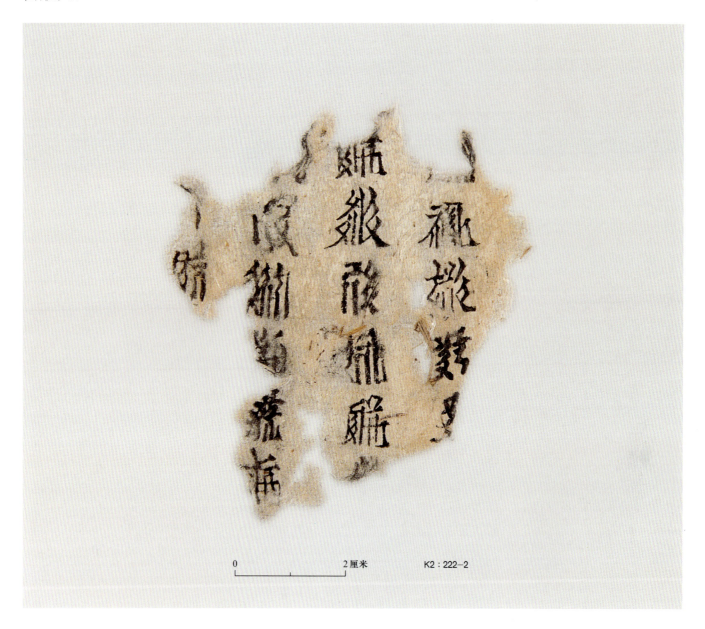

0   2厘米   K2：222-2

K2 出土《妙法莲华经集要义镜注》残片

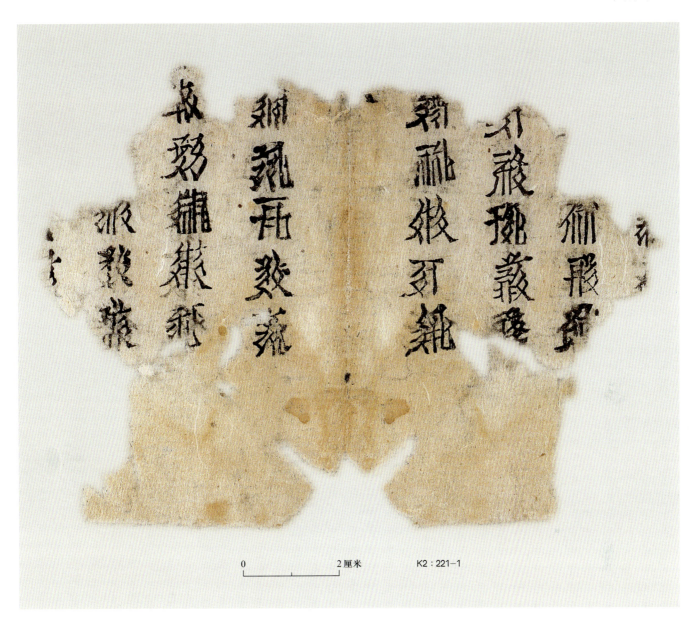

0   2厘米   K2：221-1

K2 出土《妙法莲华经集要义镜注》残片

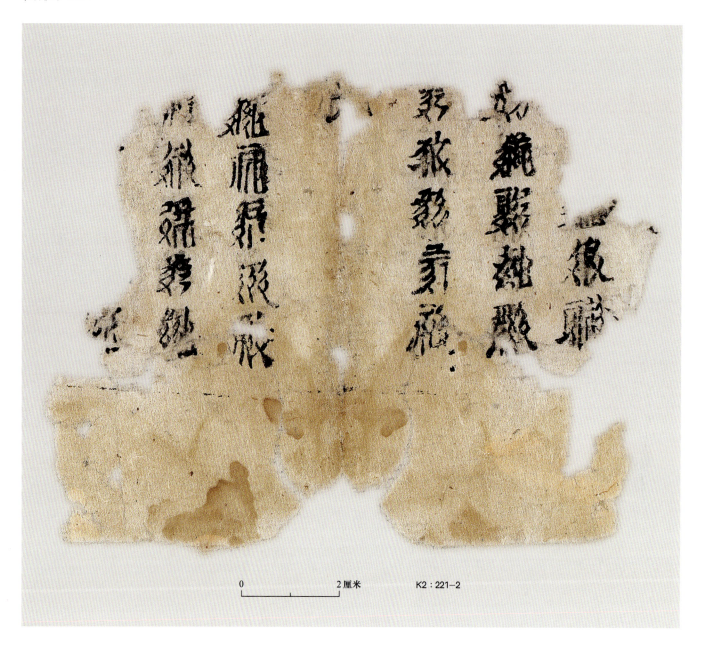

0   2 厘米   K2：221-2

K2 出土《妙法莲华经集要义镜注》残片

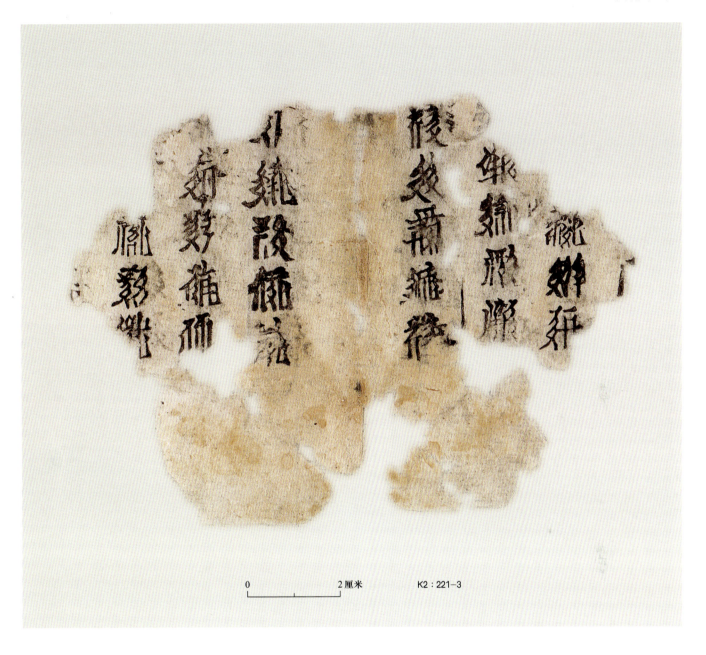

0   2厘米   K2：221-3

K2 出土《妙法莲华经集要义镜注》残片

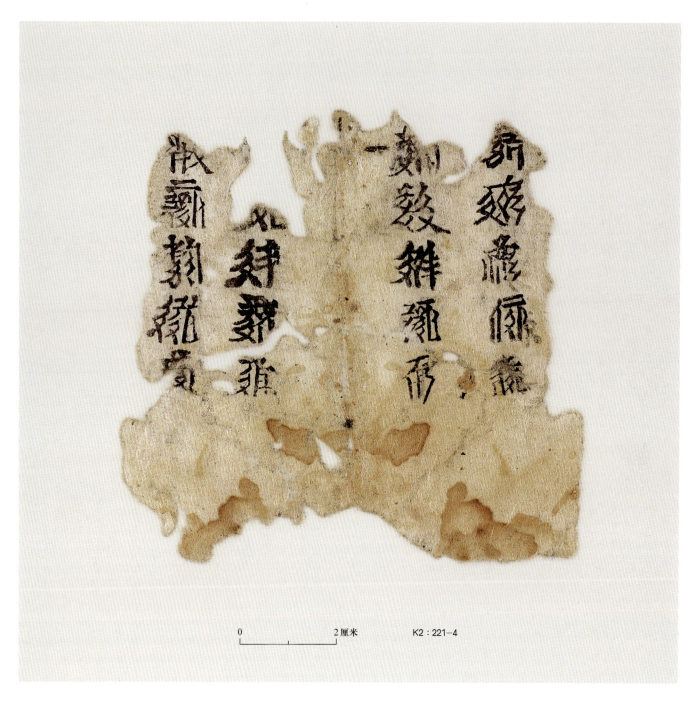

0   2 厘米   K2：221—4

K2 出土《妙法莲华经集要义镜注》残片

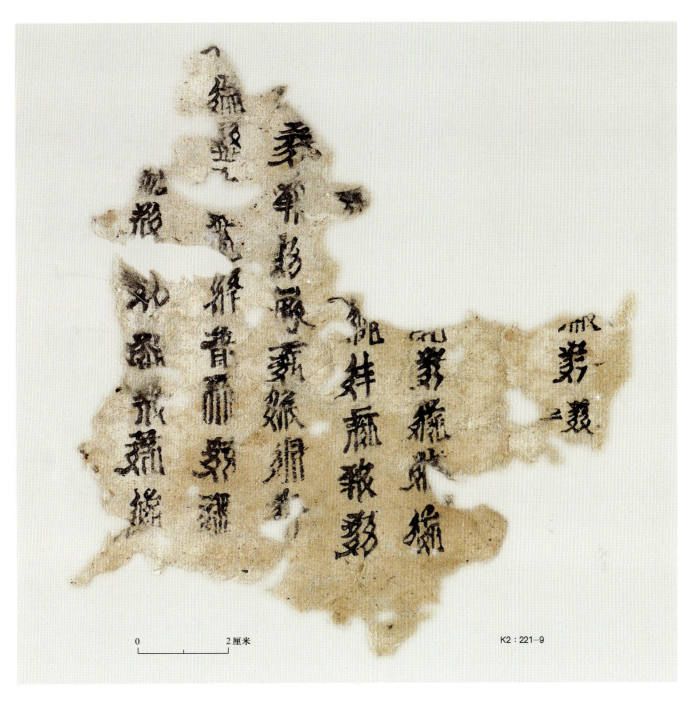

0　　　　2厘米

K2：221-9

K2 出土《妙法莲华经集要义镜注》残片

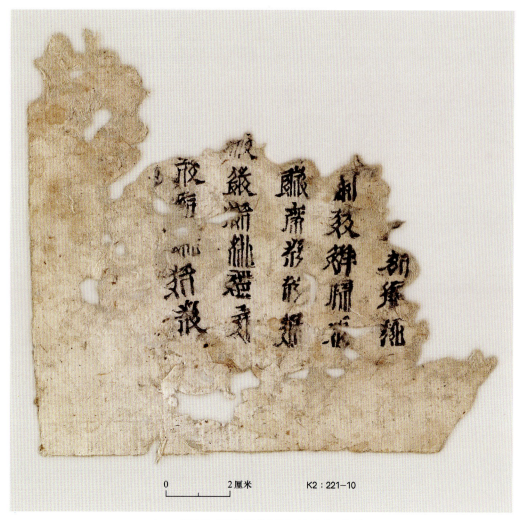

0　　　　2厘米　　　　K2：221-10

1.《妙法莲华经集要义镜注》残片

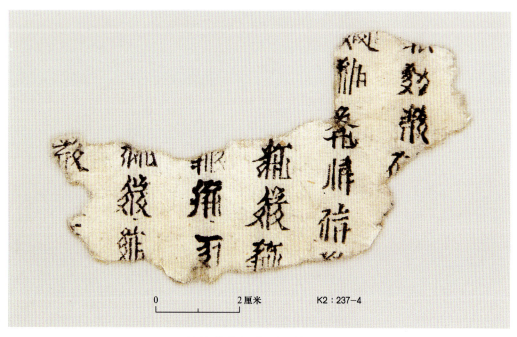

0　　　　2厘米　　　　K2：237-4

2.《妙法莲华经集要义镜注》残片

K2出土《妙法莲华经集要义镜注》残片

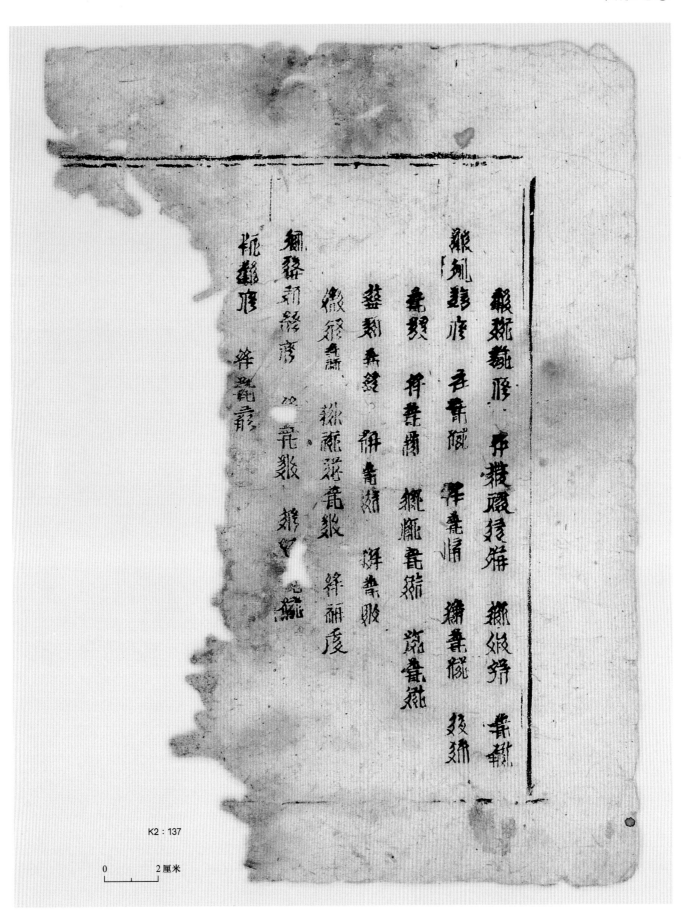

K2 出土《妙法莲华经集要义镜注》残页

K2：33

0　　2厘米

K2 出土印本佛经残页

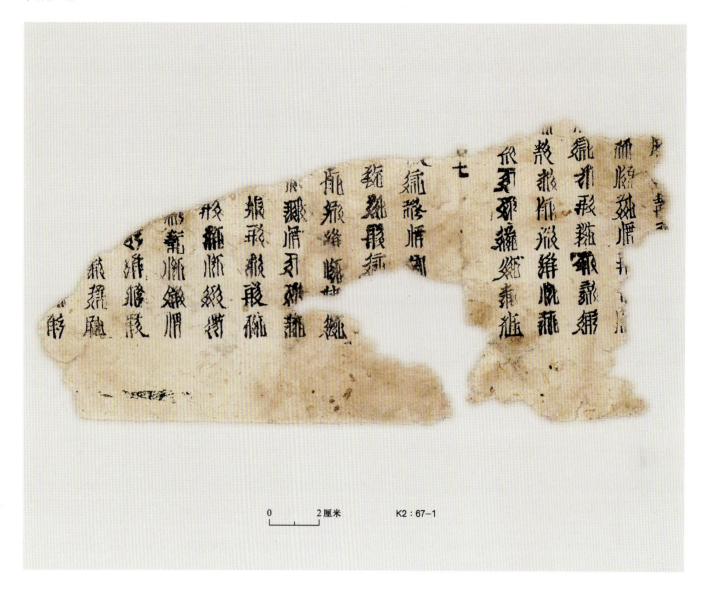

0 — 2厘米　　　K2：67-1

K2 出土印本佛经残片

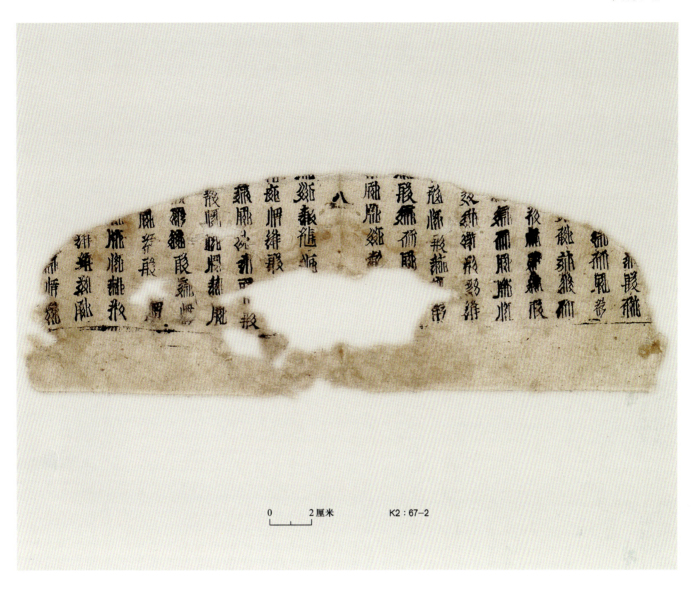

0　2厘米　　　K2：67-2

K2 出土印本佛经残片

K2 出土印本佛经残页

糧
羅　服
服　嚴

K2 : 117

0　　　2厘米

K2：139

0　　　2厘米

K2 出土印本佛经残页

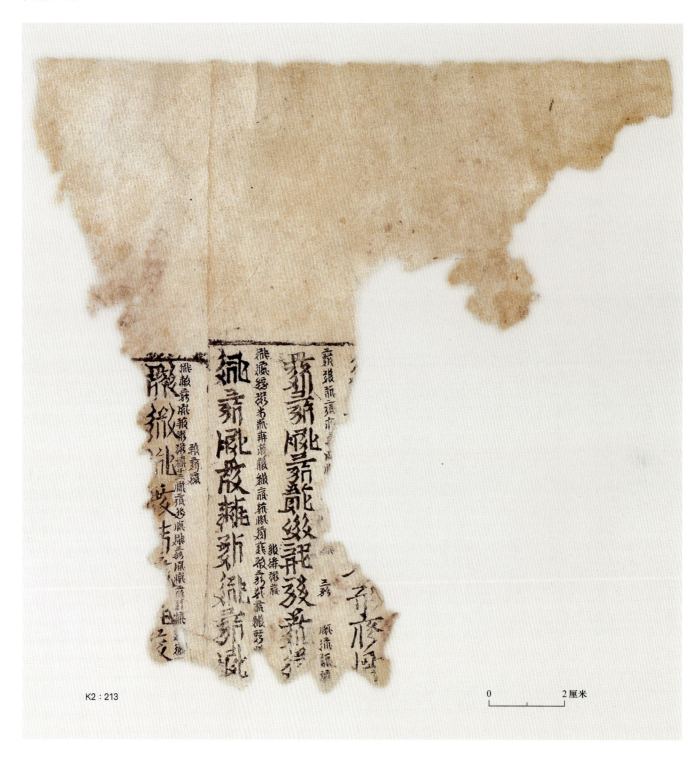

K2：213

0   2 厘米

K2 出土印本佛经残片

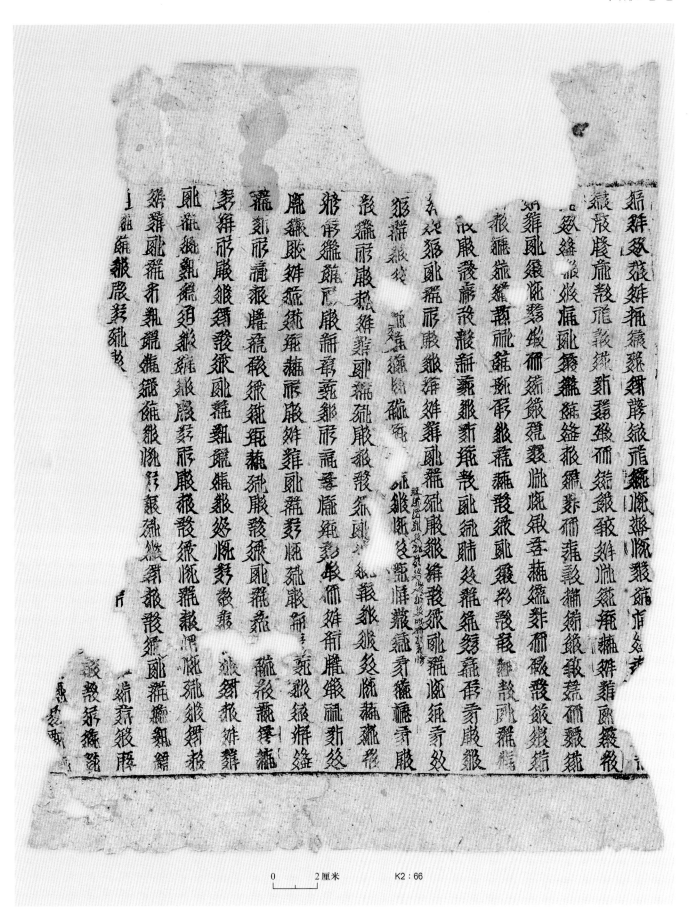

0 　 2厘米　　　K2：66

K2 出土印本佛经残页

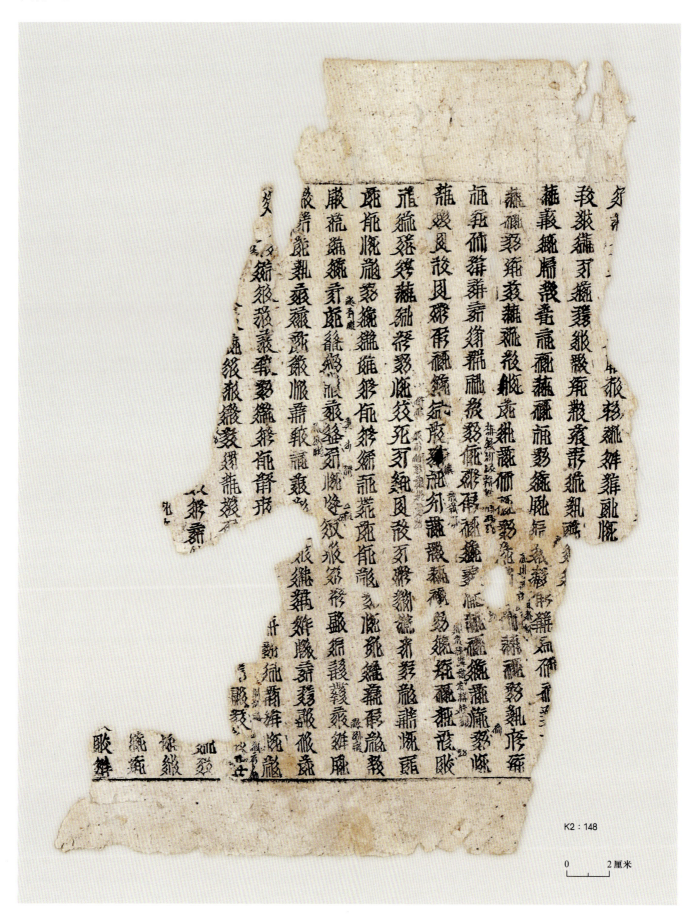

K2：148

0　　　2厘米

K2 出土印本佛经残页

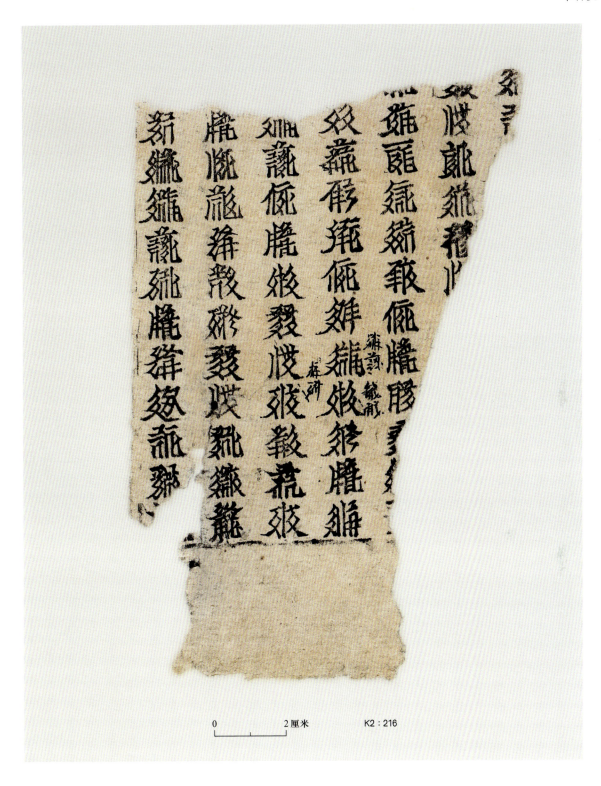

K2 出土印本佛经残片

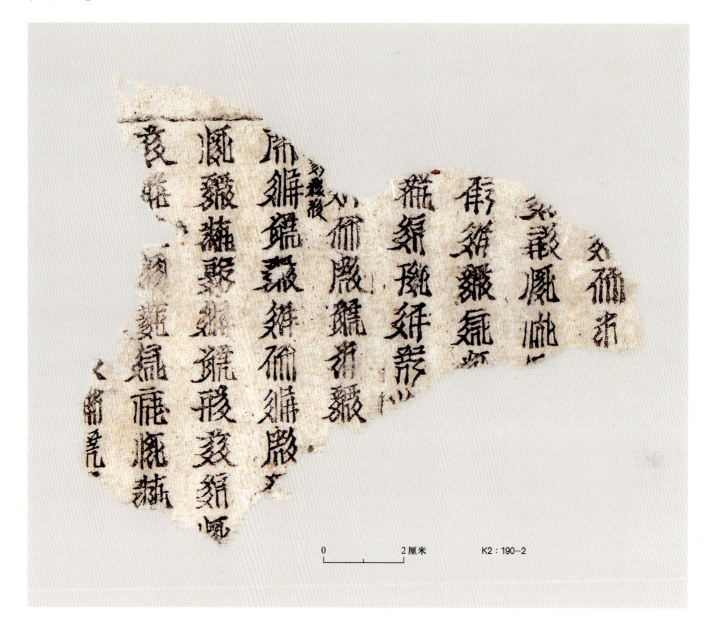

0 ⊢—⊢—⊣ 2厘米　　K2：190—2

K2 出土印本佛经残片

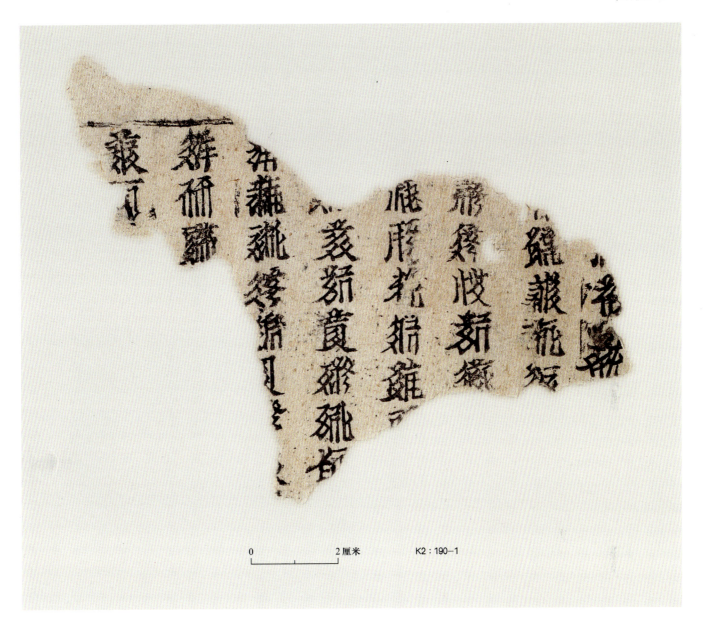

0   2厘米   K2：190-1

K2 出土印本佛经残片

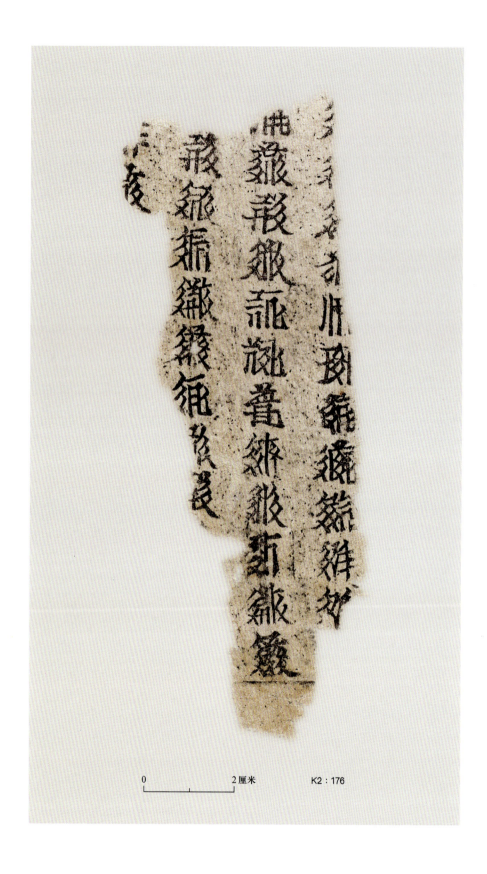

0　　　　　2厘米　　　K2：176

K2 出土印本佛经残片

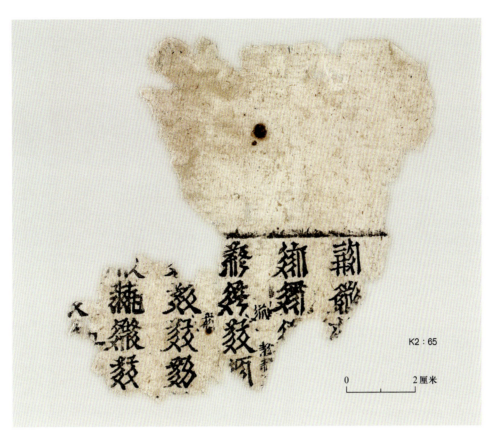

1. 印本佛经残片

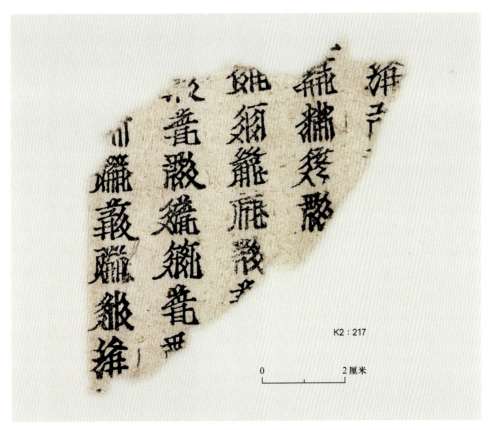

2. 印本佛经残片

K2 出土印本佛经残片

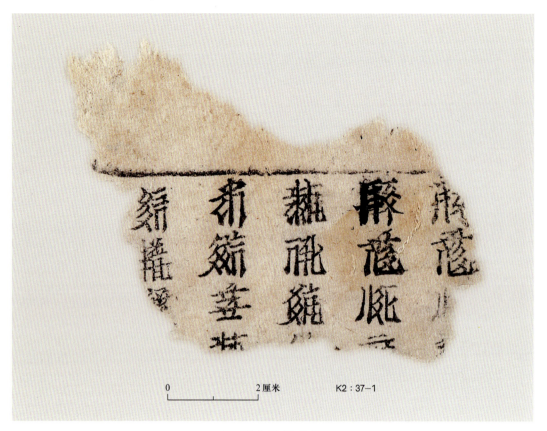

1. 印本佛经残片

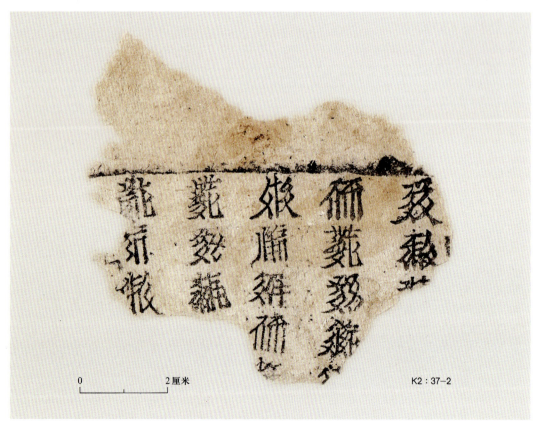

2. 印本佛经残片

K2 出土印本佛经残片

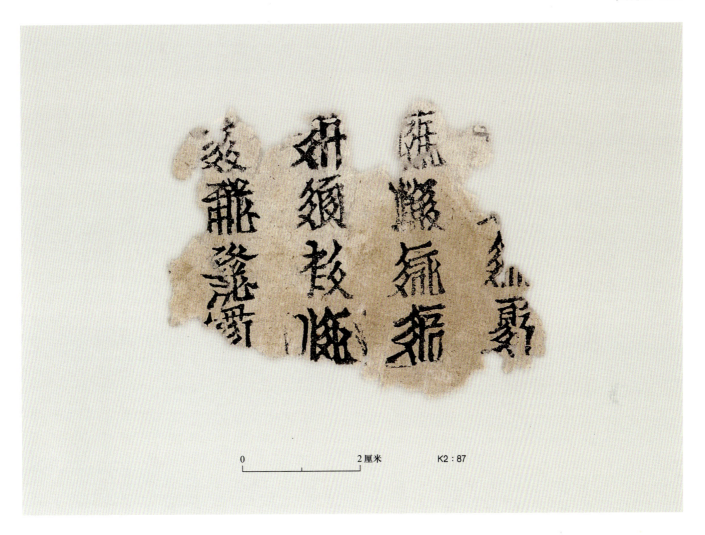

0   2厘米   K2：87

K2 出土印本佛经残片

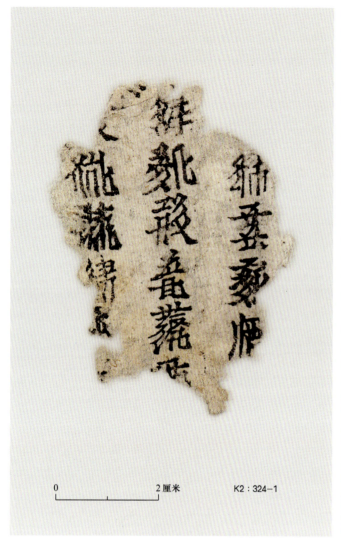

0   2 厘米   K2：324-1

1．印本佛经残片

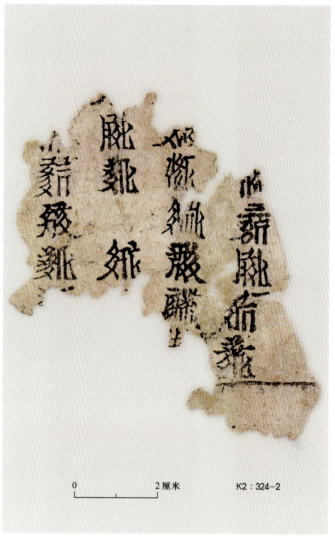

0   2 厘米   K2：324-2

2．印本佛经残片

K2 出土印本佛经残片

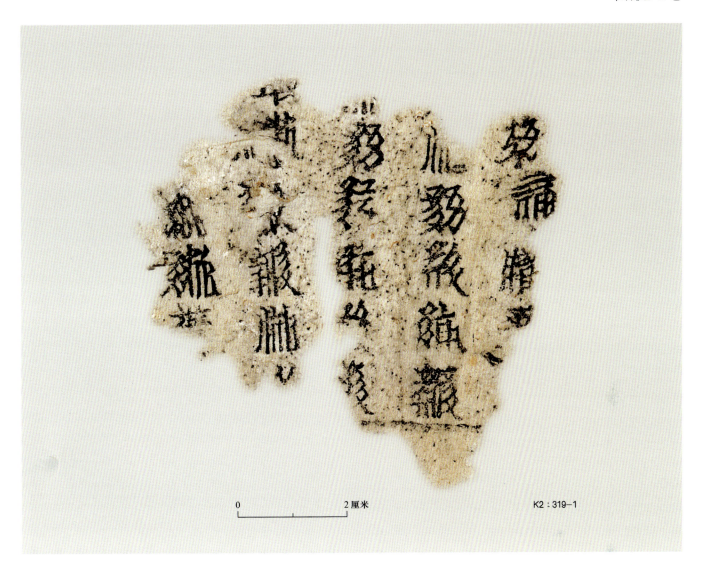

0　　　　　　　2厘米

K2∶319—1

K2 出土印本佛经残片

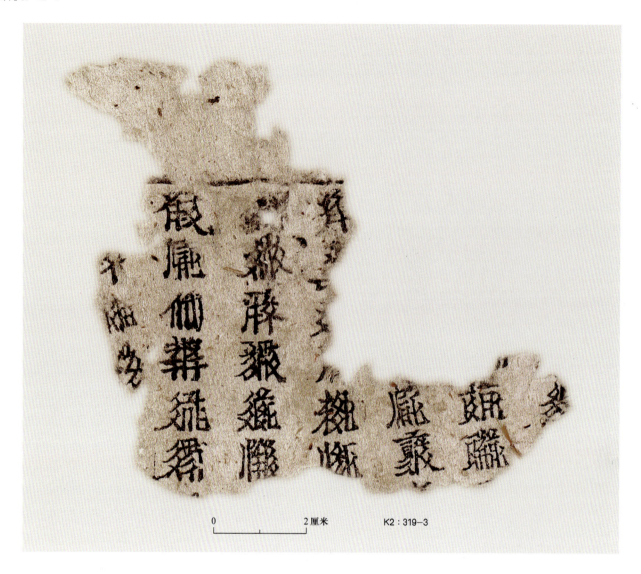

0   2厘米   K2：319-3

K2 出土印本佛经残片

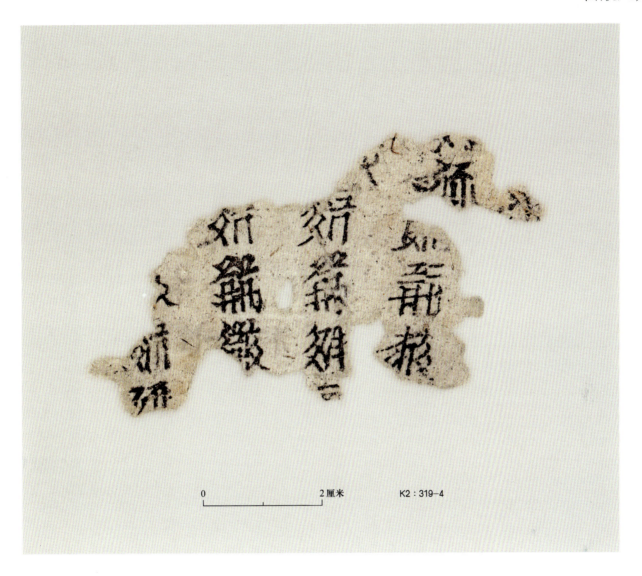

0 _____ 2厘米　　　　K2：319-4

K2 出土印本佛经残片

0 ___ 2厘米   K2：96

K2 出土印本佛经残片

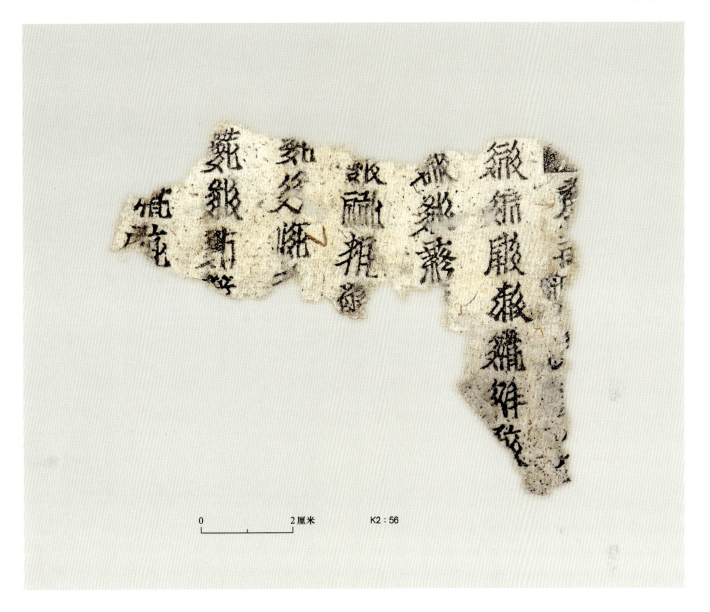

0 　　　　　　2厘米 　　　　　K2：56

K2 出土印本佛经残片

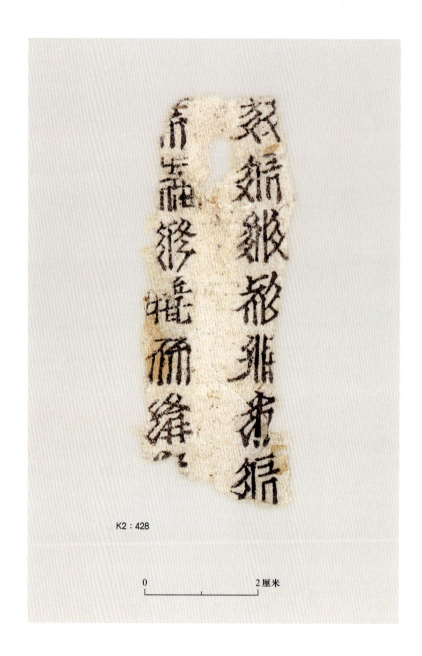

K2：428

0   2厘米

K2 出土印本佛经残片

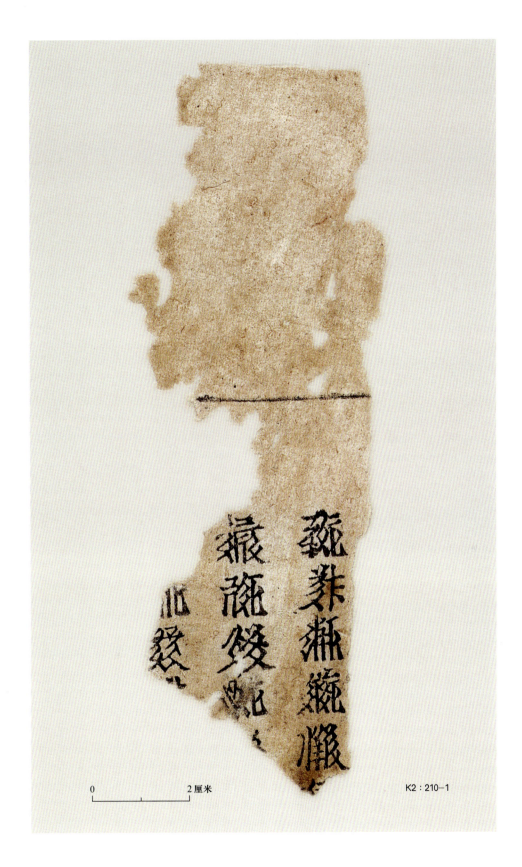

0   2厘米   K2：210—1

K2 出土印本佛经残片

1. 印本佛经残片

2. 印本佛经残片

K2 出土印本佛经残片

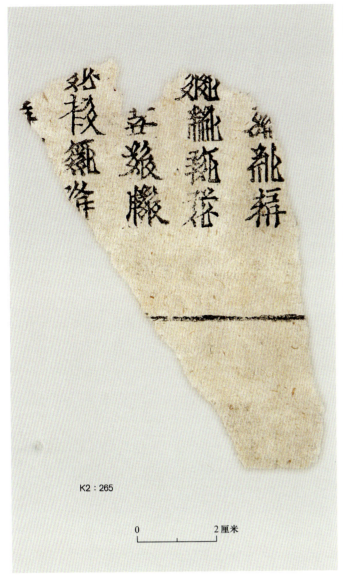

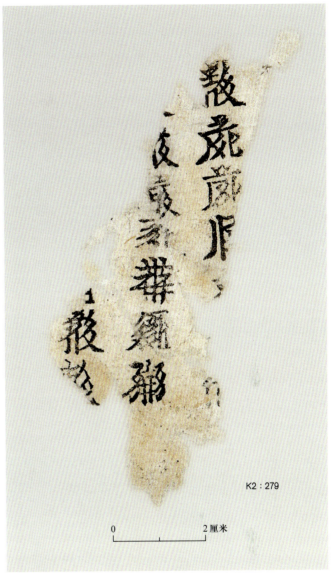

1. 印本佛经残片

2. 印本佛经残片

K2 出土印本佛经残片

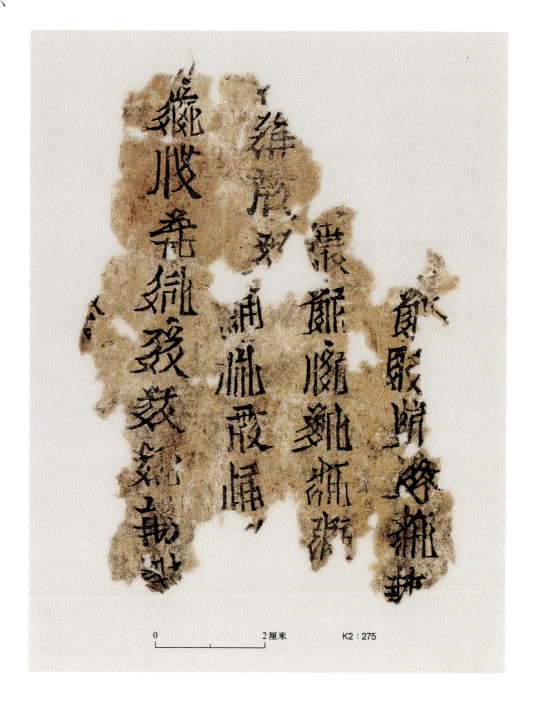

0　　　　　2厘米　　　K2：275

K2 出土印本佛经残片

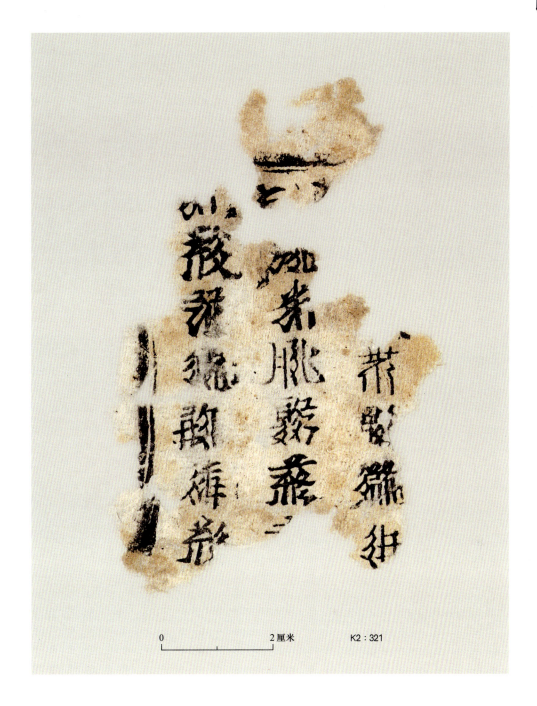

0　　　　　　　2厘米　　　　K2：321

K2出土印本佛经残片

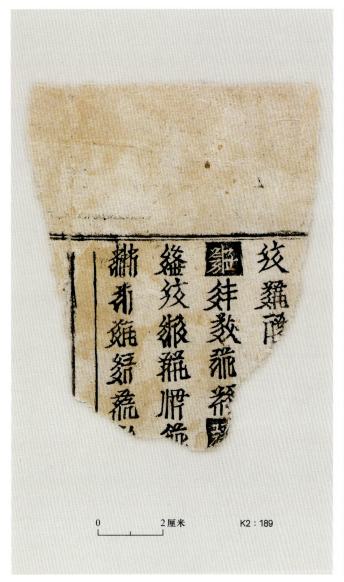

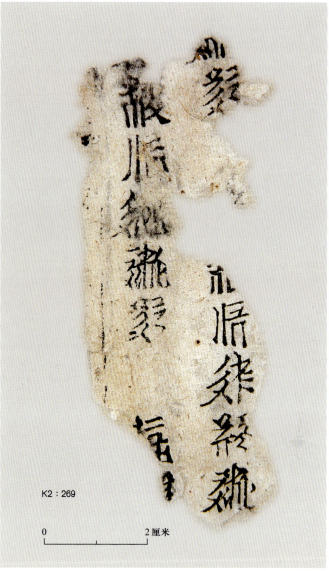

1. 印本佛经残片

2. 印本佛经残片

K2 出土印本佛经残片

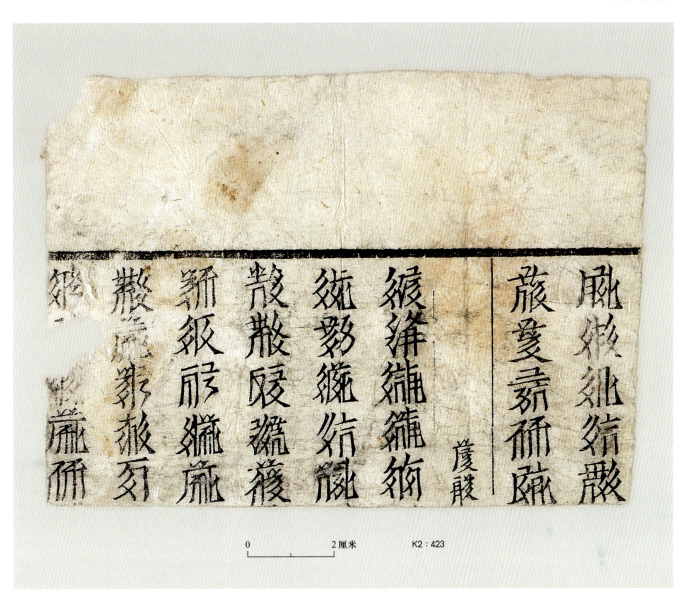

0 ⌞_____⌟ 2厘米　　K2：423

K2 出土印本佛经残片

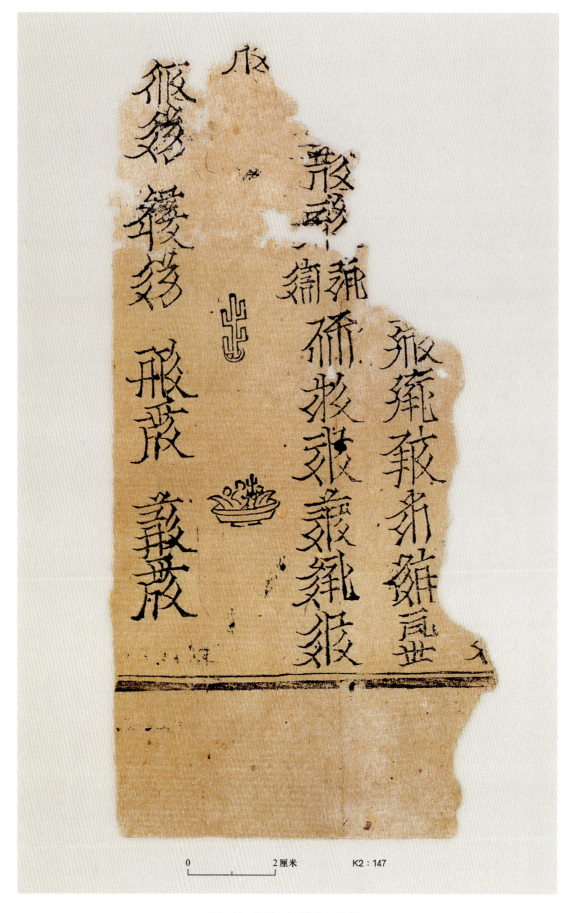

0   2厘米   K2：147

K2 出土印本佛经残片

K2 出土印本佛经残片

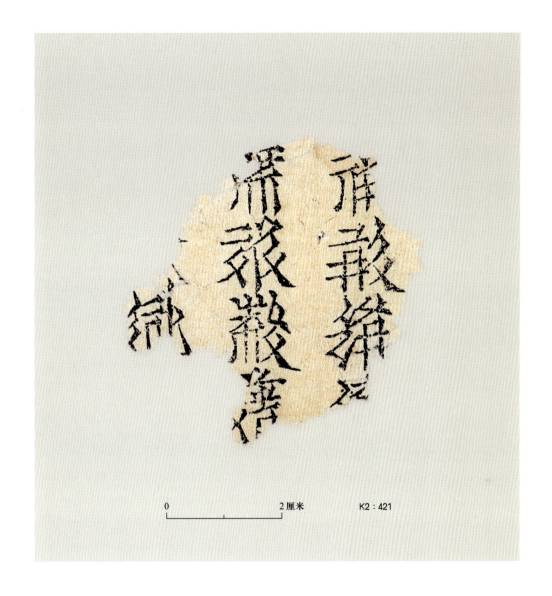

0 　　　　　　 2 厘米 　　　　 K2：421

K2 出土印本佛经残片

0　　2厘米　　　　K2：160

K2出土印本佛经残页

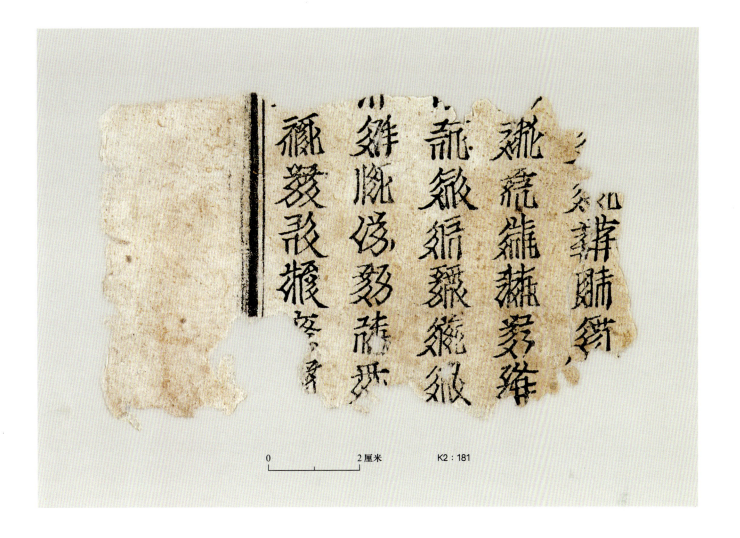

0　　　　2厘米　　　　K2：181

K2 出土印本佛经残片

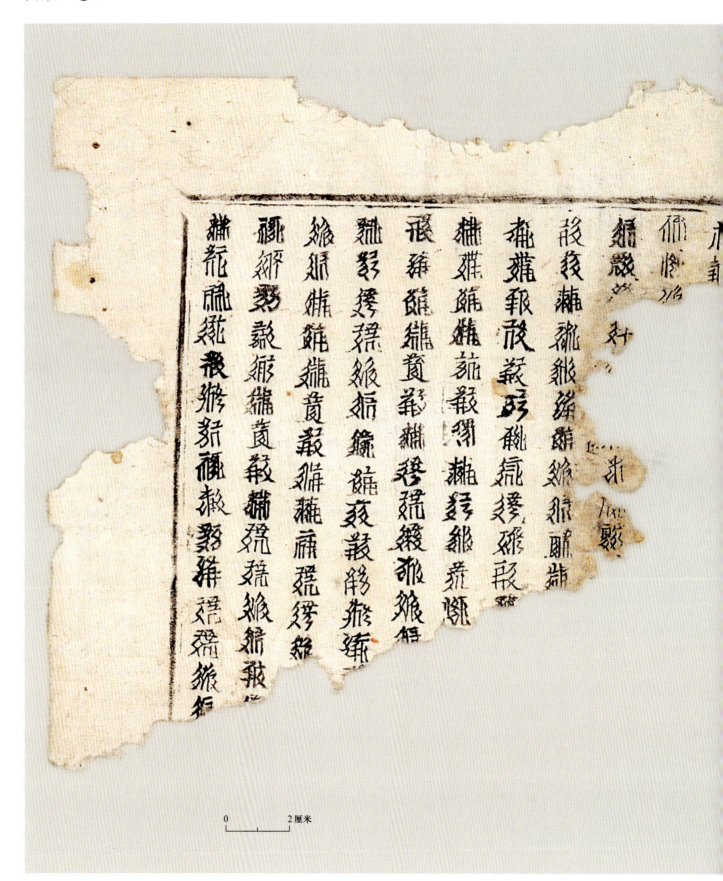

0 — 2厘米

K2 出土藏传佛经残页

K2 : 141

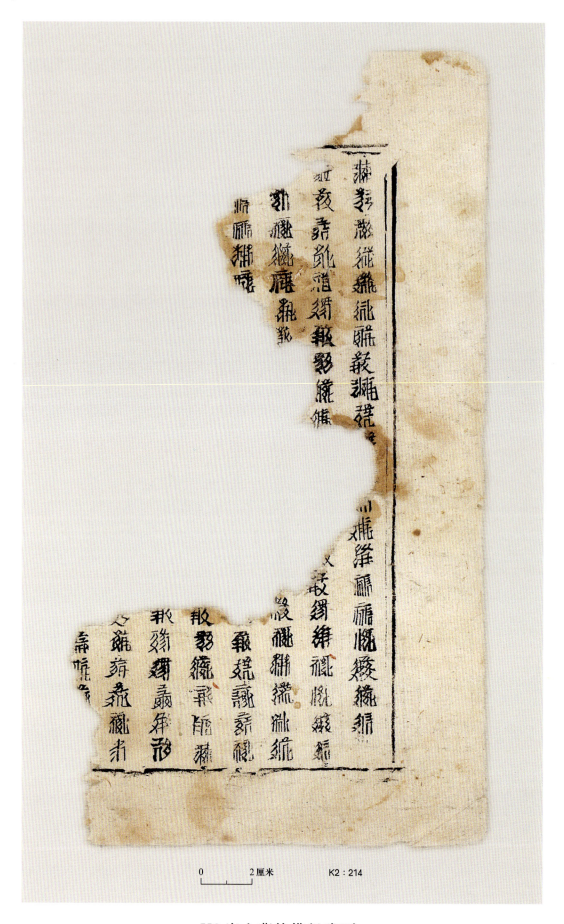

0   2 厘米   K2 : 214

K2 出土藏传佛经残页

0   2厘米   K2：126

K2 出土藏传佛经残页（正面）

0   2厘米   K2：126

K2 出土藏传佛经残页（背面）

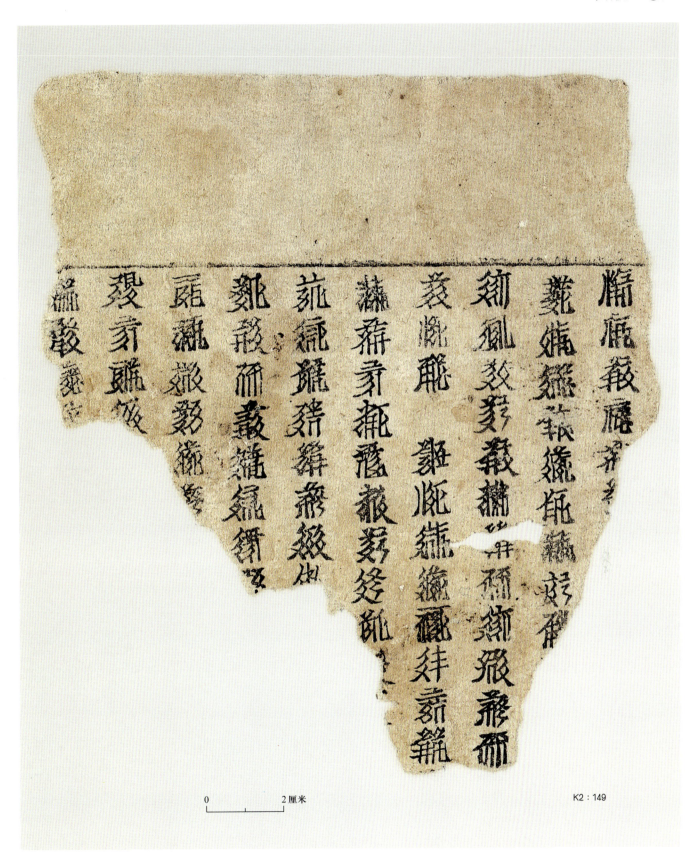

0   2 厘米

K2 : 149

K2 出土藏传佛经残片

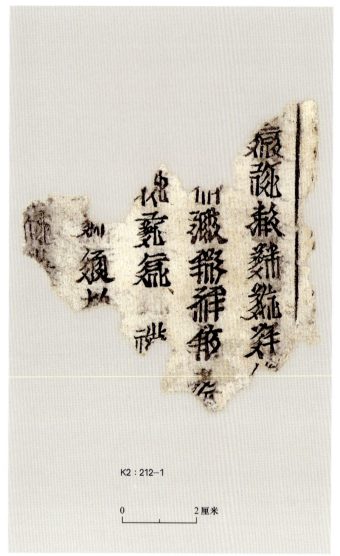

K2：212-1

0　　　　　2厘米

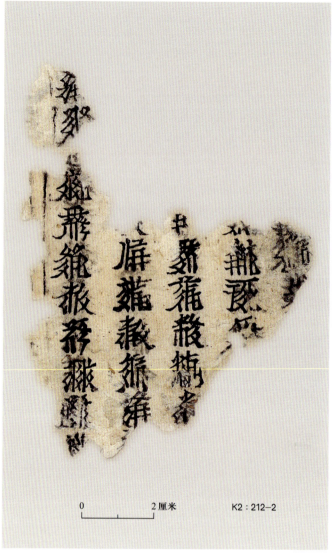

0　　　　　2厘米　　　K2：212-2

1．藏传佛经残片　　　　　　　　　2．藏传佛经残片

K2 出土藏传佛经残片

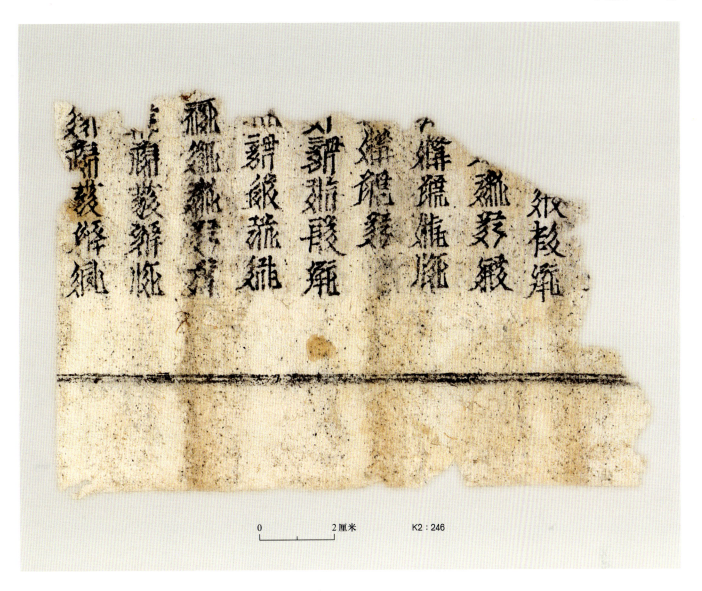

0   2厘米   K2：246

K2 出土藏传佛经残片

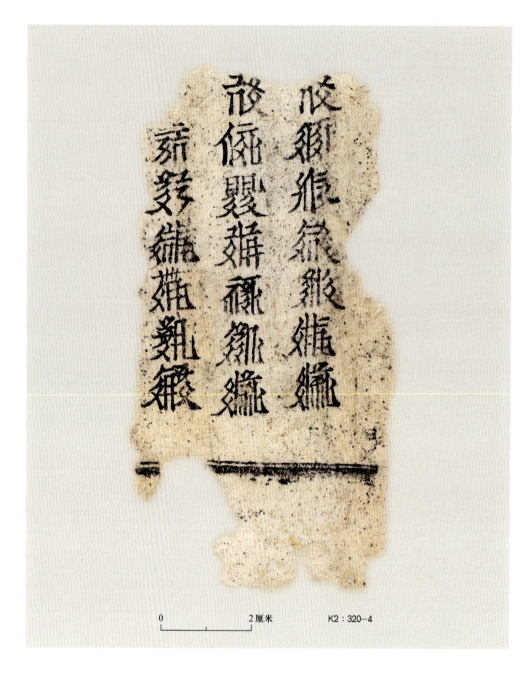

0　　　　　2厘米　　　　K2：320-4

K2 出土藏传佛经残片

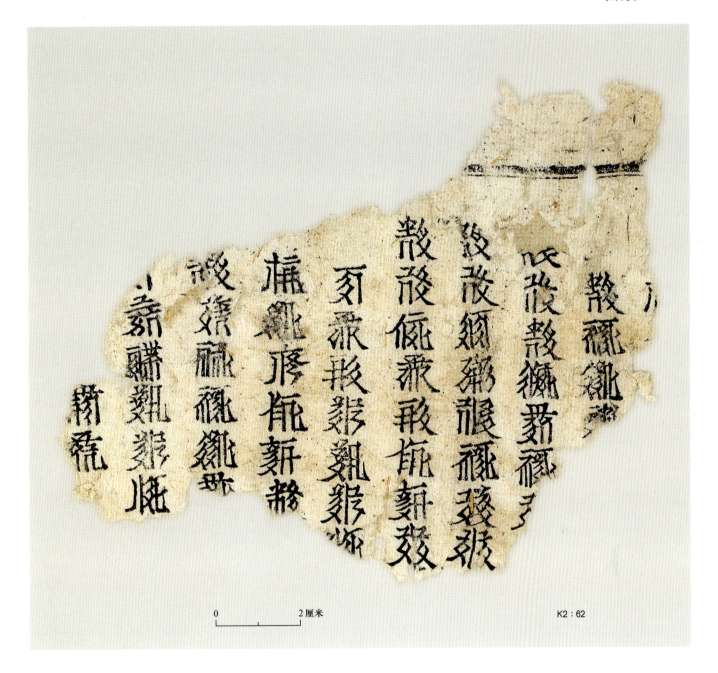

0   2厘米   K2：62

K2 出土藏传佛经残片

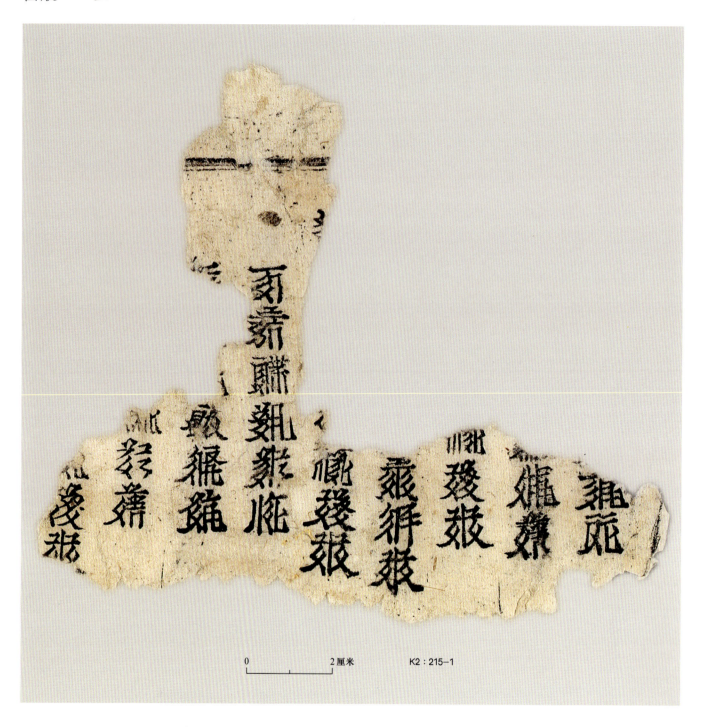

0　　　　　2厘米　　　K2：215-1

K2 出土藏传佛经残片

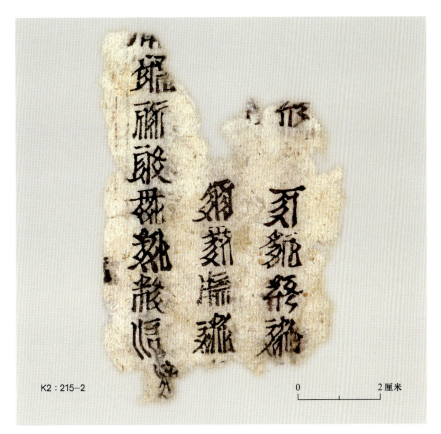

1．藏传佛经残片

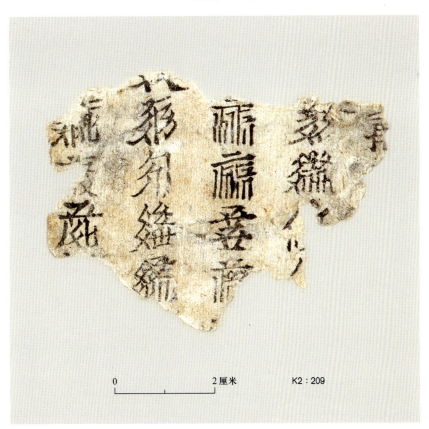

2．藏传佛经残片

K2 出土藏传佛经残片

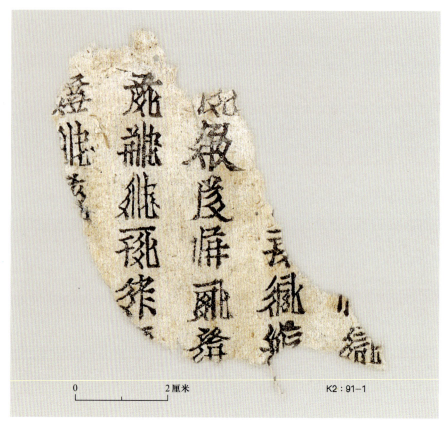

1. 藏传佛经残片

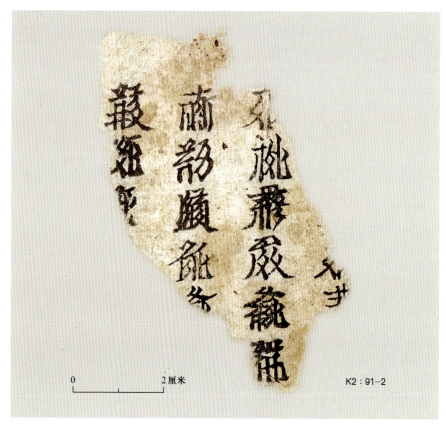

2. 藏传佛经残片

K2 出土藏传佛经残片

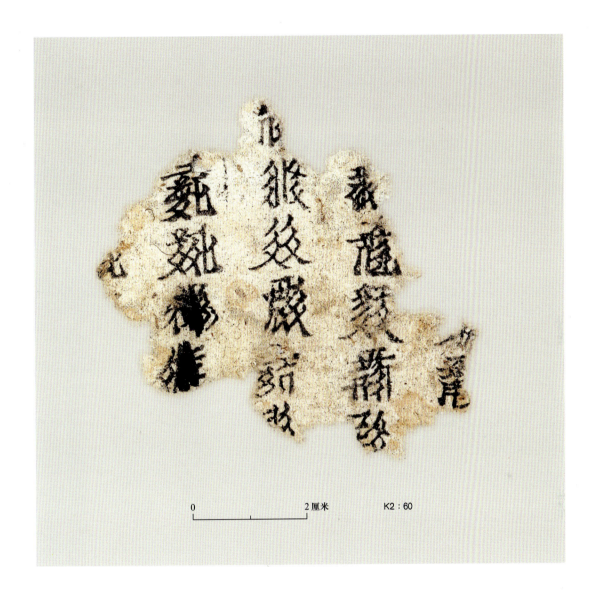

0   2厘米   K2∶60

K2 出土藏传佛经残片

K2 出土藏传佛经残页

K2：164

0 ⊢⎯⎯⊣⎯⎯⊣ 2厘米

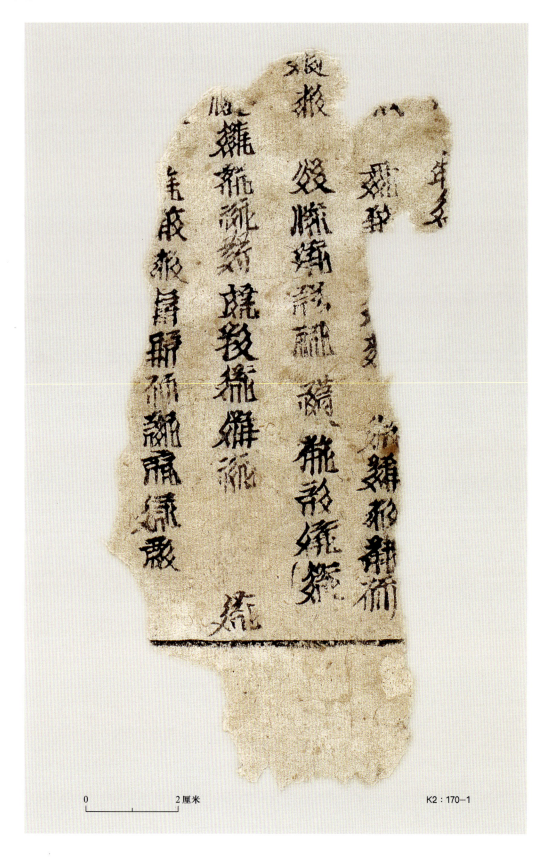

0   2厘米   K2：170—1

K2 出土藏传佛经残片

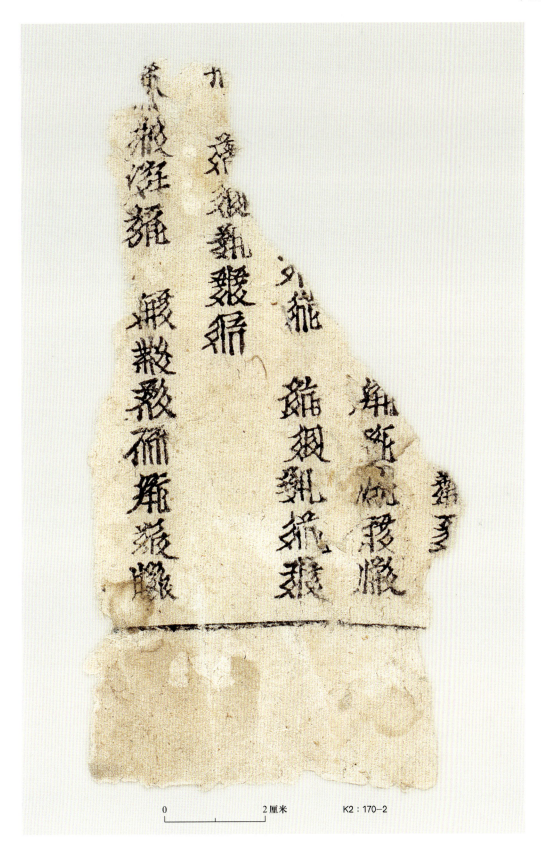

0　　　　2厘米　　　　K2：170—2

K2出土藏传佛经残片

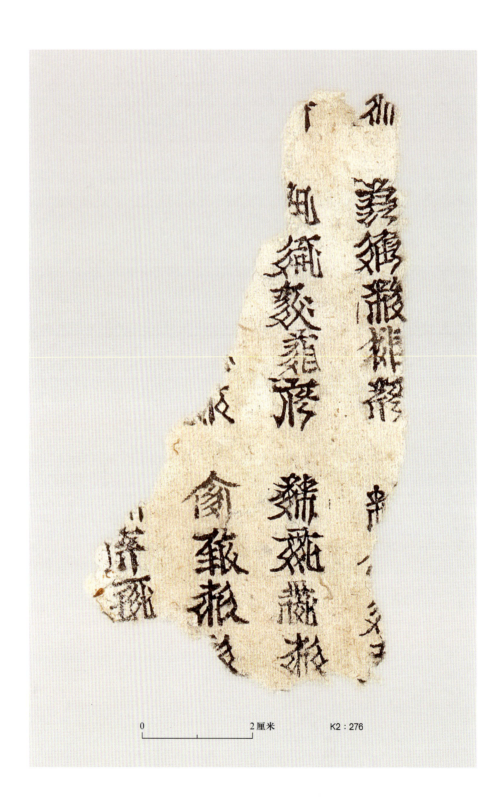

0   2厘米   K2：276

K2 出土藏传佛经残片

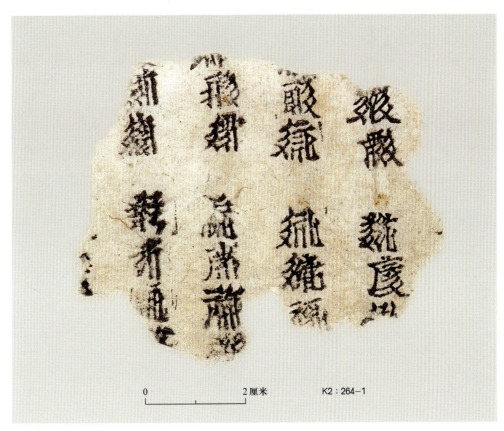

1. 藏传佛经残片

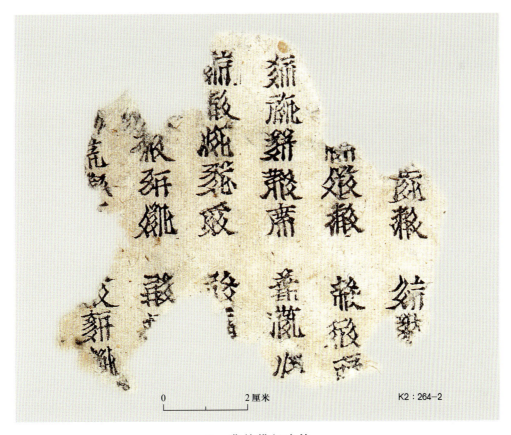

2. 藏传佛经残片

K2 出土藏传佛经残片

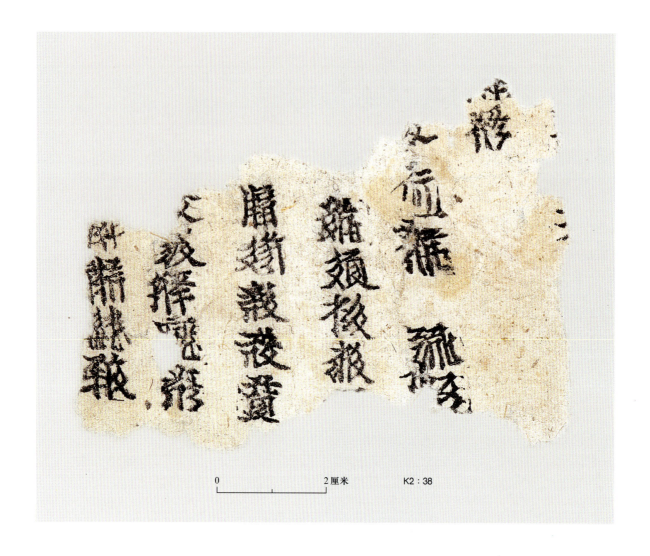

0　　　　　　　2厘米　　　　K2：38

K2 出土藏传佛经残片

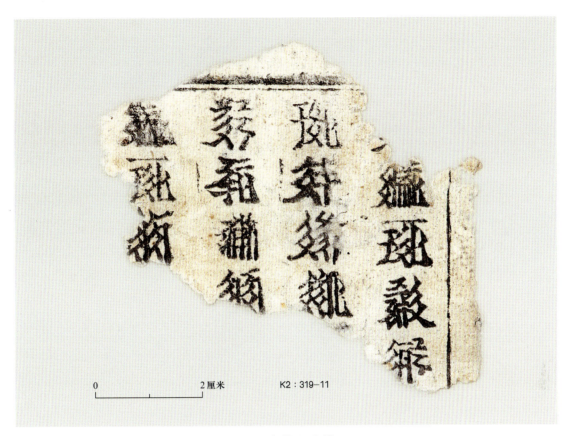

0   2厘米   K2：319-11

1．印本佛经残片

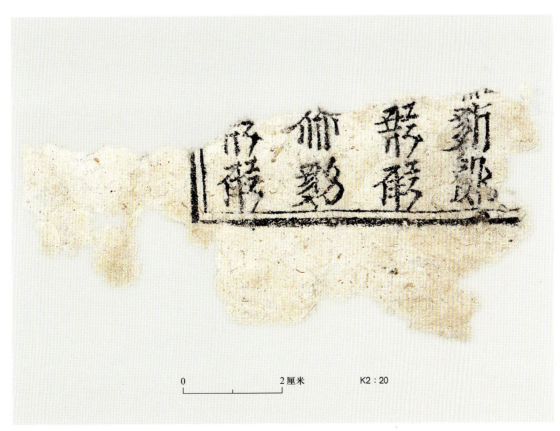

0   2厘米   K2：20

2．印本佛经残片

K2 出土印本佛经残片

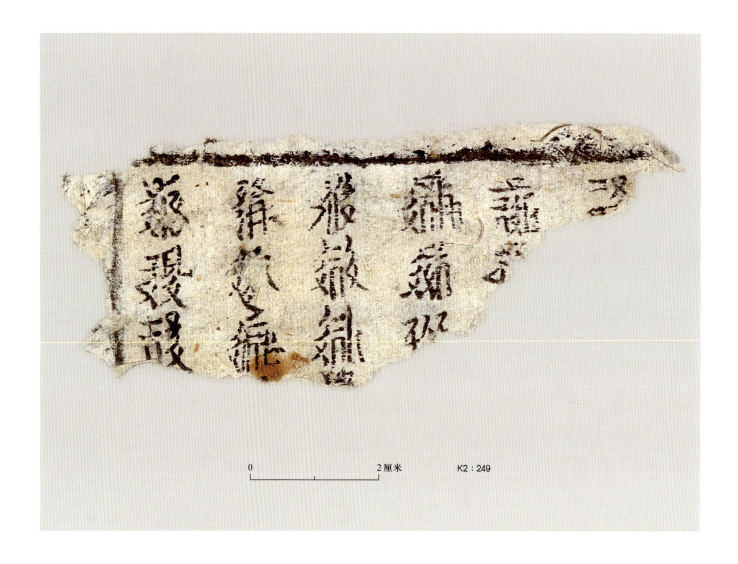

K2出土印本佛经残片

K2 出土佛经经名封签

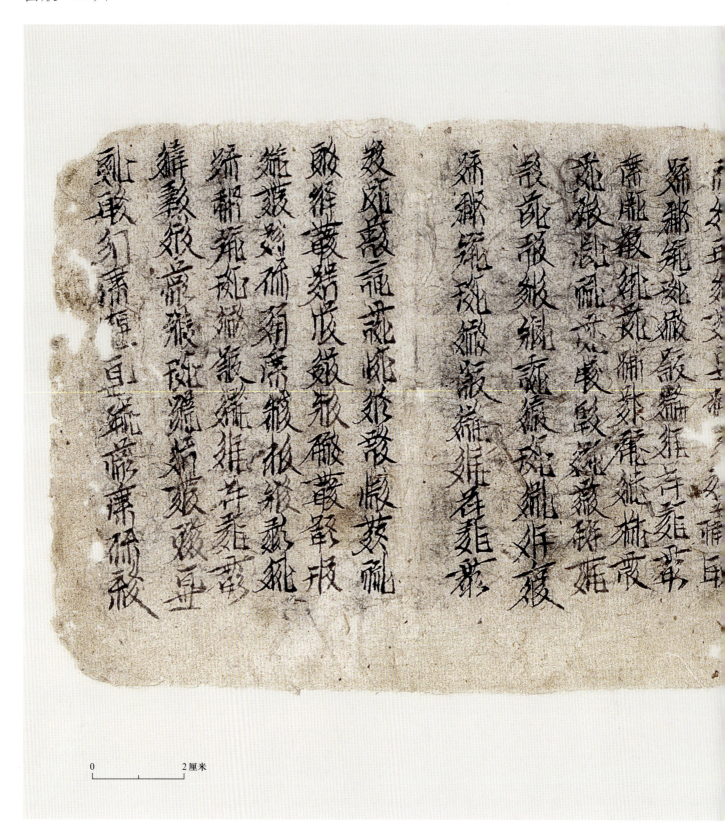

K2 出土 "吉祥如是殊胜今愿此安乐" 残页

K2：131-1

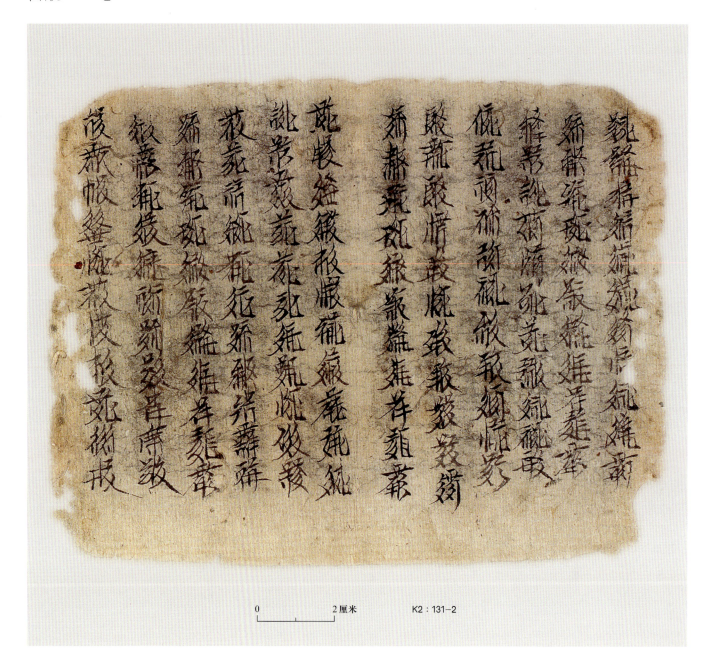

0 _____ 2厘米   K2：131-2

K2 出土 "吉祥如是殊胜今愿此安乐" 残页

K2 出土"吉祥如是殊胜今愿此安乐"残页

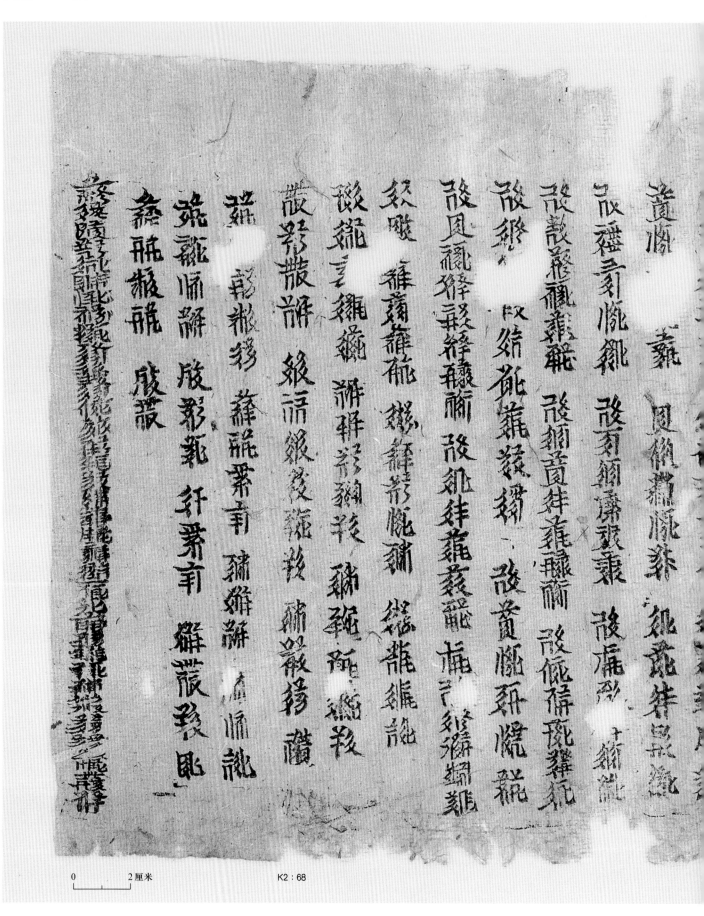

K2 出土 "长寿功德颂" 残页

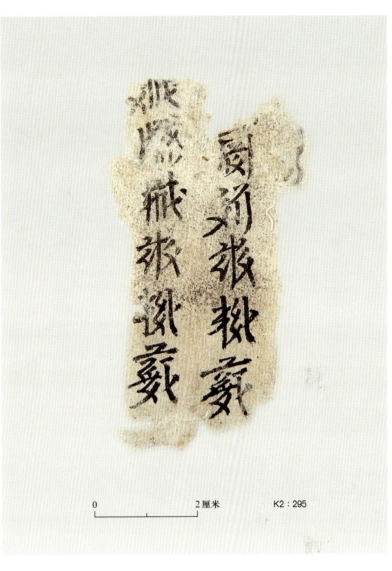

0   2厘米   K2：295

K2 出土"祈愿偈"残片

K2 出土 "祈愿偈" 残页

0   2厘米   K2：125

K2 出土"祈愿偈"残页

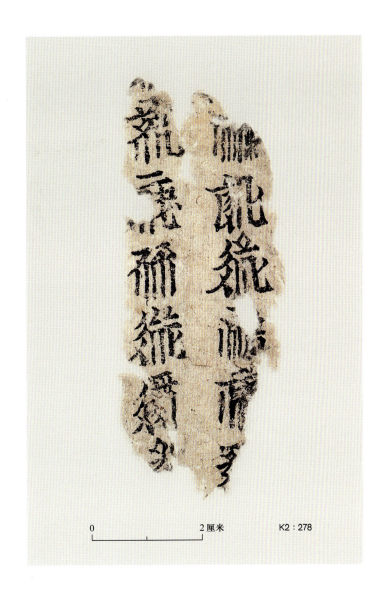

0　　　　　　2厘米　　　K2：278

K2 出土"祈愿偈"残片

K2：158

0 2厘米

K2 出土禅宗文献残页

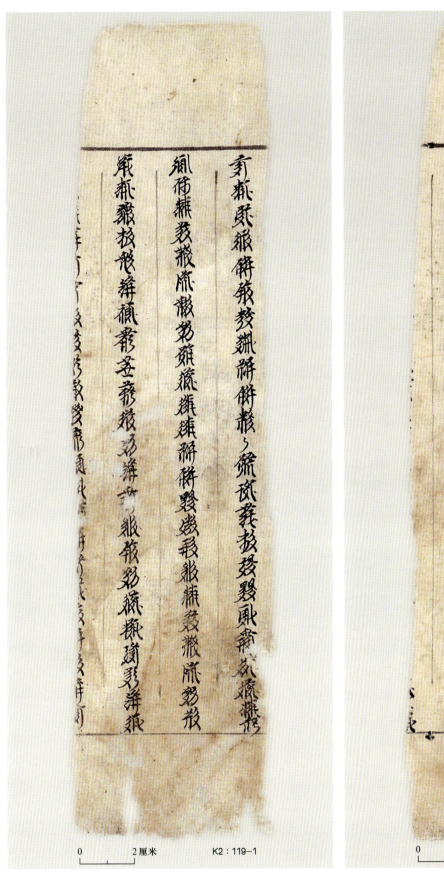

1. 藏传密教修法残片　　　　　2. 藏传密教修法残片

K2 出土藏传密教修法残片

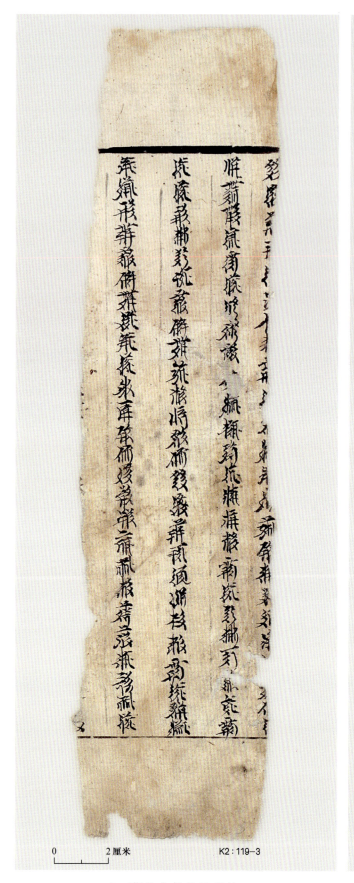

0   2厘米   K2∶119-3

0   2厘米   K2∶119-4

1．藏传密教修法残片   2．藏传密教修法残片

K2 出土藏传密教修法残片

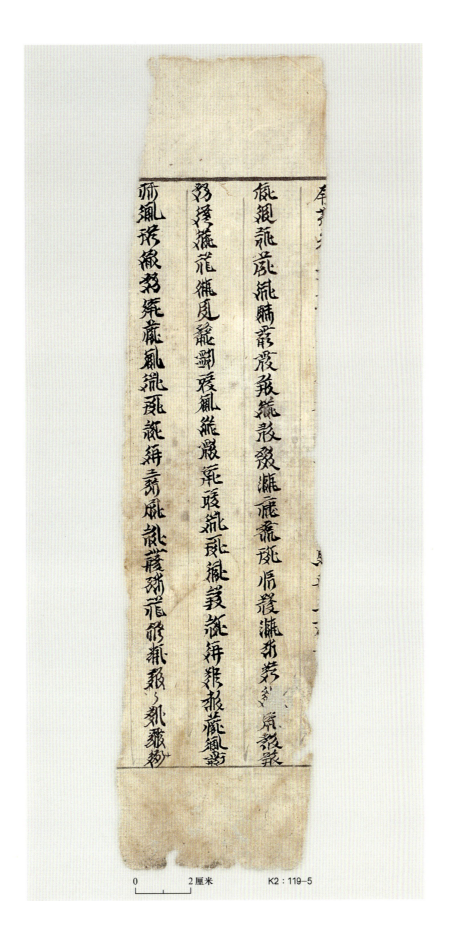

0　　2厘米　　K2：119-5

K2 出土藏传密教修法残片

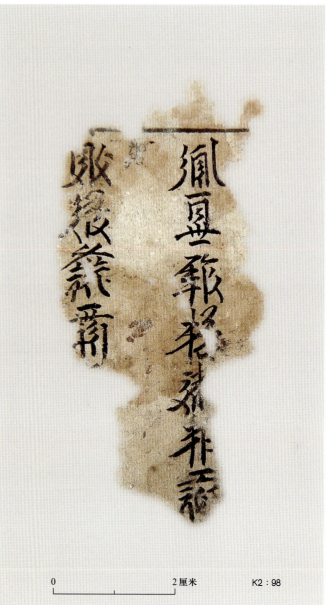

0   2 厘米   K2：391

0   2 厘米   K2：98

1．藏传密教修法残片   2．藏传密教修法残片

K2 出土藏传密教修法残片

K2：186-1

0   2厘米

K2 出土藏传密教修法残页

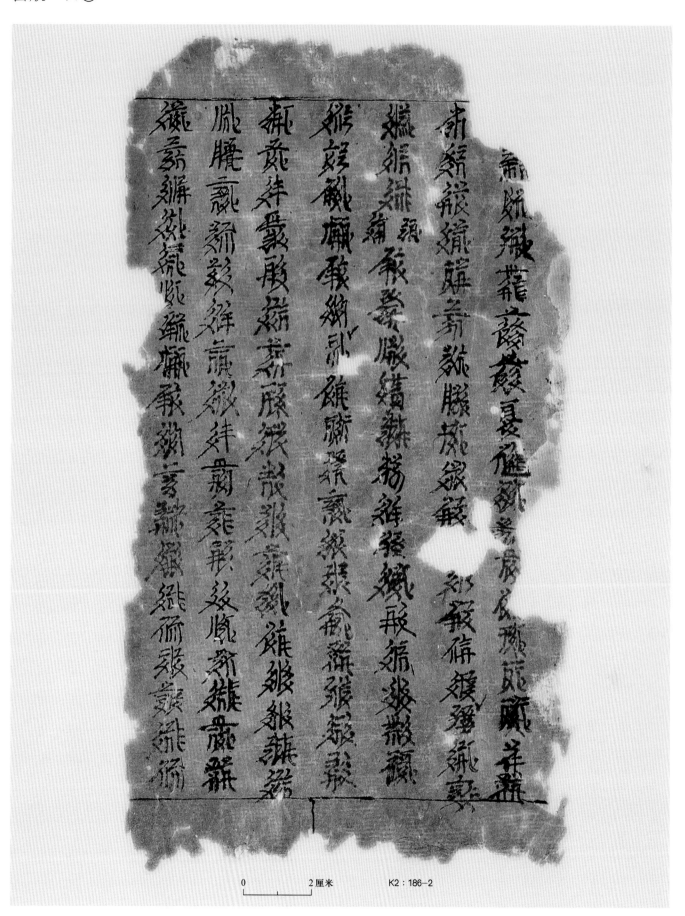

0　　　　2厘米　　　K2：186-2

K2 出土藏传密教修法残页

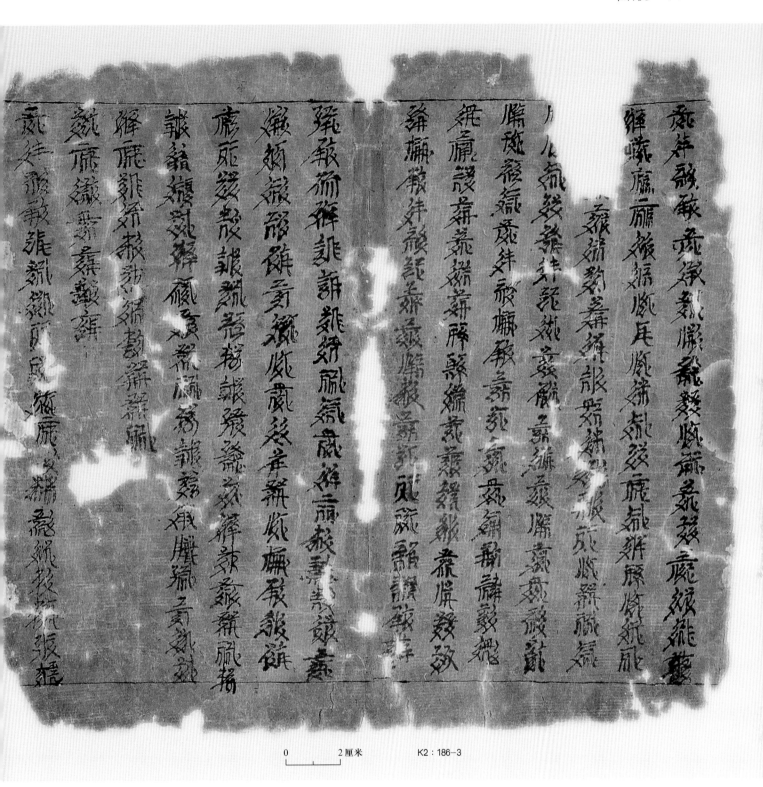

0　　2厘米　　K2：186-3

K2出土藏传密教修法残页

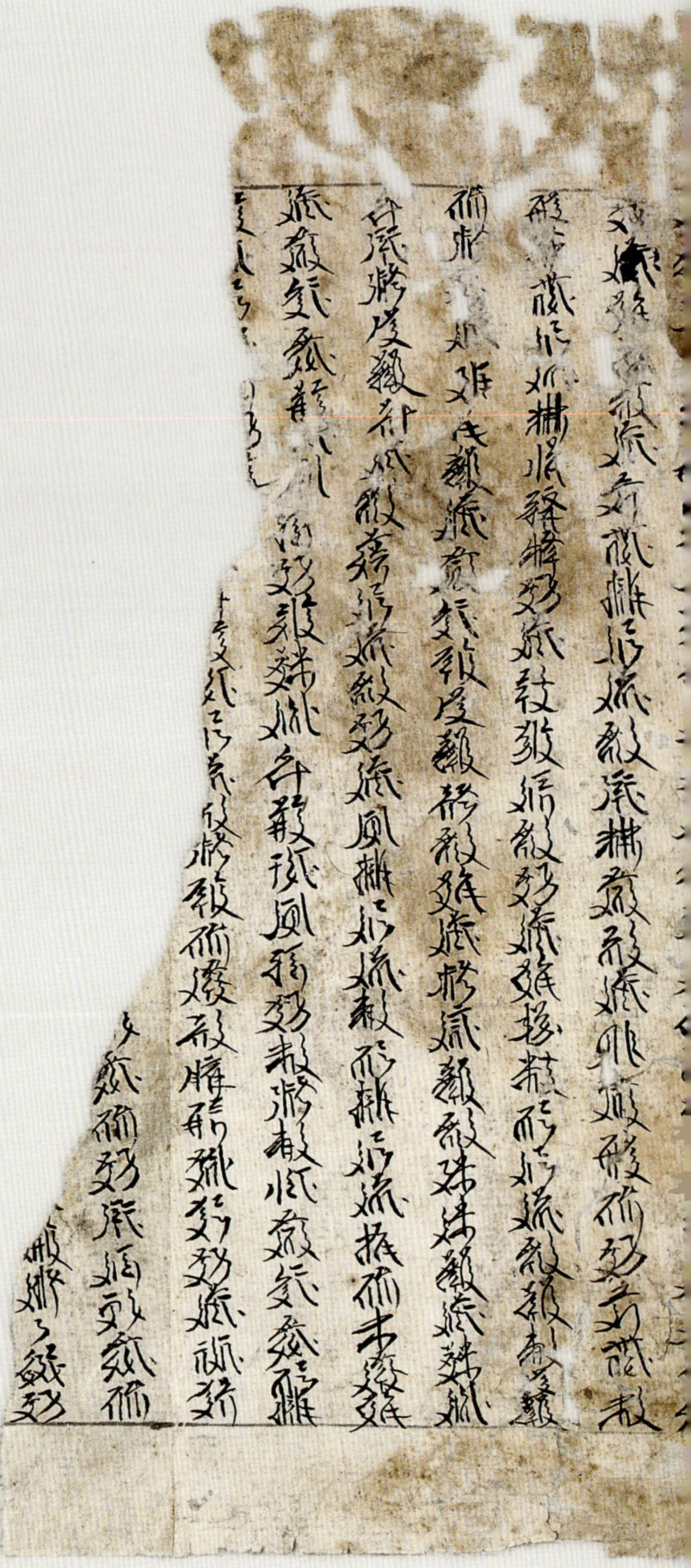

K2：13

K2 出土藏传密教修法残页

0   2厘米

K2出土藏传密教仪轨残页

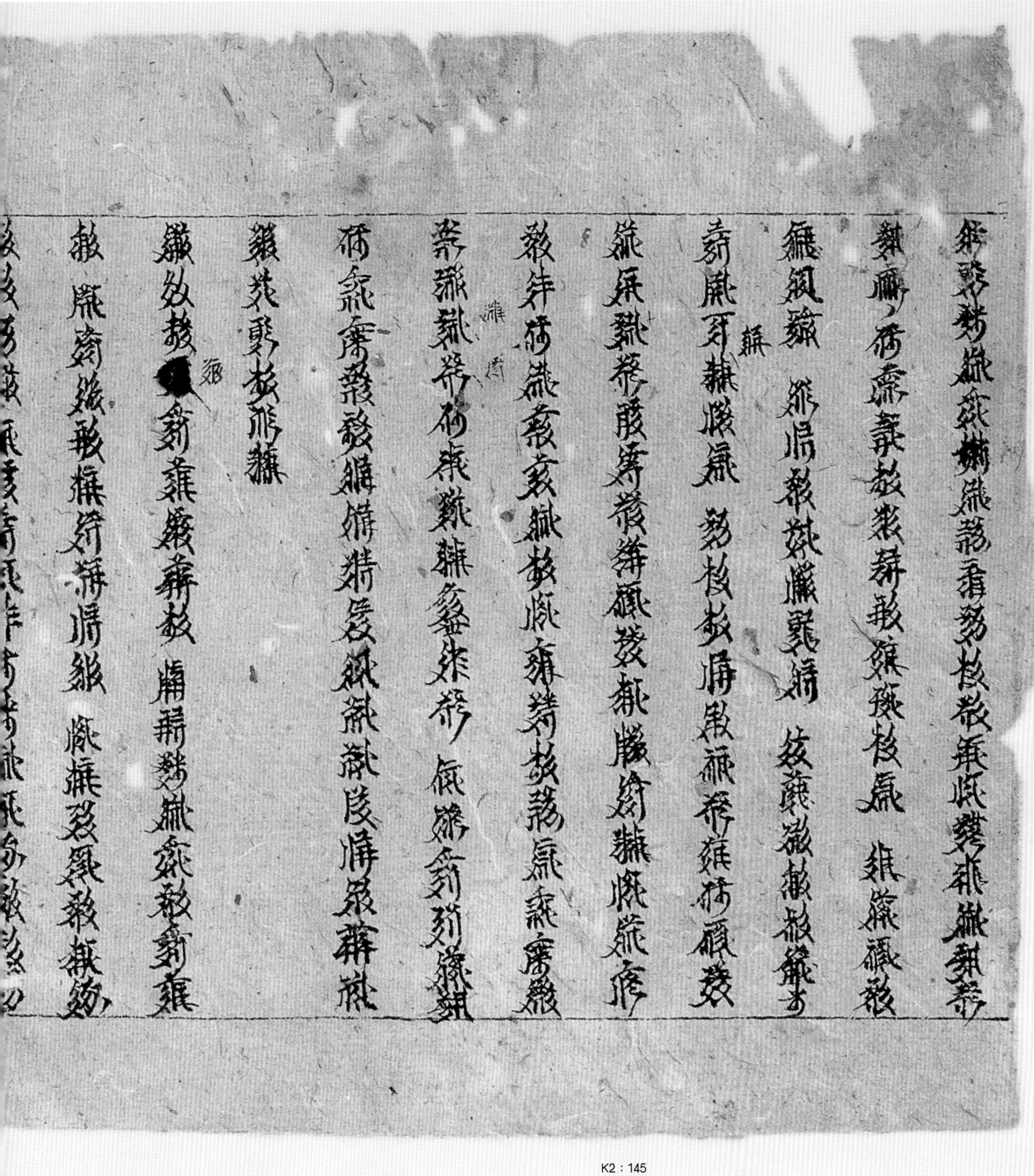

K2：145

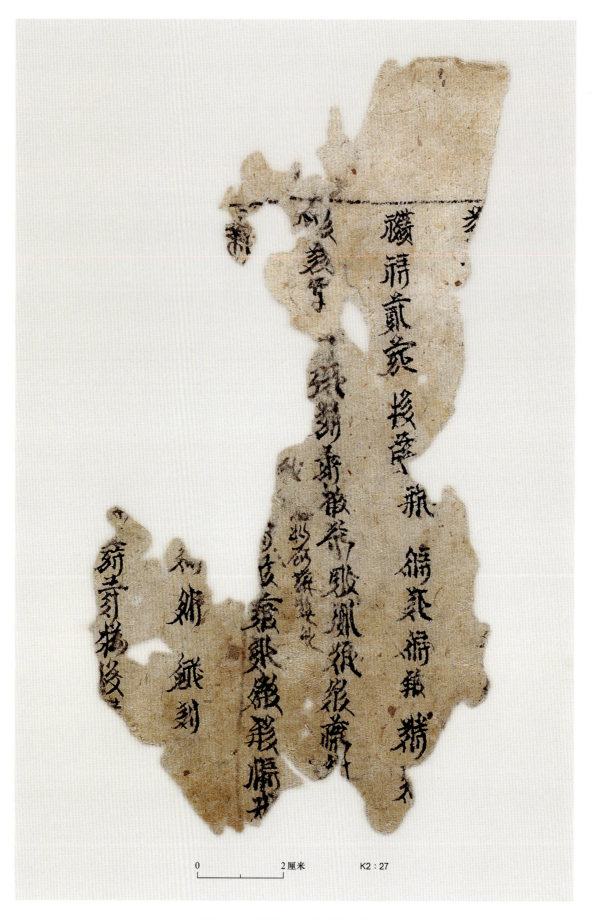

0   2厘米   K2：27

K2 出土藏传密教仪轨残片

K2 出土藏传密教修法残页

K2 出土藏传密教修法残页

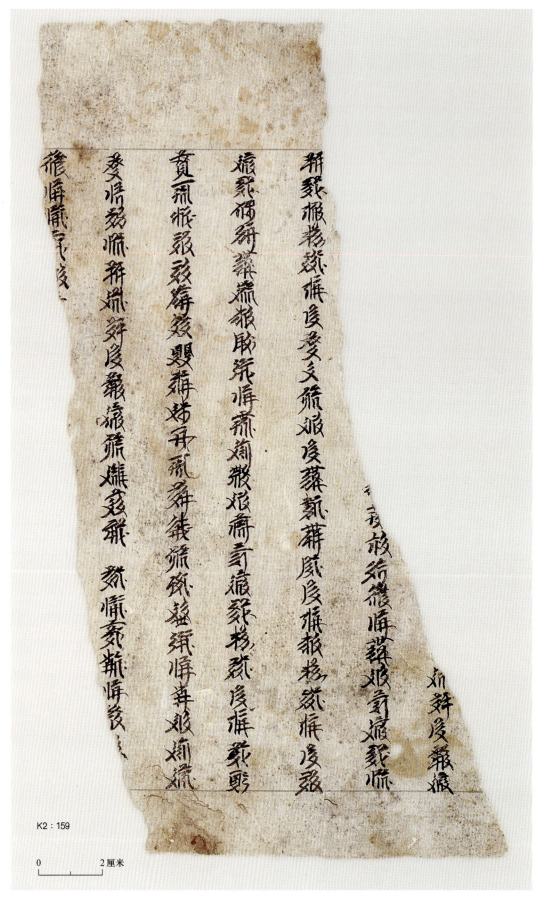

K2：159

0   2厘米

K2 出土藏传密教修法残页

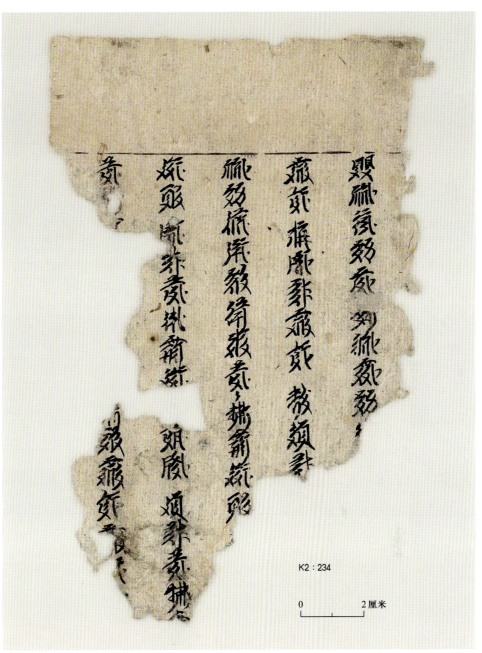

1. 藏传密教修法残片

K2：234

0   2厘米

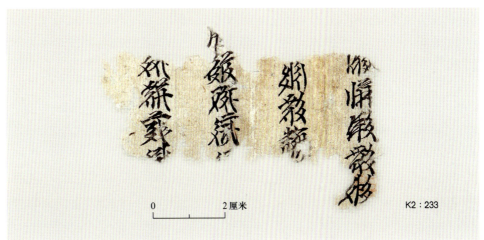

2. 藏传密教修法残片

0   2厘米

K2：233

K2 出土藏传密教修法残片

K2 出土修供曼荼罗仪轨残页

K2：144

0　　　2厘米

0 ___ 2厘米　　K2：5

K2 出土修供曼荼罗仪轨残页

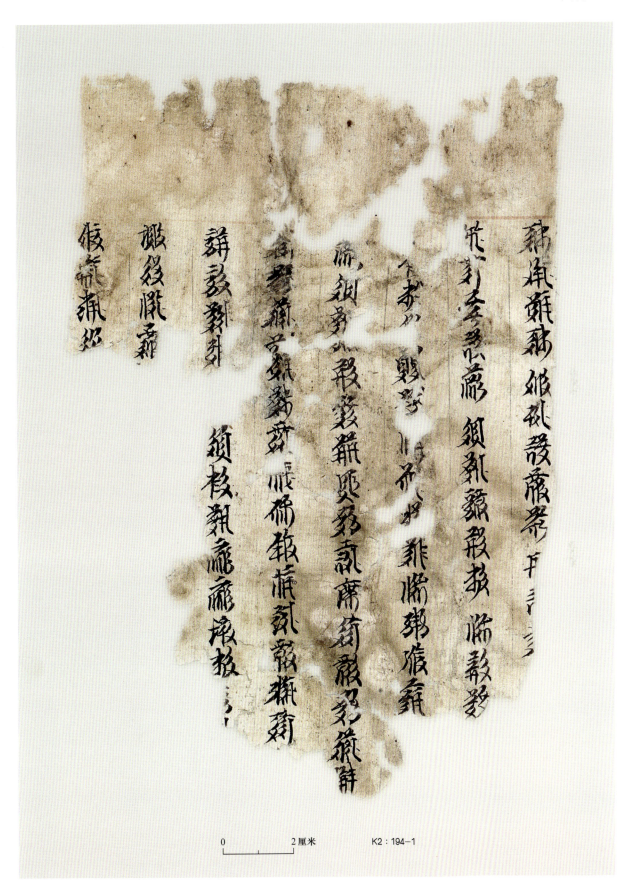

0　　　2厘米　　　K2：194-1

K2 出土修供曼荼罗仪轨残片

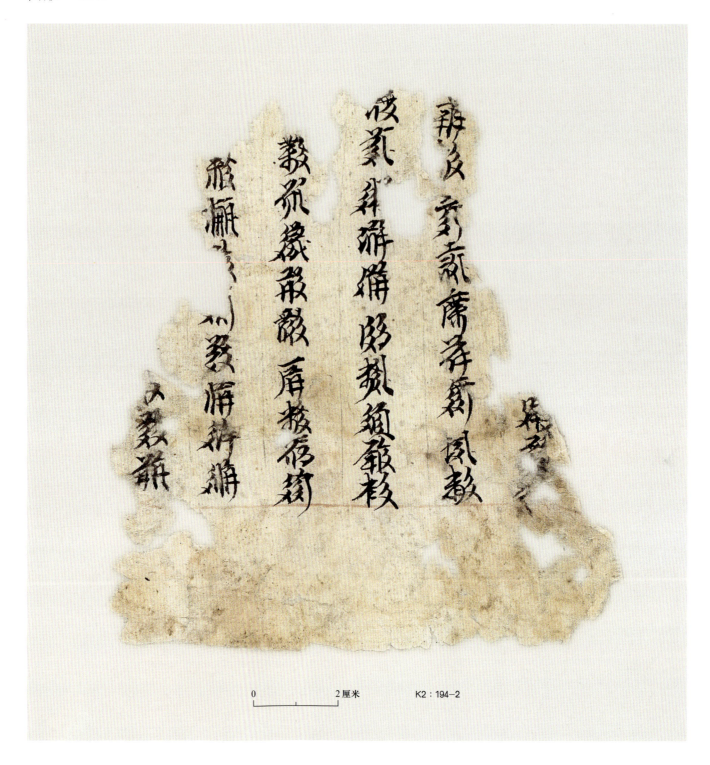

K2 出土修供曼茶罗仪轨残片

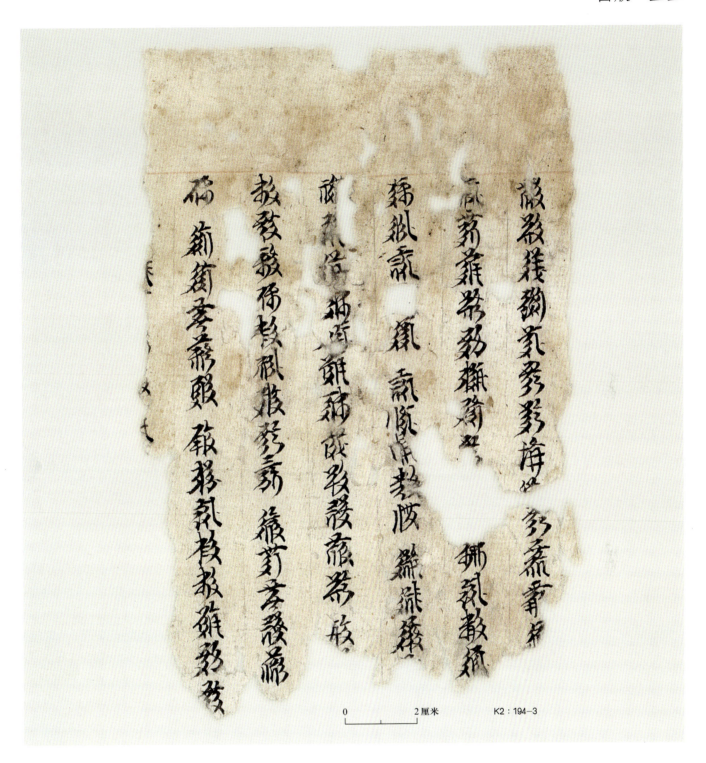

0   2厘米   K2：194-3

K2 出土修供曼荼罗仪轨残片

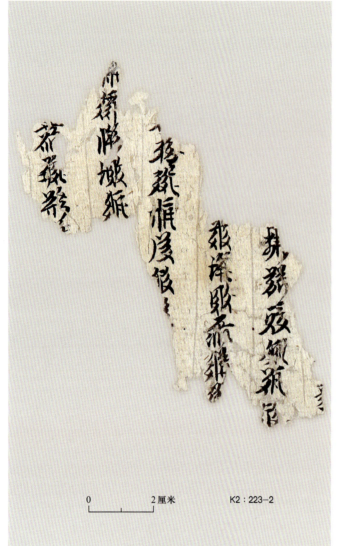

0 2厘米　　　K2：223-2

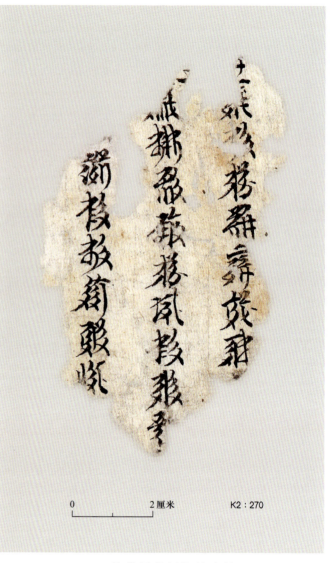

0 2厘米　　　K2：270

1. 修供曼荼罗仪轨残片　　　　　　　　　　　2. 修供曼荼罗仪轨残片

K2 出土修供曼荼罗仪轨残片

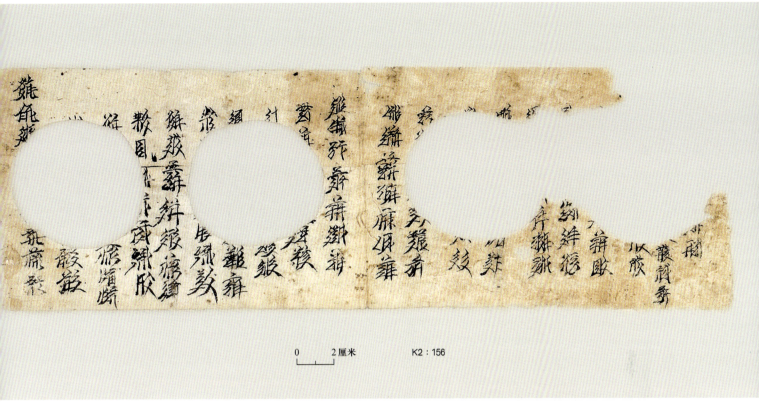

0　2厘米　　　K2：156

1．写本佛经残页

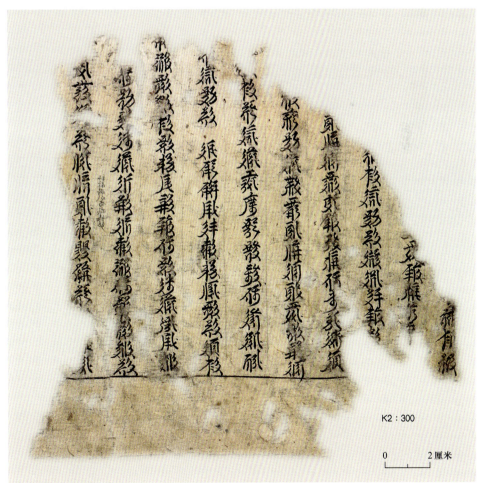

K2：300

0　2厘米

2．藏传密教仪轨残片

K2 出土写本佛经残页、藏传密教仪轨残片

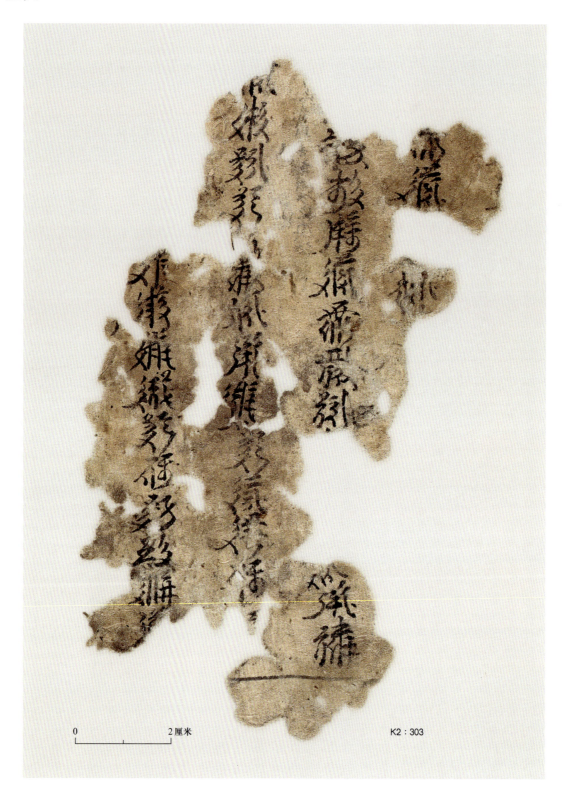

0 2厘米 K2：303

K2 出土藏传密教仪轨残片

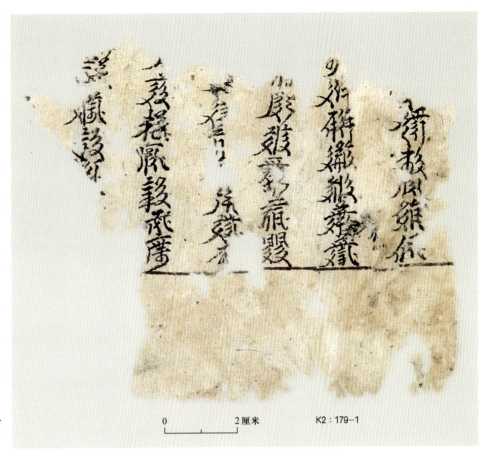

1．藏传密教仪轨残片

0 ⸻ 2厘米　　　K2：179-1

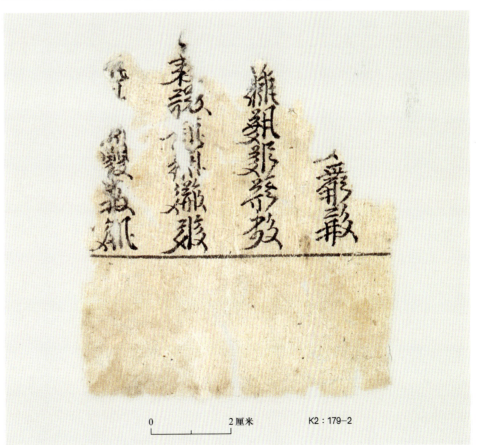

2．藏传密教仪轨残片

0 ⸻ 2厘米　　　K2：179-2

K2 出土藏传密教仪轨残片

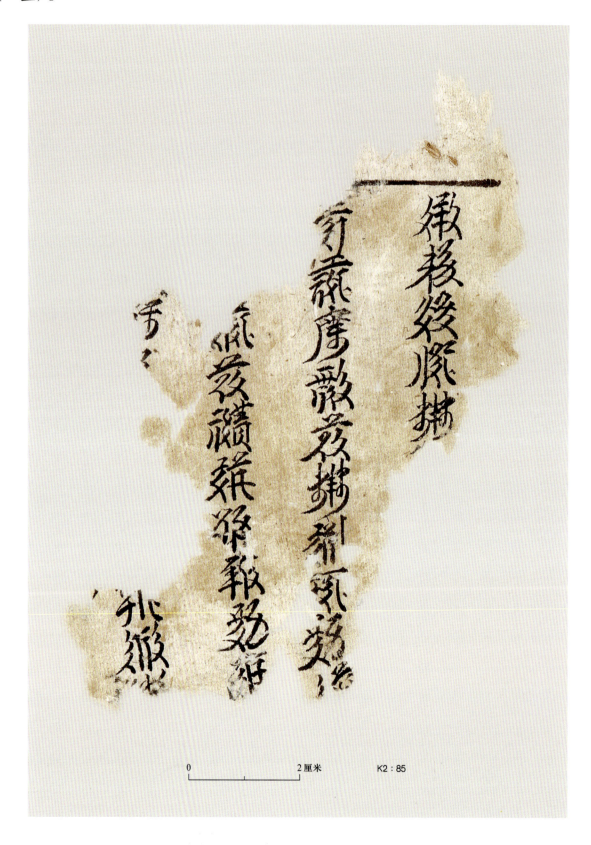

0   2 厘米   K2：85

K2 出土藏传密教仪轨残片

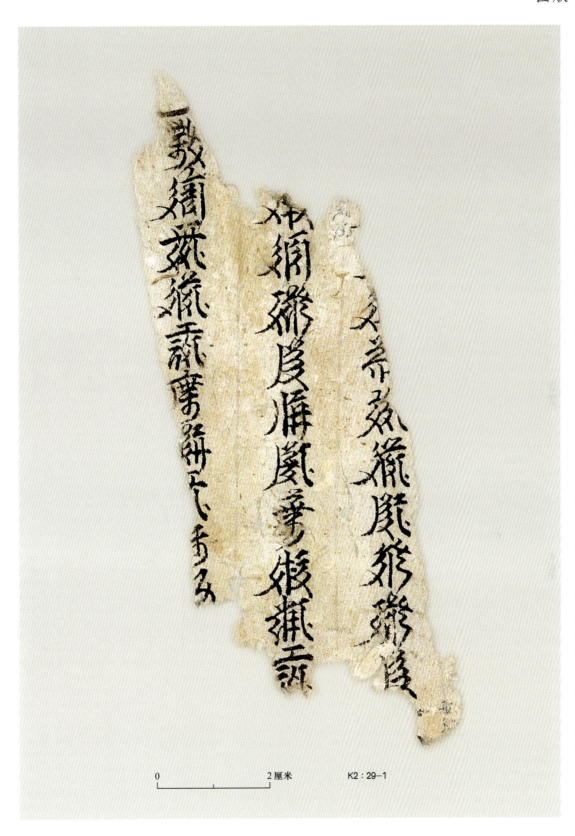

0　　　　　2厘米　　　　K2：29-1

K2 出土藏传密教仪轨残片

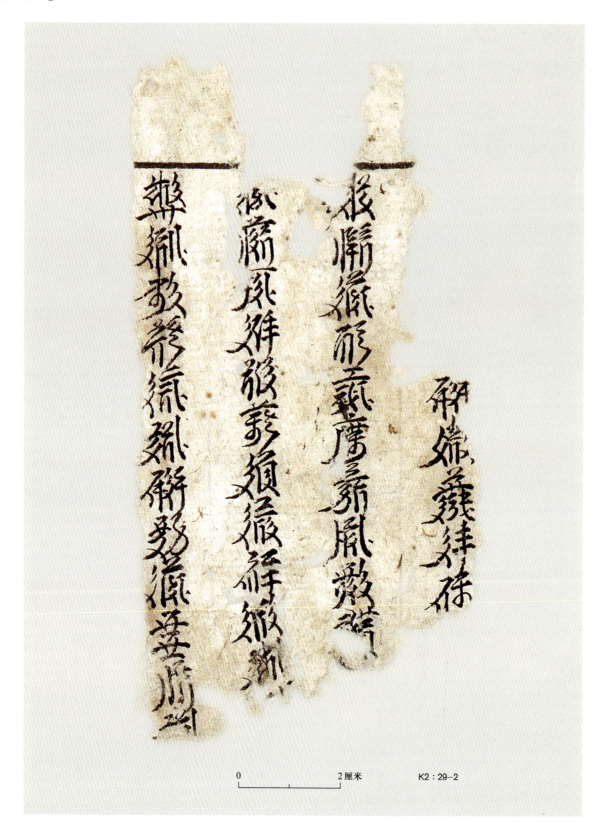

0   2 厘米   K2：29-2

K2 出土藏传密教仪轨残片

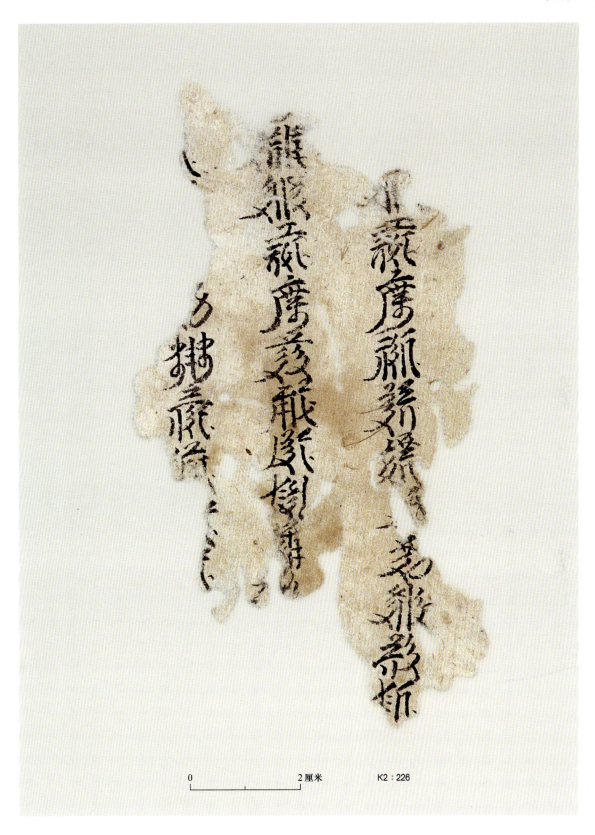

0   2厘米   K2：226

K2 出土藏传密教仪轨残片

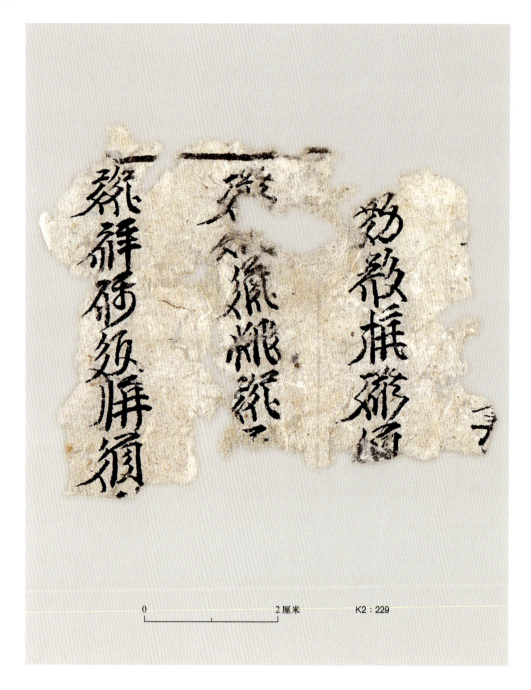

0   2厘米   K2：229

K2 出土藏传密教仪轨残片

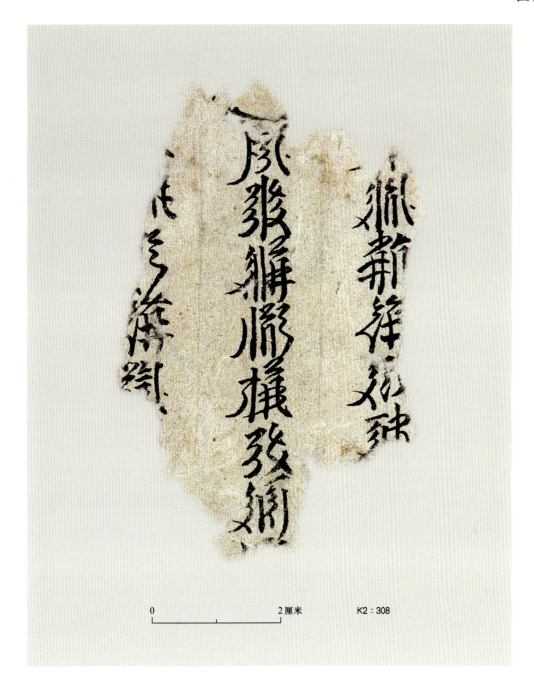

0   2 厘米   K2∶308

K2 出土藏传密教仪轨残片

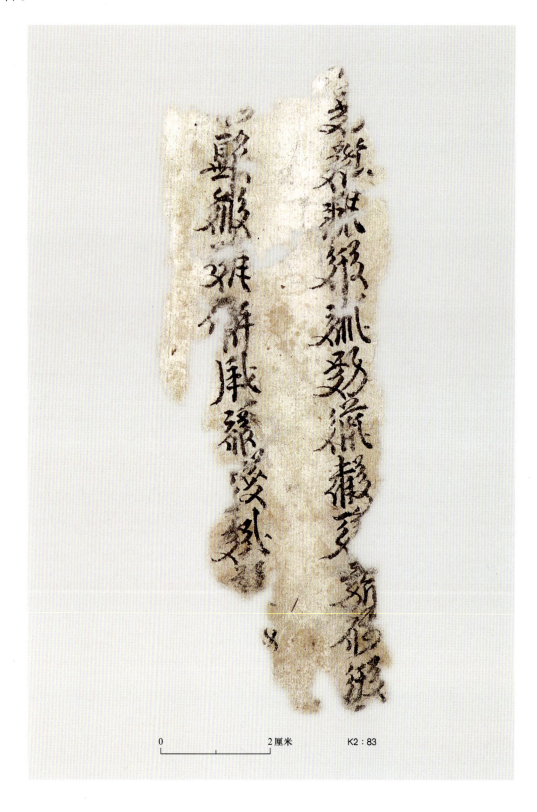

0　　　　　　2厘米　　　　K2：83

K2 出土藏传密教仪轨残片

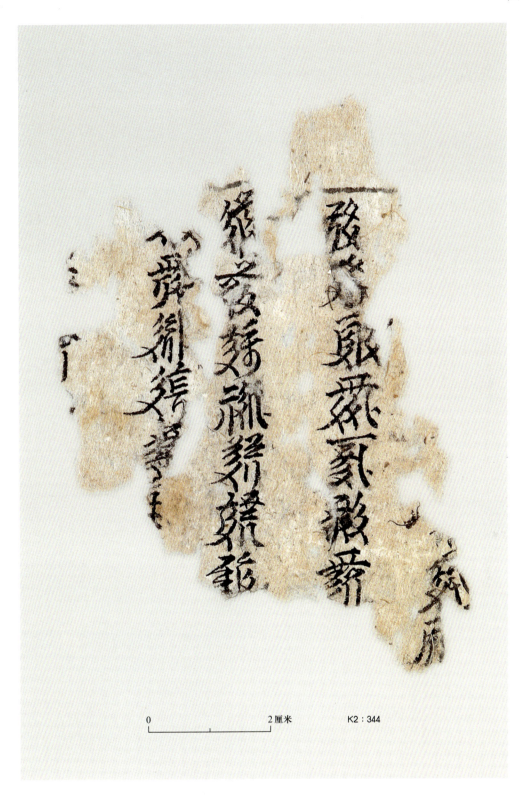

0   2厘米   K2：344

K2 出土藏传密教仪轨残片

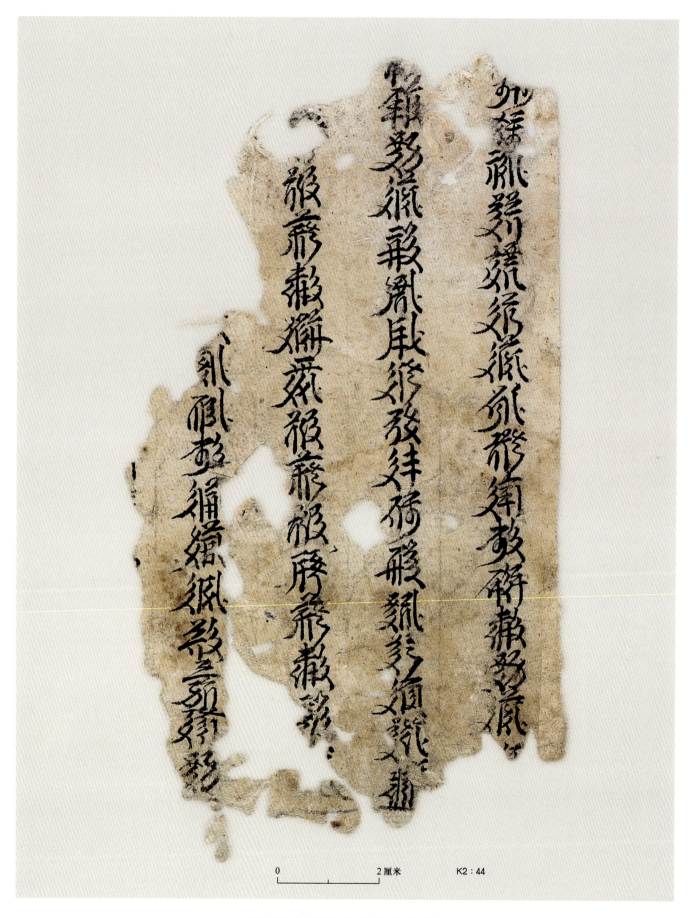

0　　　　　2厘米　　　　K2：44

K2 出土藏传密教仪轨残片

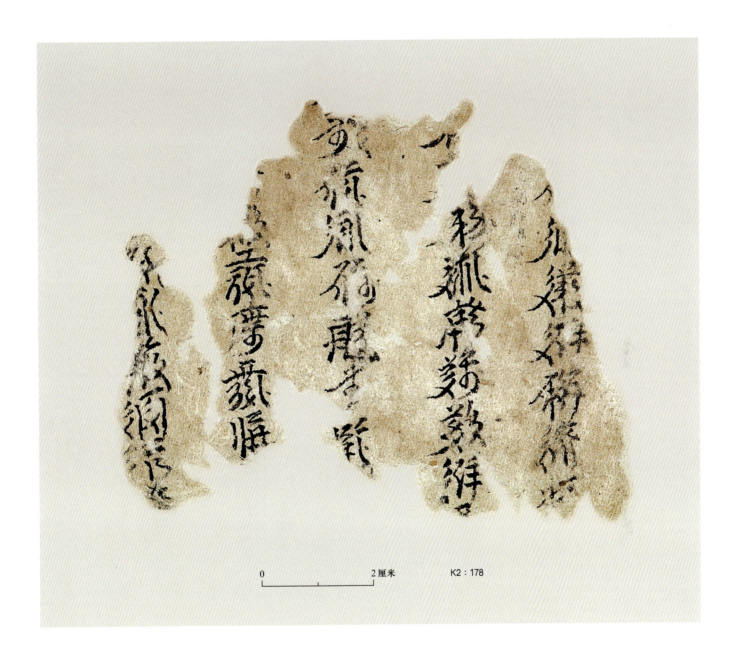

K2出土藏传密教仪轨残片

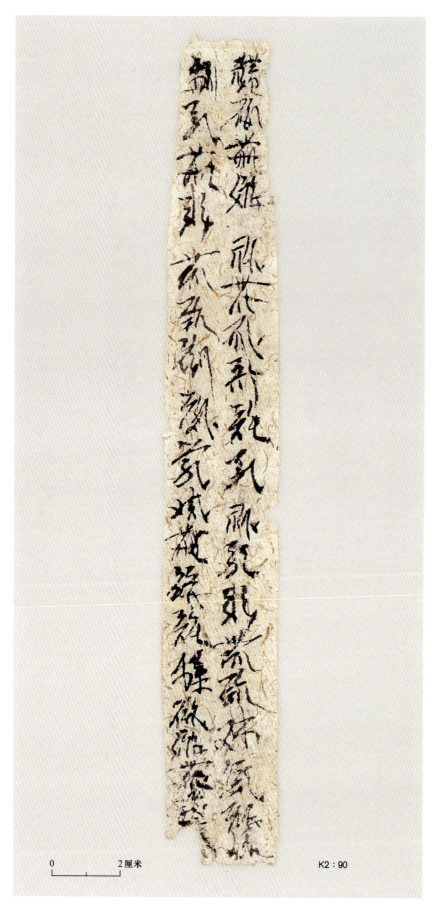

0　　　　2厘米　　　　　　　　　K2：90

K2 出土陀罗尼

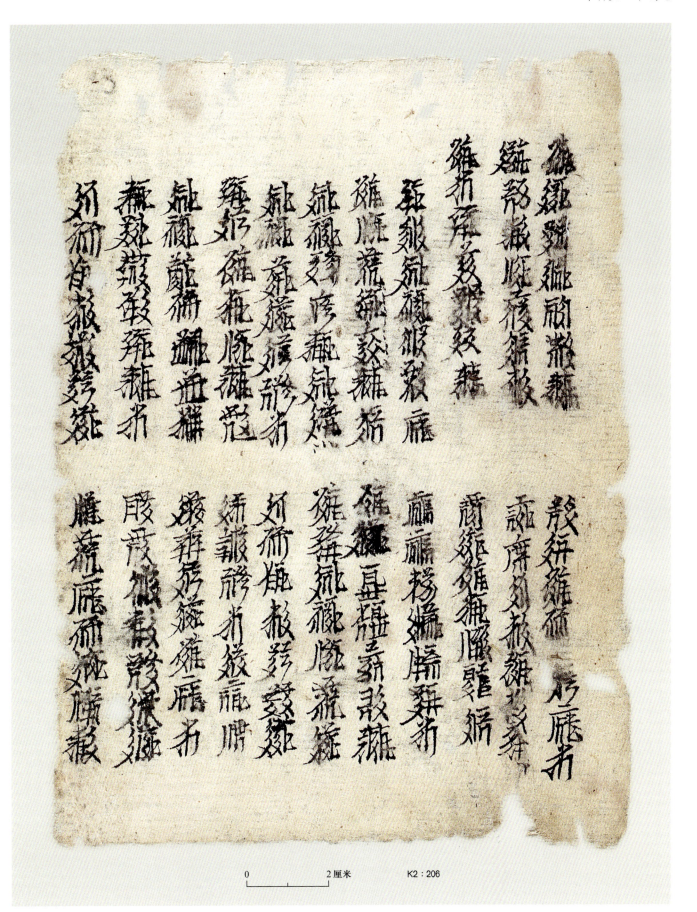

0   2厘米   K2：206

K2 出土藏传密教修法残页

0 2厘米　　K2：166

K2 出土藏传密教佛经残页

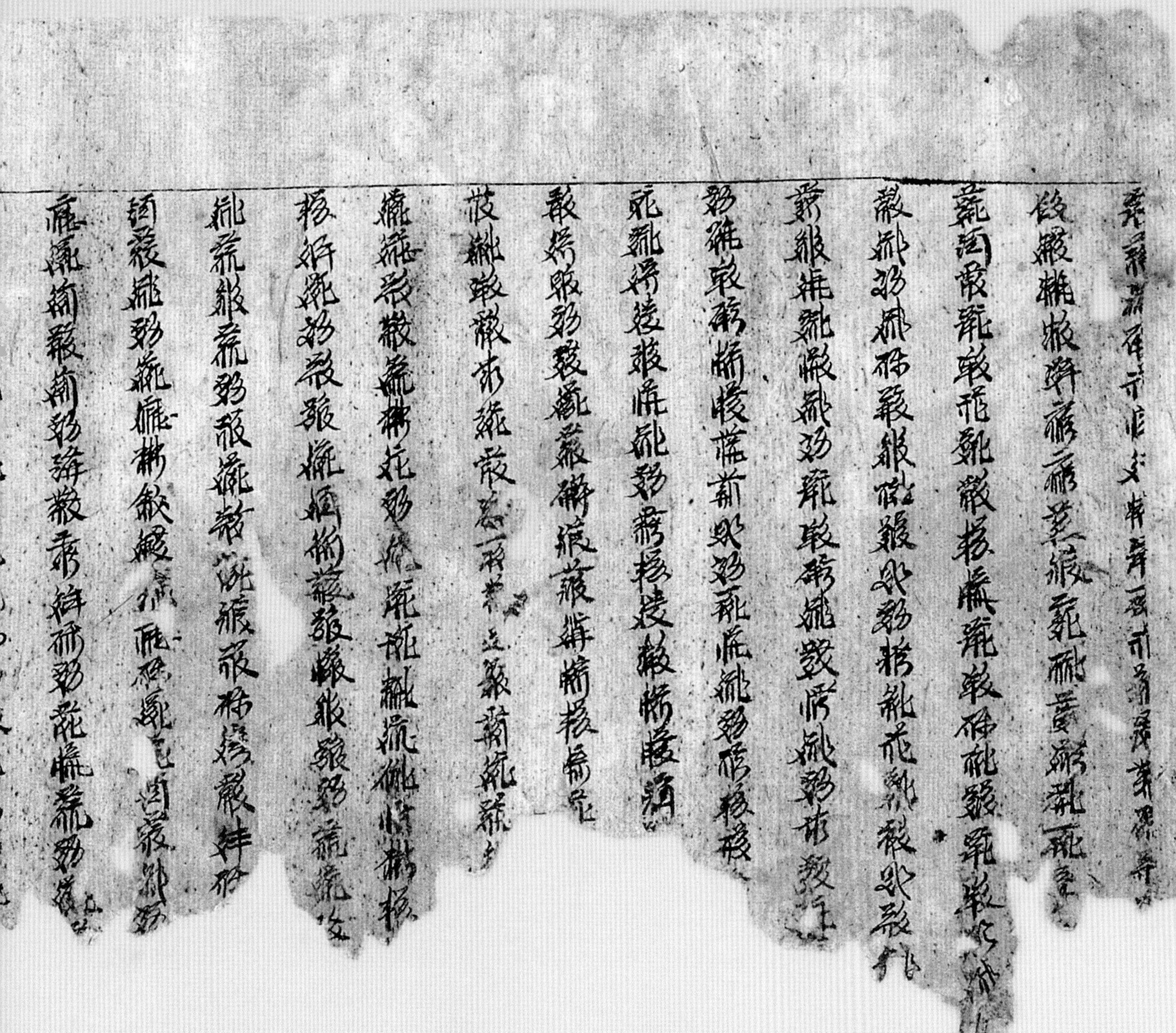

0　　2厘米

K2：150

K2 出土藏传密教修法残页

图版一七二

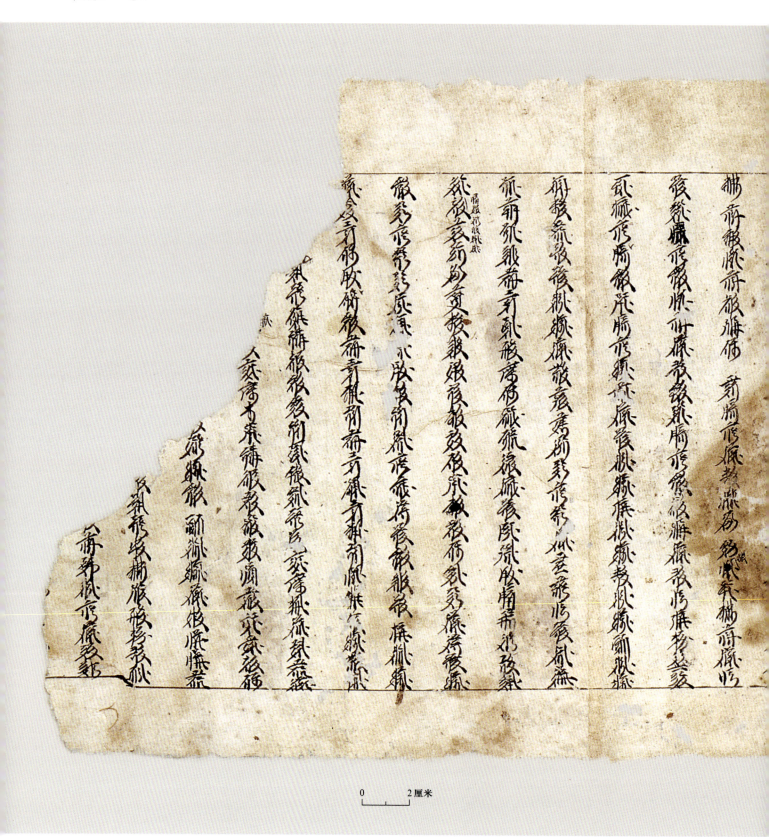

0 2厘米

K2 出土藏传密教修法残页

K2：128

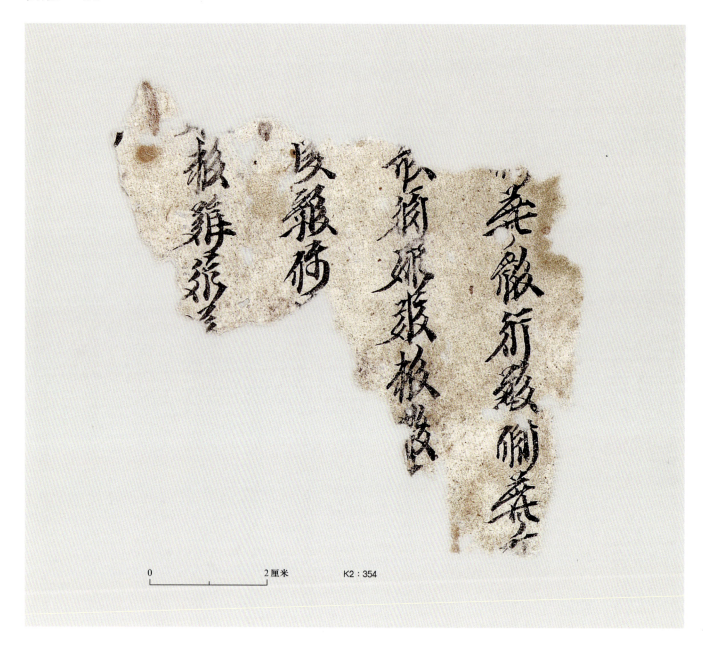

0   2 厘米   K2：354

K2 出土藏传密教修法残片

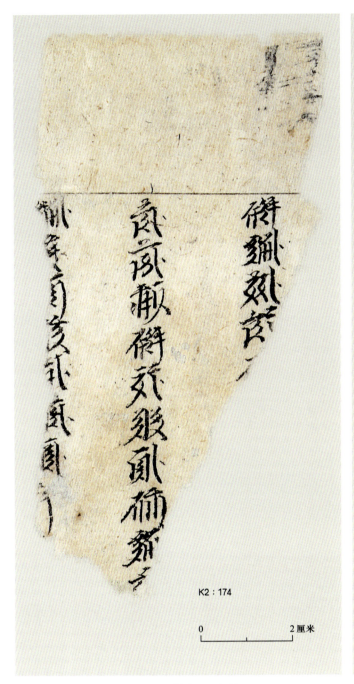

K2：174

0 2厘米

1. 藏传密教修法残片

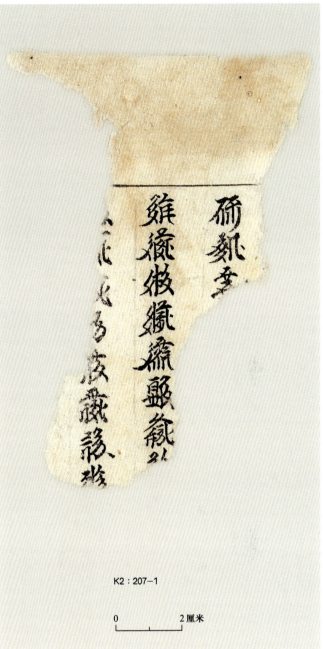

K2：207-1

0 2厘米

2. 藏传密教修法残片

K2 出土藏传密教修法残片

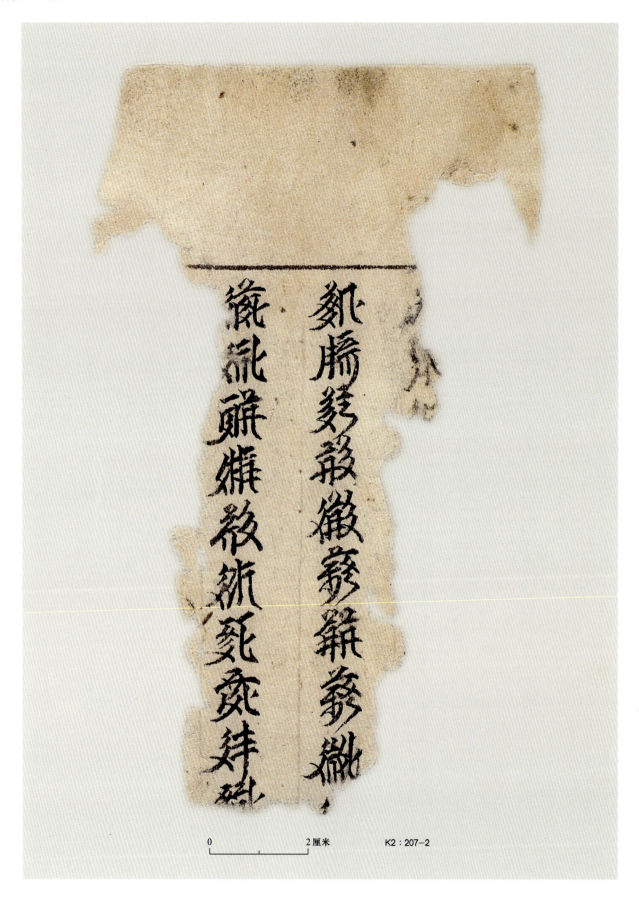

K2：207-2

K2 出土藏传密教修法残片

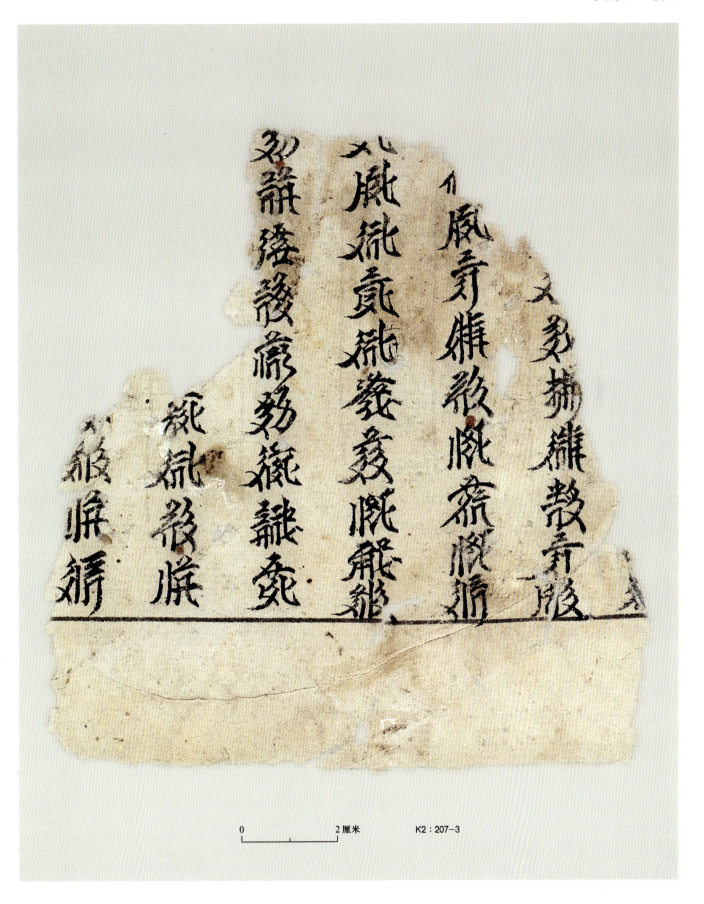

0　　　　　2厘米　　　　K2：207-3

K2 出土藏传密教修法残片

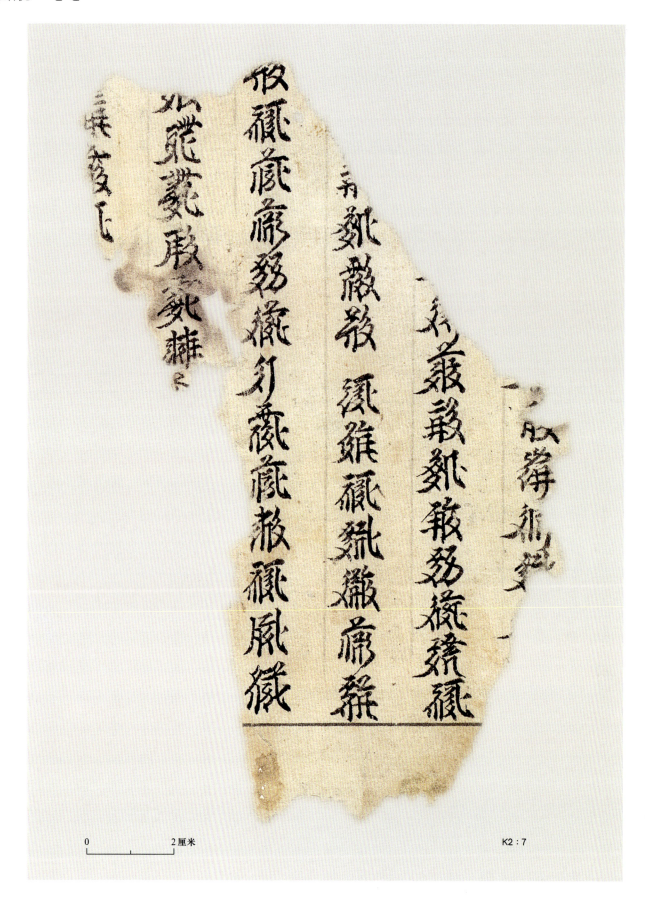

K2出土藏传密教修法残片

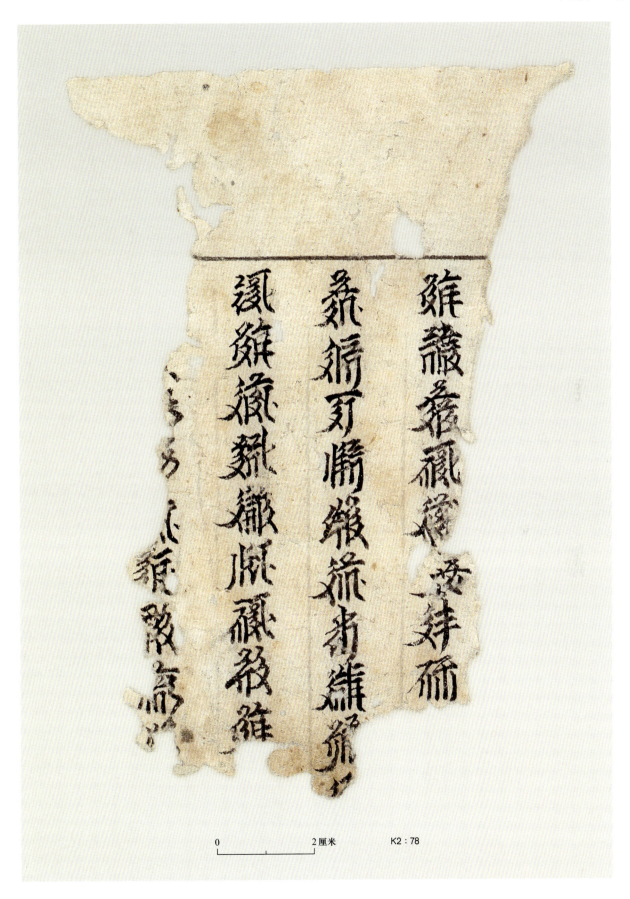

K2 出土藏传密教修法残片

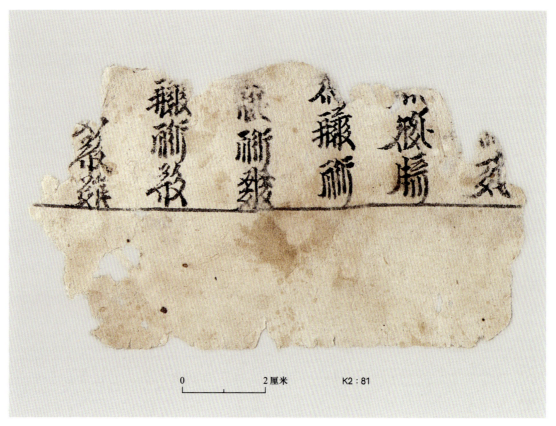

0 ⸺ 2厘米　　　K2：81

1．藏传密教修法残片

0 ⸺ 2厘米　　　K2：84

2．藏传密教修法残片

K2出土藏传密教修法残片

K2：363

0   2 厘米

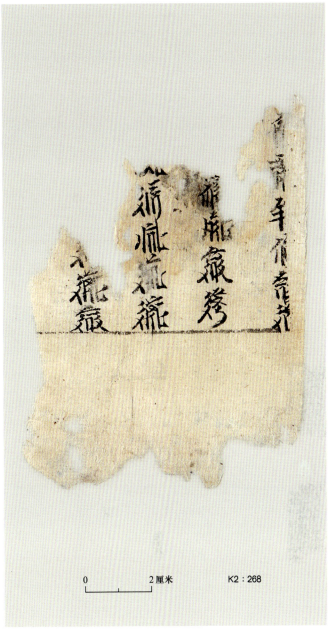

0   2 厘米   K2：268

1．藏传密教修法残片   2．藏传密教修法残片

K2 出土藏传密教修法残片

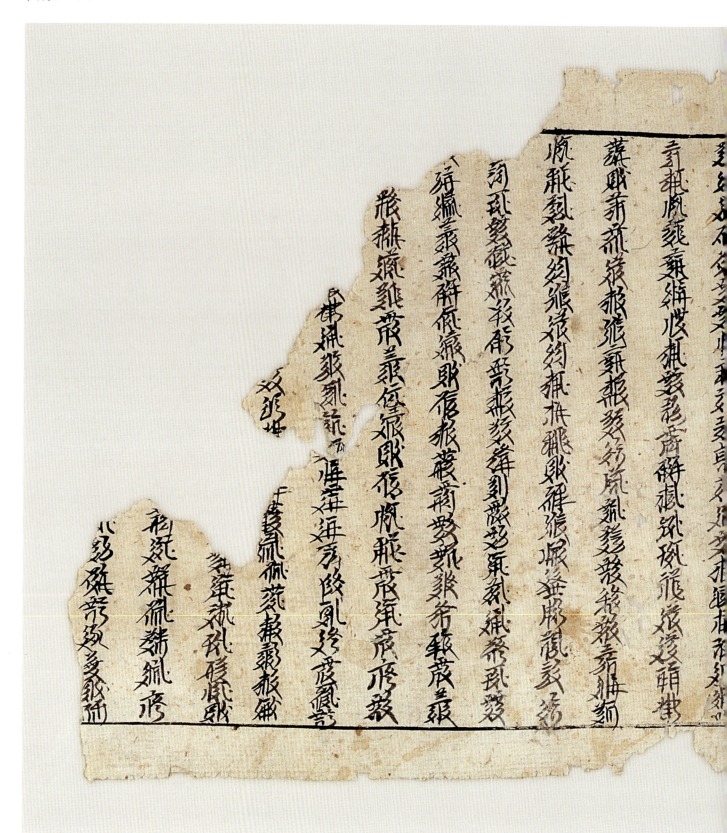

K2 出土藏传密教佛经残页

K2：187

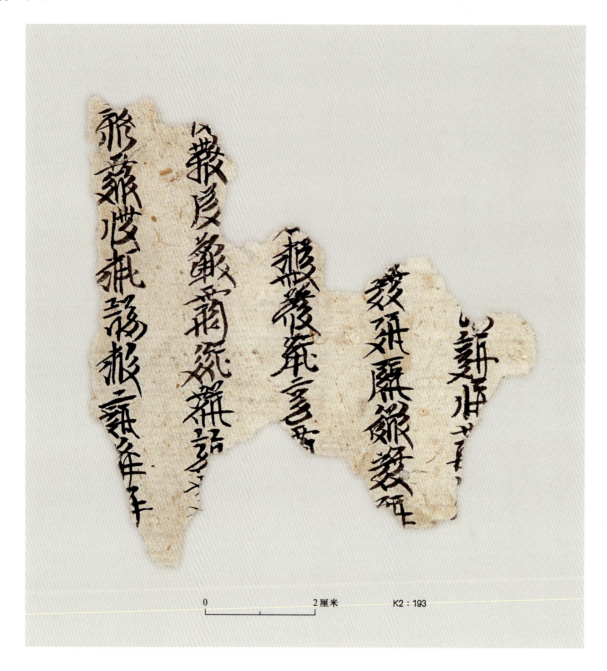

0　　　　2厘米　　　K2：193

K2 出土藏传密教佛经残片

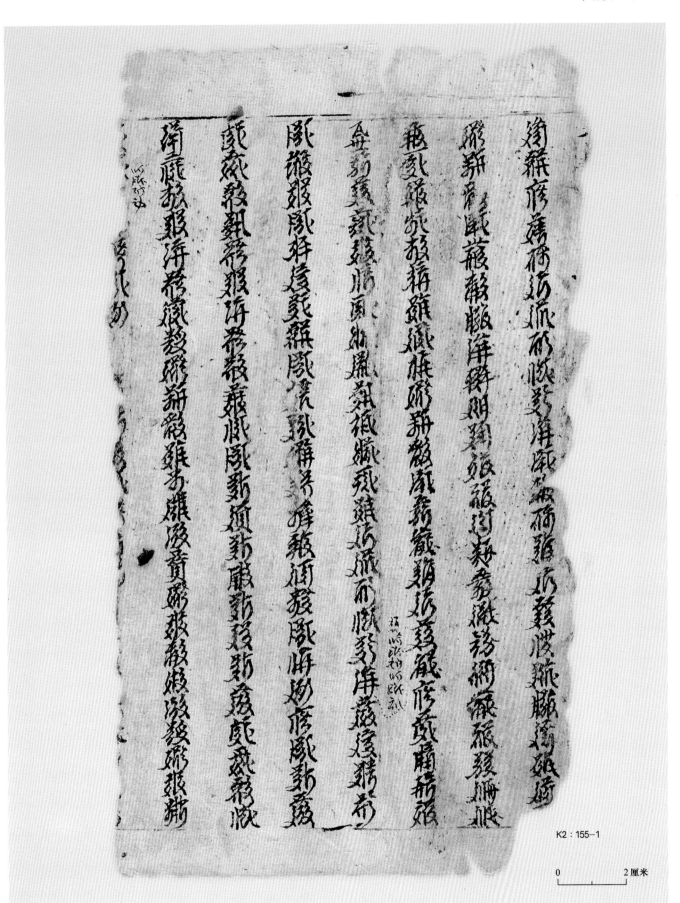

K2：155-1

K2 出土藏传密教修法残页

0   2厘米   K2：155-2

K2 出土藏传密教修法残片

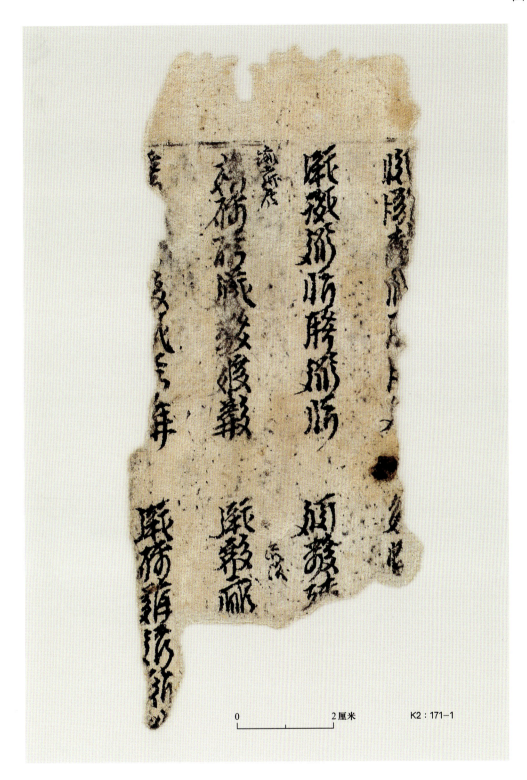

0 2厘米 K2：171-1

K2 出土藏传密教修法残片

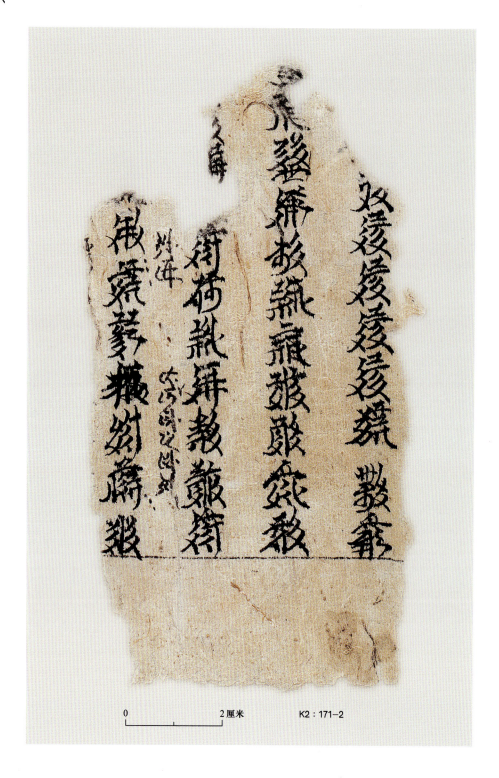

0   2厘米   K2：171-2

K2 出土藏传密教修法残片

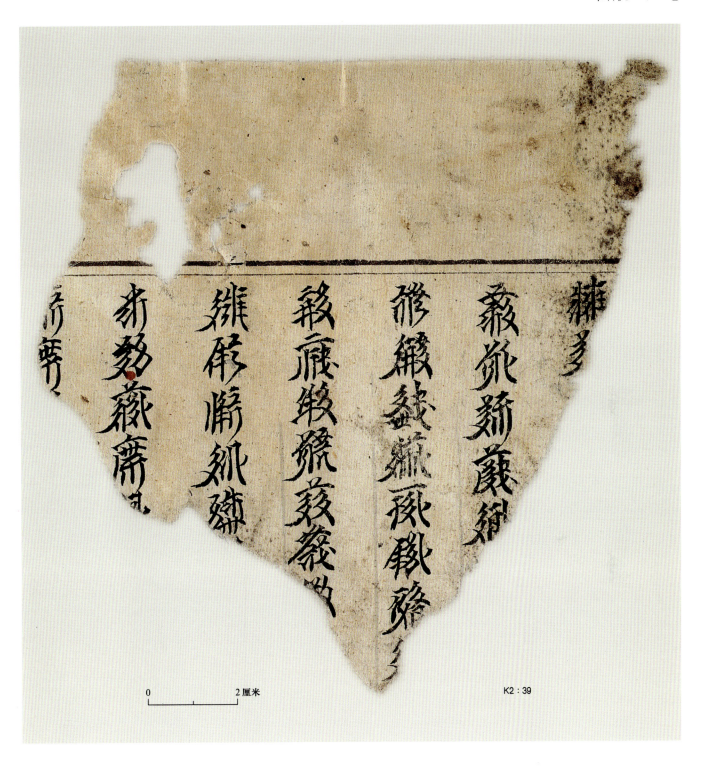

K2 : 39

K2 出土写本佛经残片

0　　　2厘米　　　K2：14

K2 出土写本佛经残片

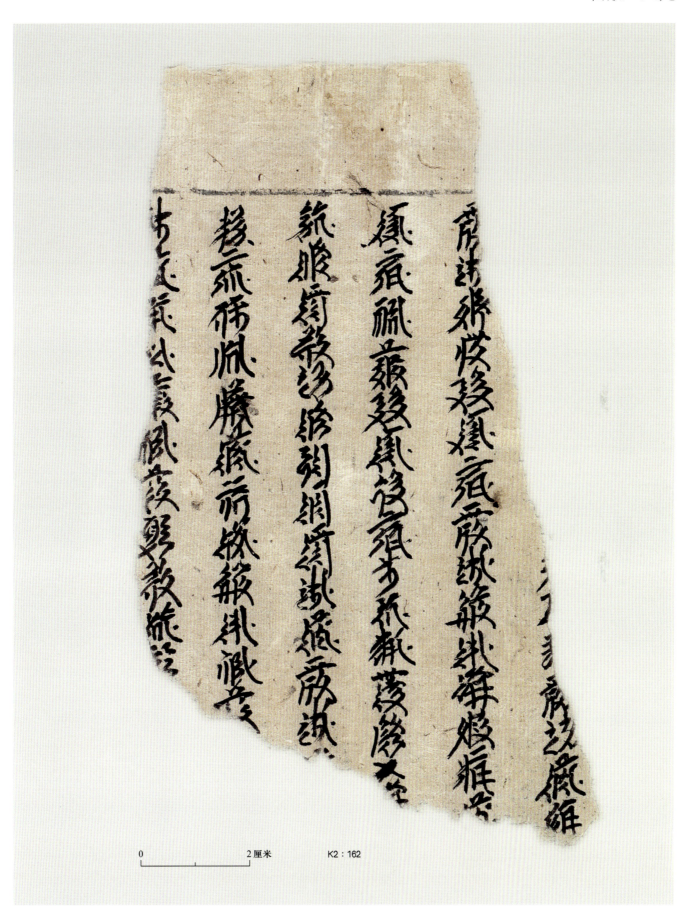

0   2厘米   K2：162

K2 出土藏传密教修法残片

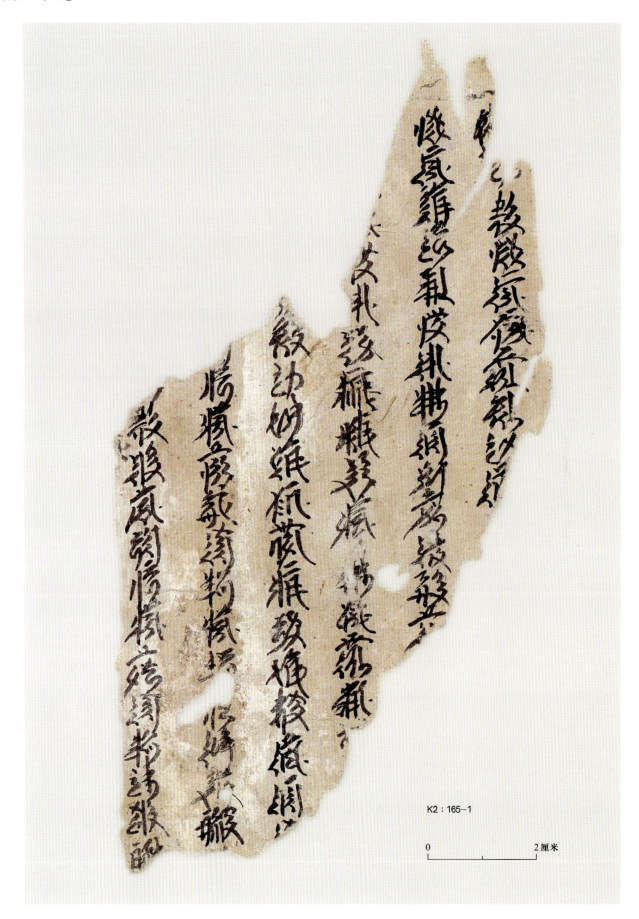

K2：165-1

0   2 厘米

K2 出土藏传密教修法残片

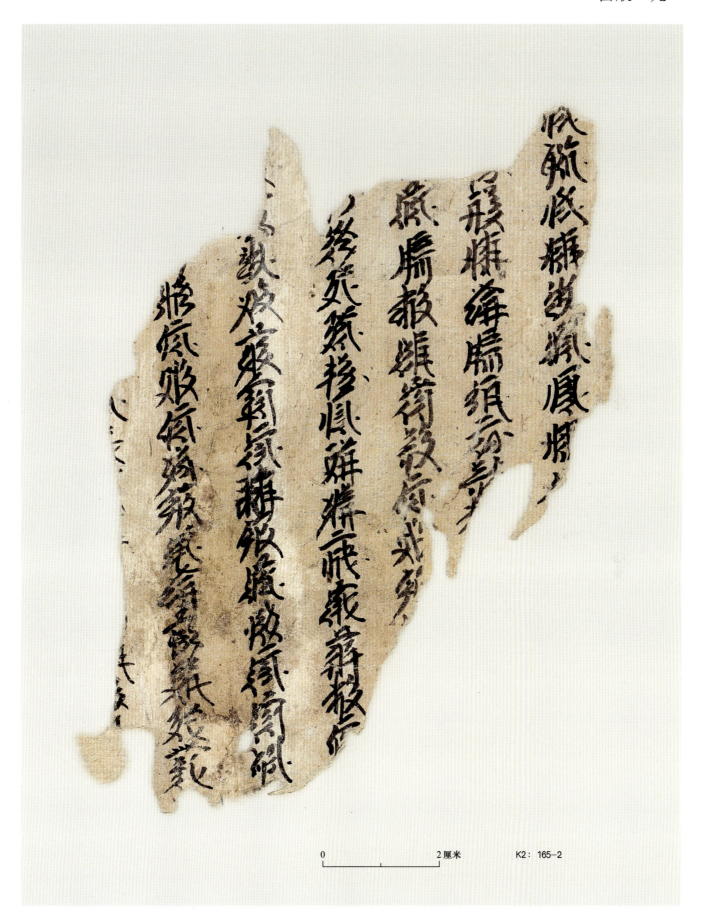

0   2厘米   K2：165-2

K2 出土藏传密教修法残片

K2 出土 "祈愿偈" 残页

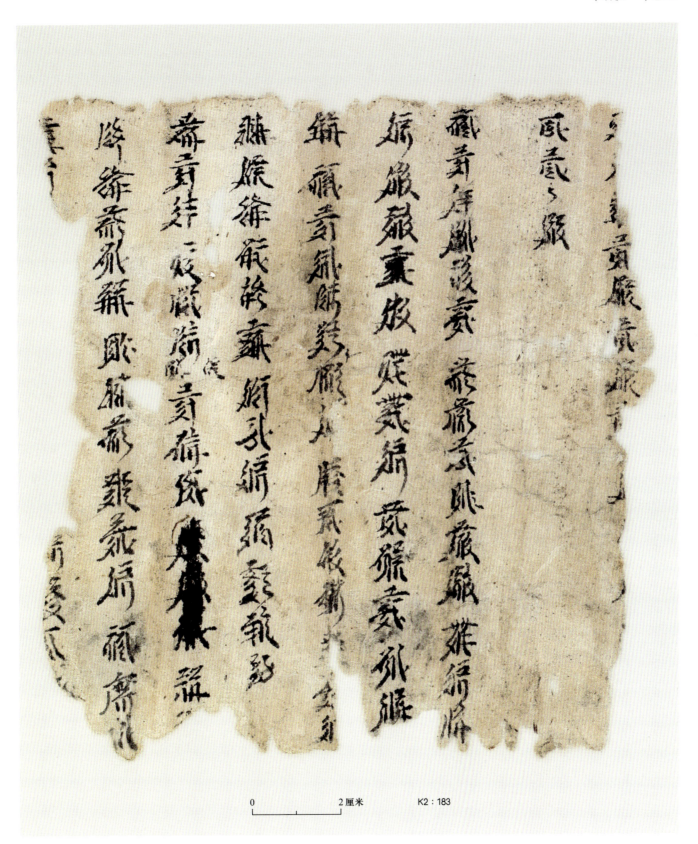

0   2厘米   K2∶183

K2 出土写本佛经残页

1. 写本佛经残片　　　　2. 写本佛经残片

K2 出土写本佛经残片

K2 出土写本佛经残页

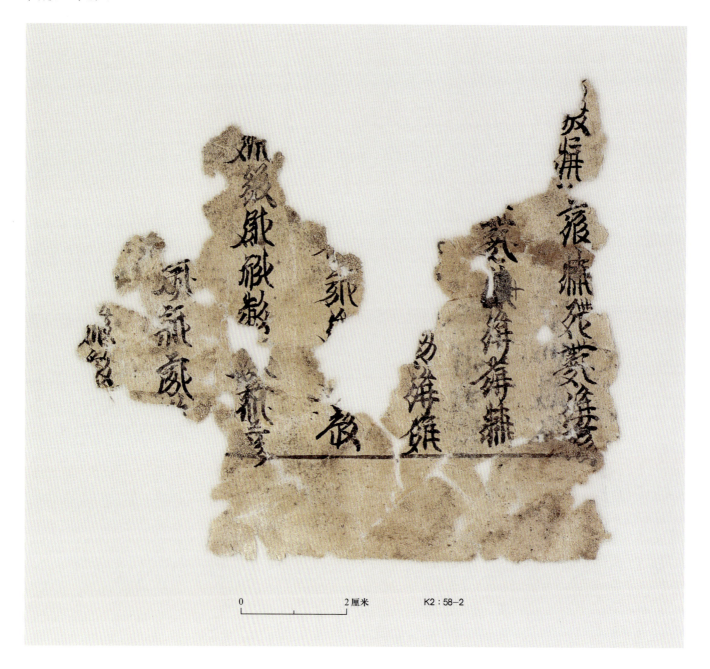

0   2厘米   K2：58-2

K2 出土写本佛经残片

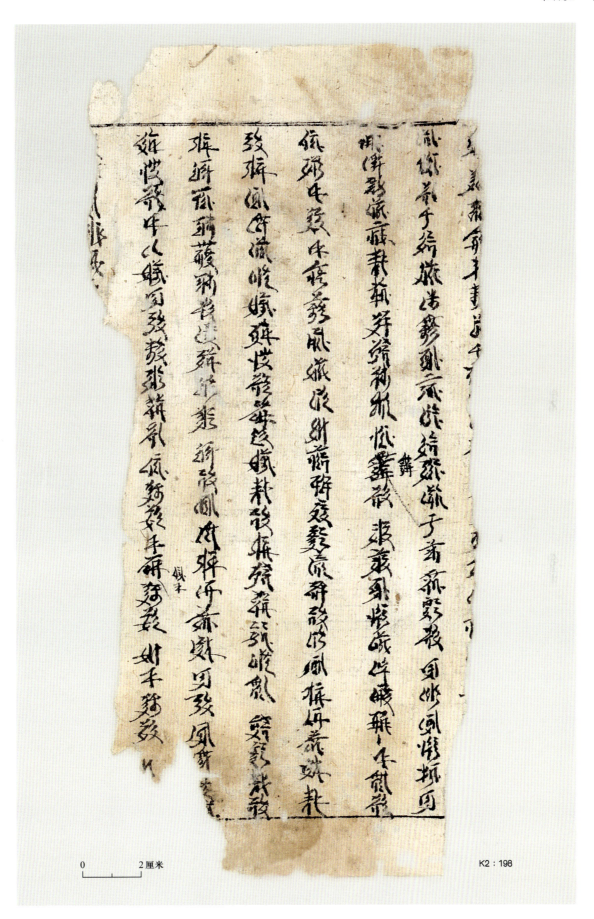

K2 : 198

K2 出土藏传密教修法残页

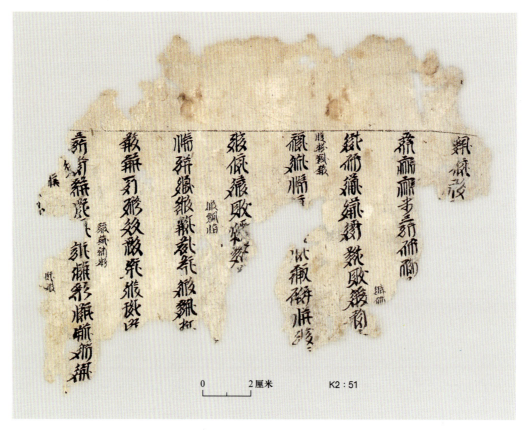

1. 藏传密教修法残片

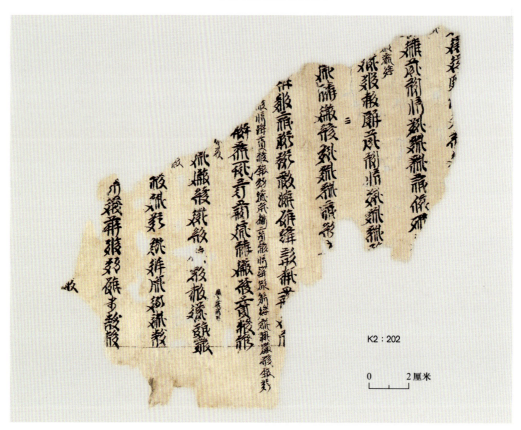

2. 藏传密教修法残片

K2 出土藏传密教修法残片

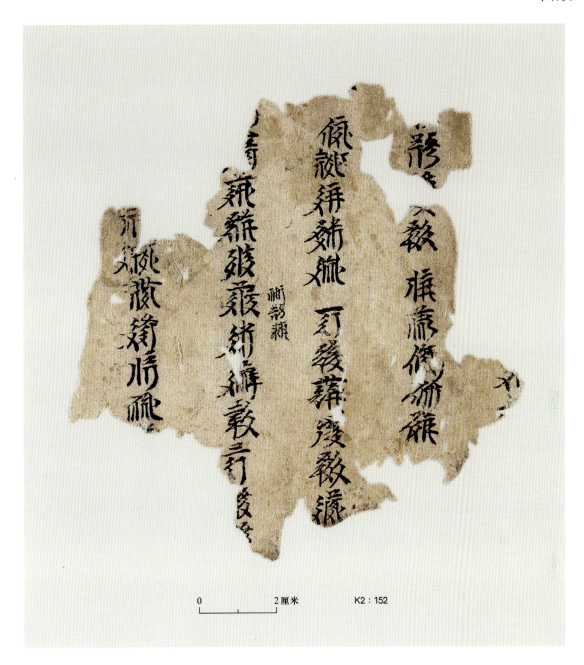

K2 出土藏传密教修法残片

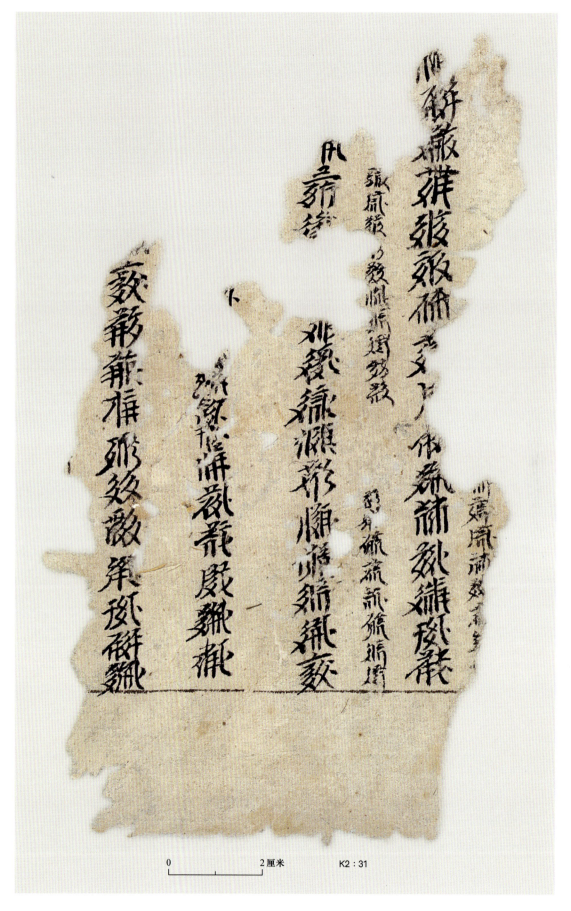

0   2厘米   K2：31

K2 出土藏传密教修法残片

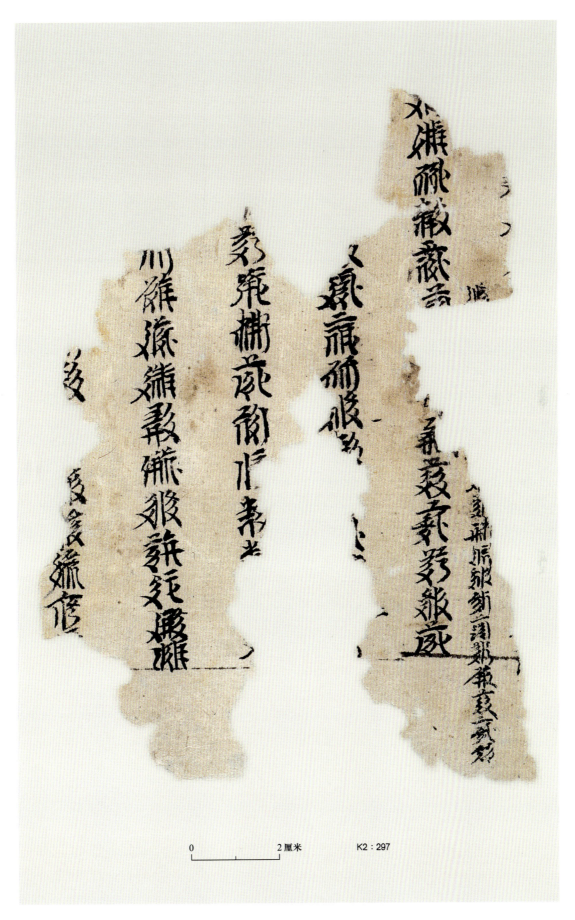

0   2厘米   K2：297

K2 出土藏传密教修法残片

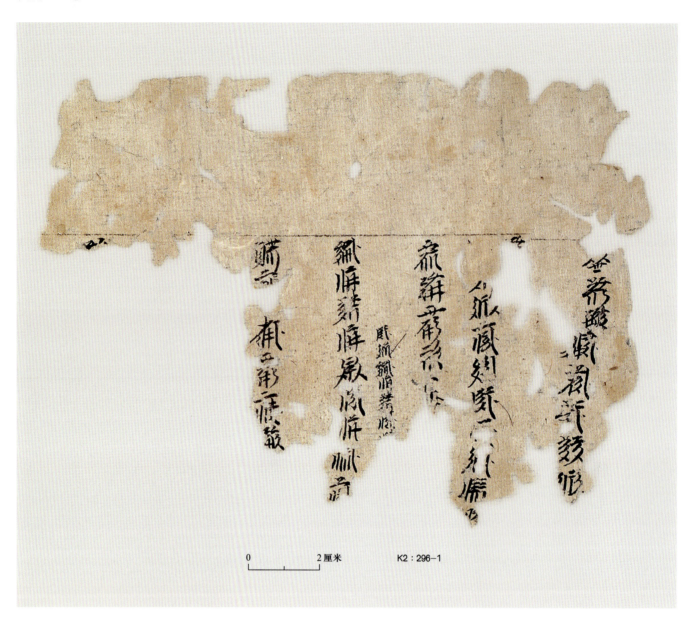

0 　　　2厘米　　　　K2：296-1

K2 出土藏传密教修法残片

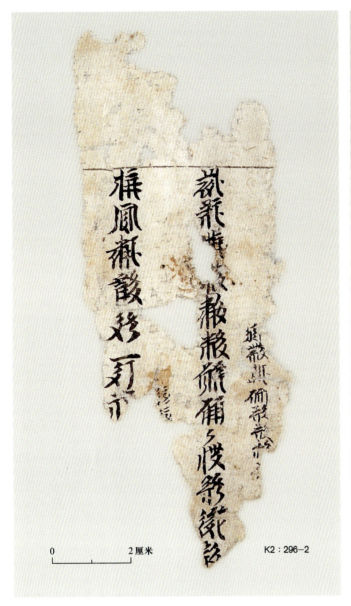

1. 藏传密教修法残片

2. 藏传密教修法残片

K2 出土藏传密教修法残片

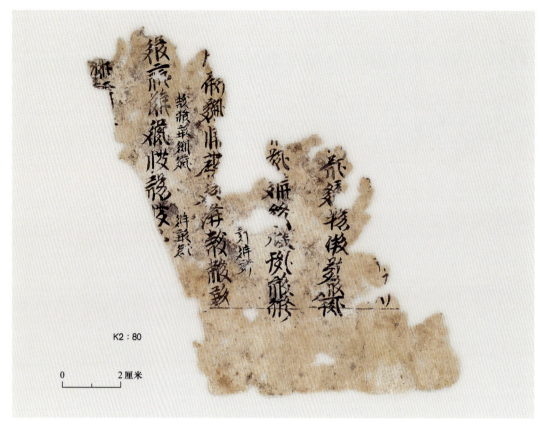

1. 藏传密教修法残片

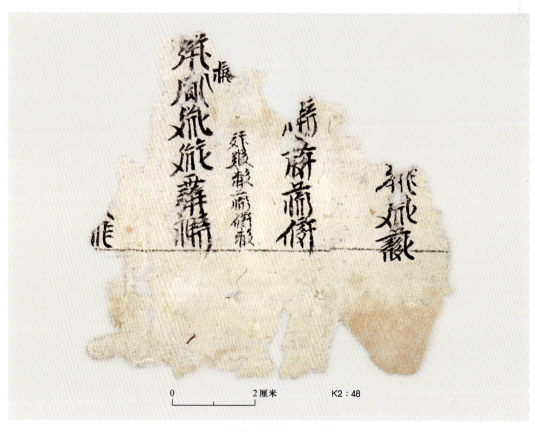

2. 藏传密教修法残片

K2 出土藏传密教修法残片

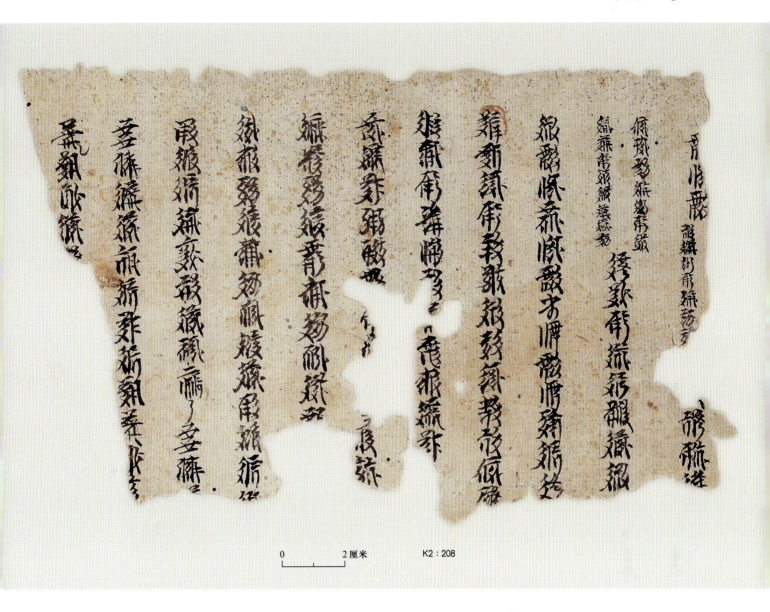

K2 出土写本佛经残页

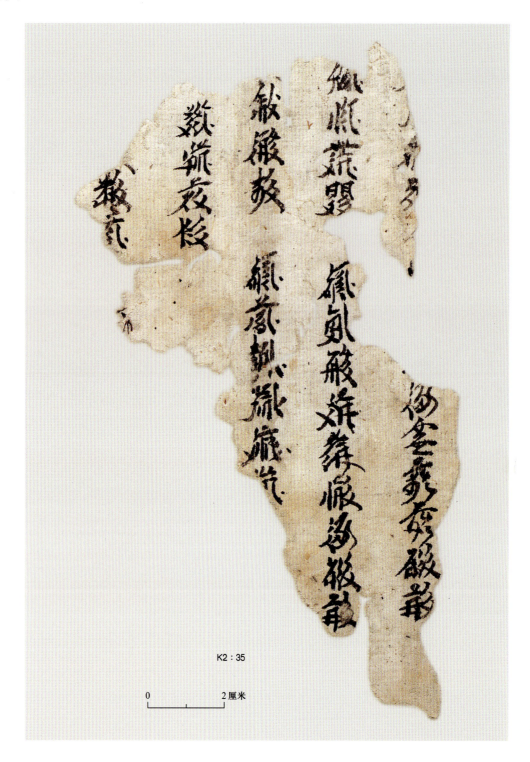

K2：35

0 　　　2厘米

K2 出土写本佛经残片

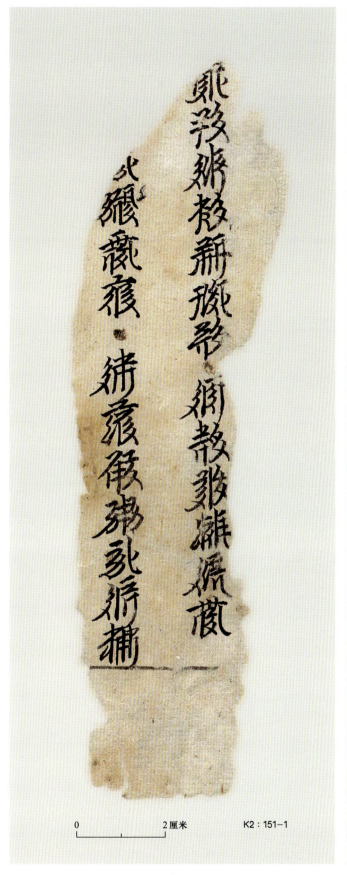

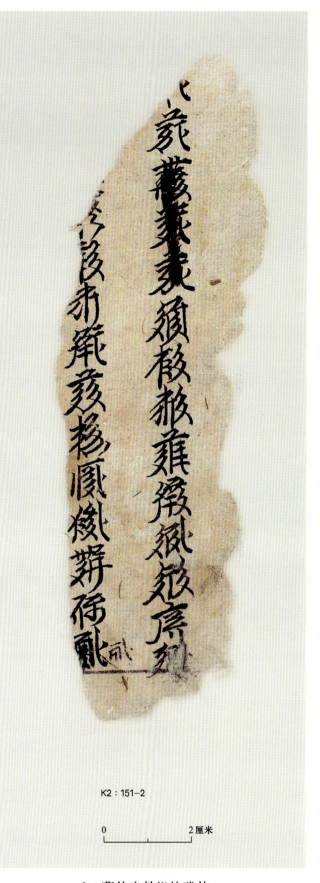

K2：151-1

K2：151-2

1. 藏传密教仪轨残片　　　　　　　2. 藏传密教仪轨残片

K2 出土藏传密教仪轨残片

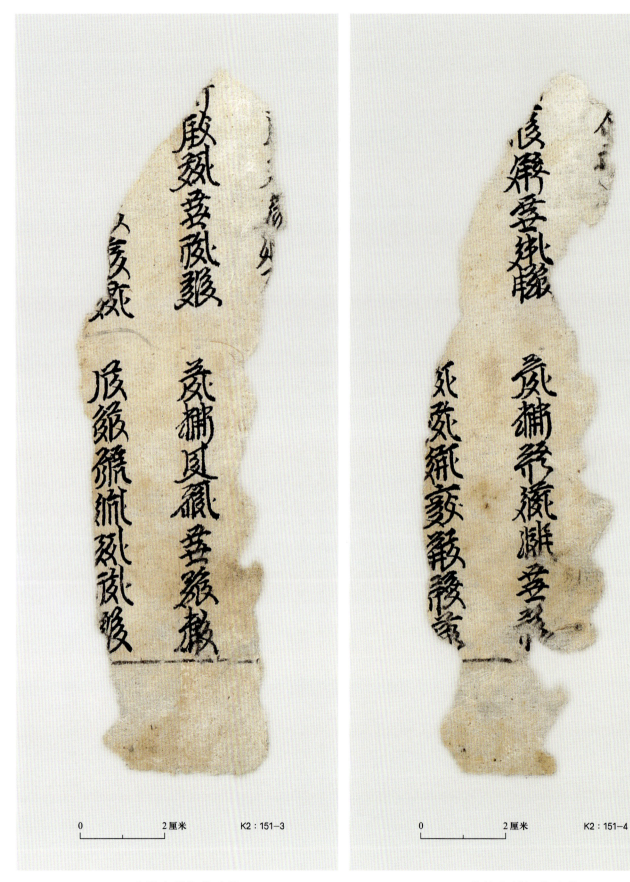

0   2厘米   K2：151-3

0   2厘米   K2：151-4

1. 藏传密教仪轨残片   2. 藏传密教仪轨残片

K2 出土藏传密教仪轨残片

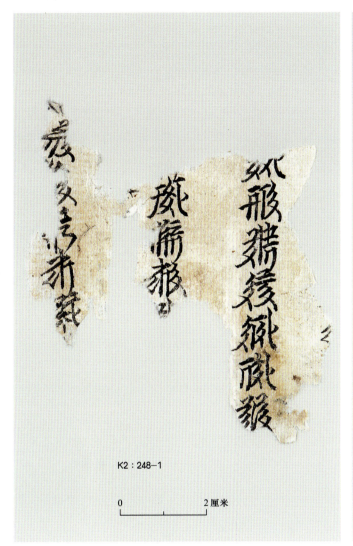

K2：248—1

0　　　　　　2 厘米

1．藏传密教仪轨残片

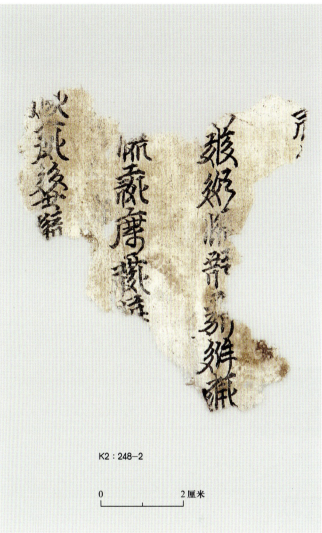

K2：248—2

0　　　　　　2 厘米

2．藏传密教仪轨残片

K2 出土藏传密教仪轨残片

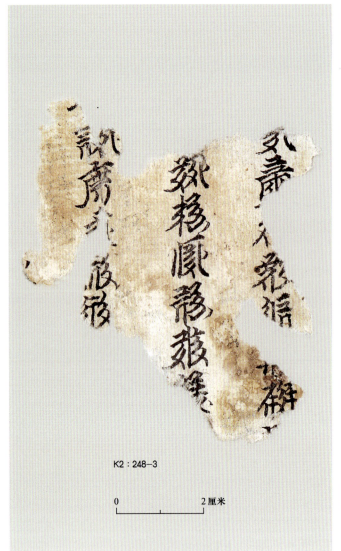

K2：248-3

0   2厘米

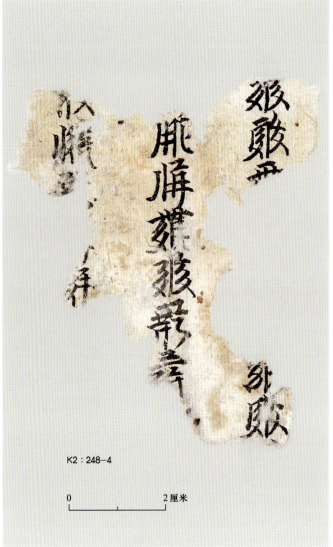

K2：248-4

0   2厘米

1. 藏传密教仪轨残片　　　　　　　　　2. 藏传密教仪轨残片

K2 出土藏传密教仪轨残片

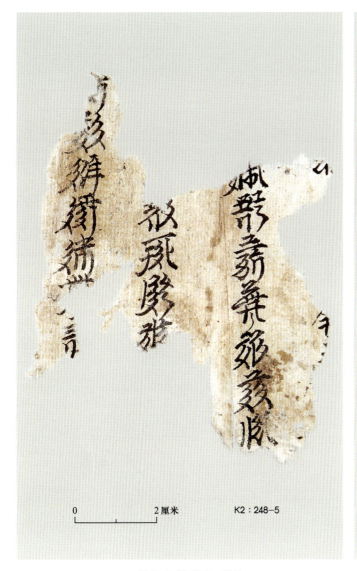

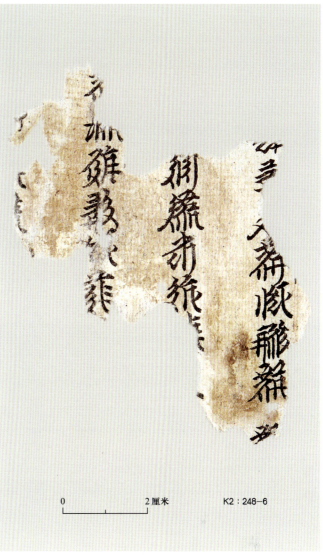

1. 藏传密教仪轨残片　　　　　　　　　　2. 藏传密教仪轨残片

K2 出土藏传密教仪轨残片

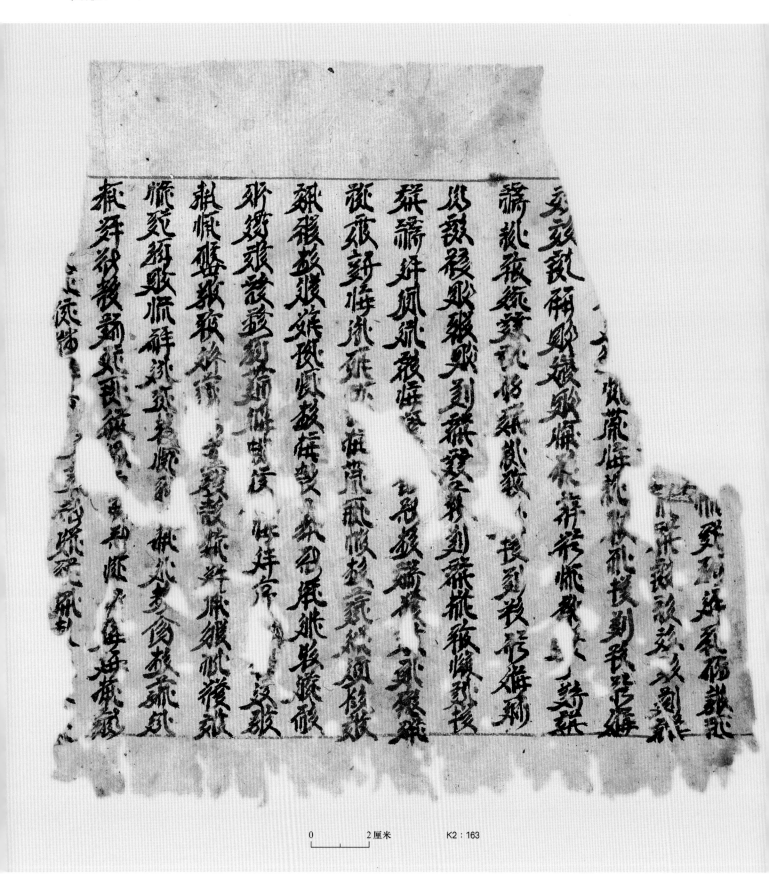

K2 出土藏传密教仪轨残页

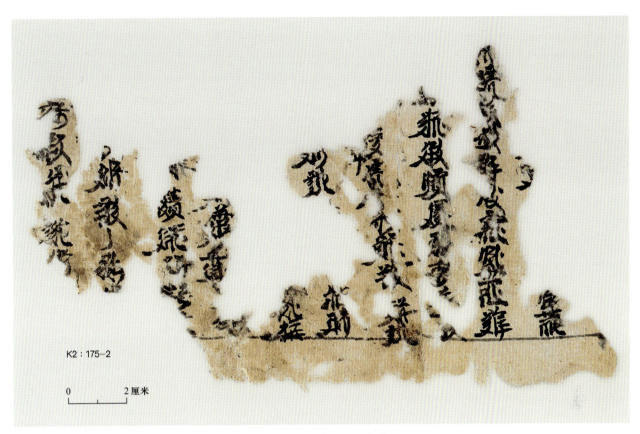

1. 藏传密教仪轨残片

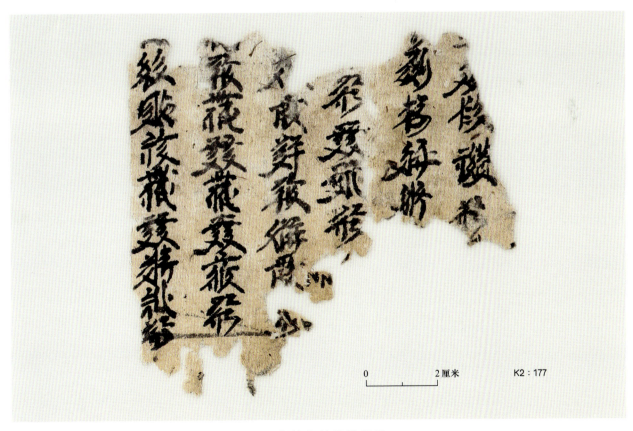

2. 藏传密教仪轨残片

K2 出土藏传密教仪轨残片

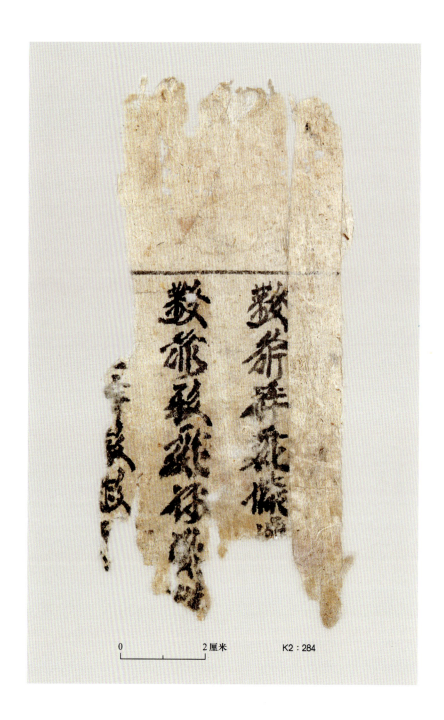

0   2厘米   K2：284

K2 出土藏传密教仪轨残片

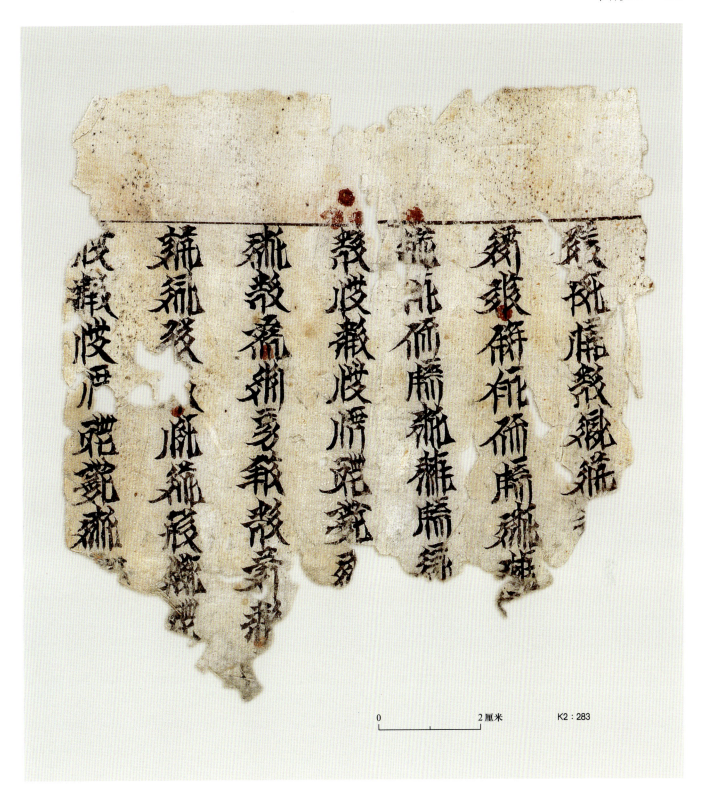

0   2厘米   K2：283

K2 出土写本佛经残片

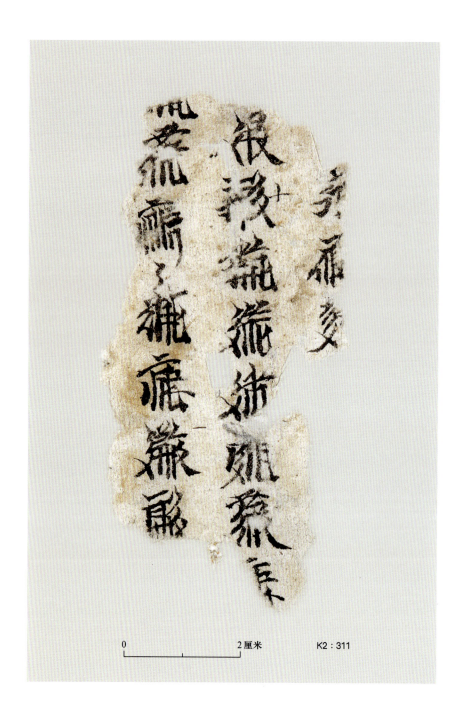

0　　　　　　　2厘米　　　　K2：311

K2 出土写本佛经残片

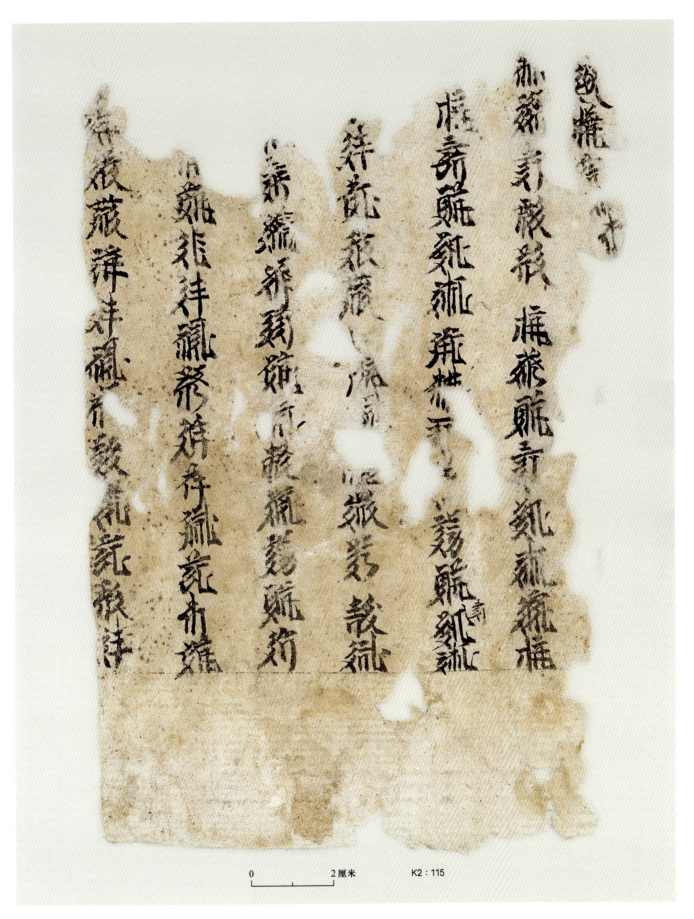

0   2厘米   K2：115

K2 出土写本佛经残片

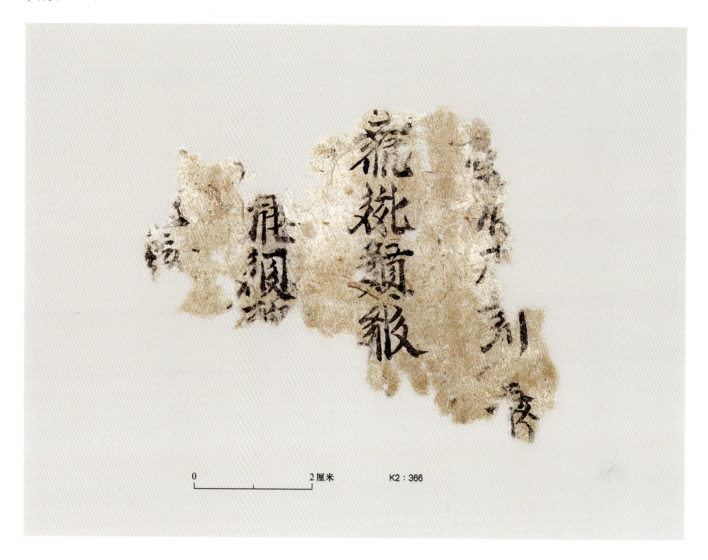

0   2 厘米   K2：366

K2 出土写本佛经残片

0   2厘米   K2：341-1

0   2厘米   K2：341-2

1. 藏传密教修法残片   2. 藏传密教修法残片

K2 出土藏传密教修法残片

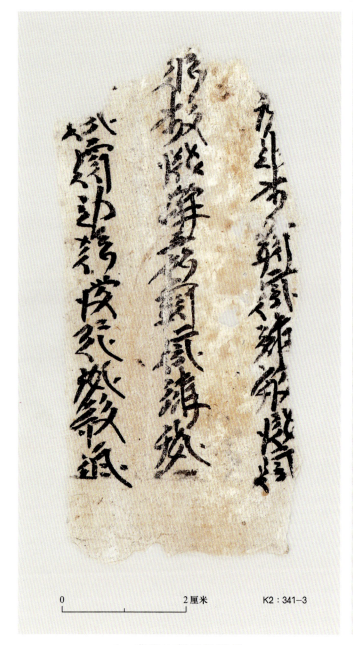

0   2厘米   K2：341-3

0   2厘米   K2：341-4

1．藏传密教修法残片   2．藏传密教修法残片

K2 出土藏传密教修法残片

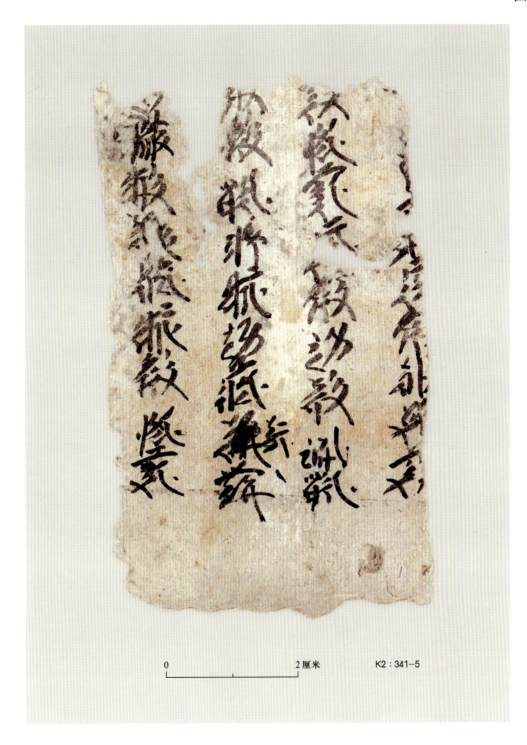

0   2 厘米   K2：341—5

K2 出土藏传密教修法残片

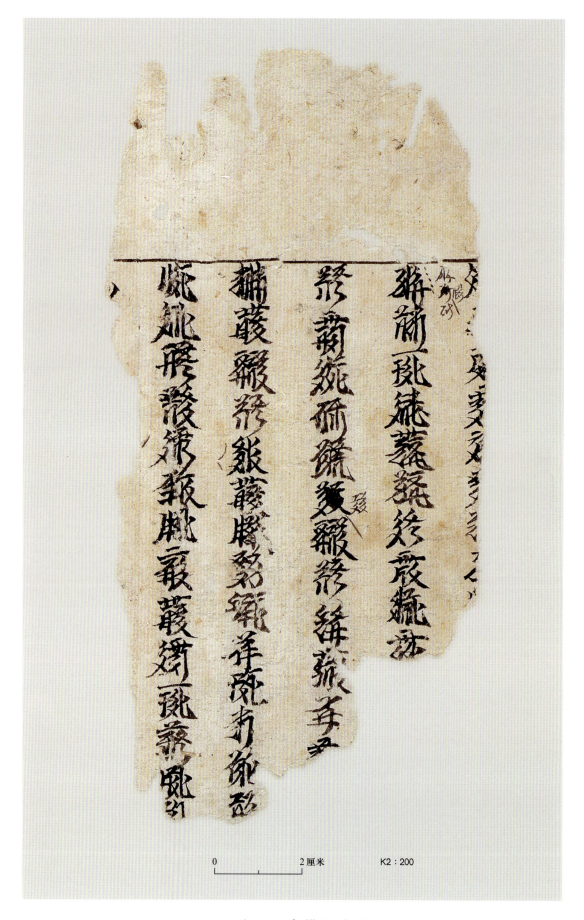

0   2厘米   K2：200

K2 出土写本佛经残片

K2 出土写本佛经残片

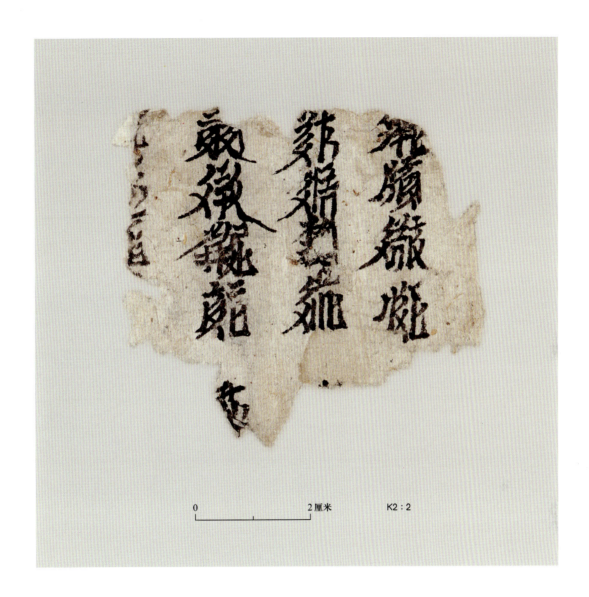

0   2 厘米   K2：2

K2 出土写本佛经残片

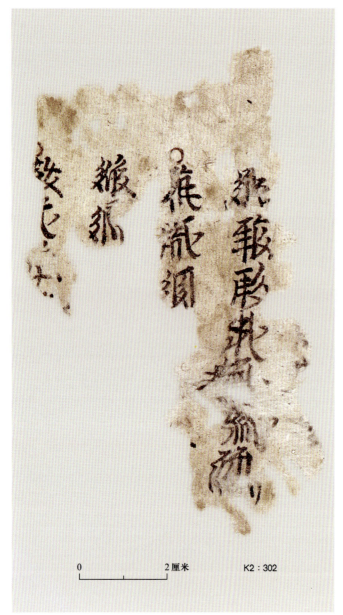

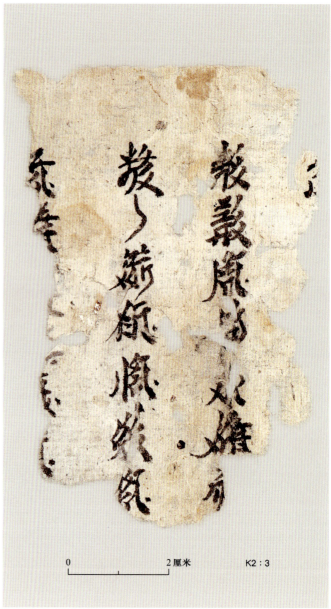

0 　　　　2厘米　　　K2：302

0 　　　　2厘米　　　K2：3

1．写本佛经残片

2．写本佛经残片

K2 出土写本佛经残片

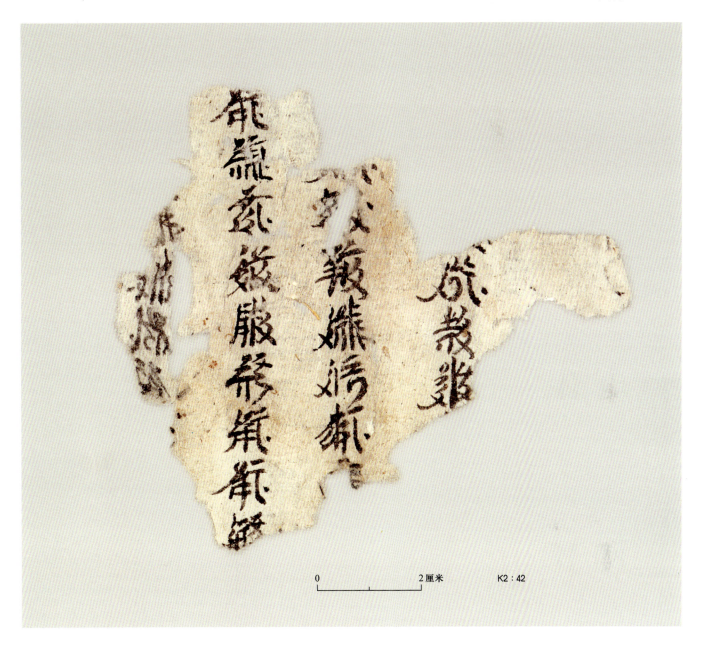

0   2厘米   K2∶42

K2 出土写本佛经残片

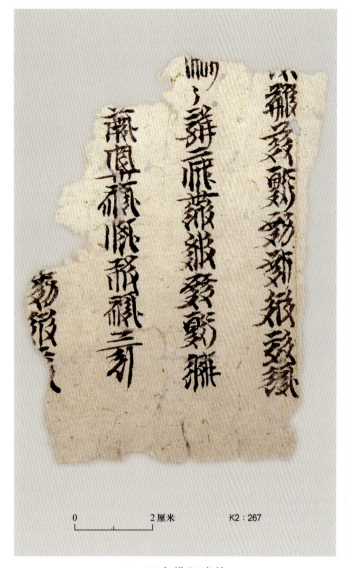

0   2厘米   K2：267

1．写本佛经残片

0   2厘米   K2：15

2．写本佛经残片

K2 出土写本佛经残片

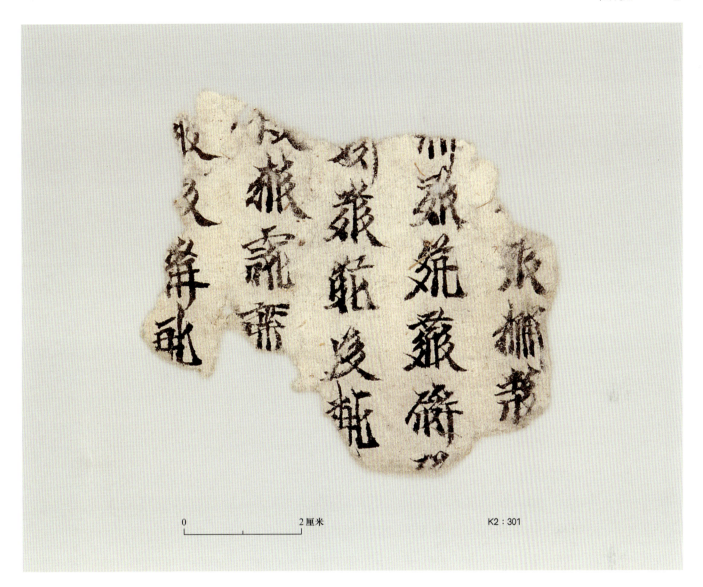

0   2 厘米   K2：301

K2 出土写本佛经残片

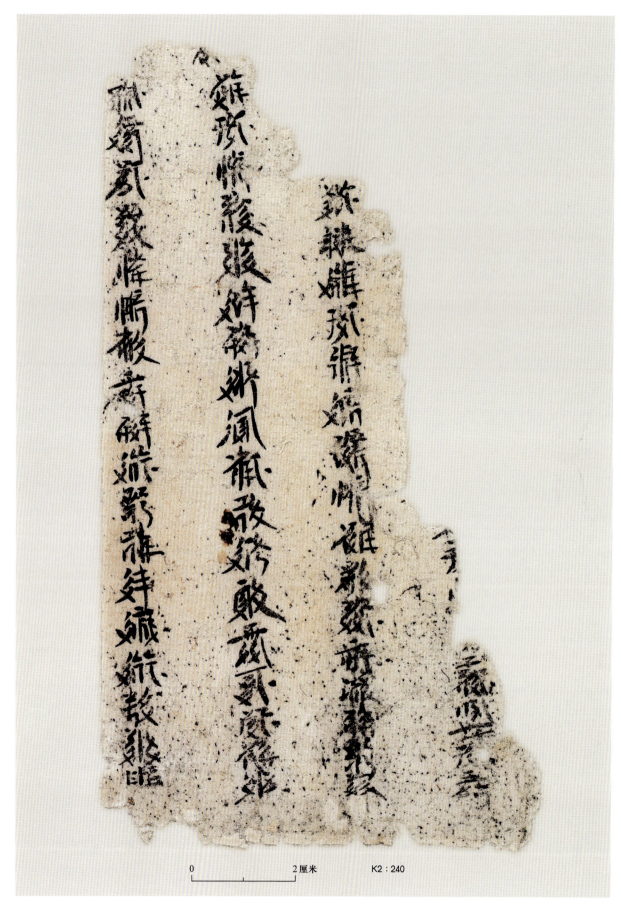

0　　　　　2厘米　　　　K2：240

K2 出土写本佛经残片

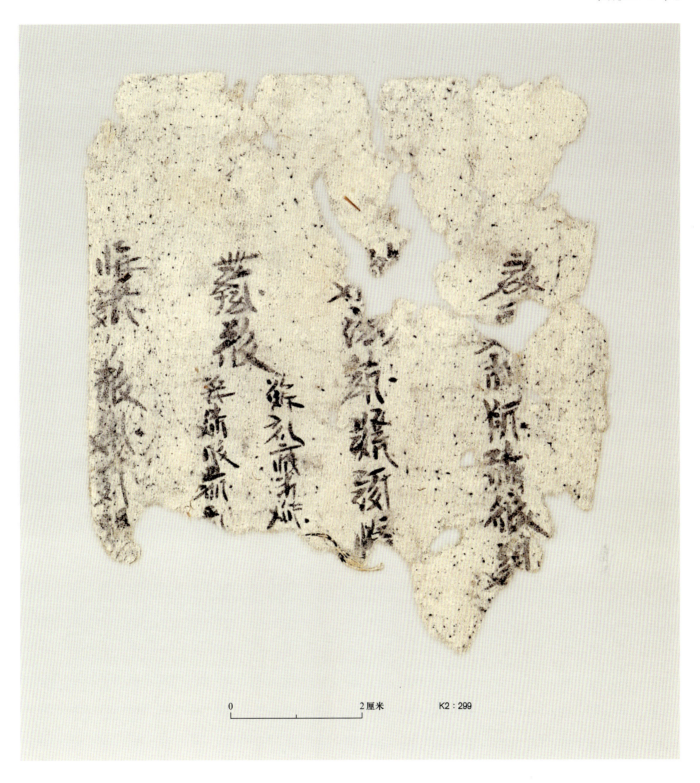

0   2厘米   K2：299

K2 出土写本佛经残片

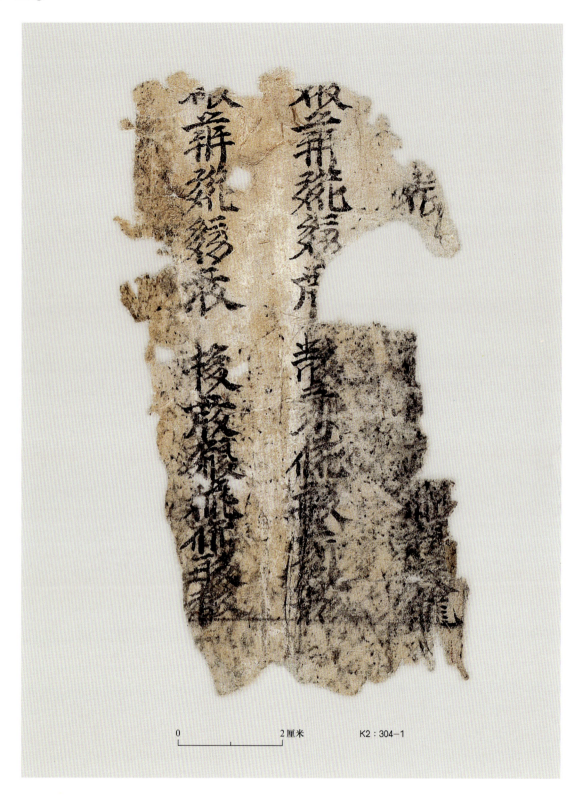

0　　　　　2厘米　　　　K2：304-1

K2 出土写本佛经残片

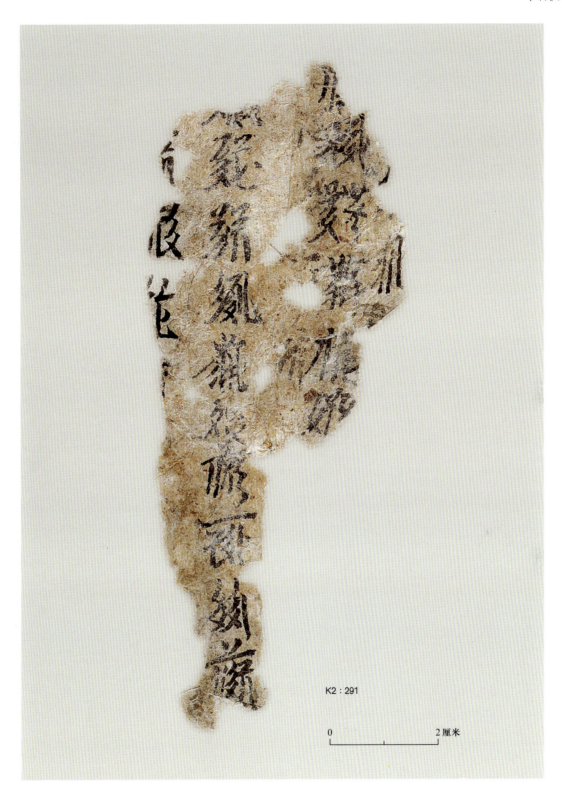

K2：291

0   2厘米

K2 出土写本佛经残片

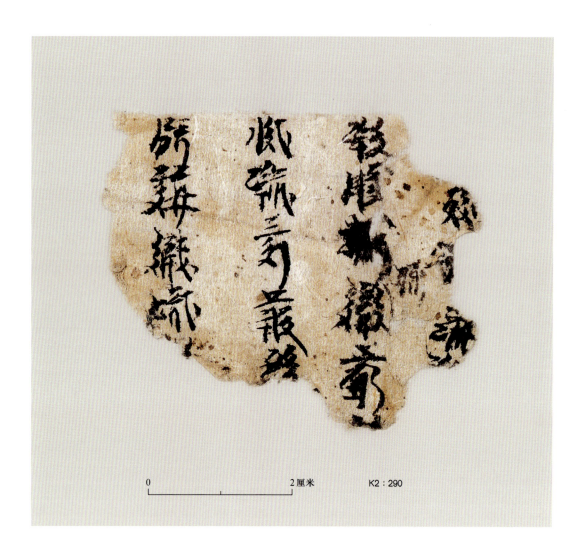

0   2 厘米   K2：290

K2 出土写本佛经残片

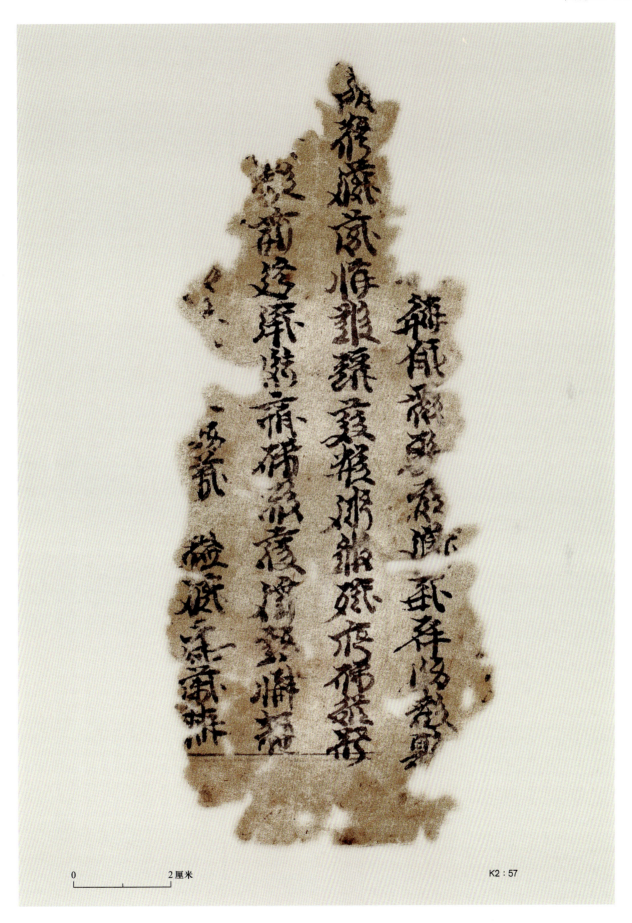

K2 出土写本佛经残片

K2出土藏传佛经残页

K2：143

0　　　　　2厘米

K2：133

0   2厘米

K2出土藏传佛经残片

0　　　　2厘米　　　K2：288

K2 出土藏传佛经残片

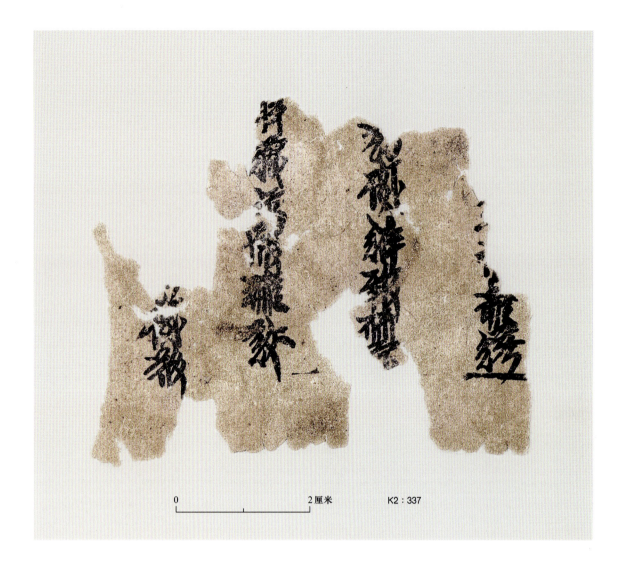

0   2 厘米   K2：337

K2 出土藏传佛经残片

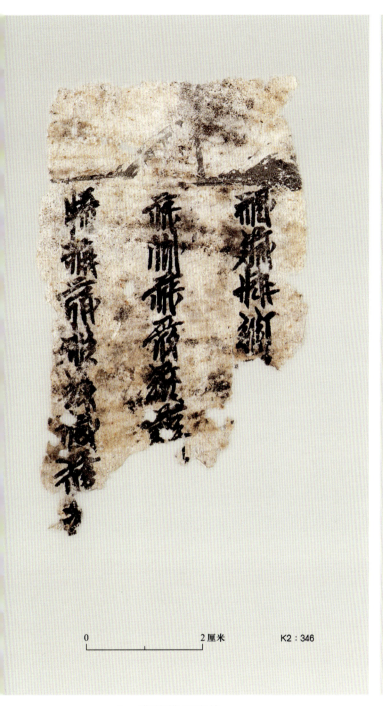

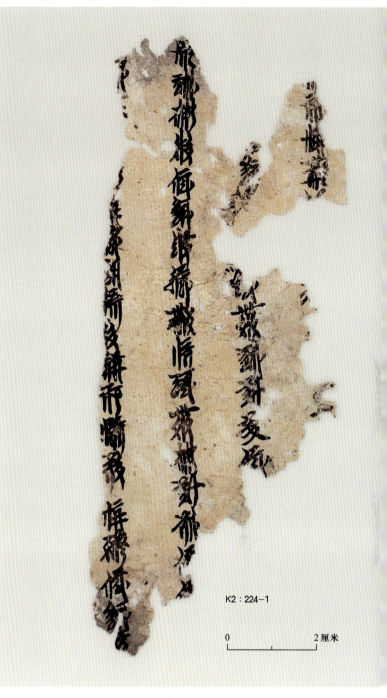

1．藏传佛经残片

2．藏传佛经残片

K2 出土藏传佛经残片

图版二三九

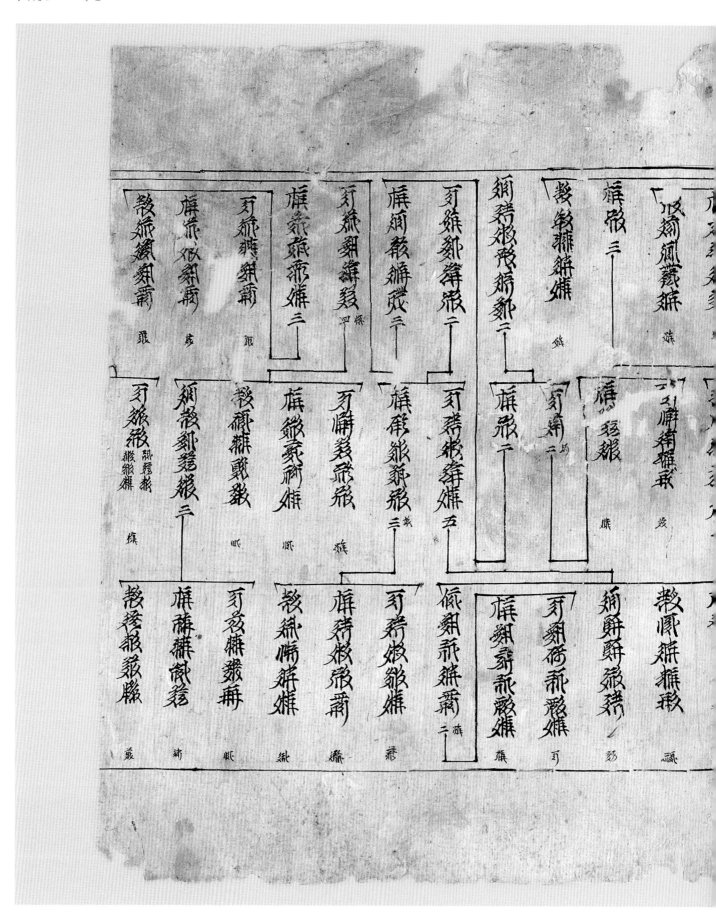

K2 出土科文残页

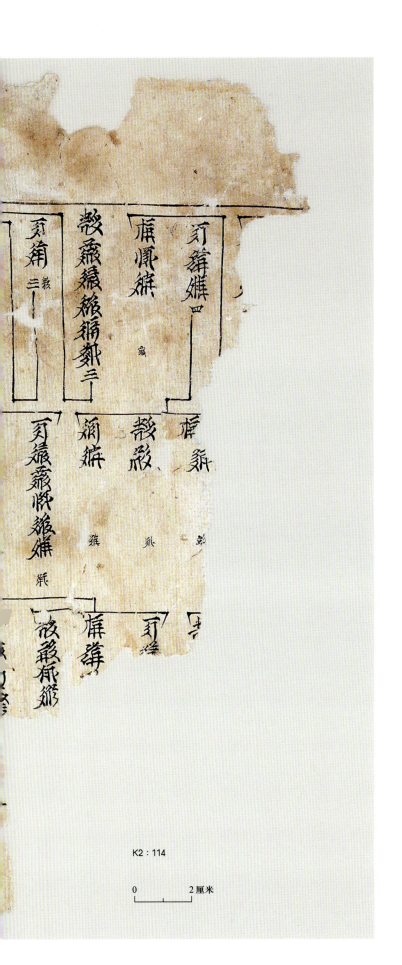

K2：114

0 ————— 2厘米

K2 出土密教修法科文残页（正面）

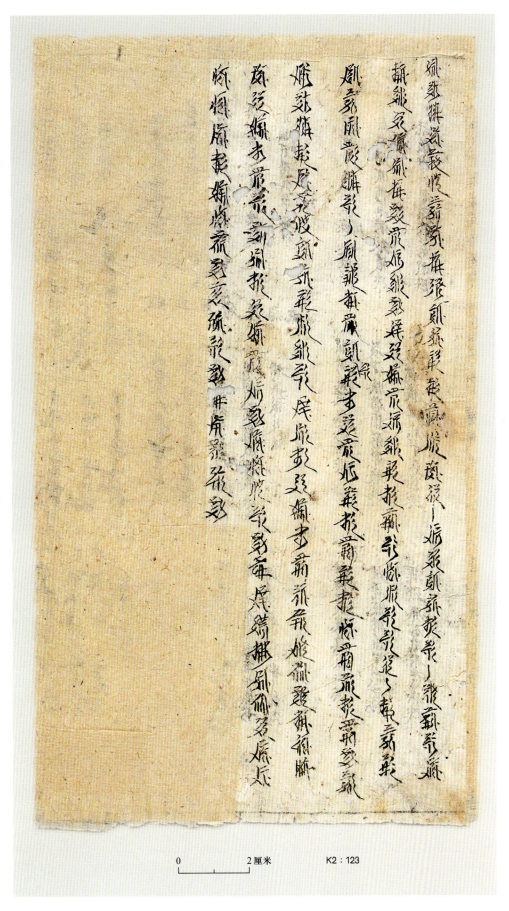

0 　　　　2厘米　　　K2：123

K2 出土密教修法科文残页（背面）

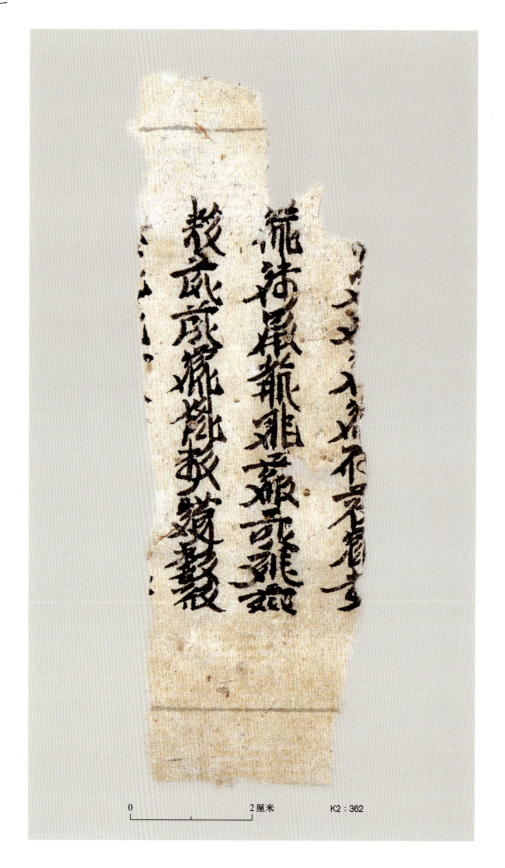

0　　　　　　　2厘米　　　　K2：362

K2 出土写本佛经残片

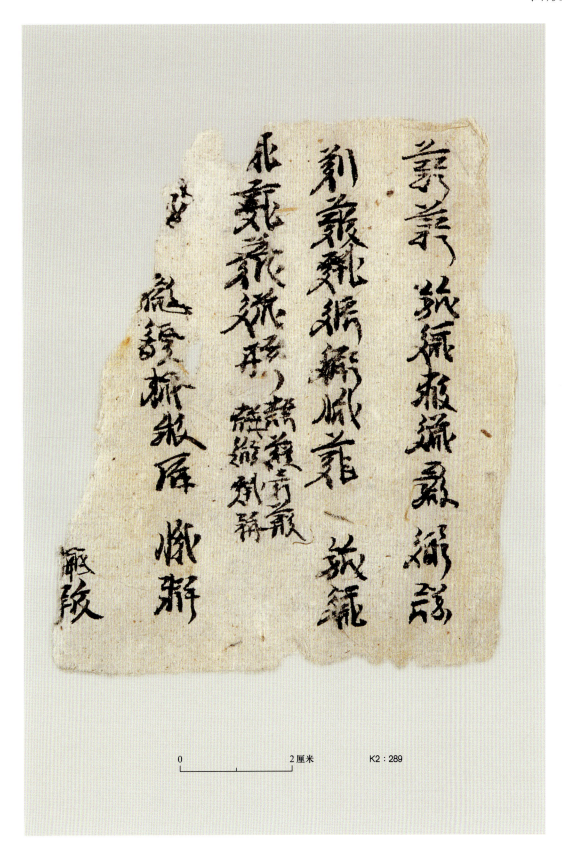

0   2厘米   K2：289

K2 出土写本佛经残片

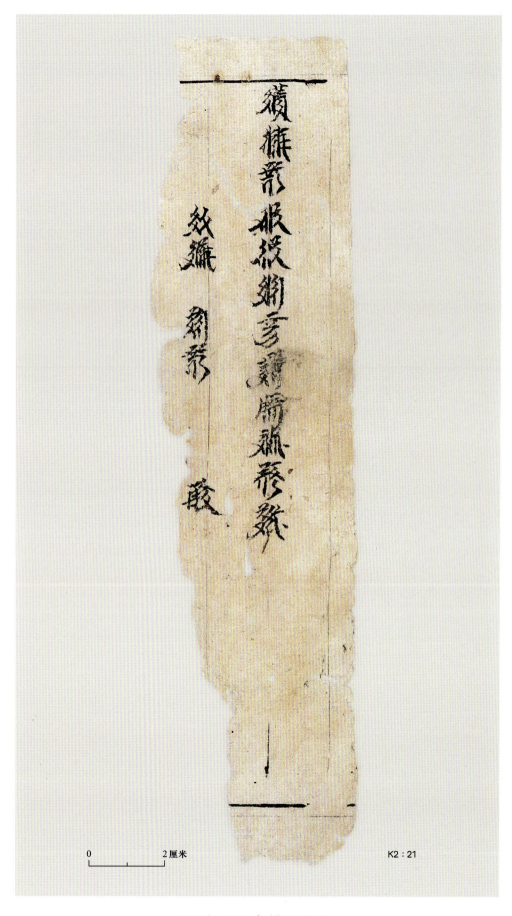

K2 出土写本佛经残片

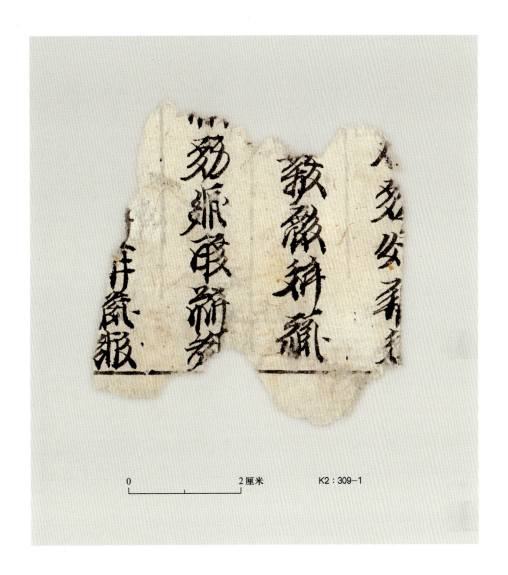

0   2 厘米   K2：309—1

K2 出土写本佛经残片

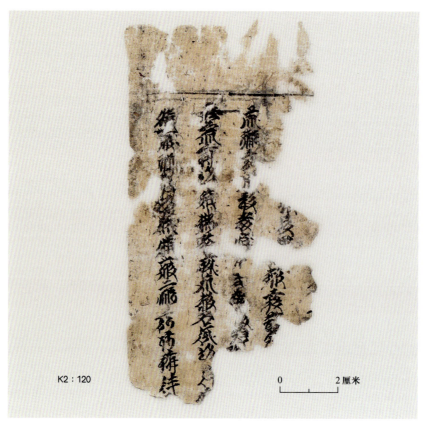

1. 写本佛经残片

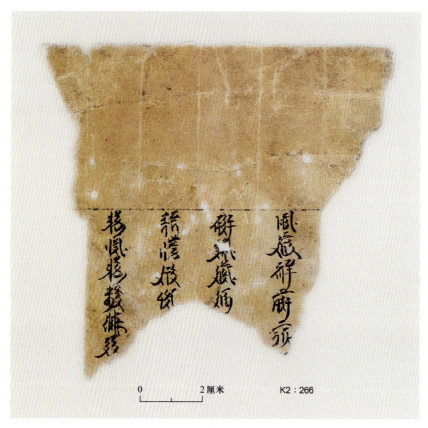

2. 写本佛经残片

K2 出土写本佛经残片

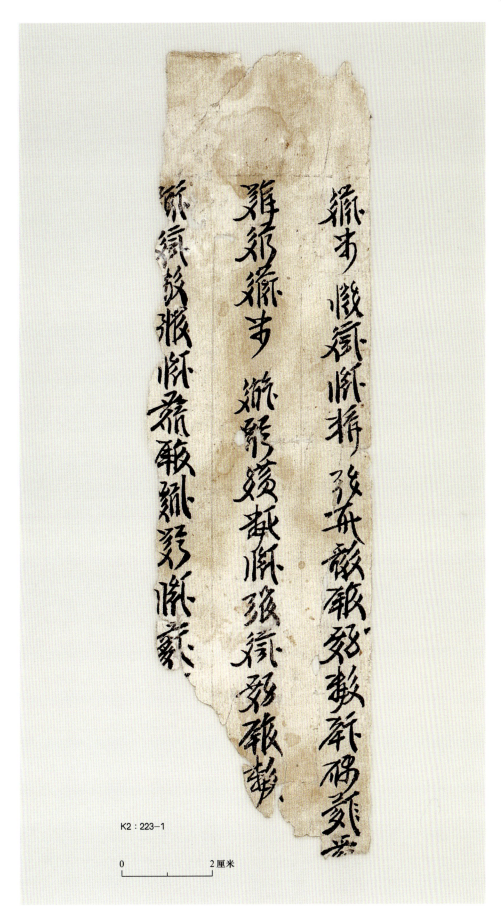

K2：223—1

0   2厘米

K2 出土写本佛经残片

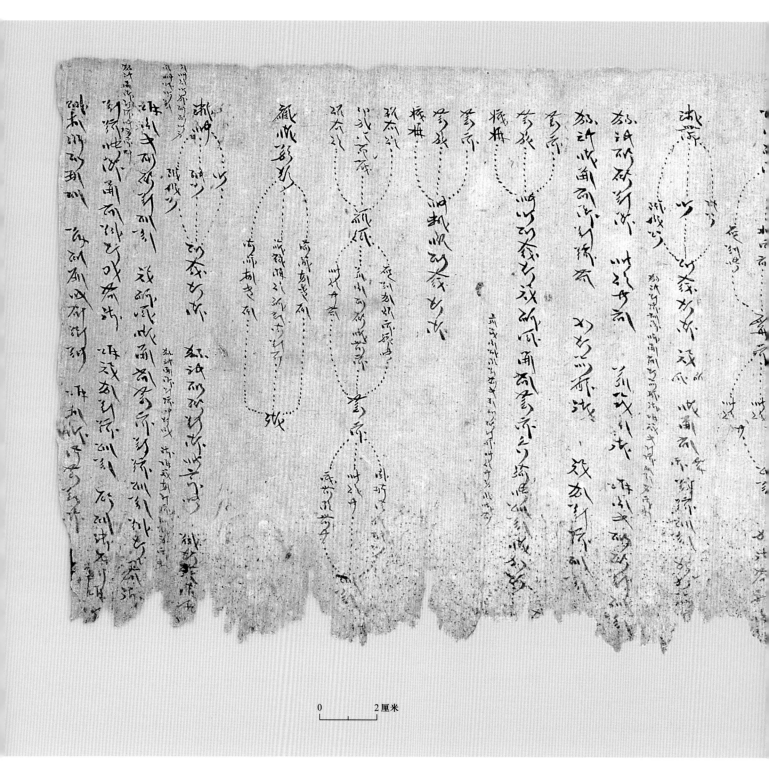

0   2厘米

K2 出土科文残页

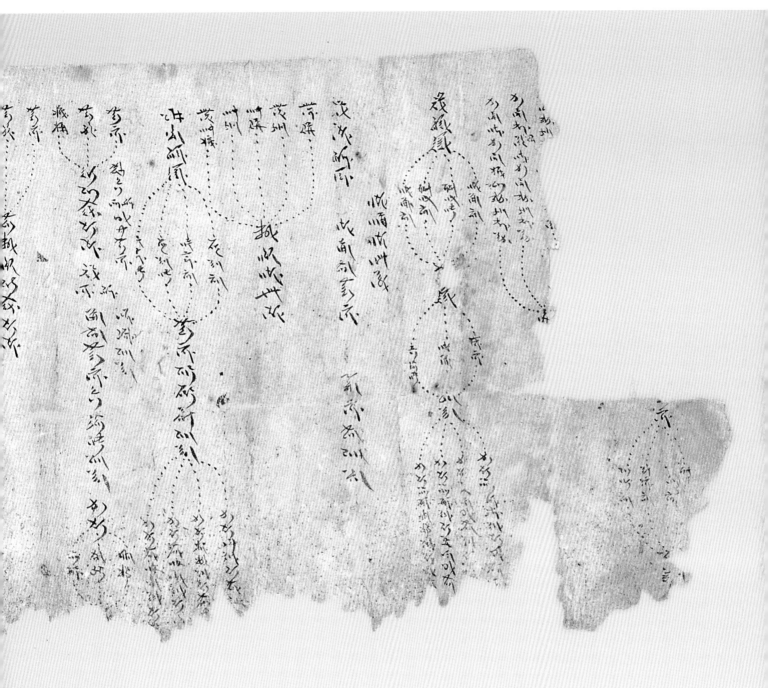

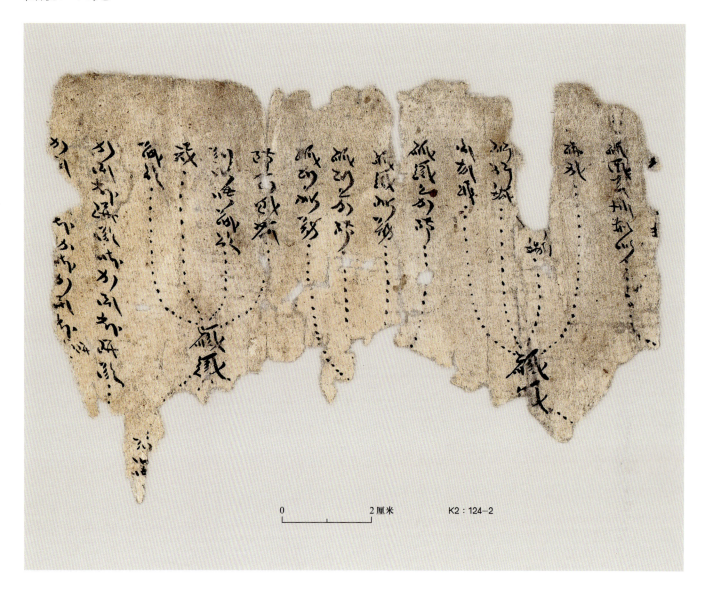

K2：124-2

K2 出土科文残片

K2 出土写本佛经残页

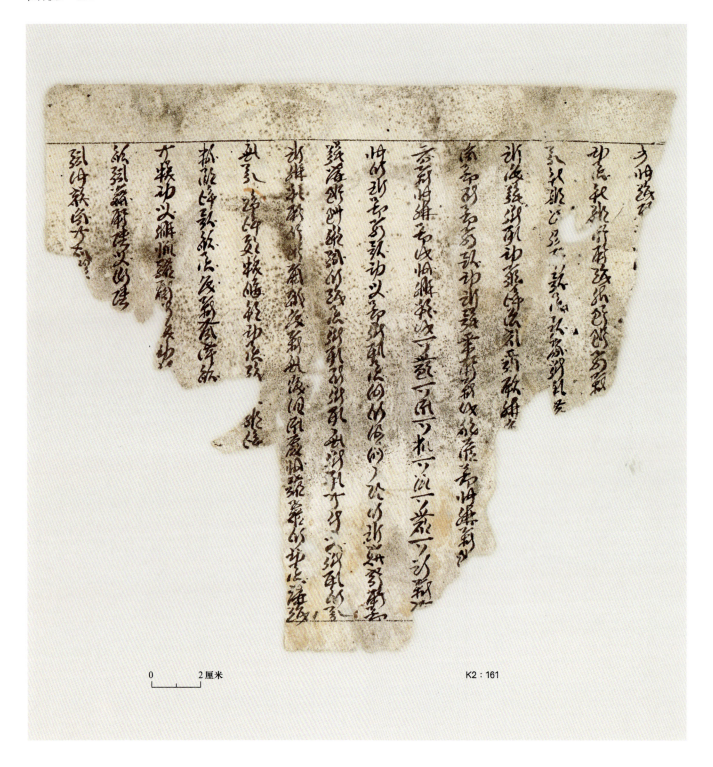

0 2厘米

K2：161

K2 出土写本佛经残页

K2 : 69

0 　　 2厘米

K2 出土写本佛经残页

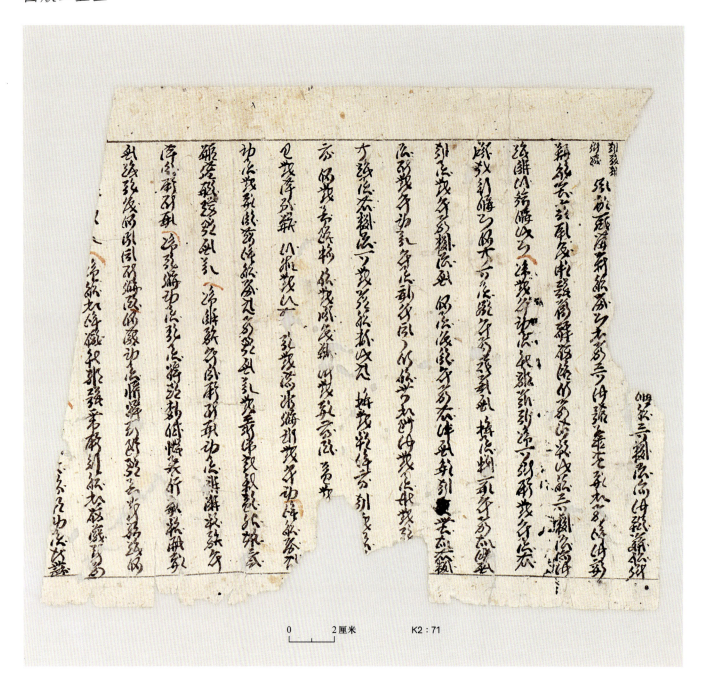

K2 出土写本佛经残页

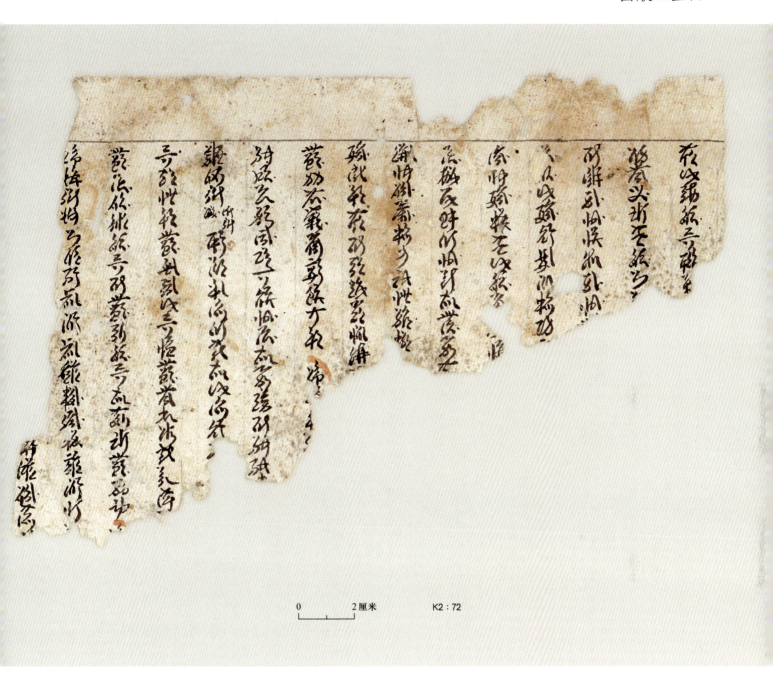

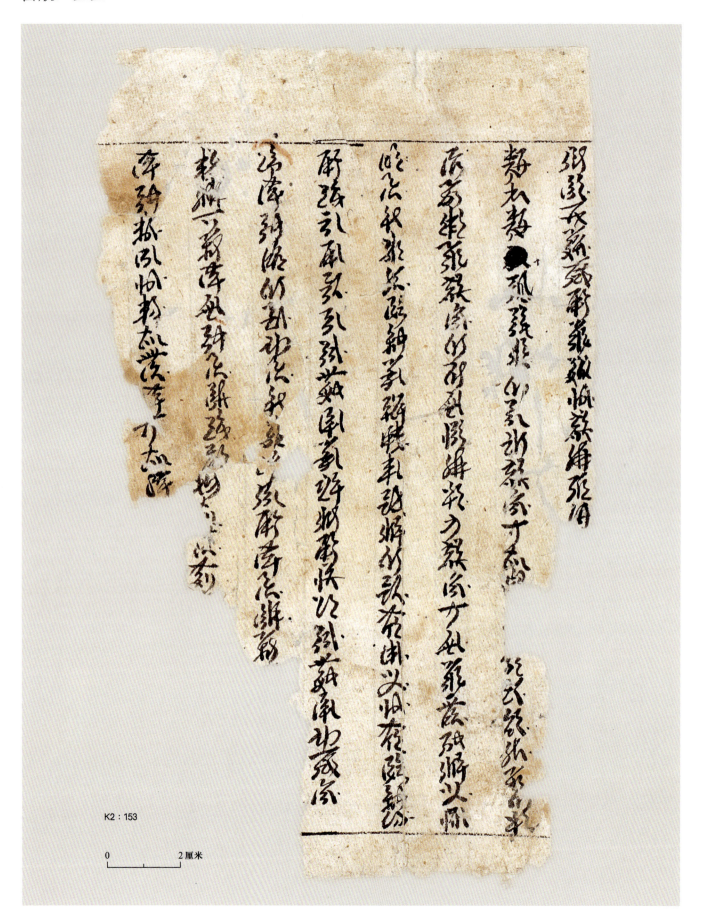

K2：153

0　　　　2厘米

K2 出土写本佛经残页

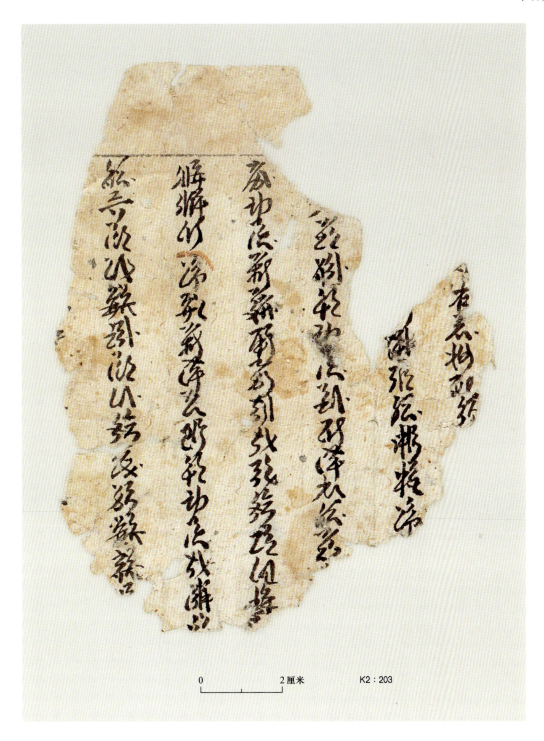

0 　　　　2 厘米　　　　K2：203

K2 出土写本佛经残片

0　　　　　　2厘米　　　　K2：180

K2 出土写本佛经残片

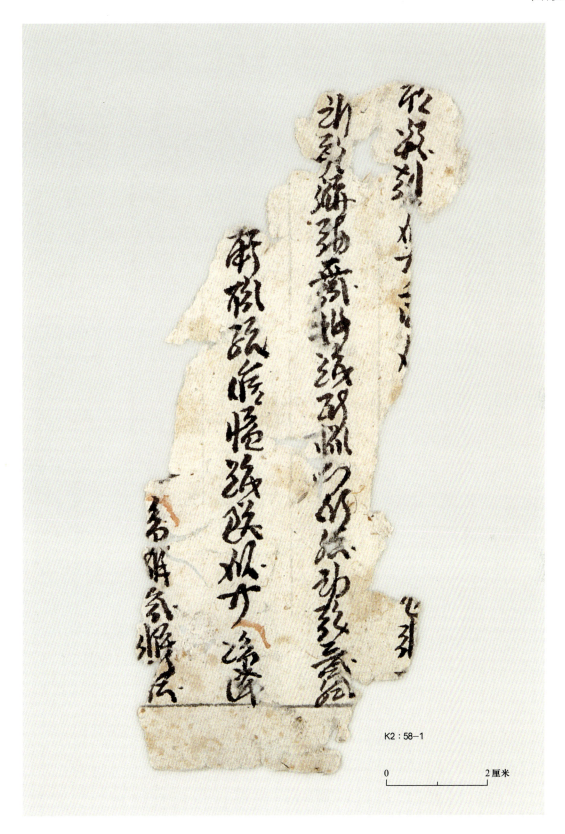

K2：58-1

0　　　　　2厘米

K2 出土写本佛经残片

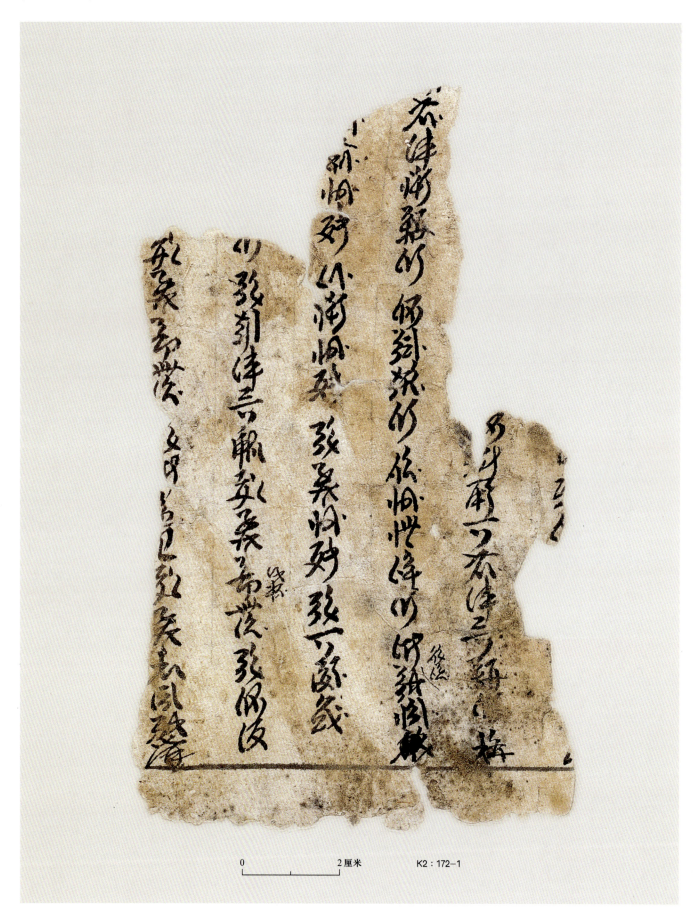

0　　　　　　2厘米　　　K2：172-1

K2 出土写本佛经残片

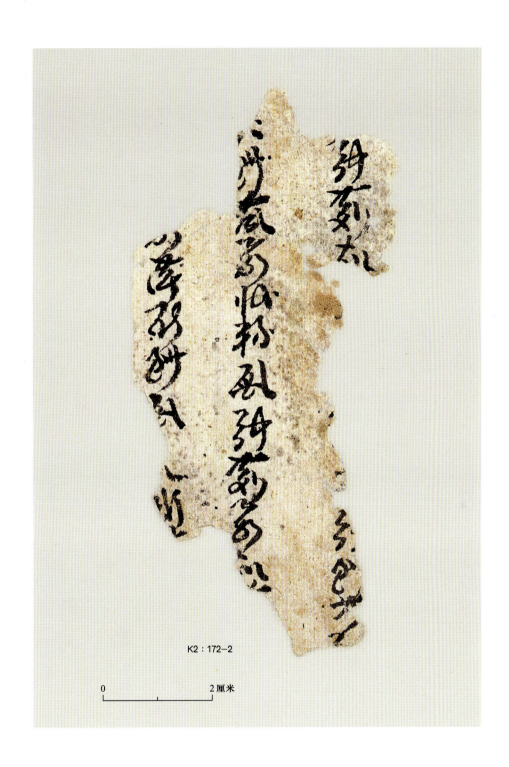

K2：172-2

0　　　　　　　　2厘米

K2 出土写本佛经残片

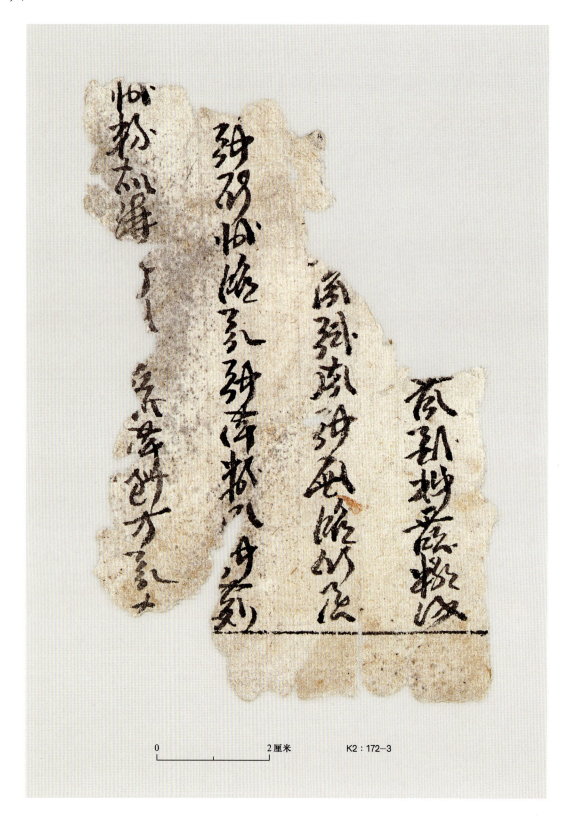

0   2厘米   K2：172—3

K2 出土写本佛经残片

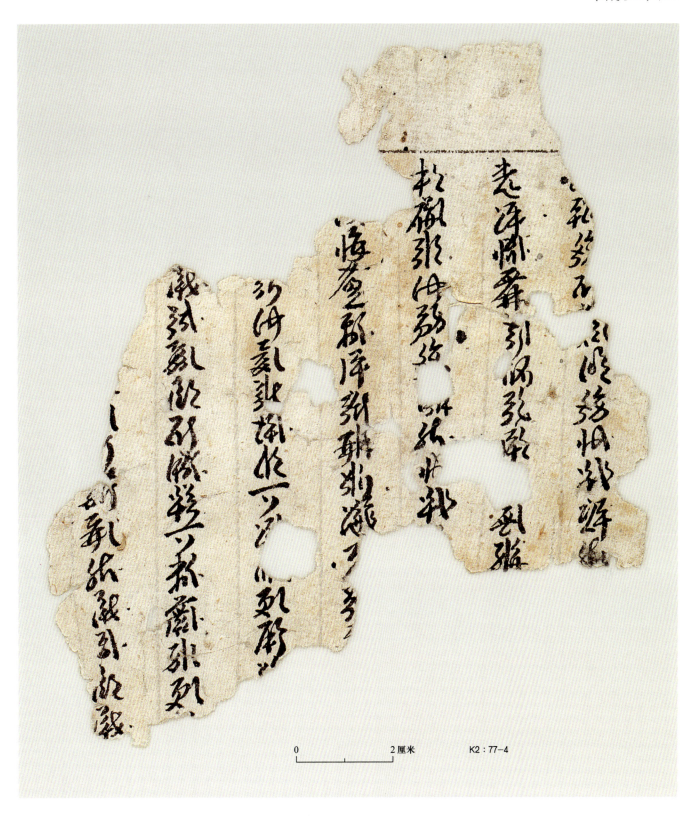

K2 出土写本佛经残片

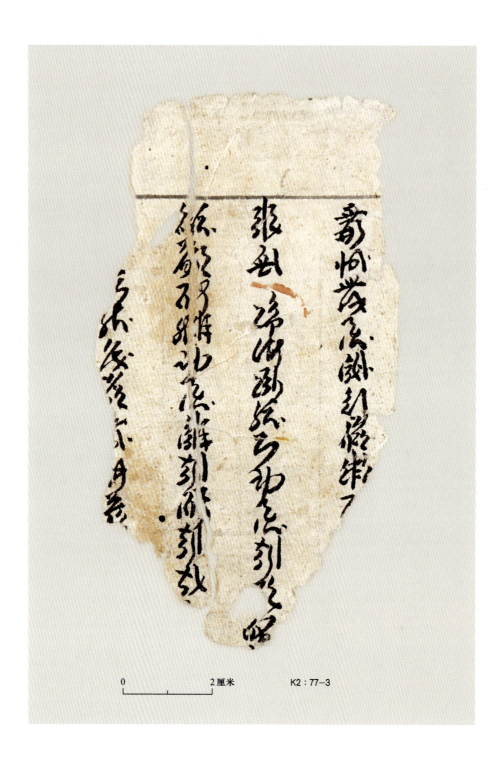

0   2 厘米   K2∶77-3

K2 出土写本佛经残片

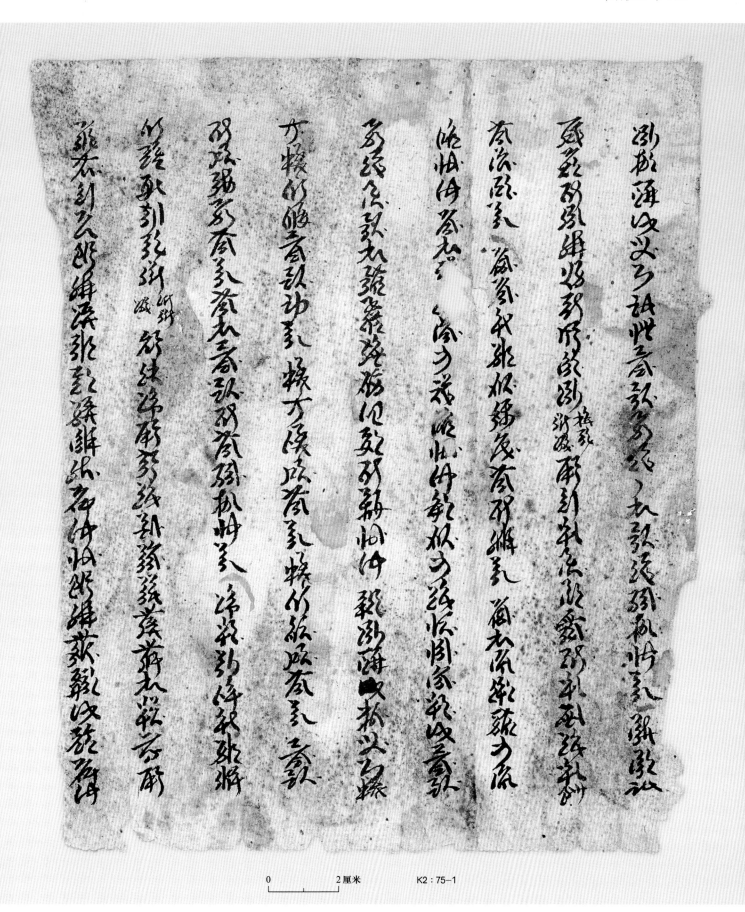

K2 出土写本佛经残页

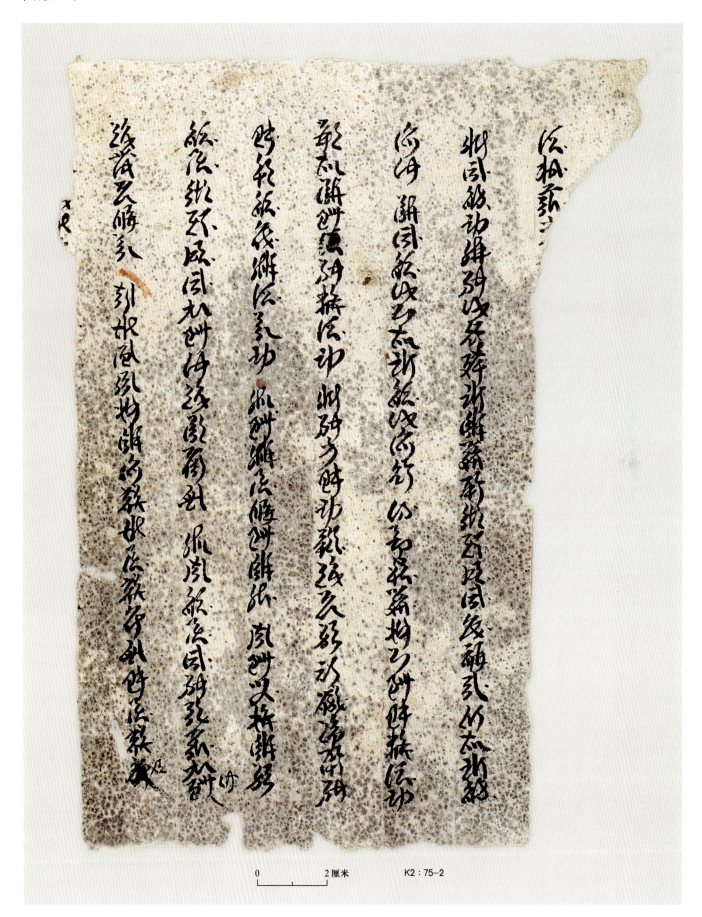

0   2厘米   K2：75-2

K2 出土写本佛经残页

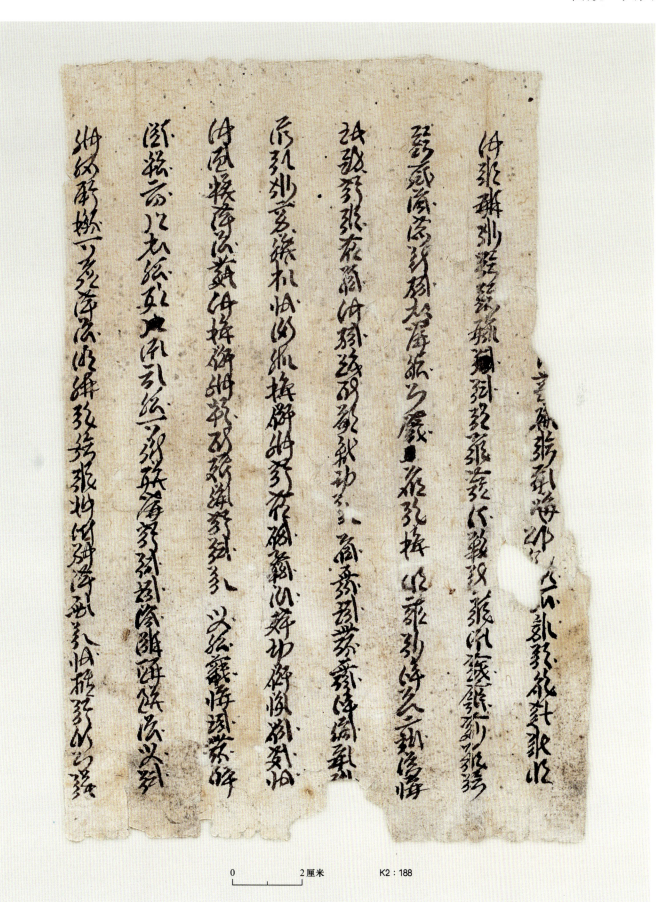

0 　　　2厘米　　　　K2：188

K2 出土写本佛经残页

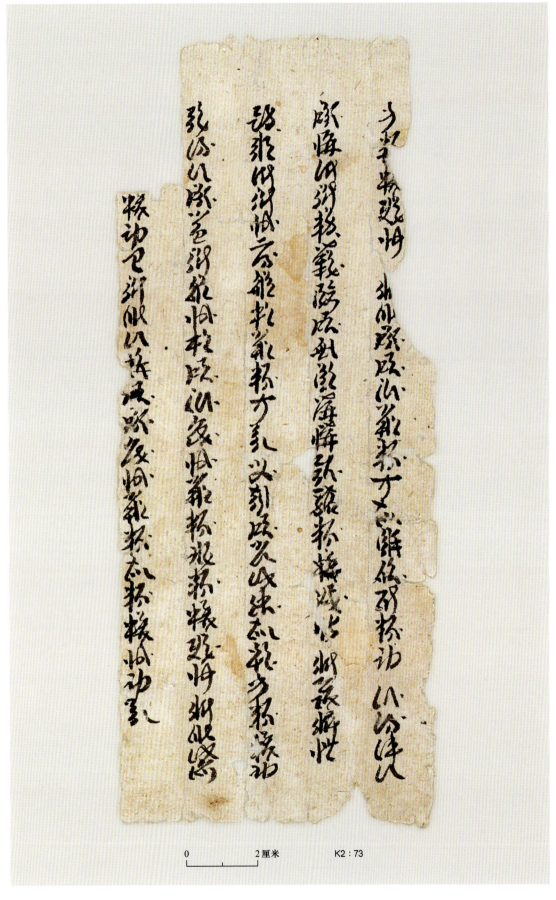

0　　　　2厘米　　　　K2：73

K2 出土写本佛经残页

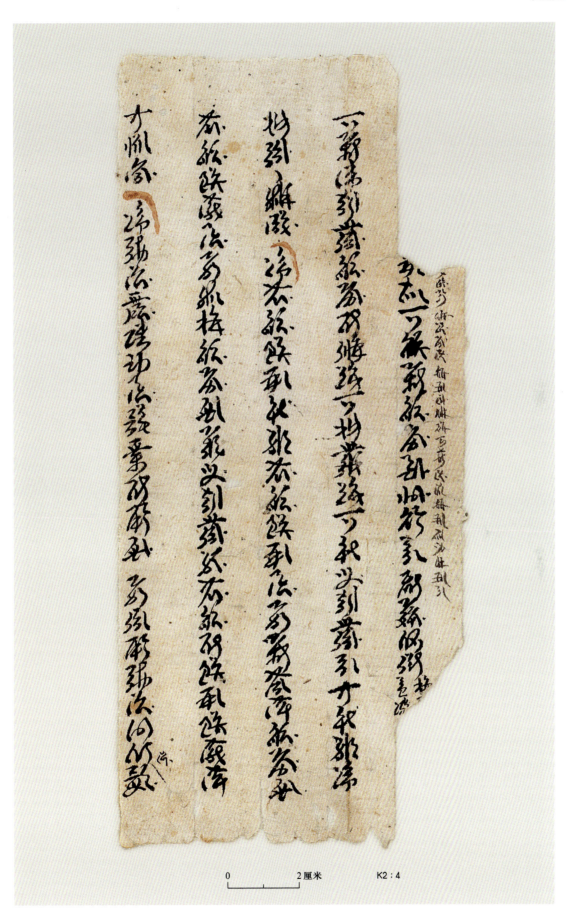

0   2厘米   K2：4

K2 出土写本佛经残页

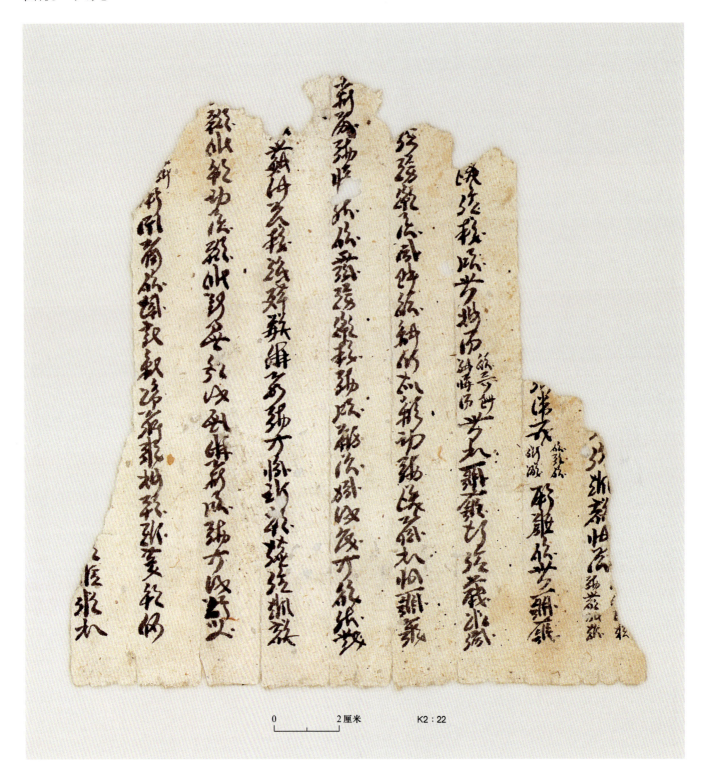

K2 出土写本佛经残片

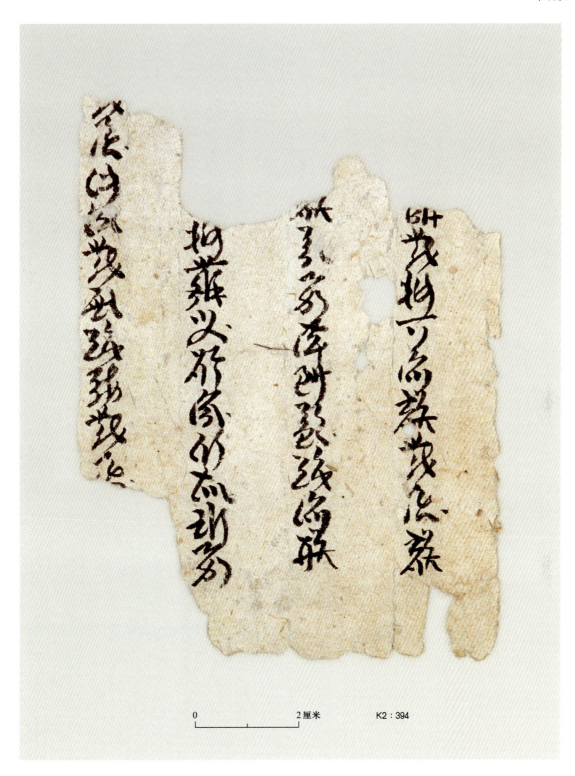

0   2厘米   K2：394

K2 出土写本佛经残片

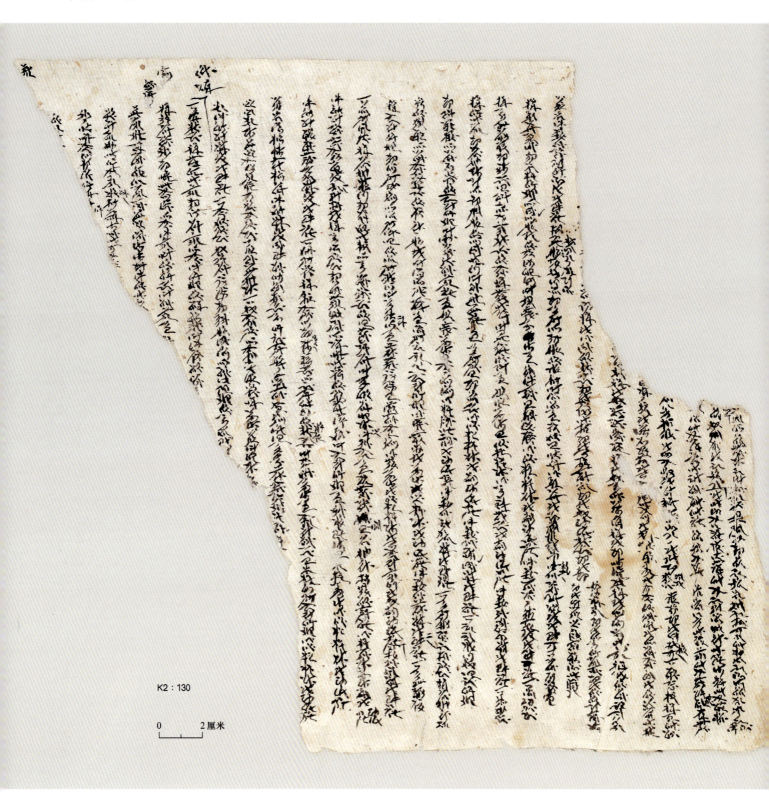

K2：130

0 ⊢——⊢——⊢——⊣ 2厘米

K2 出土写本佛经残页

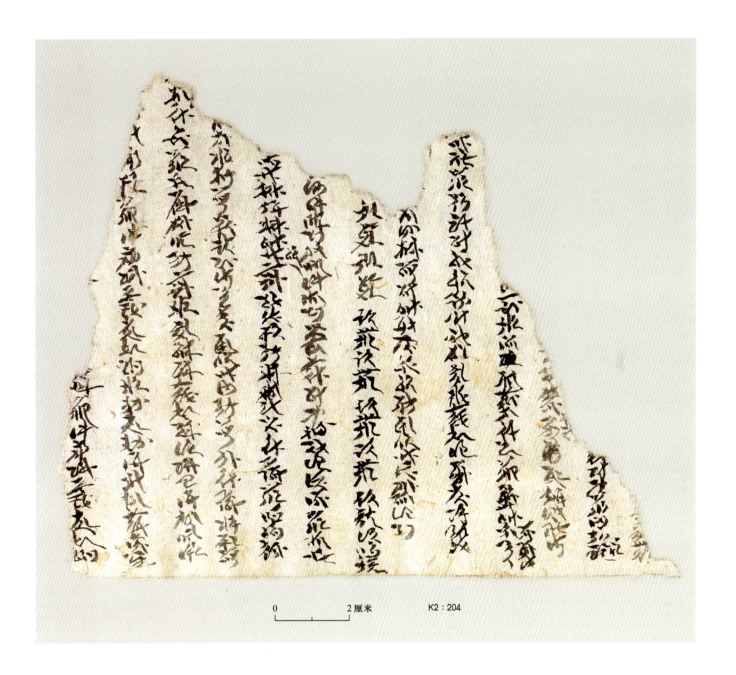

0   2厘米   K2：204

K2 出土写本佛经残片

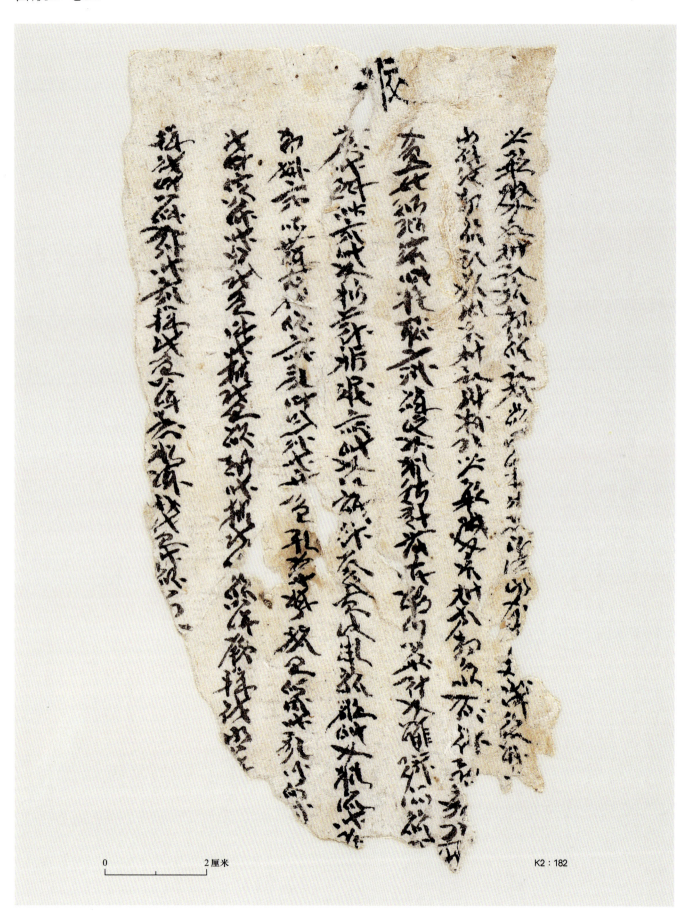

0　　　　2厘米

K2：182

K2 出土写本佛经残片

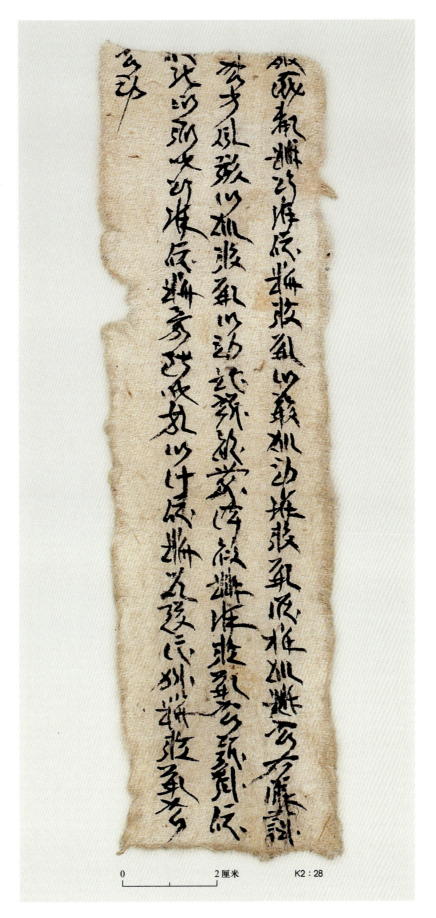

0　　　　　2厘米　　　K2：28

K2 出土写本佛经残片

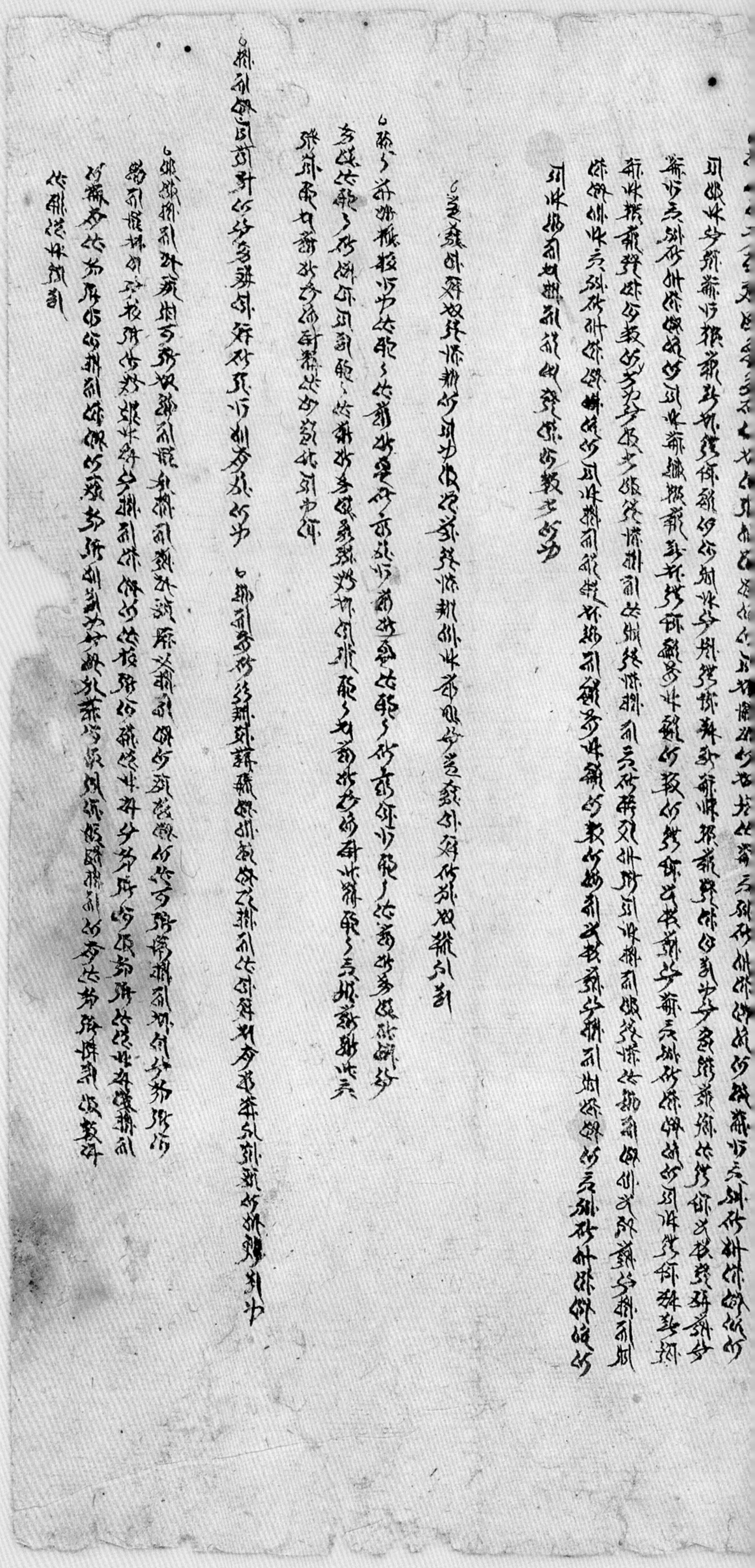

0 2厘米

K2 : 122

K2 出土写本佛经残页

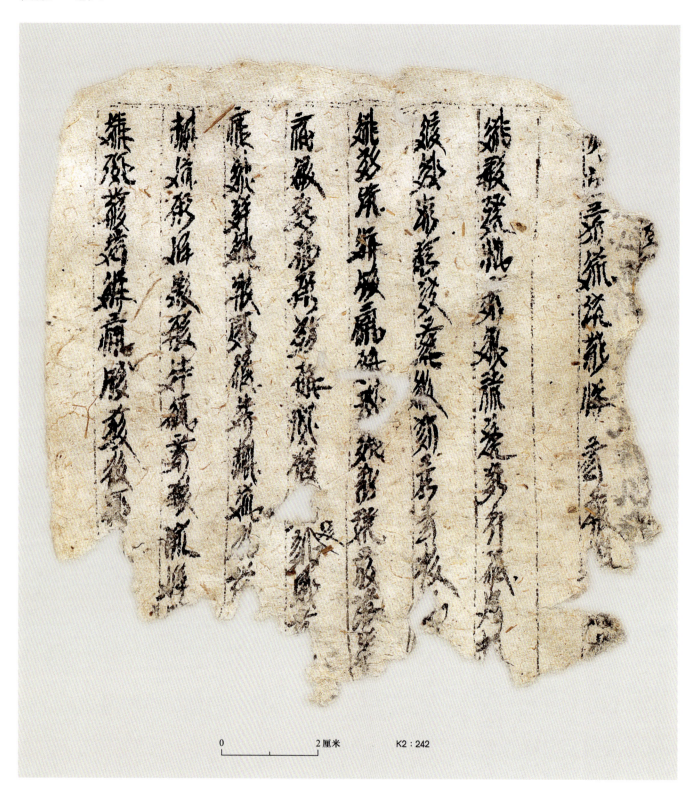

0　　　　2厘米　　　K2：242

K2 出土写本佛经残片

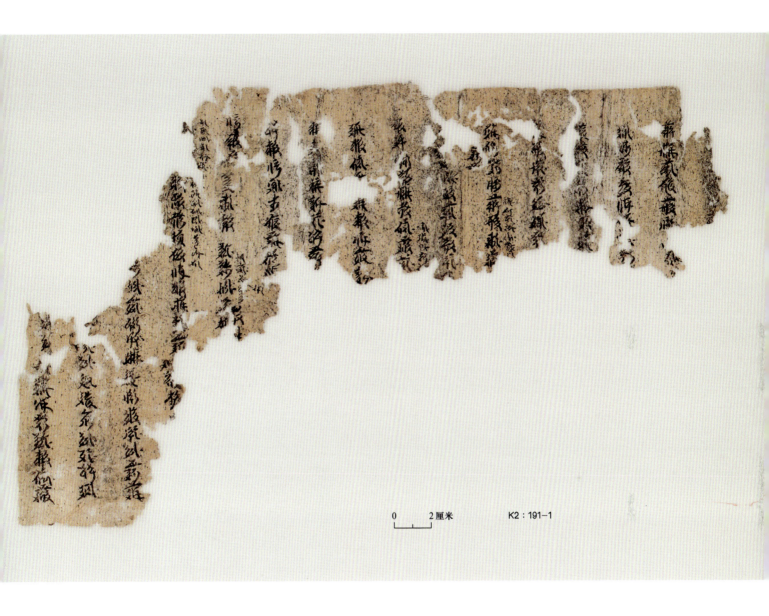

0 ⊢—⊣ 2 厘米　　　K2：191-1

K2 出土写本佛经残页

0   2厘米

K2 出土写本佛经残页

K2：191-2

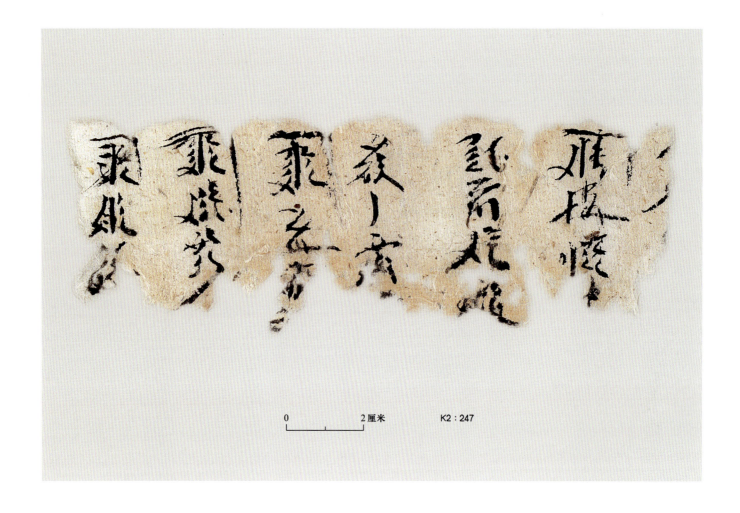

K2：247

K2 出土写本佛经残片

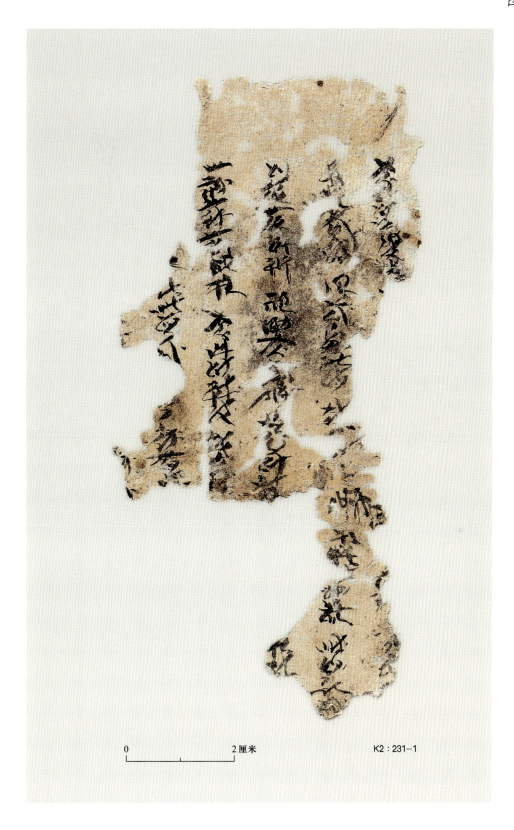

0　　　2厘米　　　　K2：231-1

K2出土写本佛经残片

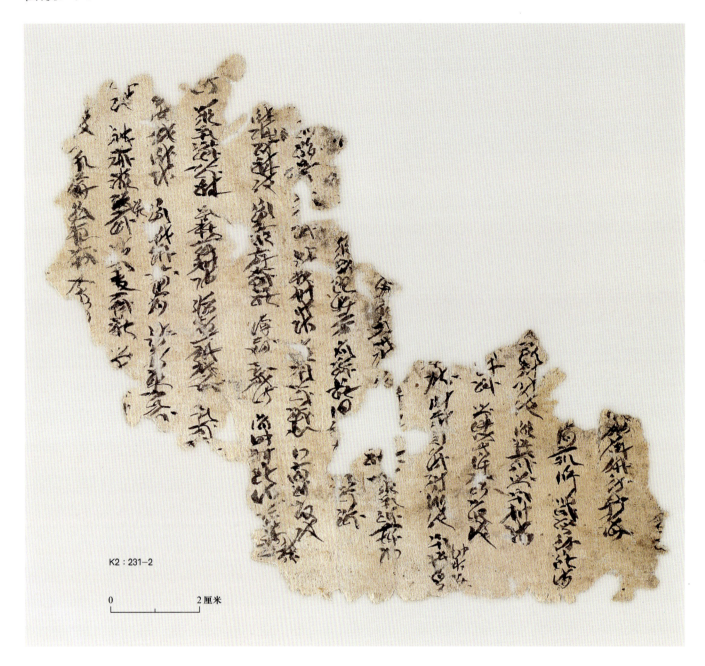

K2 : 231-2

0   2 厘米

K2 出土写本佛经残片

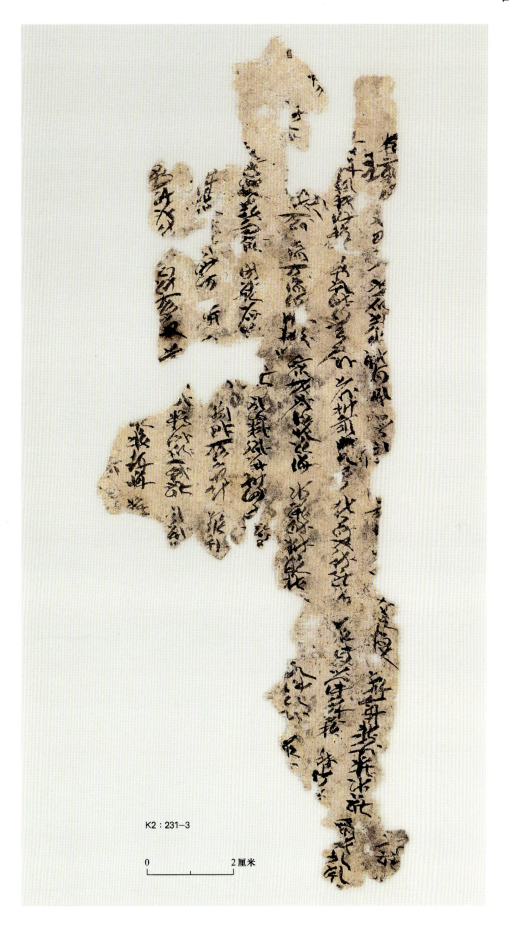

K2：231-3

0 　　　　　2 厘米

K2 出土写本佛经残片

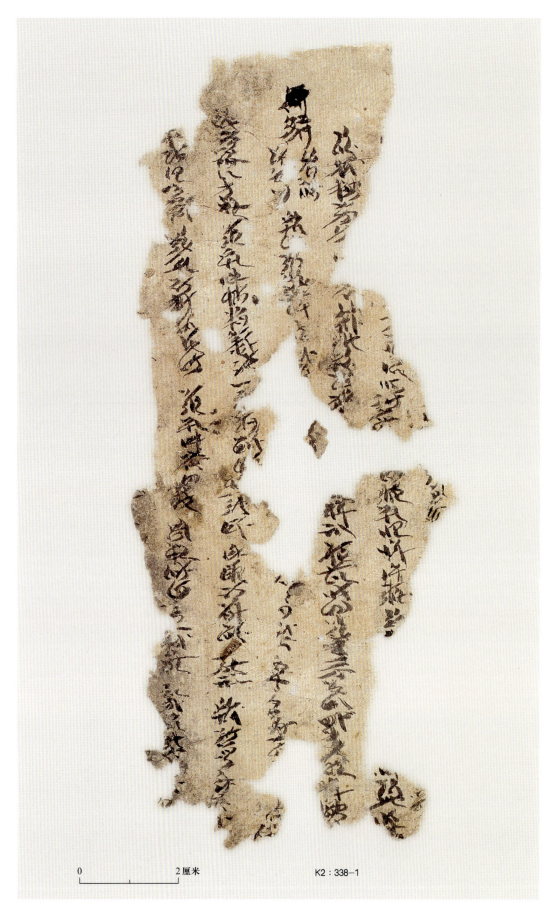

0　　　　　　2厘米　　　　　　　　K2：338-1

K2 出土写本佛经残片

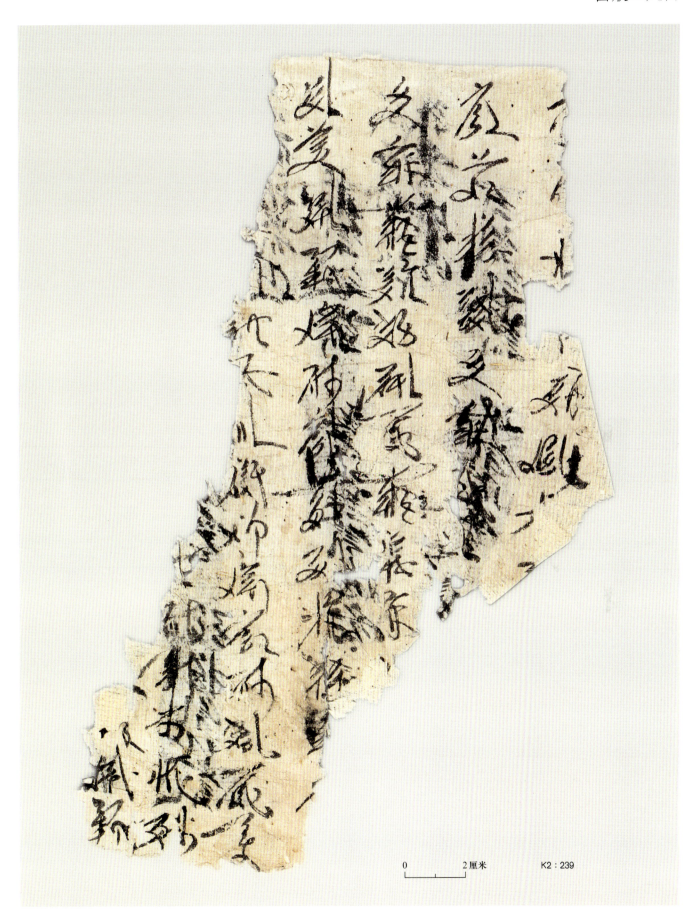

K2 出土写本佛经残片（正面）

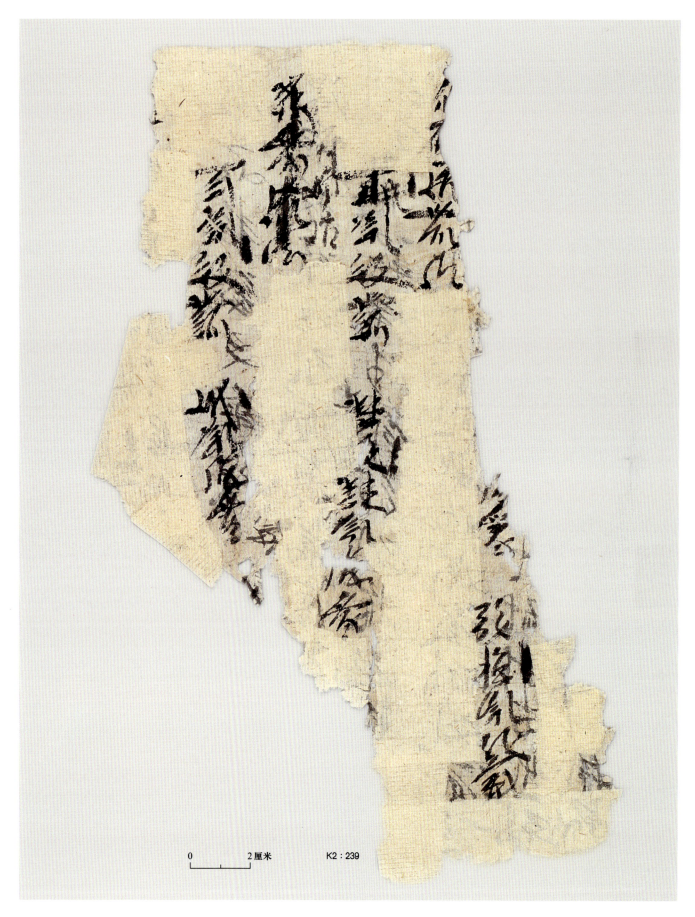

0　　2厘米　　　　K2：239

K2 出土写本佛经残片（背面）

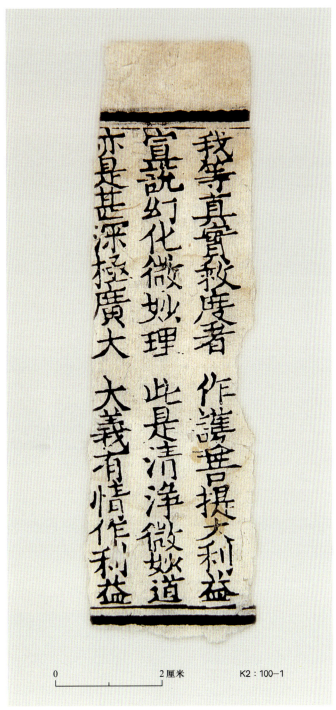

1. 《圣妙吉祥真实名经》残片

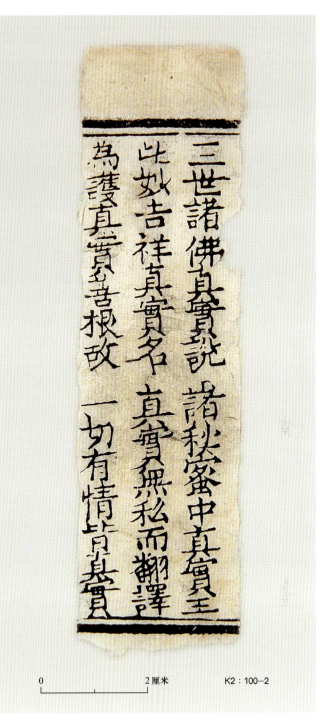

2. 《圣妙吉祥真实名经》残片

K2 出土 《圣妙吉祥真实名经》残片

0　　　　　　　　2厘米　　　　K2：426

1．藏文写本佛经残片（正面）

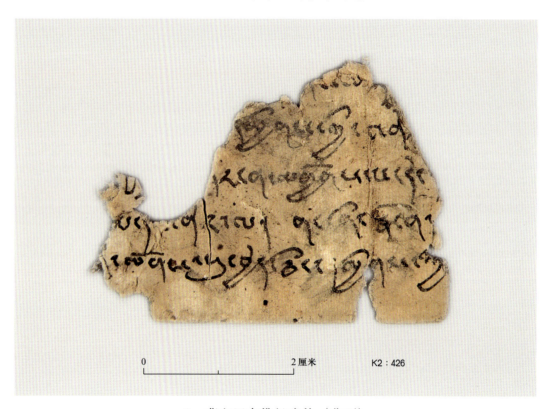

0　　　　　　　　2厘米　　　　K2：426

2．藏文写本佛经残片（背面）

K2出土藏文写本佛经残片

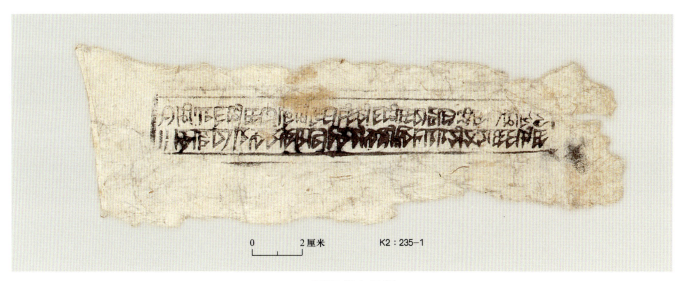

1．版印藏文经咒

2．版印藏文经咒

3．版印藏文经咒

K2 出土版印藏文经咒

0   2厘米   K2：6

K2出土版印藏文经咒残片

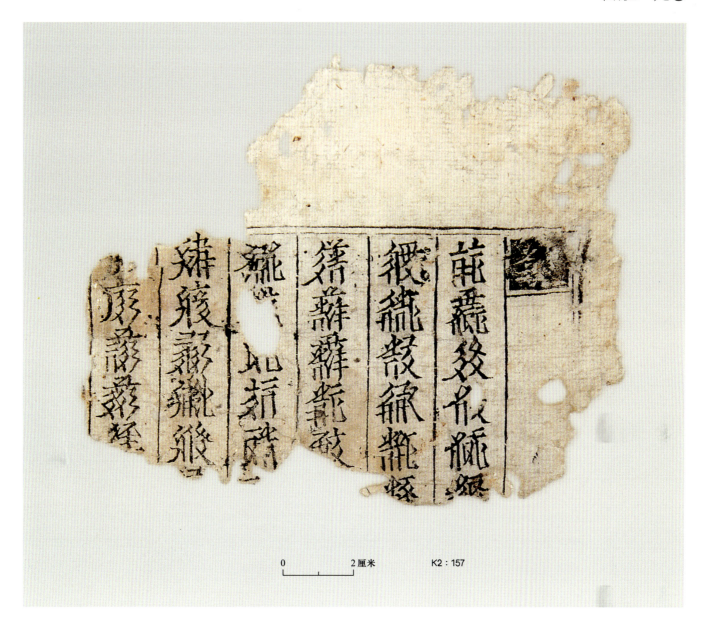

0   2厘米   K2：157

K2 出土《同义》残片

1.《同义》残片

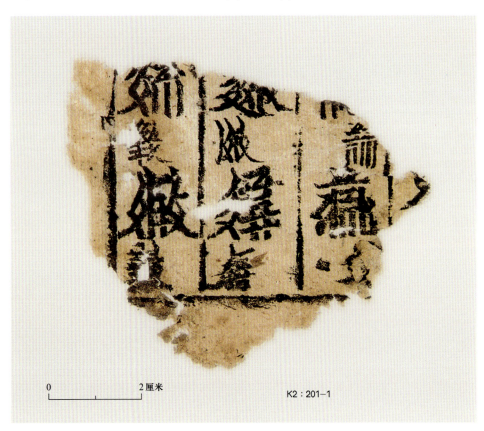

2.《同音》残片

K2 出土《同义》、《同音》残片

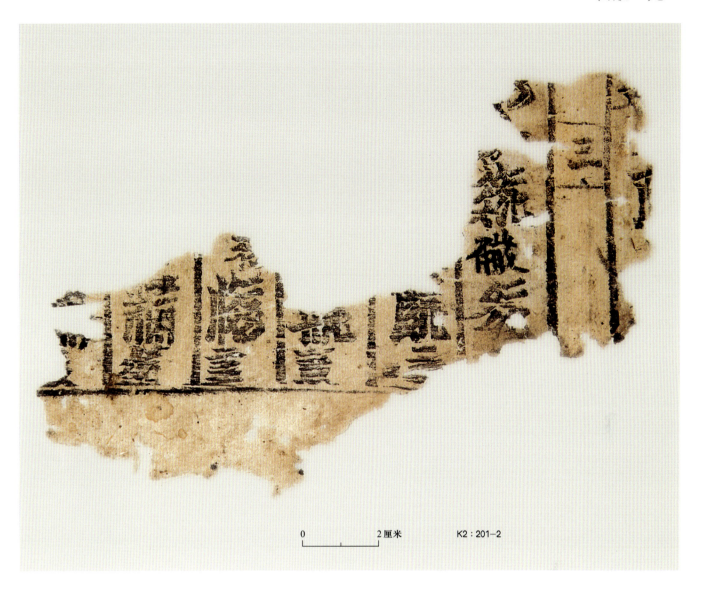

K2：201－2

K2 出土《同音》残片

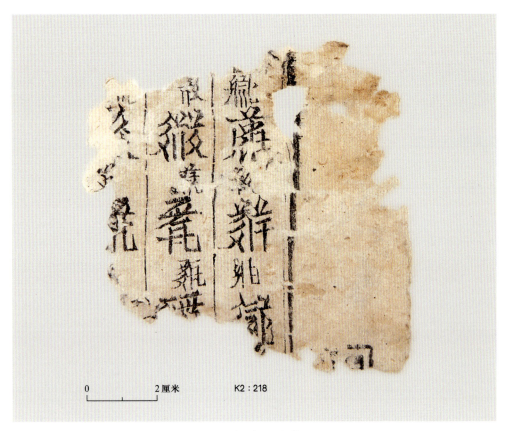

0　2厘米　K2：218

1. 《同音》残片

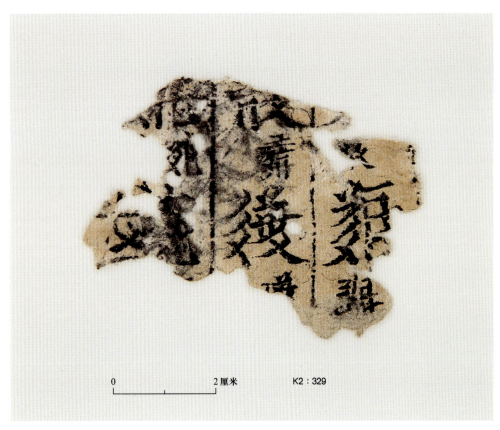

0　2厘米　K2：329

2. 《同音》残片

K2 出土《同音》残片

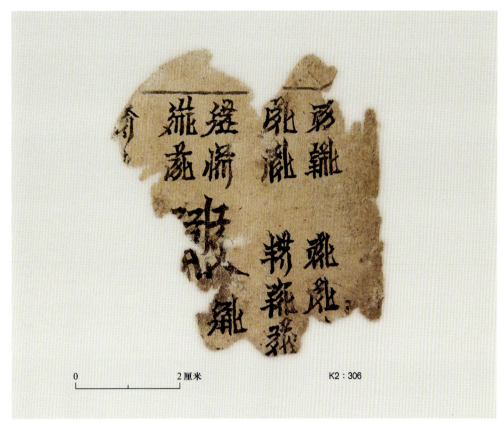

1.《同音文海宝韵合编》残片

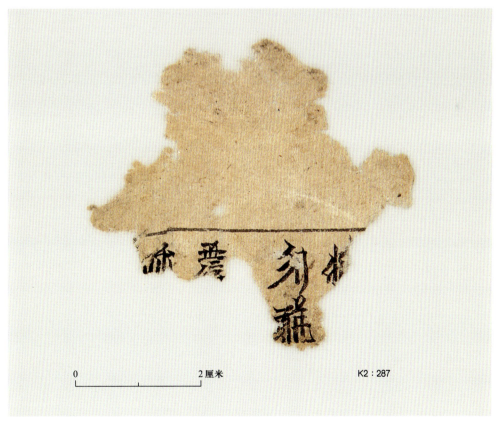

2.《同音文海宝韵合编》残片

K2 出土《同音文海宝韵合编》残片

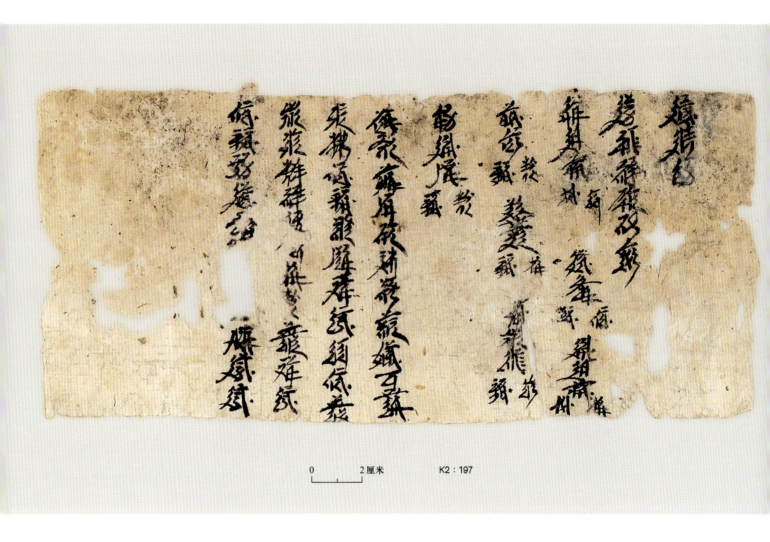

0   2厘米   K2：197

K2 出土 "曼遮散"

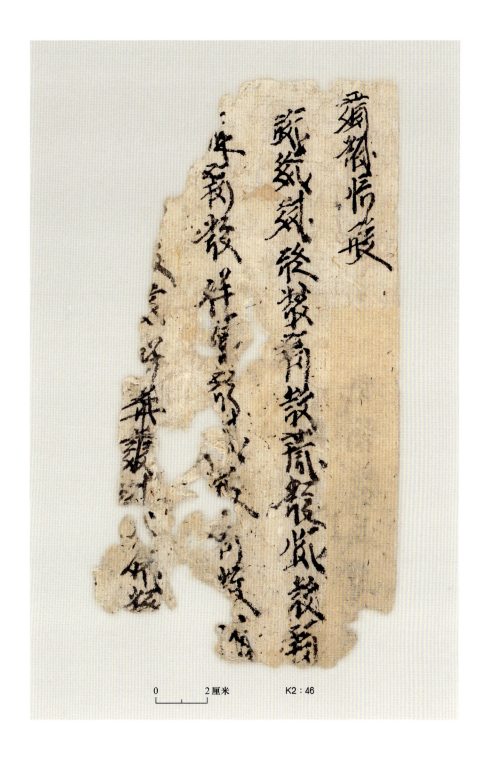

0 ⊢—⊢—⊣ 2厘米   K2：46

K2 出土集粮账单残片（正面）

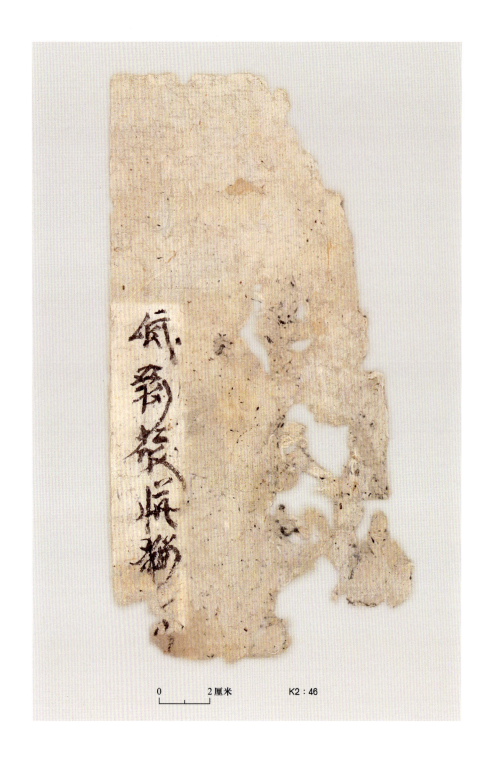

0 ⊢⊣⊢⊣ 2厘米   K2：46

K2 出土集粮账单残片（背面）

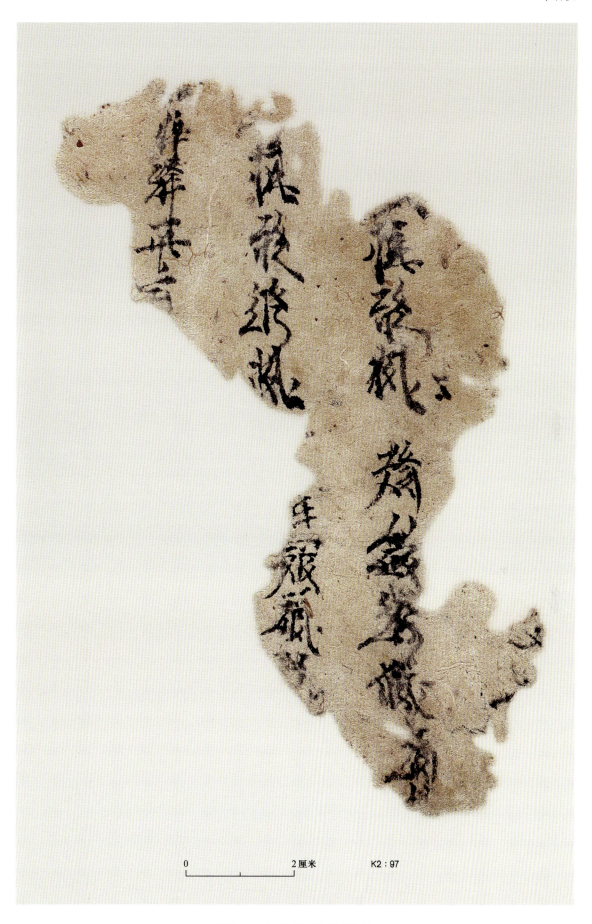

0   2厘米   K2：97

K2 出土化缘账单残片

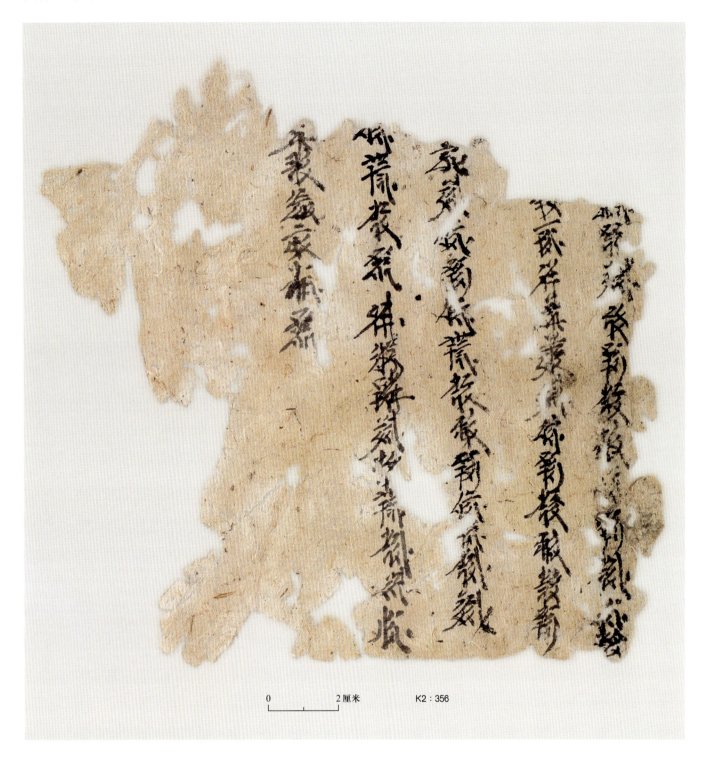

0   2厘米   K2：356

K2 出土化缘账单残片

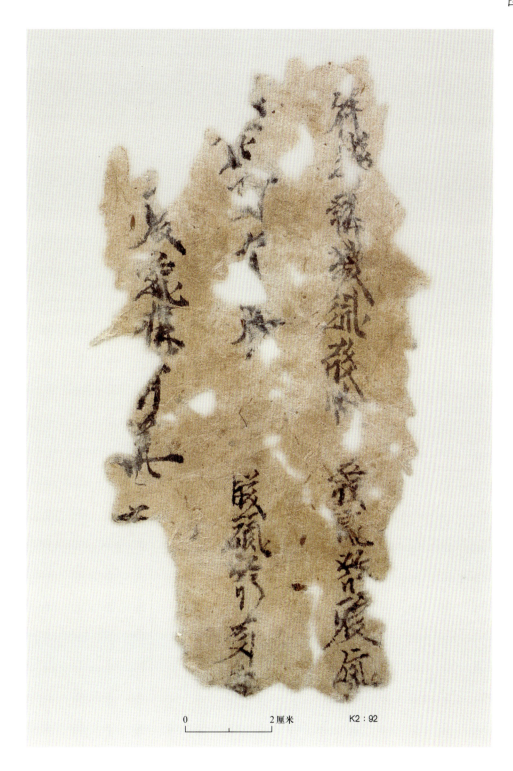

0   2厘米   K2：92

K2 出土化缘账单残片

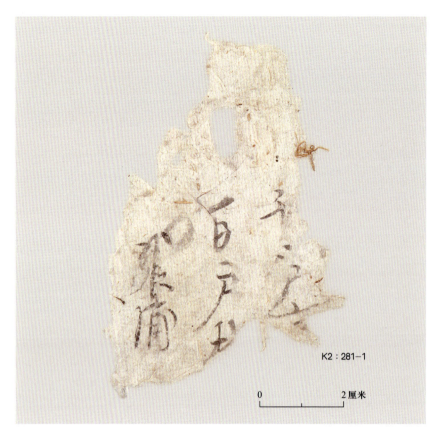

K2：281-1

0 ⌞—⌟ 2厘米

1. 汉文文献残片

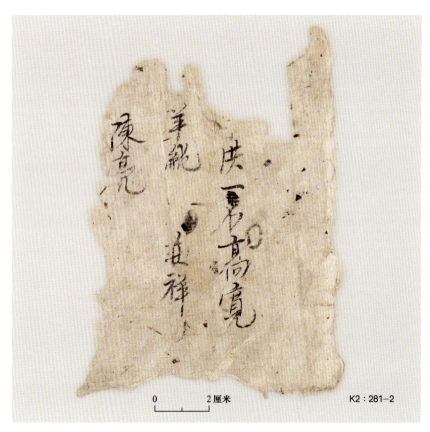

0 ⌞—⌟ 2厘米

K2：281-2

2. 汉文文献残片

K2 出土汉文文献残片

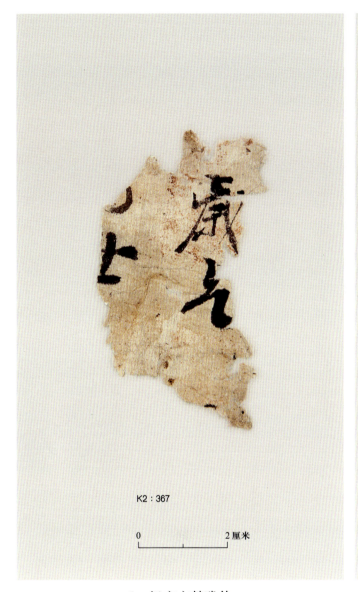

K2：367

0 ___ 2厘米

1. 汉文文献残片

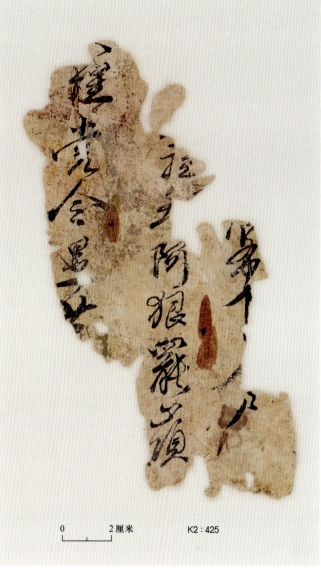

0 ___ 2厘米   K2：425

2. 汉文文献残片（唐卡揭裱）

K2 出土汉文文献残片

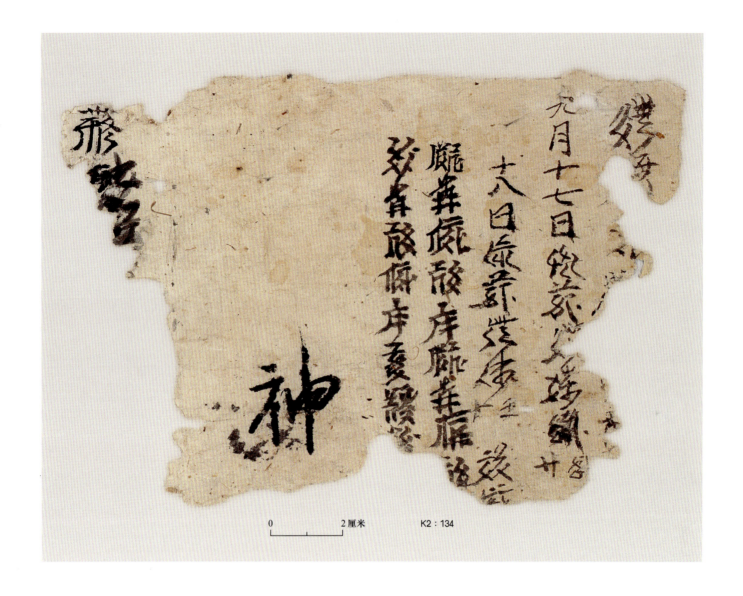

K2 出土夏汉文合璧文献残片

0 2厘米

K2 出土唐卡残片 K2：424

0 ⊢———⊣ 2厘米

K2 出土唐卡残片 K2：425

0   2厘米

K2 出土版印佛画残片 K2：236

0　　　　　　2厘米

K2 出土版印卫国天王图 K2：49

1．瓷碗 K2：250

2．瓷碗底 K2：251

3．瓷碗口沿 K2：258

4．瓷罐口沿 K2：252

5．剔刻花瓷罐片 K2：254

6．瓷罐底 K2：256

K2 出土瓷器

1. 陶盏 K2：253

2. 陶罐口沿 K2：257

3. Aa 型擦擦 K2：259

4. Aa 型擦擦 K2：109（正面）

5. Aa 型擦擦 K2：109（背面）

K2 出土陶器和擦擦

1．Aa 型擦擦 K2：108

2．Aa 型擦擦 K2：247

3．Ab 型擦擦 K2：111

4．B 型擦擦 K2：260

5．泥佛像 K2：107

K2 出土擦擦和泥佛像

1．梳子 K2：263

2．球形木器 K2：106

3．细圆木 K2：261

4．木器 K2：110

5．铁钉 K2：105

K2 出土木器和铁钉

1．泥塑残块 K2：104

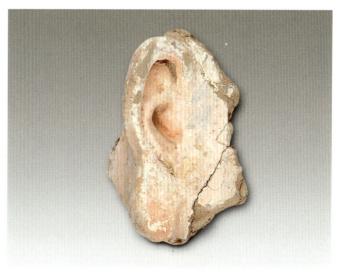

2．泥塑残块 K2：102

3．泥塑莲花座 K2：101

4．琉璃筒瓦 K2：255

5．砖 K2：432

6．熙宁元宝

7．元祐通宝

K2 出土泥塑残块、建筑构件和钱币

K3 洞口 （西北—东南）

K3 南侧壁画

K3 南侧壁画释迦牟尼说法图（局部）

K3 南侧壁画释迦牟尼左上角菩萨

K3 南侧壁画释迦牟尼左下角菩萨

K3 南侧壁画释迦牟尼下部菩萨

K 3 南侧壁画释迦牟尼右上角菩萨

K3 南侧壁画佛顶尊胜佛母

K3 南侧壁画佛顶尊胜佛母右侧菩萨和下部供养人

K3 南侧壁画上乐金刚双身像

K3 北侧壁画

K3 北侧壁画四臂观音菩萨（局部）

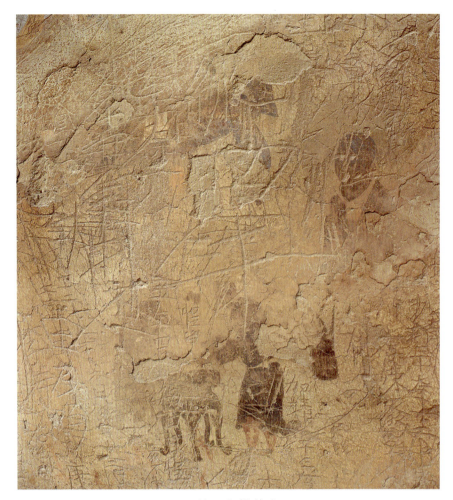

1. 比丘和供养人

2. 小花饰

K3 北侧壁画比丘、供养人和小花饰

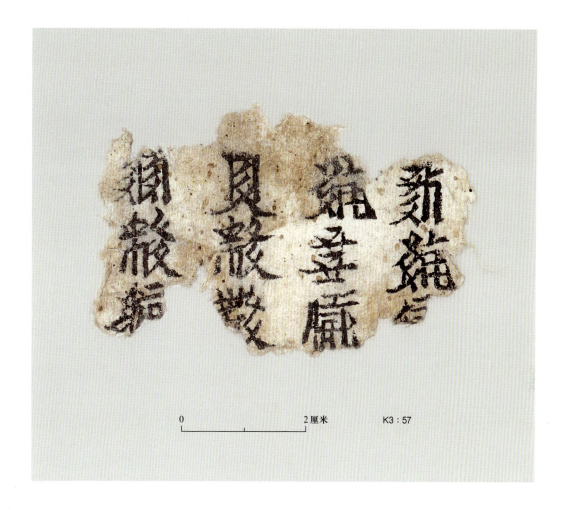

0   2 厘米   K3∶57

K3 出土印本佛经残片

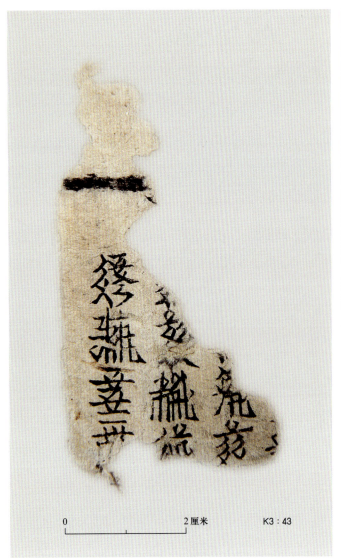

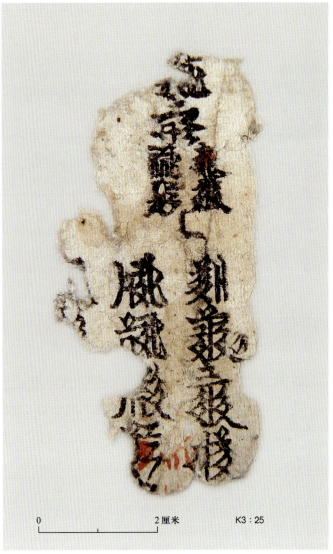

1．印本佛经残片

2．印本佛经残片

K3 出土印本佛经残片

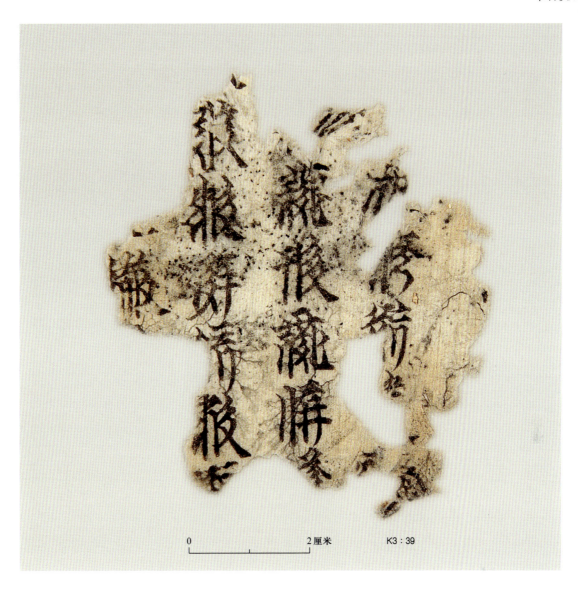

0   2 厘米   K3：39

K3 出土写本佛经残片

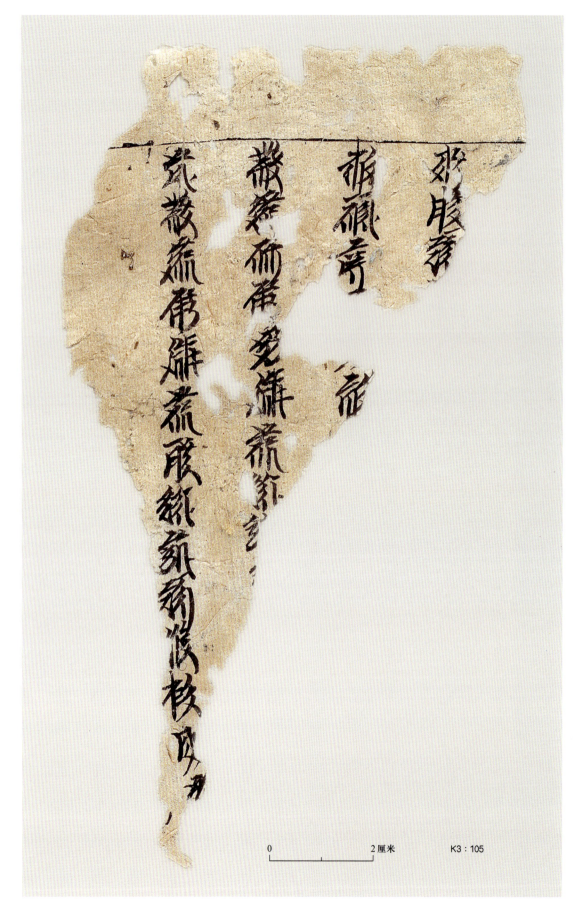

0　　　　　　2厘米　　　K3：105

K3 出土写本佛经残片

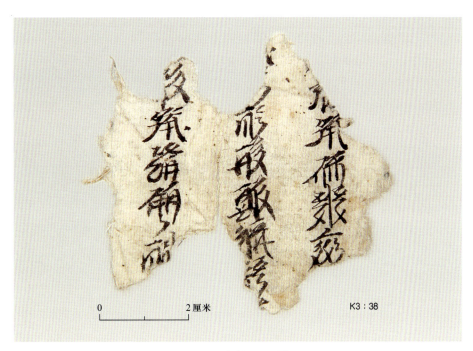

0   2厘米   K3：38

1．写本佛经残片

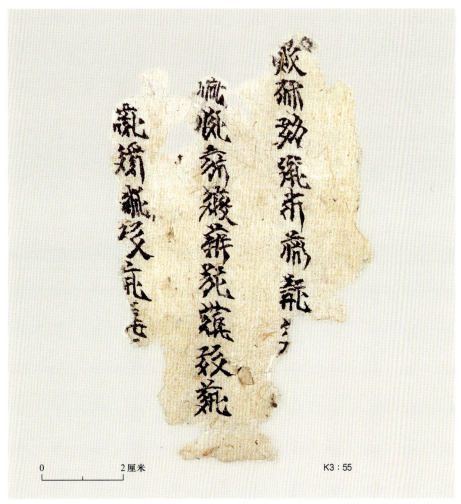

0   2厘米   K3：55

2．写本佛经残片

K3出土写本佛经残片

1. 陀罗尼残片

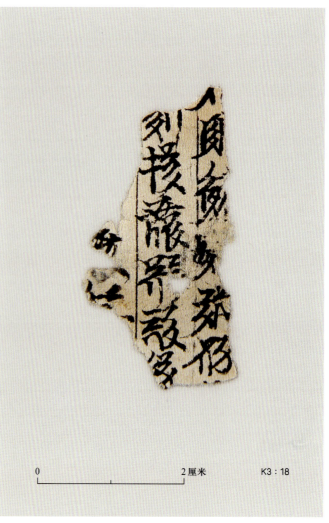

2. 陀罗尼残片

K3 出土陀罗尼残片

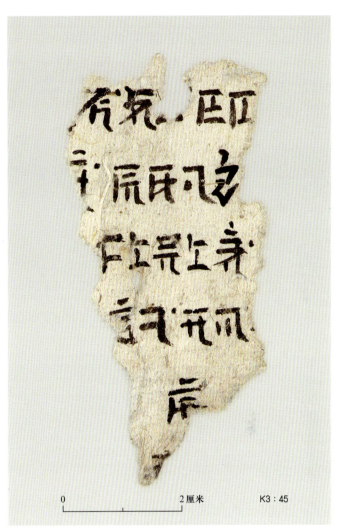

1. 习字残片

2. 藏文文献残片

K3 出土习字、藏文文献残片

1. 金刚亥母像残片 K3：109

2. 画稿残片 K3：51-1

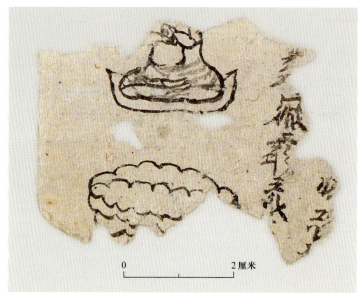

3. 画稿残片 K3：51-2

K3 出土佛画残片

1. A 型泥佛像 K3：1

2. B 型泥佛像 K3：3

3. C 型泥佛像 K3：2

4. 擦擦 K3：4

5. 铁钉 K3：6

6. 元丰通宝

7. 开元通宝

K3 出土泥佛像、擦擦、铁钉和钱币

1. 瓷碗底 K4：2

2. 瓷碗底 K4：3

3. 瓷罐底 K4：4

4. 瓷缸口沿 K4：6

5. 铁锅沿 K4：5

6. 筒瓦 K4：1

7. 嘉祐通宝

K4 出土瓷器、铁器、建筑构件和钱币

本 书 出 版 得 到

国家重点文物保护专项补助经费资助

宁夏文物考古研究所丛刊之十

山嘴沟西夏石窟

上 册

宁夏文物考古研究所 编著

文物出版社

北京 · 2007

责任印制：王少华
封面设计：周小玮
责任编辑：王　戈

图书在版编目（CIP）数据

山嘴沟西夏石窟／宁夏文物考古研究所　编著. —北
京：文物出版社，2007.10
ISBN 978-7-5010-2219-9

Ⅰ.山…　Ⅱ.宁…　Ⅲ.石窟－出土文物－宁夏－西夏
（1038-1227）　Ⅳ.K879.29

中国版本图书馆 CIP 数据核字（2007）第 074963 号

山嘴沟西夏石窟

（上、下册）

宁夏文物考古研究所　编著

*

文 物 出 版 社 出 版 发 行

北京东直门内北小街 2 号楼

邮政编码：100007

http：//www.wenwu.com

E-mail：web@wenwu.com

北京燕泰美术制版印刷有限责任公司印刷

新 华 书 店 经 销

889×1194毫米　1/16　印张：47.25　插页：1

2007 年 10 月第 1 版第 1 次印刷

ISBN 978-7-5010-2219-9　定价：680 元

XIXIA GROTTOES TEMPLE IN SHANZUIGOU VALLEY

（Ⅰ）

(WITH AN ENGLISH ABSTRACT)

The Institute of Archaeology and Cultural Relics of Ningxia Hui Autonomous Region

Cultural Relics Press

Beijing · 2007

目　　录

插 图 目 录

图 版 目 录

第一章　概　述

　　贺兰山横亘于宁夏回族自治区西北部，与内蒙古腾格里沙漠和乌兰布和沙漠相临，是荒漠草原和半荒漠草原的过渡地带，是宁夏和内蒙古的界山。它北起内蒙古巴音敖包，南迄宁夏中卫县马夫峡子，大致呈南北偏东走向，绵延约200、东西宽15～60公里。山势南北两端较低矮，中段高耸，峰峦苍翠，崖壁险峭，沟谷纵横，海拔在2000～3000米，主峰敖包疙瘩海拔3556米。贺兰山西坡较缓，东麓陡峭，高耸的山体，阻挡了腾格里沙漠的东侵，削弱了西伯利亚冷空气的南下，是宁夏平原的天然屏障。

　　贺兰山属温带大陆性气候，温差大，蒸发较强，年降水量平均在300毫米左右，多集中在7、8、9月份。山中植物资源丰富，依山势高低，分布的植物种类不同。在浅山区有稀疏的灌木林带；在海拔1900米以上的中山区，生长着油松、山杨、白桦、灰榆等；在2400米以上的亚高山区，有珍贵的青海云杉。山中野生动物主要有马鹿、麝、狐、兔、石鸡、盘羊、青羊等。这里自古以来即为畋猎樵牧之所。

　　贺兰山古名颇多。其北段西汉时称卑移山，唐宋时又称乞伏山、克危山、楼树山、空青山等，中段又称灵武山、娑罗模山等。贺兰山之名，最早见于《隋书》，此后历代袭称，相沿至今[1]。

第一节　山嘴沟概况

　　贺兰山东麓有大小沟谷四十余条，山嘴沟就是其中之一。山嘴沟属宁夏回族自治区银川市西夏区，沟口为全国重点文物保护单位西夏陵，入口处就位于6号陵东侧，东距银川市区不到10公里（图一），现归贺兰山自然保护区管理局马莲口管理站管理。

　　山嘴沟亦称山嘴儿沟，从沟口到沟内深处基本上呈东西走向，全长约15公里。山嘴沟平时为

---

〔1〕　贺兰山诸名，分别见于《汉书·地理志》卷二十八、《水经注》卷三、《高僧传》卷二十一、《隋书·地理志》卷二十九、《通典》卷十七、《元和郡县图志》卷四、《太平寰宇记》卷三十六以及《宋高僧传》和《嘉靖宁夏新志》等。

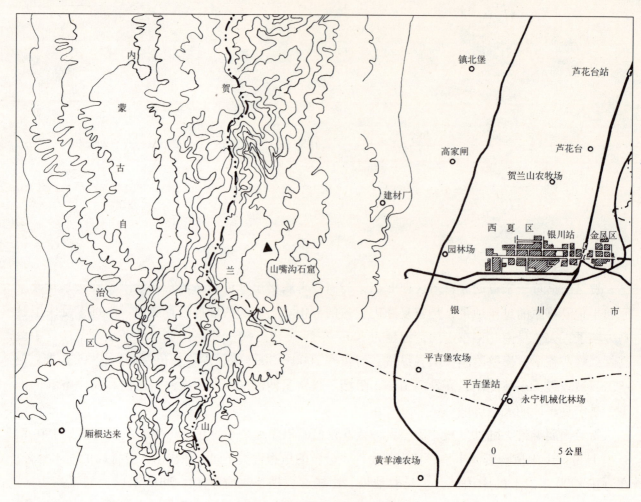

图一　山嘴沟石窟位置示意图

干沟，仅在下暴雨时才有山洪下泻。沟内地势较为宽敞平坦，汽车顺山沟可直达沟内。在山嘴沟的中段有一处废弃的采石厂，2001 年首次到这里调查时，采石厂仍有人居住。现因封山育林，采石厂已关闭。沟内蜿蜒曲折，到处是岔沟。前段树木稀疏，两侧多为酸枣树，偶尔有一两株灰榆和蒙古扁桃。只有到了沟内深处，两侧山坡背阴处才能见到葱郁的林木。

　　山嘴沟内有两处石窟。一处石窟位于沟内中部葫芦峪的小岔沟内，距沟口约 10 公里，现有石窟 6 孔。本书的山嘴沟石窟即指此处石窟。另一处石窟位于山沟深处，距前一处石窟约 3 公里，有石窟 1 孔，俗称千佛洞。洞内残存壁画为清代所绘，地表还残留大量清代泥塑。千佛洞不在本报告的叙述范围之内。

　　葫芦峪是山嘴沟中一条小岔沟，沟并不长，延伸 1 公里左右即与另一山沟相连。岔沟前一段呈西南—东北走向，至石窟下方又折为大致呈南北走向。沟内狭窄，两侧多为陡峭的山坡，也有悬崖峭壁，有的地方很窄，仅容一人通过。在岔沟中部是一段长近 100 米由山洪冲击而形成的窄沟，两侧是高 20～30 米的断崖。在东侧断崖顶上有一处面西的扇形陡坡，坡度近 60 度，坡高约 100 米。陡坡的北侧和顶部是峭壁，南侧是山水沟。山水沟沟中皆为从坡顶峭壁塌落的巨石和山洪冲下来的石块。

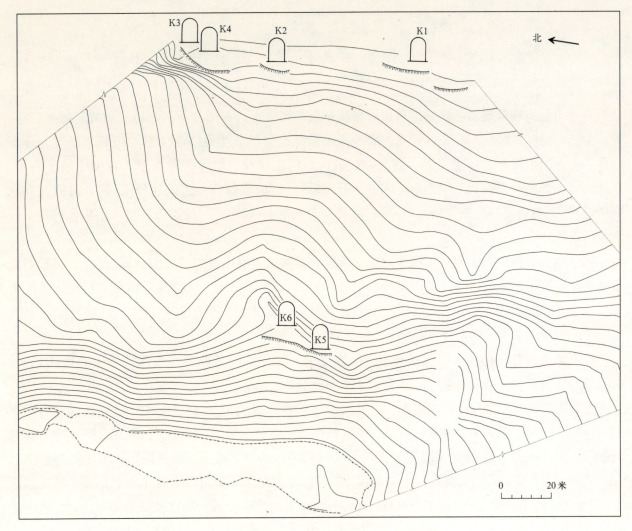

图二 山嘴沟石窟分布图

在陡坡下部断崖和坡顶部的峭壁底部现存6孔石窟。石窟呈两层分布，坡顶峭壁下有4孔，从南到北依次编号为K1、K2、K3和K4；坡底断崖上部有2孔，编号为K5和K6（图二；图版一）。

山嘴沟石窟未见文献记载，始建年代不详。1984年，宁夏全区开展文物普查工作，曾对山嘴沟石窟有过简单记录："在千佛洞的南边，有一个叫葫芦峪的地方，东边山坡上还有三个画满佛教壁画的石窟。一号窟，最高处3.5米，宽2米，深1米。二号窟高6米，宽1米，深8米。三号窟高5米，宽4.5米，深5米。洞室极不规整，在自然山洞的基础上稍加修整，壁面涂以泥和白灰，然后在白灰壁上用石绿、赭石、墨等颜料绘制壁画。现存的壁画，内容主要为佛教经变故事。画风粗犷，着色浓重。在二号窟壁画上有明嘉靖十三年和隆庆二年游人题记，说明在明代以前石窟即已存在。"[1]

〔1〕 宁夏回族自治区文物管理委员会、宁夏回族自治区文化厅编：《文物普查资料汇编》（内部资料），1986年，页31。

第二节　文献记载西夏在贺兰山中修建的寺院

贺兰山是我国著名山脉之一，自古以来就是众多民族生活繁衍之所，先后有匈奴、鲜卑、氐、羌、柔然、突厥、回鹘、吐蕃、党项、蒙古等民族在这里游牧生息。由于贺兰山林草繁茂、环境幽静，也是僧侣修行的理想之处。据文献记载，最迟在唐代，贺兰山就有僧人在山中结茅为舍、念佛修持，如唐朔方灵武下院的新罗国王子释无漏[1]、成都保唐寺僧无住[2]、朔方灵武龙兴寺僧增忍[3]、后唐灵州广福寺僧无迹[4]、后晋灵武永福寺僧道舟[5]等都曾在贺兰山中修行并进行宗教活动。

到了西夏时期，由于贺兰山特殊的地理位置，其被视为境内最神圣之山[6]。贺兰山又是西夏帝王避暑、狩猎的地方。李元昊于大庆二年（1037）"盟诸蕃于贺兰山"[7]；西夏天授礼法延祚十年（1047），李元昊"大役丁夫数万，于山之东营离宫数十里，台阁高十余丈，日与诸妃游宴其中"[8]；仁宗仁孝于天盛七年（1155）"猎于贺兰原"[9]等。

西夏崇尚佛教，在其境内大兴佛事，广修寺塔，贺兰山更是西夏佛教活动的中心地区之一。据零散的文献记载，西夏在贺兰山中修建了大量寺庙。

五台山寺，又称北五台山大清凉寺、五台净宫等。西夏类书《圣立义海》记载在贺兰山中有"五台净宫"，其"是菩萨圣众现生显灵，禅僧修褉、民庶归依处"[10]。在《西夏地形图》中，贺兰山东侧标有"五台山寺"[11]；辑于西夏天庆七年（1200）的汉文佛经《密咒圆因往生集》序后落款有"北五台山大清凉寺出家提点沙门慧真编集"[12]；莫高窟第444窟窟檐门北柱上有西夏汉文题记"北五台山大清凉寺僧"[13]。这里的五台山寺、五台山大清凉寺和五台净宫或许是同寺异名，或许是同一寺院的不同组成部分。无论如何，说明西夏在贺兰山中是有一处规模较大的五台山寺。

佛祖院，据西安市文物局所藏《大方广佛华严经》西夏文押捺题款中记："番国贺兰山佛祖院摄禅园和尚李慧月，平尚重照禅师之弟子。为报福恩印制十二部大藏经契及五十四部华严又抄

〔1〕　［宋］赞宁：《宋高僧传》卷二十一《唐朔方灵武下院无漏传》，范祥雍点校，中华书局，1987年，页545。

〔2〕　［唐］《历代法宝记·无住传》，《大正新修大藏经》卷五十一，佛陀教育基金会出版社（台北），1992年，页186。

〔3〕　《宋高僧传》卷二十六《唐朔方灵武龙兴寺增忍传》，页667。

〔4〕　《宋高僧传》卷三十《后唐灵州广福寺无迹传》，页752。

〔5〕　《宋高僧传》卷二十三《唐朔方灵武永福寺道舟传》，页596。

〔6〕　克恰诺夫、李范文、罗矛昆：《圣立义海研究》，宁夏人民出版社，1995年，页59。

〔7〕　［清］吴广成：《西夏书事校证》卷十二，龚世俊等校证，甘肃文化出版社，1995年，页147。

〔8〕　《西夏书事校证》卷十八，页213。

〔9〕　《西夏书事校证》卷三十六，页422。

〔10〕　西夏文原文参见《圣立义海研究》，页58～59。

〔11〕　［清］张鉴：《西夏纪事本末》卷首"西夏地形图"，甘肃文化出版社，1998年。

〔12〕　［西夏］智广、慧真编集：《密咒圆因往生集》，《大正新修大藏经》卷四十六，页1007。

〔13〕　敦煌文物研究院编：《敦煌莫高窟供养人题记》，文物出版社，1986年，页168。

写金银字中华严一部，金觉、莲华、般若、菩萨戒经契行信论等。"[1] "番"是西夏党项人的自称，"番国"即指西夏。题款所记"佛祖院"，当为西夏贺兰山中的一处大寺。

文殊殿，据《宁夏志》记载，文殊殿在贺兰山中二十余里。"相传元昊僭据此土之时，梦文殊菩萨乘狮子现于山中，因建殿宇，绘塑其像相。画工屡为之，皆莫能得其仿佛。一旦，工人咸饭于别室，留一小者守视之，忽见一老者鬓皤然，径至殿中，聚诸彩色于一器中泼之，壁间金碧辉焕，俨然文殊乘狮子相。元昊睹之喜甚，恭敬作礼，真梦中所见之相也，于是人皆崇敬"[2]。

大度民寺，据汉文《观弥勒菩萨上生兜率天经》发愿文载：西夏仁宗皇帝在乾祐二十年（1189）九月十五日于大度民寺作大法会，"恭请宗律国师、敬戒国师、大乘玄密国师、禅法师、僧众等，就大度民寺，作求生兜率内宫弥勒广大法会，烧结坛，作广大供养，奉广大施食。并念佛诵咒，读西番、番、汉藏经及大乘经典，说法作大乘忏悔，散施番汉《观弥勒菩萨上生兜率天经》一十万卷，汉《金刚经》、《普贤行愿经》、《观音经》等各五万卷，暨饭僧、放生、济贫、释囚诸般法事，凡七昼夜"[3]。大度民寺寺址究竟在兴庆府内还是贺兰山中，并没有一个明确的结论。据俄藏黑水城出土的西夏文佛经《中有身要论》题记载："大度民寺院内中国觉明国师法狮子传"[4]。又《断魔要语》题记中有"兰山觉明国师法狮子作"[5]，这里"兰山"是指贺兰山。根据这两款题记，可以明确大度民寺就位于贺兰山中[6]。

此外，还有贺兰山石台岩云谷慈恩寺[7]、奉天寺[8]等。

到了明代，贺兰山还"有颓寺百余所，并元昊故宫遗址"[9]。清《乾隆宁夏府志》载："山口各有寺，多少不一，大抵皆西夏时旧址。"[10] 这一点经今天的考古调查亦可以得到证实。凡贺兰山东麓较大山沟的沟口和沟内均有数量不等、大小不一的西夏建筑遗址[11]。这些寺庙在西夏时期的名称，大多已无从查考。不过，通过零散的文献记载和现存大量的西夏寺庙遗址可知，西夏王朝在贺兰山中佛事活动是相当频繁的。

〔1〕 西安市文物管理处、中国社会科学院民族研究所：《西安市文管处藏西夏文物》，《文物》1982年第4期。

〔2〕 [明]朱旃撰修：《宁夏志笺证》卷上，吴忠礼笺证本，宁夏人民出版社，1996年，页96。

〔3〕 史金波、魏同贤、克恰诺夫主编：《俄藏黑水城文献》(2)，上海古籍出版社，1996年，页48。

〔4〕 (俄)克恰诺夫：《西夏文佛教文献目录》，日本，京都大学文学部，1999年，页546。

〔5〕 (俄)戈尔芭切娃、克恰诺夫：《西夏文写本和刊本目录》，东方文献出版社，莫斯科，1963年。译文见中国社会科学院民族研究所历史研究室资料组编译的《民族史译文集》(3)，1978年（内部印行），页44。

〔6〕 孙昌盛：《试论在西夏的藏传佛教僧人及其地位、作用》，《西藏研究》2006年第1期。

〔7〕 史金波：《西夏佛教史略》，宁夏人民出版社，1988年，页119。

〔8〕 孙昌盛：《西夏方塔塔心柱汉文题记考释》，《考古与文物》1997年第1期。

〔9〕 [明]胡汝砺编，管律重修：《嘉靖宁夏新志》卷一，陈明猷校勘本，宁夏人民出版社，1985年，页12。

〔10〕 [清]张金城修、杨浣雨纂：《乾隆宁夏府志》卷三，陈明猷点校本，宁夏人民出版社，1992年，页86。

〔11〕 牛达生、许成：《贺兰山文物古迹考察与研究》，宁夏人民出版社，1988年，页35～39。

第三节　工作经过

一　调查测绘经过

自 20 世纪 80 年代初全区文物普查之后，才见到有关山嘴沟石窟的记录。之后，也有不少区内的文物工作者到这里调查，但山嘴沟石窟和壁画始终未能引起人们足够的重视。

2002 年夏，宁夏文物考古研究所及当时在中国社会科学院民族研究所工作的谢继胜共同展开对山嘴沟石窟的调查工作。参加这一次调查工作的有杜玉冰、谢继胜、廖旸、朱存世和孙昌盛。相关人员在山嘴沟石窟工作了两天，除了拍摄照片外，还采集了一些擦擦和小泥佛像。

2004 年，宁夏文物考古研究所向国家文物局申请了贺兰山东麓西夏佛教寺庙遗址调查项目并获得了批准。山嘴沟石窟调查测绘是其中的一个子项目。野外调查测绘工作分为两个阶段进行。

第一阶段在 2005 年 8 月底至 10 月初，主要是绘制山嘴沟石窟上层 4 孔石窟的平、剖面图，同时进行窟内壁画的编号、测量、绘制线图及拍摄照片等工作。

工作首先在 2 号窟展开。由于有的壁画很高，描绘壁画需要架梯子。平整地表时，在土中发现了一些西夏文佛经残页。为保证纸质遗物的安全，在测绘石窟壁画的同时，对石窟及窟前地面堆积进行了清理，发现了一批珍贵文献。

此次调查工作由孙昌盛负责，参加人员有边东冬、乔国平、王仁芳、王银、谢继胜。

调查并未涉及下层 2 孔石窟。一是因为这 2 孔石窟开凿在断崖上，很难到达。二是这 2 孔石窟窟顶的岩石结构松散，多已风化，成块剥落。出于安全考虑，只是做了编号。不过，从对面山坡上可以清楚地观察到，这 2 孔石窟中皆堆积着很厚的浮土和窟顶塌落的石块，窟壁没有涂抹黄泥或白灰泥，窟前均有石砌护壁，说明也曾被利用过，或许是当时僧人生活的地方。

第二阶段在 2006 年 7 月，主要是测绘山嘴沟石窟地形和石窟位置。参加工作的有孙昌盛、边东冬、童文成、雷昊明、王银。

二　资料整理和报告编写

出土遗物的整理修复工作是从 2006 年 1 月至 7 月，主要对出土的纸质文献进行清洗、拼对、平整和加固。在整理修复过程中，对出土文献中的一些碎片，只要是有文字的均进行清洗、拼对和加固。遗憾的是这些文献残损严重，多数无法拼接，只能按出土编号单独处理。

报告的编写从 2006 年 8 月开始到 2007 年 3 月底结束。

报告分为两个部分：前半部分（即第一章至第五章）是考古调查和清理发掘部分。主要是按照洞窟编号，分别从洞窟形制、窟内堆积、壁画和出土遗物等几个方面进行叙述。在出土遗物中，西夏文佛教文献占绝大多数。首先，我们将它们按内容、纸质等归类，分类逐一描述，然后进行释读。由于出土文献中很大一部分是首次发现的西夏文文献，加上残损严重，缺头少尾，在没有参考对象的情况下，同一文献的各个残页之间的顺序很难厘定。所以，基本上是以先整页、后残页，先大后小的原则来进行叙述。后半部分，即结语部分主要是确定山嘴沟石窟和出土遗物的时代以及对部分出土文献的初步认识。

另外，在附录中还收录了谢继胜从图像学方面，对山嘴沟石窟壁画风格和部分图像源流进行的细致分析。

第二章　一号窟（K1）

一号窟位于窟区上层最南端，编号为 K1。北距二号窟约 20 米。窟前近 9 米处有一道南北向的石砌护壁，使护壁与窟前形成一块小平地。护壁为不规则的片石砌筑而成，南端已坍塌。残长近 7.5、最高处约 2.5 米。在此处护壁南侧前方约 6 米处还有一处较低的石砌护壁，护壁长 9、高 0.9 米（图版二）。

第一节　石窟形制和窟内堆积

一　石窟形制

K1 是上层四孔石窟中唯一一孔人工开凿的石窟，基本上呈拱形。

洞口亦略呈拱形，下宽 2.6 米，中间最高处 3 米。方向 230°（图三，图版三）。

窟内平面形制呈不规则形，中间窄，两头宽。中间最窄处宽仅 1.5 米，最宽处为入口处，约 2.6 米。石窟入深 7.4 米。窟室前部地面较为平整，地表垫一层白浆土。窟内后部地面修成四层阶梯状，台阶用石块砌成，高 10～20 厘米。第一级台阶基本上位于窟内中间，入深 0.9 米，第二级入深 1.1 米，第三级入深 0.8 米，第四级入深 2.3 米。第四级台地地表涂抹一层白灰泥。在窟内堆积中发现了一些贴塑残块，推测窟内原应有泥塑像。

洞窟两壁下部基本上为直壁，近窟顶处内收为拱形。壁面并未经过细致修整，裸露原始岩面，凸凹不平。根据残存壁画观察，墙壁上有两层白灰泥，说明此窟至少经过两次维修。壁面抹泥是用白灰、黄土、草或麻搅拌在一起的草拌泥，厚 2～3 厘米。在草拌泥的表面又涂抹一层很薄的白灰泥，较为光滑，然后在白灰泥面上作画。

窟顶近洞口处略显平整，其余部分已大面积坍塌。窟顶原也应绘有壁画，现均已剥落。近门处高 2.9 米，中间最高处达 4.2 米。

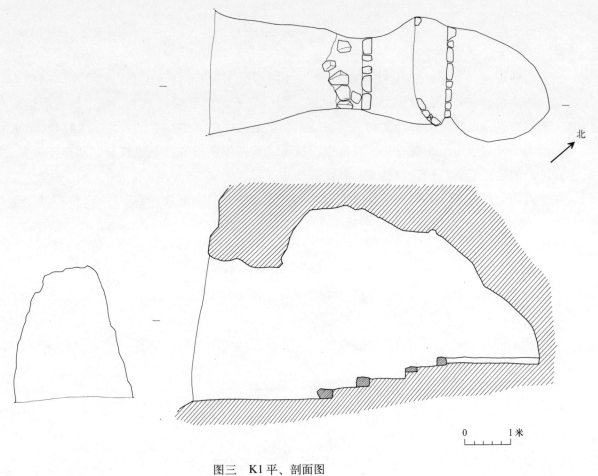

图三 K1平、剖面图

二 窟内堆积

窟内地层堆积薄而简单,厚20～30厘米。前部堆积较厚且紧密,里面堆积较薄且松散,多为干燥的浮土。堆积主要为羊粪、鸟粪、茅草和浮土,经踩踏,形成一层硬面。其中出土了佛经残片和泥佛像、擦擦等。

第二节 壁画

K1窟内原应全绘有壁画,现大部分已剥落,仅在南壁近洞口下部残存一幅。壁画内容为讲经图。窟内堆积中还出土了一些壁画残块。另外,在壁画上还有一些晚期游人题刻。年号有"加(嘉)靖四年春"、"隆庆夏月"。人名有"周光"、"胡大魁"、"陶德"、"李秉业"、"章新华"、"葛甫"等。

一　讲经图

位于南壁近洞口下部，总高45、宽56厘米（图四；图版四）。图中有人物3身。居中为一位墨线勾勒的高僧，头戴冠，身穿交领宽大长袍，腰束带，端坐于矮凳之上。左手放置腹前。右手当胸，手持经卷，似乎在讲解经文。其前有矮案，案上放香炉，炉中香烟缭绕。人物高25厘米。

右侧为一武将形象，头戴幞头，身穿绿色战袍，肩披黑色披风，双手扶膝，端坐于矮凳之上，气宇轩昂，似乎在聆听高僧讲解经文。其脸部已残。其人物高23厘米。

左侧人物大部分剥落，仅存半身。人像前似乎置一矮案，案上放经卷。

0　　　　　5厘米

图四　K1壁画讲经图

二 壁画残块

在清理 K1 窟内堆积中还出土了剥落下来的壁画残块，大小共有 15 块，多数画面残缺不全。下面择大者逐一叙述。

K1:2，毗卢巴像。墨线勾勒，头系骷髅冠饰，左手前举，右手当胸持碗。有绿色头光和身光。高 28、宽 15 厘米（图五；图版五）。

K1:17，人物手部。存手部和腕部，腕部有腕钏。高 3、宽 6 厘米（图六，3；图版六，1）。

K1:1，残存长裙一角。高 12、宽 10 厘米（图六，2；图版六，2）。

K1:5，佛像右臂，右手作说法印。高 13、宽 7 厘米（图六，1；图版七，1）。

K1:15，人物手部。高 5、宽 4 厘米（图六，4；图版七，2）。

K1:6，画面不清。高 7、宽 7 厘米（图六，5；图版七，3）。

第三节 出土遗物

遗物均出土于窟内地表堆积中，有西夏文佛经、泥佛像、擦擦、瓷器、建筑构件等。

一 佛经

共 9 种，17 纸。分为印本和写本两种。文中□表示不识或残缺之字，□的数量与原文字数相同（下文皆同）。

0   5厘米

图五 K1 出土壁画残块毗卢巴像 K1:2

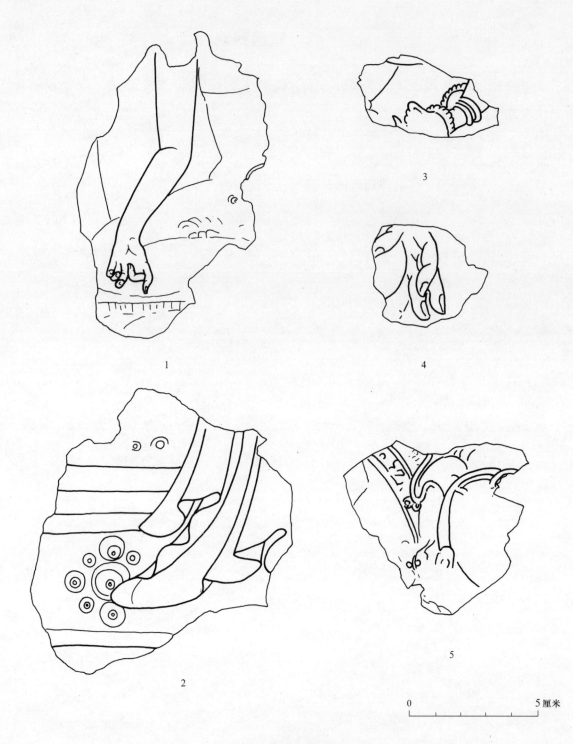

图六　K1 出土壁画残块

1. 佛像右臂壁画残块 K1：5　　2. 衣角壁画残块 K1：1　　3. 手部壁画残块 K1：17
4. 手部壁画残块 K1：15　　5. 壁画残块 K1：6

（一）西夏文印本佛经

共 6 纸。属同一佛经，但均因残损严重，无法连缀拼接，不知经名和先后次序。从现存残片看，有上栏，为单栏。无行格。

K1:48，残片。残高 8、残宽 5.2 厘米。存文字 3 行（图七）。译文如下：

（前缺）

……事之赞……

……作序。德……

……万□慧……

（后缺）

K1:33，残片。残高 6、残宽 2.5 厘米。存文字 2 行（图八）。译文如下：

（前缺）

……修习者彼之……

……如行遣……

（后缺）

K1:32，残片。残高 4、残宽 3.9 厘米。存文字 2 行（图九）。译文如下：

（前缺）

……灭除知晓……

……故往，道……

（后缺）

K1:36，残片。残高 4.5、残宽 3 厘米。存文字 2 行（图一○）。译文如下：

（前缺）

……授相……

……显现……

（后缺）

K1:39，残片。残高 4、残宽 3.5 厘米。残存可识读文字仅 3 字（图一一）。译为"……人何语……"。

K1:34，残片。残高 5、残宽 2.4 厘米。存文字 1 行（图一二）。译为"诸有情……"。

（二）西夏文写本佛经

共 11 纸。依据纸张、版式和书体等可分为 7 种。

佛经之一

K1:45，残片。行楷顶格书写，无界栏行格。残高 5、残宽 4.9 厘米。存文字 3 行（图一三）。此文献为译自藏文的藏传佛教文献。译文如下：

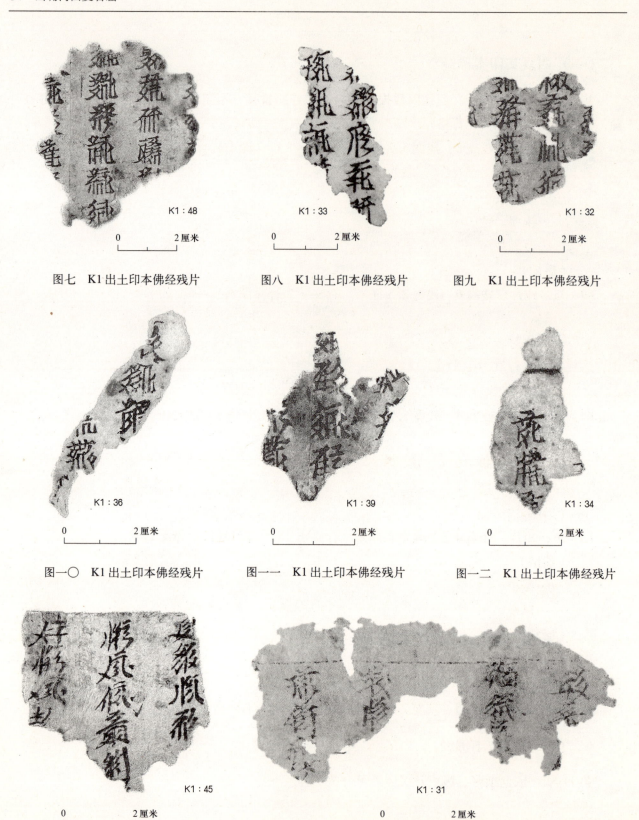

图七　K1 出土印本佛经残片　　　图八　K1 出土印本佛经残片　　　图九　K1 出土印本佛经残片

图一〇　K1 出土印本佛经残片　　　图一一　K1 出土印本佛经残片　　　图一二　K1 出土印本佛经残片

图一三　K1 出土写本佛经残片　　　　　　图一四　K1 出土写本佛经残片

（前缺）

八戒不……

应观想。五十日……应观想佛。三……

（后缺）

佛经之二

K1：31，残片。行楷书写。有上栏，残存天头。残高4.5、残宽10.1厘米，天头高2.1厘米。存文字4行（图一四）。此文献当为译自藏文的藏传佛教文献。译文如下：

（前缺）

□慧……

唵萨……

人天……

净梵穴……

（后缺）

佛经之三

共4纸。行楷书写。该文献亦为译自藏文的藏传佛教文献。

K1：38，残片。残高5、残宽3.6厘米。存文字3行（图一五）。译文如下：

（前缺）

……许……

……大悲心及……

……谓。根……

（后缺）

K1：43，残片。残高2.7、残宽3.2厘米。存文字2行（图一六）。译文如下：

（前缺）

……谓之义……

……及……

（后缺）

K1：44，残片。残高3、残宽3.5厘米。存文字1行（图一七）。译为"……时正觉……"。

K1：40，残片。残高3.8、残宽3厘米。存文字2行，行间有西夏文草书小字注。小字潦草难识（图一八）。译文如下：

（前缺）

……集。天……

……主授。……

（后缺）

佛经之四

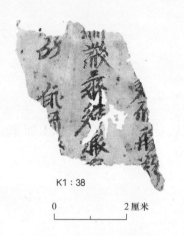

K1：38

0　　　　　2厘米

图一五　K1出土写本佛经残片

K1：43

0　　　　　2厘米

图一六　K1出土写本佛经残片

K1：44

0　　　　　2厘米

图一七　K1出土写本佛经残片

K1：40

0　　　　　2厘米

图一八　K1出土写本佛经残片

K1：35

0　　　　　2厘米

图一九　K1出土写本佛经残片

K1：41

0　　　　　2厘米

图二〇　K1出土写本佛经残片

K1：42

0　　　　　2厘米

图二一　K1出土写本佛经残片

K1：37

0　　　　　2厘米

图二二　K1出土写本佛经残片

K1：35，残片。楷书书写。有上栏。残高3.1、残宽2.7厘米。存文字1行（图一九）。译为"依□成……"。

佛经之五

K1：41，残片。楷书书写。多数文字残缺不全。残高3、残宽3.2厘米。存文字3行（图二〇）。译文如下：

（前缺）

……往……

……见凶恶……

……弟子……

（后缺）

佛经之六

K1：42，残片。楷书书写。字体较小。残高3.1、残宽3.5厘米。存文字2行（图二一）。译文如下：

（前缺）

……轮者饥……

……十品及……

（后缺）

佛经之七

K1：37，残片。楷书书写。残高4、残宽3厘米。存文字1行（图二二）。译为"……恭请，红……"。

二 佛画

共1件。K1：46，纸画，残片。画面部位不详。绘制方法是先用墨线勾勒，然后填充颜色。残高5.5、残宽2.4厘米（图版八，1）。

三 佛像

共50余件。按质地可分为泥佛像和陶佛像两种。

（一）泥佛像

近50件。均为黄泥脱模制成，多数破碎，形制相同。正面呈桃形，凸印佛像，背部系手捏成形。完整者高4.3～5、下宽4～4.5厘米。

K1：24，正中用细线凸印佛龛，龛中模印佛像，结跏趺坐于仰莲座上，双手施禅定印。座下部和佛像两侧有梵文种字。座两侧各有2个喇嘛塔。背面有手捏的指痕。高5、下宽4.3厘米（图

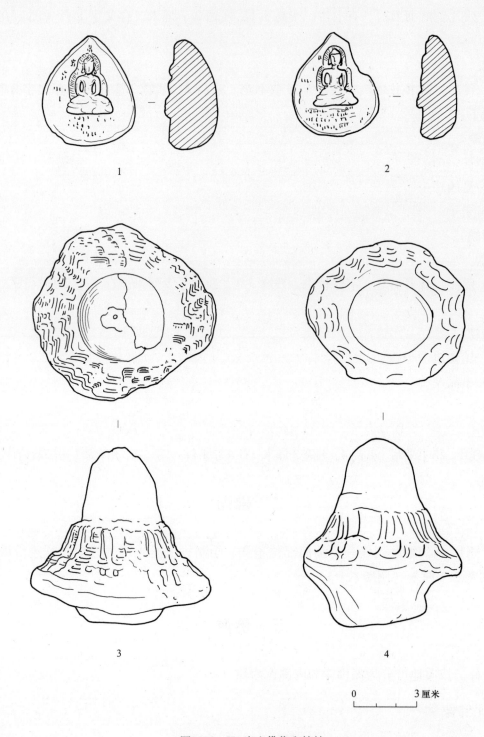

图二三   K1 出土佛像和擦擦

1. 陶佛像 K1：14   2. 泥佛像 K1：24   3. A 型擦擦 K1：26   4. A 型擦擦 K1：27

二三，2；图版八，2）。

（二）陶佛像

共 7 件，均用灰陶制成，形制与泥佛像完全一致。

K1∶14，高 5、下宽 4 厘米（图二三，1；图版八，3）。

四 擦擦

共 75 件。均用黄白泥制成，上半部脱模，下部手捏。按脱模部分可分为两种形制，即四方天降塔和百八塔。

A 型，四方天降塔。共 53 件。脱模部分形制相同，唯手捏的底座高低不同。脱模部分主要由塔基和塔身两部分组成。塔基为方形，四方中间有阶梯，直通塔身。塔身呈覆钵形。手捏的底座呈圆柱状，很不规整。

K1∶26，底座小。通高 9、塔基宽 9 厘米，底座高 1、径 3.5 厘米（图二三，3；图版八，4）。
K1∶27，底座大。通高 10、塔基宽 9 厘米，底座高 2、径 4 厘米（图二三，4；图版八，5）。

B 型，百八塔。共 22 件。多数残碎。脱模部分形制完全一致。均模印四层小塔。四层小塔排列的方式分别为最下一层 31 个，依次为 28、26、22 个，加上小塔本身，共 108 个塔。

K1∶28，残高 6、脱模部分高 3、底座高 3 厘米（图二四，3；图版九，1）。

五 瓷器

共 2 件，为碗底和碗口沿残片。

碗底，K1∶22，浅黄色胎，圈足，挖足较深。内壁饰褐釉，底有涩圈。外壁露胎。残高 3、足径 8 厘米（图二四，4；图版九，2）。

碗口沿，K1∶23，胎呈浅灰色，饰白色釉。高 4.5、宽 4.5 厘米（图二四，1；图版九，3）。

六 贴塑

均残为碎块，大者 4 厘米，小者仅 2 厘米。多数贴塑部位不明，有莲瓣，也有菩萨冠部，有的表面还刷有金粉。

K1∶29，似为菩萨冠部，高 2、下宽 2 厘米（图二四，2）。

七 建筑构件

仅出土 1 件塔刹残块。K1∶25，红陶，表面饰绿琉璃。高 5、宽 6 厘米（图版九，4）。

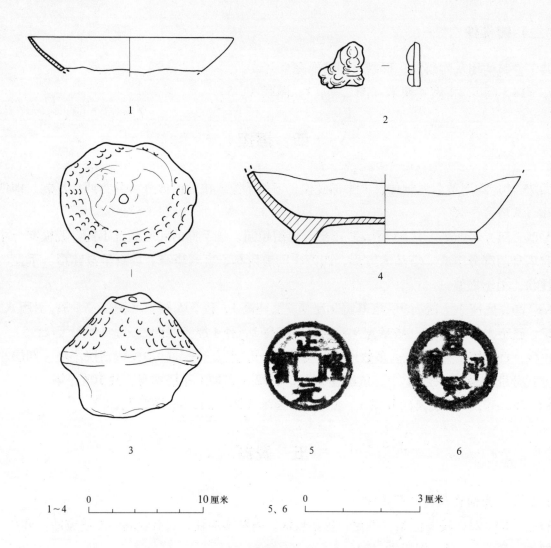

图二四　K1出土瓷器、贴塑残块、擦擦和钱币

1. 瓷碗口沿 K1：23　2. 贴塑残块 K1：29　3. B型擦擦 K1：28
4. 瓷碗底 K1：22　5. 正隆元宝　6. 咸平元宝

八　钱币

2枚。正隆元宝，1枚，右旋读，径2.3厘米（图二四，5；图版九，5）。咸平元宝，1枚，宽缘，右旋读，径2.4厘米（图二四，6）。

第三章 二号窟（K2）

二号窟位于窟区上部中间，编号为 K2。北距四号窟约 13 米。

第一节 石窟形制和地层堆积

一 石窟形制

K2 是利用天然石缝修整而成，大致可分为两部分，即上层洞窟和下层洞窟（图版一〇）。

（一）下层洞窟

下层洞窟为一极不规整的窄长石缝，由窟室和窟前通道构成。方向 250°（图二五）。

1. 通道

K2 窟前两侧岩壁顺山势向外延伸，形成一个外宽里窄的八字形通道。外宽 4.2、里宽 1.7、入深 6.6 米。通道两壁基本上是里高外低，高度在入口处大约为 5 米，近洞口处大约高 9 米。在通道入口前有一道南北向的石砌护壁和石砌台阶，护壁是用不规则的片石砌筑而成，现均已坍塌。

2. 窟室

K2 窟室平面呈里窄外宽，中间略收束的葫芦形。其可分为外室和后室。

后室狭小，剖面略呈尖拱形，平底。最宽处约 1.2、入深 3 米。后室中部有一坑，与洞窟同宽，入深 0.5、深 0.15 米，内用黄土和碎石填埋。坑外两壁底部各有凸起的小平台。台宽 0.1～0.2、长 0.65～0.7 米。地面抹白灰泥。两壁顺岩面斜上收，表面抹草拌泥，在草拌泥表刷一层较厚重的白灰浆，然后在白灰浆上绘制壁画。高 1.5～2 米。前高后低。

外室略呈半圆形，前宽后窄。前宽 1.8、入深 1.4 米。后部与后室相连处宽 0.9 米。外室比后

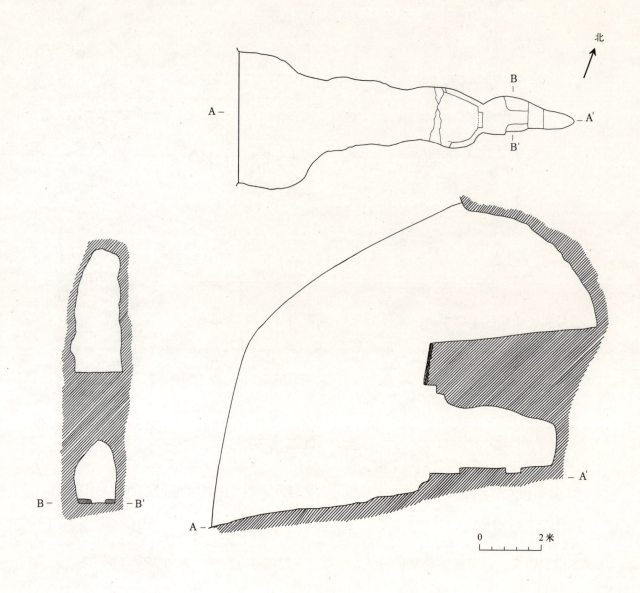

图二五 K2平、剖面图

室低0.2米。两壁底部各有凸起的小平台。台宽0.1、高0.2米。壁和顶很不规则，基本上在一个倾斜面上，使外室类似龛状。两侧壁画与八字形通道两壁的壁画相连，最高处达2.8米。

在外室南侧正壁上有一龛。龛略呈梯形，上窄下宽，两侧边略弧。口部高50、上宽8、下宽30厘米。龛内略内收，进深22～30厘米。龛内原有壁画，现大多已剥落。

（二）上层洞窟

上层洞窟也是一处自然岩缝，洞口底距下层洞窟顶1.4米。洞口略呈三角形，高约4、下宽2米。窟底亦呈三角形，平底，里窄外宽，地表抹一层白灰泥。前宽2、入深5.2米。两壁凸凹不平，下部抹一层黄泥，表面涂一层白灰浆，上部为原始岩壁。上层洞窟的洞口原来似乎是封闭的，现已坍塌。洞中堆积厚10～20厘米的羊粪、鸟粪和浮土，偶见佛经残片。出土于下层窟前地表堆积中的文献怀疑原藏于其中。

二 地层堆积

K2 的地层堆积在窟室和窟前八字形通道中不尽相同，窟室内堆积较薄，而窟前八字形通道中堆积较厚。

八字形通道中的堆积厚30～40厘米，外面薄而近洞口处较厚。堆积基本上可分为两层。最上为表土层。此层主要为浮土和羊粪堆积，踩踏较硬，厚约20厘米。表土层下为鸟粪和浮土层，主要是鸟粪、茅草和浮土堆积，较为松散，厚10～20厘米。遗物集中出土于此层近洞口处的北侧壁下，范围大约在2平方米内。所有文献均揉成一团，有的相互粘连，与鸟粪、茅草混杂在一起（图版一一）。

窟内地层堆积薄且较为简单，均为较松散而干燥的浮土和羊粪，厚约20厘米，其中偶见文献残片。

第二节 壁画

K2 洞内和八字形通道两壁表面均有壁画。这些壁画是先在凸凹不的窟壁表面抹一层薄厚不等的草拌泥，草拌泥外又刷一层厚重的白灰浆，然后在白灰浆上作画。按壁画所处的位置，可将其分

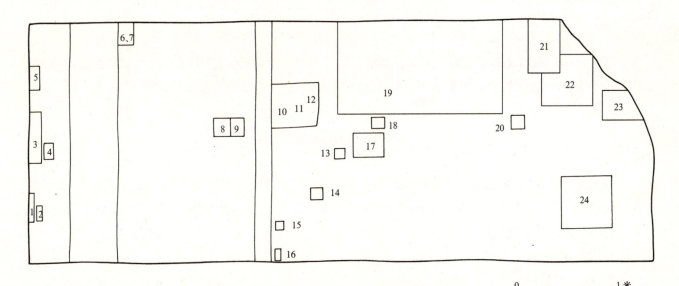

图二六 K2 通道和外室北壁壁画位置分布示意图

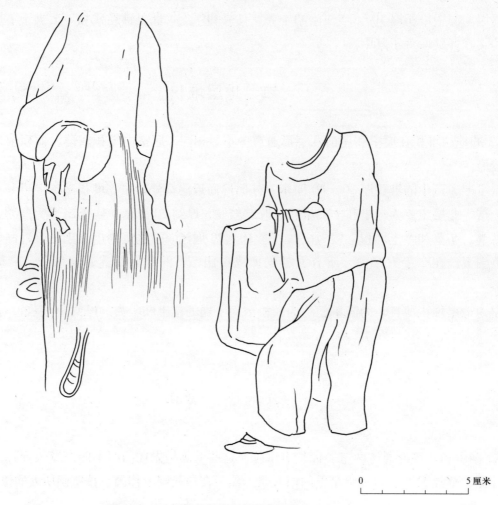

0　　　　　　　　　　5厘米

图二七　K2通道北壁壁画菩萨和供养人

为五部分，即后室南北两壁、洞口前壁和外室、八字形通道的南北两壁（图二六）。为了叙述方便，我们给所有壁画做了编号。另外，在壁画上还有大量明清时期的游人题刻。

一　通道和外室北壁壁画

在通道北壁和外室北壁沿壁面原均绘有壁画，现靠外侧和上部的草拌泥已完全剥落。即使是现存壁画，其绘画的颜色、线条，或者褪色，或者剥落，大多不甚清晰。壁画呈水平带状分布，上下均以2～3厘米宽的白线为边。其中壁画又分为三组，每组之间以两条白线隔开。

1. 第一组壁画

位于北壁最外侧，大部分被毁坏，现存只有很少一部分。共存人物5身，分别编号为1～5号。

1号图，菩萨。位于通道北壁最外侧下部。人物模糊，头部剥落，身着袈裟，左侧黑色，右

0　　　　　5厘米

图二八　K2通道北壁壁画菩萨和髡发童子

侧绿色。内似穿红色长衫。双手不清。高18厘米（图二七；图版一二）。

2号图，供养人。位于1号图左侧。其头部剥落，但从残存情况看，此像面对1号图菩萨，身穿圆领绿色长衫。腰略弯，似乎是作拱手状。残高16厘米（图二七；图版一二）。

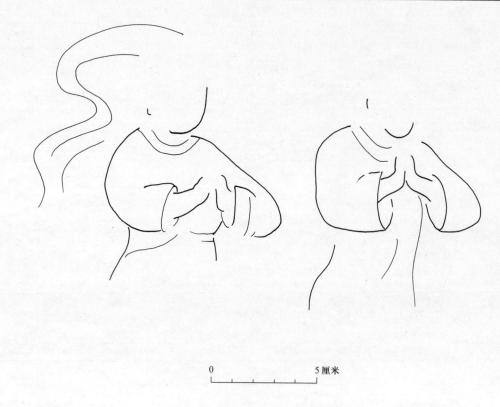

0　　　　　　　5厘米

图二九　K2通道北壁壁画供养人

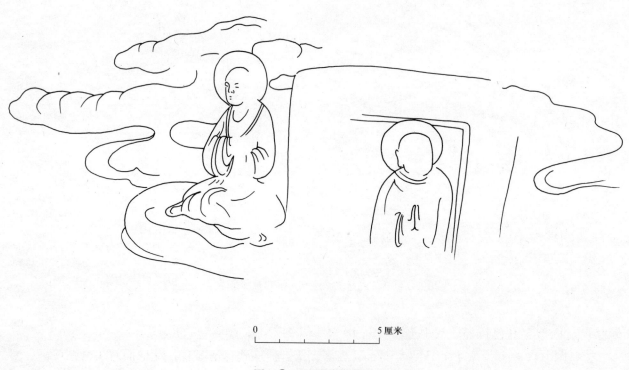

0　　　　　　　5厘米

图三〇　K2通道北壁壁画比丘

0　　　　　　　　10厘米

图三一　K2通道北壁壁画比丘、力士和护法

　　3号图，菩萨。位于1号图上方。有白色头光，戴花冠，脸涂成红色，五官清晰。身穿交领绿色长衫。手印不清。残高40厘米（图二八；图版一三）。

　　4号图，髡发童子。位于3号图菩萨身后，即左侧。童子头顶髡发，周边留发，脸呈灰色，五官清晰。身穿褐色衣。下部残缺。残高20厘米（图二八；图版一三）。

　　5号图，可能为菩萨。位于3号图上方。大部分残缺，仅存白色头光和红色衣角。

　　2. 第二组壁画

　　位于第一组壁画左侧。第一组壁画与第二组壁画之间的白线间距约44厘米。第二组壁画能看清楚的有四幅图，编号分别为6～9号。

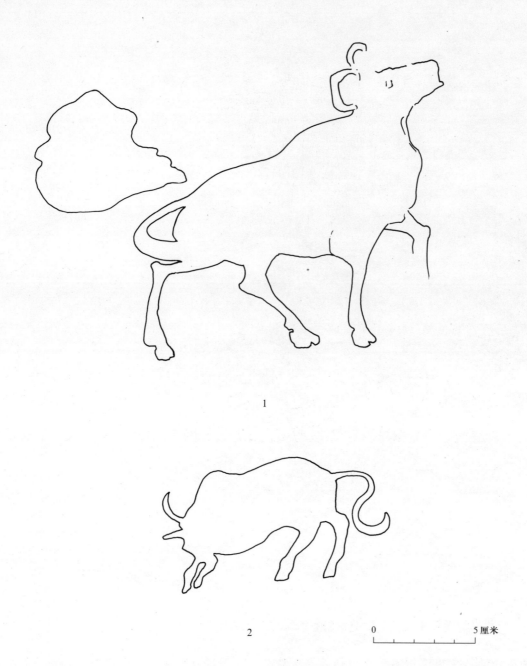

1

2

0   5厘米

图三二　K2通道北壁壁画牛

　　6、7号图，供养人。位于第二组壁画右侧最上端。现隐约能看出有2尊供养人，右侧为6号图（图二九），左侧为7号图（图二九）。均为站像，头部漫漶，着圆领长衫，双手合十。右侧人像身穿黑色衣，左侧人像着绿色衣。下部均已剥落。左上角有黑色榜题框，榜题不存。人像残高10厘米。

　　8、9号图，比丘。位于第二组壁画左侧中部。右侧为8号图（图三○），左侧为9号图（图三○）。两幅图均为比丘坐像，无冠，双手合十，结跏趺坐。8号图像身着绿衣。9号图像绘于红色

0   10 厘米

图三三　K2 通道北壁壁画菩萨和牛

方形框中，身着黄色衣。人物身后皆有白色祥云。8 号图人像高约 10 厘米，9 号图人像高约 6 厘米。

3. 第三组壁画

位于通道北壁最内侧，靠近洞窟。这一组壁画较为集中，现存大小共 15 幅，分别编号为 10～24 号。

10 号图，比丘。位于第三组壁画右侧上端。共有两身人物，前为一比丘坐像，有绿色头光，五官清秀。身着黑衣，双手合十，似在说法。比丘身后还有一小沙弥。沙弥仅露头部。高 20 厘米（图三一；图版一四）。

11 号图，力士。位于比丘像的左上方。牛首人身，通体红色，腰系黑裙。高 20 厘米（图三一；

0   10厘米

图三四　K2通道北壁壁画护法图

图版一四）。

　　12号图，护法。位于力士像的左侧。身体为红色，顶有冠，冠已剥落。身穿黑色衣，手中似持有法器，法器已残毁。残高16厘米（图三一；图版一四）。

　　在10～12号人物的后面还绘有山、树，在山和树木之间有黑色榜题框，榜题已不清。在12号护法的右侧上方还绘有黑云。10～12号图疑为劳度叉斗圣变局部。

　　13号图，牛。位于10号比丘像的左下方。黑色。高16、长17厘米（图三二，1）。

　　14号图，位于13号牛下方。原应是一束花，现已剥落，不很清楚。高13厘米。

　　15号图，牛。位于第三组壁画的右侧下部。牛为黑色，已剥落不清。高7、长12厘米（图三二，2）。

　　16号图，可能为供养人像。位于第三组壁画右侧最下角。头部和身体残缺，现仅存绿色长裙下

0　　　　　　　　　10厘米

图三五　K2外室北壁壁画金刚手

部。残高 20 厘米。

17 号图，菩萨。位于 13 号图牛的左上方。头部残缺，有绿色头光，身穿绿色长衣。高 25 厘米。身后有山和祥云（图三三；图版一五）。

18 号图，牛。位于 17 号图菩萨的左侧。牛为黑色。残长 12 厘米（图三三）。

图三六 K2外室北壁壁画伏虎罗汉

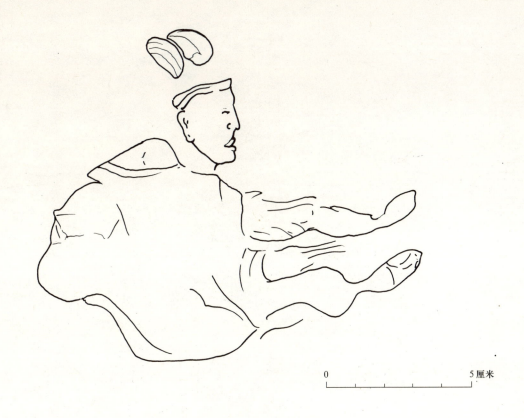

0　　　　　　　　　　　　5厘米

图三七　K2外室北壁壁画人物

19号图，护法图。位于第三组壁画中间上部。这一幅壁画画幅较大，但是大部分已漫漶不清。其中间似乎是一护法，有冠，红脸，穿黑衣。护法周围也有众多人物，有的残存足部，有的残存头光等。此幅壁画高约80、宽近100厘米（图三四；图版一六）。

20号图，牛。位于19号图的左下角。牛为黑色。长约14厘米。

21号图，金刚手。位于19号护法图的左侧，基本上在外室的最上部。金刚手展左姿，左手上扬，持金刚；右手当胸，作期克印。身体为灰色，着黑色短裙。双脚踩饿鬼。有黑色头光。高50厘米（图三五）。

22号图，伏虎罗汉。位于金刚手的左下方。虎的轮廓用墨线勾描，虎身填涂红色。虎背置蓝色垫，虎尾上翘，作行走状。罗汉以红线勾描，赤脚立于虎侧。有黑色头光，身披袈裟，左手端钵，右手执禅杖扛于肩上。高50厘米（图三六；图版一七）。

23号图，人物。位于伏虎罗汉左下角。其头戴冠，身着白色长衣，双手托地，似乎是一跪像。其前后还有一些画面，内容不详。人像高11厘米（图三七）。

24号图，护法金刚。位于洞窟外室北壁最下部。金刚身体着红色，五缕发髻竖起成头冠，展右姿，赤裸上身，腰系短裙。三目，十二臂，两主臂当胸，持物不清。余十臂张于两侧。左一手

0　　　　　　10厘米

图三八　K2外室北壁壁画护法金刚

和右一手上举至头顶，手中各持一刀，两刀在头顶交叉成十字形。左二手持三股叉，三手、四手
持物不清，五手持一环。右二手持棍，三手持物不清，四手似乎是持锥，五手持索。护法金刚外
侧上角有榜题框，无榜题。榜题下有后人墨书"财神到全叩"。像高70、宽50厘米（图三八；图
版一八）。

二 后室北壁壁画

在后室两壁原有大面积的壁画。由于洞窟矮小，大部分壁画被山羊等磨蹭得模糊不清，有的已完全剥落。

这些壁画大致分为三组，每组之间用卷云纹相隔，人物画之间的空隙处也用卷云纹来填充。北壁壁画基本上是以一白衣上师像为中心，两侧各有近 10 身菩萨等人物像。

1. 第一组壁画

位于洞窟北壁的外侧，残存人物 7 身。在人物的右侧、下部和与第二组壁画之间均绘有红色卷云纹，顶部为祥云。7 身人物分别编号为 25～28 号和 71～73 号。

25 号图，菩萨。位于第一组壁画最右侧。头戴花冠，脸的轮廓和手臂用棕色线勾描。右臂前伸。下部残缺。高 40 厘米（图三九；图版一九）。

26 号图，菩萨。位于 25 号图左侧上部。菩萨头戴花冠，脸为黑色，有绿色头光。残高 36 厘米（图三九；图版一九）。

71 号图，人物。位于 26 号图下部。头戴花冠，身穿绿色衣。未见头光，疑为供养人。残高 28 厘米（图三九）。

27 号图，菩萨。位于 26 号图左侧。头戴花冠，胸前有璎珞，双手似乎是在作反叉合掌。有黑色头光。残高 15 厘米（图三九；图版一九）。

72 号图，人物。位于 27 号图下部。头戴花冠，用棕色线勾勒脸部。身着黑衣，腰略弯，双手前托，似乎在供奉供物。不见头光，似为供养人。残高 30 厘米（图三九；图版一九）。

73 号图，人物。位于 72 号图左侧，28 号图下部。壁画严重剥蚀，仅能看出其有花冠，穿长衣，无头光。残高近 30 厘米（图三九）。

28 号图，菩萨。位于 27 号图左侧。头戴花冠，有绿色头光。残高 30 厘米（图四〇）。

2. 第二组壁画

位于洞窟北壁中部。其左右和下方均绘有红色卷云纹，顶部有祥云和人物像。其间残存人物像 9 身，分别编号为 29～35 号和 74、75 号。

29 号图，菩萨。位于第二组壁画的最右侧。此幅壁画剥落严重，仅能看出有头光，应为菩萨立像，身穿圆领长衣，衣带飘逸。残高 30 厘米（图四〇）。

30 号图，僧人。位于 29 号图左侧上部。五官不清，身穿黑色衣，有绿色头光。高 30 厘米（图四一；图版二〇）。

74 号图，人物。位于 30 号图下方。上半身残缺，仅存黑色衣服下部。

31 号图，上师。位于 30 号图左侧。上师结跏趺坐，座下为卷云纹。其头戴白色桃形莲花帽，脸部残毁，身穿白衣。双手置于胸前，手印不清。有黑色头光。高 28 厘米（图四一；图版二〇）。

0　　　　　　　　　10厘米

图三九　K2后室北壁壁画菩萨

0　　　　　　　　10厘米

图四〇　K2后室北壁壁画菩萨

0 ——————— 10厘米

图四一　K2 后室北壁壁画上师、僧人和菩萨

32 号图，人物。位于上师像左侧。人物头戴进贤冠，穿交领宽大长衫。有白色头光。高 30 厘米（图四一；图版二〇）。

33 号图，菩萨。位于 32 号图左侧上部。菩萨头戴花冠，有黑色头光。下部剥落。残高近 20厘米（图四一）。

75 号图，人物。位于 33 号图下方。头部不存，穿交领长衣。双手当胸。手印不清。高 26 厘

0   10厘米

图四二 K2后室北壁壁画菩萨

米（图四一）。

34 号图，菩萨。位于 33 号图左侧。头戴花冠，有绿色头光，身着黑色衣。下部残缺。高 29 厘米（图四一）。

35 号图，菩萨。位于第二组壁画左侧，左侧为卷云纹边饰。菩萨头戴花冠，有黑色头光，身穿黑衣。下半部剥落。高 44 厘米（图四二）。

0　　　　　　　10厘米

图四三　K2后室北壁壁画菩萨

3. 第三组壁画

位于洞窟北壁左侧。其右侧和下方均绘有红色卷云纹，顶部有祥云和人物。其间残存人物4身。分别编号为36～39号。

36号图，菩萨。位于第三组右侧。菩萨头戴花冠，有白色头光，脸为黑色，衣服亦为黑色。下部剥落。高30厘米（图四二）。

37号图，菩萨。位于36号图左侧。头戴花冠，有黑色头光，脸部和衣服均为黑色。下半部残缺。高60厘米（图四三）。

38号图，菩萨。位于37号图左侧。头戴花冠，脸部和衣服均为黑色。有白色头光。下半部残缺。高56厘米（图四三）。

39号图，人物。位于洞窟北壁最内侧。头部残缺，有绿色头光，脸部和衣服均涂黑色。下半部残缺。残高53厘米（图四四）。

另外，在北壁近顶部还有5身菩萨坐像，仅头光圈较为清晰，其他部位均剥落（图四五）。

三　后室南壁壁画

后室南壁壁画保存情况较差。现在能看清楚的只有中间上师和两侧13身人物。窟顶绘有祥云，人物下边有卷云边饰。南壁人物编号为40～52号和79号。

40号图，菩萨。位于南壁最左侧。脸部为黑色，身穿黑色长衣。有白色头

0　　　　　10厘米

图四四　K2后室北壁壁画菩萨

0   10厘米

图四五   K2后室顶部壁画

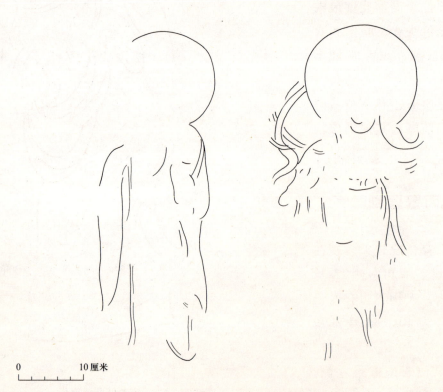

0   10厘米

图四六   K2后室南壁壁画菩萨

0 ⊢━━━━┿━━━━┥ 10 厘米

图四七 K2后室南壁壁画

光。其他部位均已剥落。残高50厘米（图四六；图版二一，1）。

41号图，菩萨。位于40号图左侧。头部剥落，穿黑色长衣，衣带飘逸。有黑色头光和绿色身光。残高46厘米（图四六；图版二一，1）。

42号图，菩萨。位于41号图左侧。存面部轮廓，有黑色头光圈，着褐色长衣。残高38厘米（图四七）。

43号图，位于42号图左侧。仅存黑色头光圈，余均剥落（图四七）。

44号图，人物。位于43号图左侧。有绿色头光圈。余均不清（图四七）。

0   10厘米

图四八　　K2后室南壁壁画菩萨

45号图，人物。头戴进贤冠，五官不清。双手合十于胸前，身着黑色宽大长衫。有绿色头光。高30厘米（图四七；图版二一，2）。

46号图，上师。位于45号图左侧，洞窟南壁中部。上师头戴白色桃形莲花帽，面部和上身被抠掉，身着白色长袍，结跏趺坐。有黑色头光。残高36厘米（图四七；图版二一，2）。

47号图，僧人。位于上师像的下部。脸为黑色，五官不清。身着黑衣。有绿色头光。残高20厘米（图四七；图版二一，2）。

79号图，菩萨。位于48号图下部。菩萨头戴花冠，五官不清。身穿黑衣，胸前佩璎珞。有黑色头光。残高25厘米（图四七）。

48号图，菩萨。位于上师像左侧。大部分剥落，有绿色头光。

49号图，菩萨。位于48号图左侧。头戴花冠，五官犹存。有黑色头光。残高25厘米（图四八）。

50号图，菩萨。位于49号图左侧。头戴花冠，五官不清。身穿黑衣。有黑色头光。高24厘米（图四八）。

51号图，人物。位于50号图的左侧。人像梳高髻，脸为黑色，五官不清。身穿黑色长裙。高32厘米（图四八）。

52号图，菩萨。位于南壁最左侧。头戴花冠，脸为黑色。其他部位均剥落。高34厘米（图四八）。

四　洞口前壁壁画

在K2窟室前壁以及窟檐上均有壁画。壁画现存主要有五幅，分别编号为54、57、67、69号

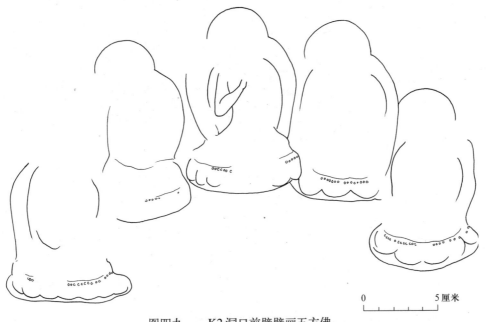

0 ⊢——┴——┴——┴——┴——┤ 5厘米

图四九　　K2洞口前壁壁画五方佛

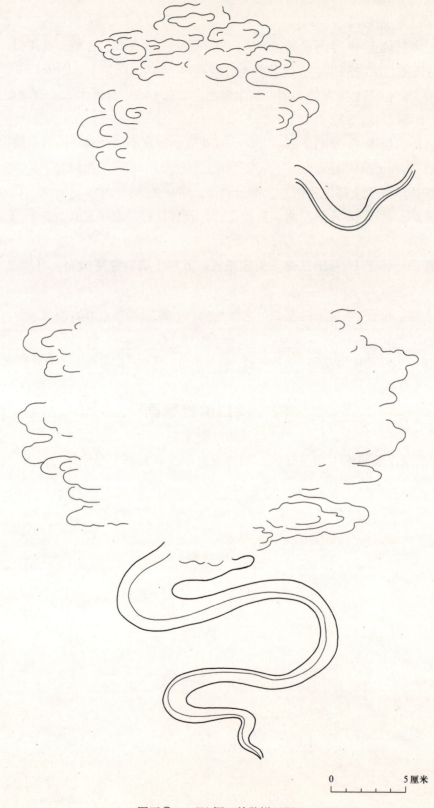

0　　　　　5厘米

图五〇　　K2洞口前壁祥云图

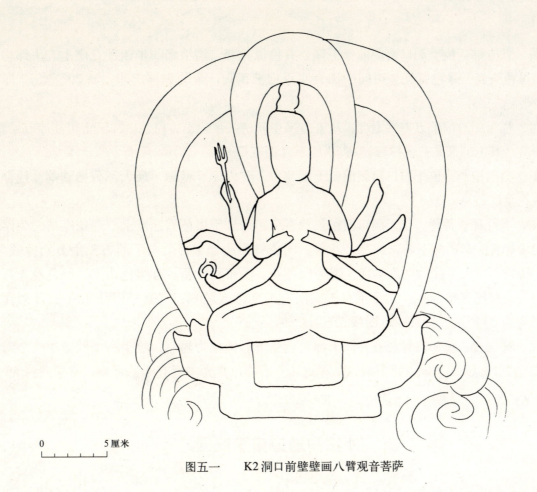

0   5厘米

图五一　　K2洞口前壁壁画八臂观音菩萨

0   10厘米

图五二　　K2洞口前壁壁画禅定佛

和70号。

54号图，五方佛。位于洞口南侧前壁上端。有佛像5尊，均结跏趺坐于莲花座上。头部均被人刮去。有黑色头光，绿色背光。中间一佛为双手抱拳于胸，余均作禅定印。高20、宽32厘米（图四九；图版二二）。

57号图，祥云图。位于五方佛上部，从五方佛中间佛头顶化出，白色。祥云上可能原有贴塑，现已全部剥落。其上部又是蓝色祥云。高50厘米（图五〇）。

67号图，龛内壁画。位于洞口南侧前壁上端龛中。龛内原有壁画，现大部分已剥落。残存的主要是一些花草。

69号图，八臂观音菩萨。位于洞口前壁。观音结跏趺坐于黑色仰莲座上。莲花座被一朵浮升的祥云托起。观音头部剥落不清，细腰，八臂。两主臂当胸合十，余六手的右三手分别持数珠，作与愿印、持轮；左三手持物剥落不详，当为白莲花、净瓶和弓箭。有黑色头光，绿色身光。观音身后有背龛，左侧有榜题框，文字不存。其间有晚期游人题刻："嘉靖三十五年五月初九日……"观音身高20厘米（图五一；图版二三）。

70号图，禅定佛。位于八臂观音菩萨上部，窟檐下。佛像为褐色，绘于一个圆形中，结跏趺坐于黑色莲花座上。头部残缺，袒右肩，结禅定印。有绿色身光，后有褐色背龛。佛像残高30厘米（图五二）。

五　外室和通道南壁壁画

其壁画主要集中在外室南壁和窟前通道南壁近洞口处。另外，在窟前通道南壁外侧和上部仍零星保存有几幅壁画的局部。这些壁画分别编号为53、55、56、58～62、66、80和81，下面按编号一一介绍。

53号图，比丘。位于外室南壁上部。比丘坐于红色祥云上，结跏趺坐。头部用棕色线条勾勒，五官被毁。双手合十。身披袈裟。有棕色头光。比丘高48厘米（图五三；图版二四）。

55号图，力士。位于53号图左侧，外室上端。力士作奔跑姿势。头戴盔，怒目圆睁，嘴大张。穿短裙，身披飘带。袒腹。双手捧一器皿。高58厘米（图五四；图版二五）。

56号图，罗汉。位于护法像左侧，紧邻55号图力士。此幅图与北壁的伏虎罗汉对应，可能为降龙罗汉。罗汉为立像，身披袈裟，袒胸露乳。左手端钵，右手置胯部。有白色头光。高40厘米（图五五；图版二六）。

58号图，菩萨。位于外室南壁下部。菩萨结跏趺坐于红色仰莲台上。头戴冠，冠顶有红色宝珠。双手好像作降魔印。着红色衣。有蓝色头光。高68厘米（图五六；图版二七）。

59号图，人物。位于56号罗汉像下部，58号菩萨像的上部。人物头部和身体均已剥落不存，仅存绿色头光和顶上祥云。

60号图，比丘。位于窟前通道南壁中段上部。头部大部分不存。身披黑色袈裟，内着绿色裙。

0　　　　　　　10厘米

图五三　　K2外室南壁壁画比丘

0　　　　　10厘米

图五四　　K2外室南壁壁画力士

有绿色头光。身后有祥云。人高12厘米（图五七）。

　　61号图，人物。位于60号图的下方。穿交领长衣。有绿色头光。

　　62号图，牛。位于60号图的左侧，黑色，身长15厘米。

　　66号图，位于南壁外侧上部，距地表近3.5米处。此幅壁画已残缺，其中残存人物有3身，均不完整。左上角为供养人，头部残，身穿绿色长衣，躬身双手合十。残高16厘米（图五八）。右上角似为一护法，残存左腿部。右下角存罗汉像的头部和右肩部。

0　　　　　　　5厘米

图五五　　K2外室南壁壁画罗汉

图五六　　K2外室南壁壁画菩萨

　　80号图，僧人。位于南壁左侧上部。用红线勾描。其面朝外，有头光。身高25厘米（图五九）。

　　81号图，僧人。位于80号图的左侧。用绿色勾描。存胸部，穿交领长衫。其他部位均已剥落。身高32厘米（图五九）。

0　　　　　　　　　　　　5 厘米

图五七　　K2 通道南壁壁画比丘

　　此外，在 K2 南壁左侧上部距地面近 3 米处，还绘有大量供养人。这些供养人多数已剥落不清楚。从残存情况看，数量有几十身。现能看清楚的只是供养人的黑色头部和合十的双手，以及身体的大致轮廓。每一供养人的上方均有一个黑色的小榜题框，似乎是用来书写供养人名（图六○；图版二八）。

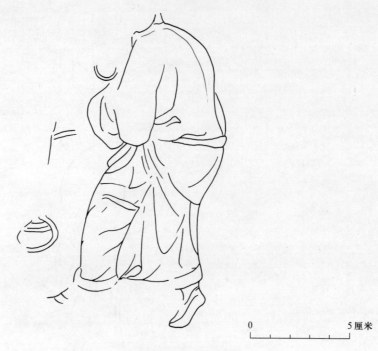

图五八　　K2通道南壁壁画供养人

图五九　　K2通道南壁壁画僧人

0 　　　 5厘米

图六〇　　K2通道南壁壁画供养人

第三节　出土遗物

　　K2 中出土遗物以文献为主，其中又以佛教内容为大宗，大部分是西夏文，也有少量汉文和藏文经咒等。其中有写本、雕版印本，也有活字印本；有楷书、行书，也有草书；装帧形式有蝴蝶装、卷子装和经折装等。根据纸质观察，既有麻纸，也有含棉较多的棉纸；既有汉传佛教文献，也有藏传佛教密宗文献。没有完本，共有 540 多页（片），近 100 种。

　　此外，还有一些世俗文献、唐卡和版刻佛画。这些文献主要集中分布在 K2 窟前北壁下的第二层堆积中，与茅草、鸟粪混杂在一起，范围约 2 平方米。推测原是被封藏于 K2 上层窟中，后来上层洞窟被破坏，散落在下层洞窟前。大量文献遭到破坏，少部分文献则因被自然堆积所覆盖而得以保存。

　　从种类上看，K2 出土遗物可分为佛经、世俗文献、擦擦、泥佛像、陶器、瓷器等。

一　佛经

共 544 纸，近 100 种。分西夏文佛经、汉文佛经、藏文经咒三类。其中西夏文佛经约占总数的 99%。西夏文佛经又分印本和写本两类。

（一）西夏文印本佛经

共 220 纸，19 种。另有佛经封签 4 种和无法归类的残片 9 件。绝大部分已残，无首尾题名。能明确佛经名称的仅有数种，有《大方广圆觉修多罗了义经》、《金刚般若经集》、《占察善恶业报经》、《妙法莲华经集要义镜注》、《圆觉注之略疏》等。大部分佛经并未收入《大正新修大藏经》（下文简称《大正藏》）或其他佛藏中，有的可能已失载，或者说是西夏人的佛教著作。这些佛经残片尽管依据纸张、版式和书体能将其归为一种，但几乎所有佛经皆残缺页码，又没有可供参考的材料，所以很难厘定其顺序次第。所以只能以能确定经名的在前、未能定名的在后，内容多的在前、内容少的在后的顺序来逐件叙述。

1. 《大方广圆觉修多罗了义经》

共 1 纸。经折装，刻本。无首尾经名，现存其中 2 折。K2：138，纸高 23.3 厘米。上下有子母栏，栏距 15.6 厘米。每折宽 9 厘米，每折 6 行，每行 13 字，每字 0.5 厘米见方（图版二九）。译文如下：

（前缺）

能悟入闻独觉[1]，未能显住菩萨境

界。善男子，若诸末世一切众生，

欲入如来大圆觉海时，先发愿，勤

断二障。二障已伏，方能悟入菩

萨之境界也。若事理障永断灭，

即能入如来微妙圆觉。菩提又

（后缺）

此经是译自唐罽宾三藏法师佛陀多罗翻译的《大方广圆觉修多罗了义经》中的残页。汉文原文参阅《大正藏》卷十七页 916 中栏。

2. 《金刚般若经集一卷》

共 6 纸，其中封面 1 纸，正文 5 纸。经折装，刻本。除封面外，正文较大者现存其中 4 折。纸高 12.5 厘米，上下有子母栏，栏距 10 厘米，每折宽 7 厘米，每折 5 行，满行者 10 字。有尾题，尾题字略小，满行者 12 字。正文每字 1 厘米见方，尾题每字 0.5 厘米见方。下文按每件残纸在经中的顺序介绍。

---

[1] 《大正新修大藏经》中此处为"缘觉"，与西夏文本异。

K2：121，《金刚般若经集一卷》封面。纸高 16、宽 7 厘米。左上角有版印经名封签，译为"金刚般若经集一卷"，其中"一卷"二字是用小字，横排。经名外有双栏边框。封签高 7、宽 2.3 厘米（图版三〇）。

K2：26，残片。残高 4.7、残宽 2 厘米。存文字 2 行（图版三一，1）。译文如下：

（前缺）

行至地狱中□□□□□

亦之语谓□□□□□□

（后缺）

K2：11，残片。残高 5、残宽 2.6 厘米。存文字 2 行（图版三一，2）。译文如下：

（前缺）

□□□□（善童）子下来其

□□□□（一）千遍诵故

（后缺）

K2：135，残页。高 12.5、残宽 13.5 厘米。存 2 折，共有文字 10 行（图版三二，1）。译文如下：

（前缺）

六月六日天晓时，向东方

礼佛九拜，故除罪三万

三千劫。

七月七日天晓时，向东方

礼佛九拜，故除罪三万

三千劫。

八月八日日出时，向南方

礼佛十拜，故除罪三千

三百劫。

九月九日天明时，向东方

（后缺）

K2：64，残片。有上栏。残高 9、残宽 2.5 厘米。存文字 2 行（图版三二，2）。译文如下：

（前缺）

有诵者虔心尊□□□□

恭敬心喜奉行。

（后缺）

K2：230，存 2 折。共有文字 10 行。前 1 行为正文陀罗尼，余 9 行为尾题。高 12.5、残宽 11.6 厘米（图版三三）。译文如下：

（前缺）

部喻耶　部喻耶　索诃

今闻此金刚般若心咒，昔乃梵

藏本中有，传者及译者

等功德广大。般若不持，然

依诵持此真心咒而灭除。

此□□□梵藏本等诵一遍，

则等同诵持八万九千部般

若功德。

殿前司西壁□呢赎印

写者朱阿喜

　　此经在《碛砂藏》、《大正藏》中没有收录。俄藏黑水城文献中藏有相同版本的西夏文《金刚般若经集》，也有相同内容的西夏文写本《金刚般若经集》残经〔1〕。

　　3.《圆觉注之略疏第一上半》

　　共 14 纸。蝴蝶装，泥活字印本。有封签，译为《圆觉注之略疏第一上半》。"上半"用小字，横排。封签为雕版印成，四周子母栏。正文页面完整者宽 40.2、高 29.5 厘米。四界单栏，上下栏距 28.5、左右 33.5 厘米。正文中有阴文（黑地白文）"注"或"末"。书口上部有汉文卷数，有的还有西夏文"略疏"二字；下部为汉字页码。天头高 4.3、地脚高 3.6 厘米。每半页 10 行，每行 20 字。

　　K2：129，正文存右半页，左半页空白，上贴有书签，书签与正文上下颠倒（图版三四）。正文译文如下（加方框的字表示原文为黑地白文）：

　　（前缺）

觉法界之广赞喻。昔云福测大海□牛□□，方出□

也。|注|赞喻恢恢之下觉体名相出。恢恢者广大

恢远相。老子云：天网恢恢疏而不漏。|注|天之罗网

恢恢极大，行列间疏而人之善恶一览无余。|末|庄

子云：恢恢也，有殊议地。奕辉者是日之光辉炽盛，

有辉之相。恢恢者体也、寂也、圆也。奕辉者功也、知也、

觉也。超出思议者是不可思议。因何不可思议，心

语未获故。此者盖积义语，语生义隐。法相未思虑，故

乱起。《金刚三昧》云：千思万虑不益道理，徒为动乱，失

本心王。故心王者言语断道。|注|名者是言语之道。|末|

　　（后缺）。

　　K2：243，残片。残高 13.5、残宽 10 厘米。存文字 7 行（图版三五）。译文如下：

---

〔1〕　俄藏西夏文佛经部分未刊布。该经的刻本和写本在日本学者荒川慎太郎著《西夏文〈金刚经〉之研究》（京都大学博士论文，2002 年）中全文影印。

（前缺）

……相谓。床又此二圣

　　　　……普贤者一

……悟不信，实其悟见奸。

……智成竟。智回明初心不

　　　　……相混。二自

……然三圣成。此二菩萨

……实……

（后缺）

K2：237－1，残片。残高15、残宽25厘米。书口有"略疏九"。"略疏"二字为西夏文，"九"为汉文。正文存文字10行（图版三六）。译文如下：

□无自体本……

净真识是。南耶……

普照者先知……

皆生信，文实……

空体之指示……

经语法界性……

性者，彼论语……

故成法性名。佛性者实……

为恶等者，生信楞伽。……

大同小异也。注二……

　　　略疏九

注中云……

（后缺）

K2：237－2，残片。残高6、残宽3厘米。存文字2行。（图六一）。译文如下：

（前缺）

……无以光之显明……

……何故生起……

（后缺）

K2：237－3，残片。残高7、残宽3.5厘米。存文字2行（图六二）。译文如下：

（前缺）

……说，故有二种。一……

……集……

（后缺）

K2：237-2

0　　　　　2厘米

K2：237-3

0　　　　　2厘米

图六一　K2出土《圆觉注之略疏第一上半》残片　　图六二　K2出土《圆觉注之略疏第一上半》残片

K2：76，残片。残高 14.5、残宽 20.4 厘米。存文字 8 行（图版三七）。译文如下：

（前缺）

……及　复实是不退转也。

　　……是□□事事先修习

　　……坚定成而毕。故

　　……语□种注中

　　……是

　　……如

　　……归依是。

　　……失□有。

（后缺）

K2：196，残片，为佛经偈颂。残高 11.5、残宽 15 厘米。存文字 9 行（图版三八）。译文如下：

（前缺）

……授持者

……分离来训诫

……功海获成就

……中尊来训诫

……获得无量定

……自性来训诚

……指示人天道

……中尊来训诚

……力广大自在者

（后缺）

K2：184，残片。残高 9.5、残宽 15.5 厘米。存文字 10 行（图版三九）。译文如下：

（前缺）

……及……

……不归……

……可依……

……因也。彼……

……依　其以□成……

……木数及　　水银等……

……成以殊胜成……

……识之……

……与其……

……或可续……

（后缺）

K2：74，残片。残高 9.5、残宽 19.8 厘米。存文字 10 行（图版四〇）。译文如下：

（前缺）

谓及……

谓所说……

勤于不……

及近之……

　　心……

　　烧等……

谓修习其……

　　习□……

　　□□……

谓知先□……

（后缺）

K2：263，残片。残高 9、残宽 4.5 厘米。存文字 3 行（图版四一，1）。译文如下：

（前缺）

　　……诸勇……

　　……其害者之观，亲……

　　……者孰是谓……

　　（后缺）

　　K2：95，残片。残高9、残宽6.5厘米。存文字4行（图版四一，2）。译文如下：

　　（前缺）

　　……至定……

　　……果获者……

　　……俱违皆览等……

　　……故生，不助此……

　　（后缺）

　　K2：52，残片。残高5、残宽8厘米。存文字4行（图版四二，1）。译文如下：

　　（前缺）

　　　……依宝处

　　　……宫谓中

　　　……宫数异

　　　……谓三字□

　　（后缺）

　　K2：36，残片。残高10、残宽10厘米。存文字3行（图版四二，2）。译文如下：

　　（前缺）

　　诱导彼……

　　有故方……

　　有趣或无……

　　（后缺）

　　K2：222－3，残片。残高17、残宽8厘米。存文字5行（图版四三）。译文如下：

　　（前缺）

　　七宝……

　　菩提□□□□□座上……

　　□□□□□□此者花……

　　部众世界□满，以七宝……

　　施者以一□一花一香心觉……

　　（后缺）

　　该经在《碛砂藏》、《大正藏》中没有收录，在已知的西夏佛经中也未见，是新发现的一种西夏佛经。

4.《占察善恶业报经》

共 2 纸。经折装，木活字印本。无首尾经名。纸高 22 厘米，上下有子母栏，栏距 18 厘米。每折宽 9 厘米，每折 6 行，每行 16 字。

K2：12，1 折，宽 9 厘米（图版四四）。译文如下：

（前缺）

此者是依种性地，尔时诸法不生不灭，清净

平等而以定信无可愿求。二者解满法

故成佛。此者是依解行地，法性深慧，知

如来业，无为无作，无生死涅盘，不起二想，心

无畏惧。三者证满法故成佛。此者是依净心

地，自无分别，寂净法智又不思议自然

（后缺）

K2：408，残片。残高 5.5、残宽 3.2 厘米。存文字 2 行（图版四五）。译文如下：

（前缺）

……种声音如，添……

……如，故他……

（后缺）

此经是译自隋天竺三藏菩提灯翻译的《占察善恶业报经》卷下。汉文原文参阅《大正藏》卷十七页 909 上栏至中栏。

这段内容同样见于唐新罗沙门义寂述的《菩萨戒本疏卷上》。但是，《菩萨戒本疏卷上》中云有关四种佛位的这段话是引自《占察善恶业报经》："依占察经，佛位有四，一者信满法故作佛，谓依种姓地，决定信诸法不生不灭清净平等（后略）。"[1] 因西夏本前后不存，故定名为《占察善恶业报经》。

5.《妙法莲华经集要义镜注》

共 68 纸。蝴蝶装，泥活字印本。正文页面完整者高 32、宽 45 厘米，四界为子母栏，上下栏距 24、左右栏距 37 厘米。书口上部有西夏文经名"莲华注"及汉文卷次，下部为汉文页码。每半页 10 行，每行 21～23 字。该经在《碛砂藏》、《大正藏》中没有收录，已知的西夏佛经中也未见，是新发现的一种西夏佛经。

K2：244，《妙法莲华经集要义镜注第一》封面。高 32、宽 21.4 厘米。左上角贴有长条形版印西夏文封签，高 17.2、宽 4 厘米。经名译为"妙法莲华经义镜注第一"，当为《妙法莲华经集要义镜注第一》之略。经名四界有双栏，内栏细，外栏宽。外栏宽近 0.6 厘米（图版四六）。

K2：116，存半页，首行为经名（图版四七）。译文如下：

---

〔1〕《菩萨戒本疏》卷上，《大正新修大藏经》卷四十，页 661。

妙法莲华经集要义镜注第八

第四十八颂半依何义说。此分为二。初一颂半标一大事

是佛智等。佛智慧者如前所说。今说此五有。故多菩

提涅槃、智性慧用二法尽合智慧。或唯取真智，不

取真如。佛出世者唯显此一，令生欣趣。唯此一实，是胜

妙无上极竟果。余二乘者非极竟胜妙真竟体。终不

以小乘济生。后十七颂开示悟入。此分为四。初一

颂开者为佛自等，住大乘者合取真理正智。虚

者佛身恒安住于此菩提涅槃。住即依止安处义。

获得法者唯是法身真理。或大乘者唯取真理。正

（后缺）

K2∶245，存半页，首行为经名（图版四八）。译文如下：

妙法莲华经集要义镜注第十二

后三十颂半，由不信故受恶果。此分二。初二十八颂一句

不信果，此分二。初二十二颂，别历三趣，受[1]异熟果。此分三。

初一颂半受地狱果相者彼人命断等。地狱者地下牢狱，

故方地狱是由此根本取名。梵语"那落迦"[2]，番语

云"恶人"，是作恶者之住处也。又云"捺落揭"[3]番云"苦器"，

是受苦处器也。地狱有三，一根本、二近边、三孤独[4]。根

本者是八寒八热。八热者等活令至不断。一等活

者受苦相。其地狱中诸有情类恶，因同势诸苦器

次第而起，相互残害闷绝躄地时，虚空中出声言。

（后缺）

K2∶168，残片。为该经第十二卷末页。残高24.6、残宽10.2厘米。存文字1行（图六三）。译文如下：

（前缺）

妙法莲华经集要义镜注第十二

K2∶173－4，残片。书口有页码"二"，当为某卷之第2页。残高12、残宽8厘米。存文字4行（图版四九）。译文如下：

（前缺）

---

〔1〕 此字西夏文原文音译为"石、世"等。疑此字为西夏文"受"之误。

〔2〕 "那落迦"是梵文 Naraka 之西夏语音译，译为"恶人"、"地狱"。

〔3〕 "捺落揭"是梵文 Nāraka 之西夏语音译，译为"地狱"、"苦器"等。

〔4〕 西夏文原文直译是"空旷"。在汉文佛经中所记载的三种捺落迦分别为根本、近边和孤独，"空旷"和"孤独"其意也有相通之处。所以，这里将西夏文译为"孤独"。

……谓者无漏，法者……

……谓者以方便……

　二

……其心能修习。故……

……………彼……

（后缺）

K2：173－1，残片。残高 15、残宽 21 厘米。存文字 10 行（图版五〇）。译文如下：

（前缺）

也，下方……

者自业力之谓欲……

是□有谓者处处……

钝知□根……

力智……

因悟此……

说。后三十颂半……

其所谓自然等，法……

其所谓自然等，先颂……

也。后二十八颂半故释……

（后缺）

K2：173－2，残片。残高 8、残宽 6.5 厘米。存文字 3 行（图版五一，1）。译文如下：

（前缺）

疑说咒是……

颂半□先……

师妙……

（后缺）

K2：173－3，残片。残高 8、残宽 4.2 厘米。存文字 2 行（图六四）。译文如下：

（前缺）

赞中□问……

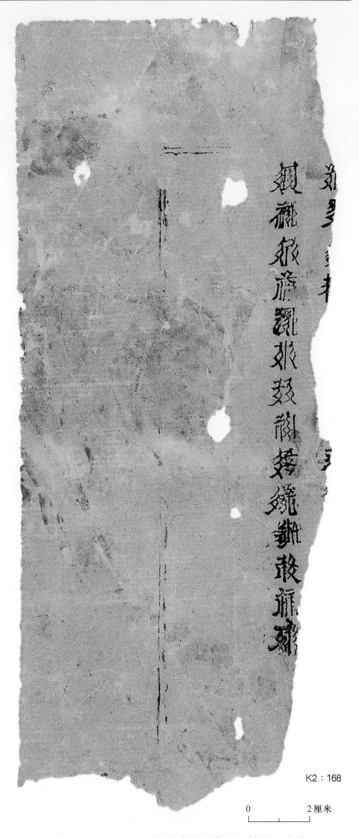

K2：168

0　　　　2厘米

图六三　K2 出土《妙法莲华经集要义镜注》残片

K2：173-3

0   2厘米

图六四　K2出土《妙法莲华经集
要义镜注》残片

句法因是……

（后缺）

K2：173-5，残片。残高11、残宽11厘米。存文字4行
|版五一，2）。译文如下：

（前缺）

放光……

故□□因成……

然久照光明……

因思渴略闻……

（后缺）

K2：277，残片。残高5、残宽12厘米。存文字7行（图版
五二，1）。译文如下：

（前缺）

……不二……

……行义显现……

……是无明。……

……悟最……

……体是，又……

……（毗）卢遮那是……

……以德悟……

（后缺）

K2：142-1，残页。书口有"廿四"，当为某卷第24页。残高10.5、残宽12厘米。存文字6
行（图版五二，2）。译文如下：

（前缺）

……是见□

……盛故见。浊

……于亦至百岁

廿四

……显现故，然诸佛

……释迦佛者

……生时略

（后缺）

K2：142-5，残片。书口有"廿五"，当为某卷第25页。残高11、残宽13厘米。存文字6行
（图版五三）。译文如下：

（前缺）

    ……之守护□

    ……依后说故

……何在。然其八

廿五

    ……佛□语□说

……之示，如是

    ……者菩萨

（后缺）

K2：142－4，残片。书口有"廿九"，当为某卷第29页。残高10、残宽10.5厘米。存文字5行（图版五四）。译文如下：

（前缺）

    ……应。法者

    ……菩萨之知

……义如前。复□

廿九

    ……诸无漏之种

    ……以一乘菩

（后缺）

K2：142－2，残片。残高10、残宽6.3厘米。存文字3行（图版五五）。译文如下：

（前缺）

    ……独一同，二乘体

    ……说之分四 一

    ……实显也

（后缺）

K2：142－3，残片。残高10、残宽13厘米。存文字6行（图版五六）。译文如下：

（前缺）

    ……饥馑兵

……因如是烦

    ……乘以十

……人，然下

……因方便说

    ……三是□

（后缺）

K2：142－6，残片。残高9.5、残宽6厘米。存文字3行（图版五七）。译文如下：

（前缺）

……也。后五浊时于……

……先说，五十万年如……

……中有垢□是。诸佛化……

（后缺）

K2：142－7，残片。残高5、残宽6厘米。存文字3行（图版五八，1）。译文如下：

（前缺）

……事现世……

……闻法生谤……

……者谓也……

（后缺）

K2：142－8，残片。残高5.5、残宽5.5厘米。存文字3行（图版五八，2）。译文如下：

（前缺）

……者时，浊……

……业之本……

……依彼菩萨……

（后缺）

K2：142－9，残片。残高6、残宽3.8厘米。存文字2行（图六五）。译文如下：

（前缺）

……依明依……

……烦障解……

（后缺）

K2：142－10，残片。残高6、残宽5.8厘米。存文字3行（图六六）。译文如下：

（前缺）

……方便……

……乘是，二胜……

……一乘成也……

（后缺）

K2：142－11，残片。残高3.5、残宽2.5厘米。存文字2行（图六七）。译文如下：

（前缺）

……人……

……不疑……

（后缺）

K2：142—9

0　　　　2厘米

图六五　K2出土《妙法莲华经集
要义镜注》残片

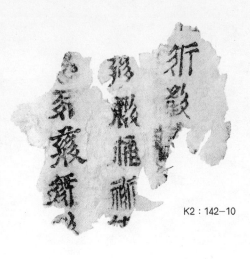

K2：142—10

0　　　　2厘米

图六六　K2出土《妙法莲华经集
要义镜注》残片

K2：142—11

0　　　　2厘米

图六七　K2出土《妙法莲华经
要义镜注》残片

K2：142—12

0　　　　2厘米

图六八　K2出土《妙法莲华经集
要义镜注》残片

K2：142—13

0　　　　2厘米

图六九　K2出土《妙法莲华经集
要义镜注》残片

K2：142－12，残片。残高6、残宽6厘米。存文字3行（图六八）。译文如下：

（前缺）

……□八……

……者与释迦……

……如生谓……

（后缺）

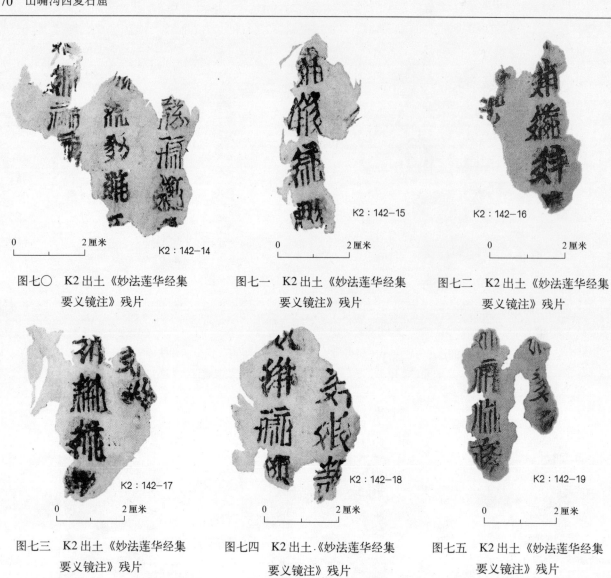

图七〇　K2出土《妙法莲华经集　　　图七一　K2出土《妙法莲华经集　　　图七二　K2出土《妙法莲华经集
　　　　要义镜注》残片　　　　　　　　　　要义镜注》残片　　　　　　　　　　要义镜注》残片

图七三　K2出土《妙法莲华经集　　　图七四　K2出土·《妙法莲华经集　　　图七五　K2出土《妙法莲华经集
　　　　要义镜注》残片　　　　　　　　　　要义镜注》残片　　　　　　　　　　要义镜注》残片

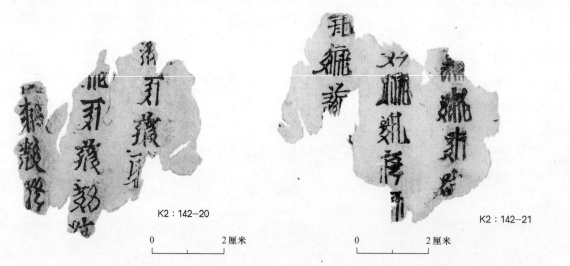

图七六　K2出土《妙法莲华经集要义镜注》残片　　　图七七　K2出土《妙法莲华经集要义镜注》残片

K2：142－13，残片。残高6、残宽4厘米。存文字3行（图六九）。译文如下：

（前缺）

……者□故种……

……□者……

……闻知法……

（后缺）

K2：142－14，残片。残高5.5、残宽5.5厘米。存文字3行（图七〇）。译文如下：

（前缺）

……人舍弃……

……有谓此……

……无一切……

（后缺）

K2：142－15，残片。残高4.5、残宽2厘米。存3字（图七一）。译为"……是应疑……"。

K2：142－16，残片。残高4、残宽3厘米。存文字2行（图七二）。译文如下：

（前缺）

……卵者佛……

……于……

（后缺）

K2：142－17，残片。残高4、残宽2.7厘米。存2字（图七三）。译为"……菩萨……"。

K2：142－18，残片。残高4、残宽3.5厘米。存2行文字（图七四）。译文如下：

（前缺）

……有，后三……

……故宗……

（后缺）

K2：142－19，残片。残高4.3、残宽2.8厘米。存3字（图七五）。译为"……皆知者……"。

K2：142－20，残片。残高5.5、残宽5.5厘米。存文字3行（图七六）。译文如下：

（前缺）

……一乘俱……

……一乘谓……

……及第三……

（后缺）

K2：142－21，残片。残高6、残宽6厘米。存文字3行（图七七）。译文如下：

（前缺）

……所然此……

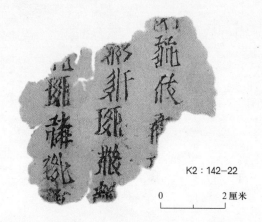

K2：142-22

0　　　　2厘米

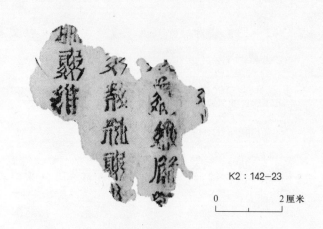

K2：142-23

0　　　　2厘米

图七八　K2出土《妙法莲华经集要义镜注》残片　　　图七九　K2出土《妙法莲华经集要义镜注》残片

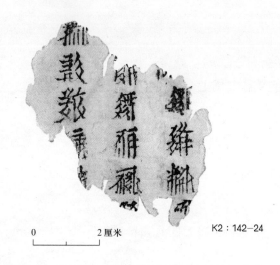

0　　　　2厘米

K2：142-24

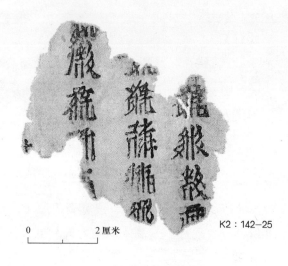

0　　　　2厘米

K2：142-25

图八〇　K2出土《妙法莲华经集要义镜注》残片　　　图八一　K2出土《妙法莲华经集要义镜注》残片

K2：142-26

0　　　　2厘米

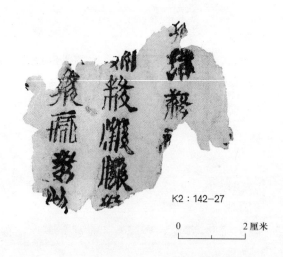

K2：142-27

0　　　　2厘米

图八二　K2出土《妙法莲华经集要义镜注》残片　　　图八三　K2出土《妙法莲华经集要义镜注》残片

……最业者之……

……慧极黑……

（后缺）

K2∶142－22，残片。残高5.5、残宽6厘米。存文字3行（图七八）。译文如下：

（前缺）

……有甘味……

……如生乳，大菩……

……如本唤……

（后缺）

K2∶142－23，残片。残高6、残宽5.8厘米。存文字3行（图七九）。译文如下：

（前缺）

……供养，唯羊……

……说，三异合……

……和合故……

（后缺）

K2∶142－24，残片。残高6、残宽6厘米。存文字3行（图八〇）。译文如下：

（前缺）

……离，故菩萨……

……成。邪法……

……短寿皆……

（后缺）

K2∶142－25，残片。残高6、残宽6厘米。存文字3行（图八一）。译文如下：

（前缺）

……缘此三皆……

……此相本依唯……

……有异菩……

（后缺）

K2∶142－26，残片。残高6、残宽6厘米。存文字3行（图八二）。译文如下：

（前缺）

……德入……

……使也。后……

……因是……

（后缺）

K2∶142－27，残片。残高6、残宽6厘米。存文字3行（图八三）。译文如下：

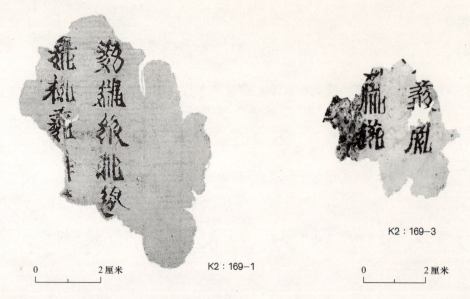

K2：169-3

0 ____ 2厘米

K2：169-1

图八四　K2出土《妙法莲华经集要义镜注》残片　　图八五　K2出土《妙法莲华经集要义镜注》残片

（前缺）

……真实……

……毁四种惑……

……乘宗说……

（后缺）

K2：169－1，残片。残高6、残宽8厘米。存文字2行（图八四）。译文如下：

（前缺）

……谓，住于前戒……

……相远离……

（后缺）

K2：169－2，残片。残高13、残宽6厘米。存文字4行（图版五九）。译文如下：

（前缺）

情远生近熟……

智万人□自正最……

子□是以知谓……

所谓者应继位……

（后缺）

K2：169－3，残片。残高4、残宽4厘米。存文字2行（图八五）。译文如下：

（前缺）

……闻性

……知者

（后缺）

K2：169－4，残片。残高 21、残宽 12 厘米。存文字 5 行（图版六〇）。译文如下：

（前缺）

……如是……

……人等谓者……

……根者我口所……

……依所生，此□□□生是谓……

……谓也。次生死□□说者，某甲等谓……

（后缺）

K2：169－5，残片。残高 15、残宽 10.5 厘米。存文字 6 行（图版六一）。译文如下：

（前缺）

□散洒……

十诸法中自……

义无碍、法无碍、论无碍……

体性者而是何？表色……

者义无碍，是体悟。……

者论无碍□□□是。不……

（后缺）

K2：222－1，残片。残高 9、残宽 9.5 厘米。存文字 5 行（图版六二）。译文如下：

（前缺）

……是，以德成

……摄依说□同

……如来□菩提

……龙女利他

……名

（后缺）

K2：222－2，残片。残高 7、残宽 6.5 厘米。存文字 4 行（图版六三）。译文如下：

（前缺）

……法宣说……

……因十德俱……

……疑有灾，二……

……善……

（后缺）

K2：221－1，残片。残高 9.3、残宽 13 厘米。存文字 6 行（图版六四）。译文如下：

（前缺）

　　　　……之示相

　　　　……子如应闻

　　……令成。后一百

　　……四颂半解，颂

　　……谓，前句长

　　　　……以解等

（后缺）

K2：221－2，残片。残高 9、残宽 12 厘米。存文字 5 行（图版六五）。译文如下：

（前缺）

　　　　……方皇

　　……谓者是和颂。

　　……说等谓是身。

　　……者皆为譬喻

　　　　……漏事说处

（后缺）

K2：221－3，残片。残高 9.2、残宽 12.5 厘米。存文字 6 行（图版六六）。译文如下：

（前缺）

　　　　……汉心悔

　　　　……是应信。疑

　　……成竟果，究竟

　　　　……一百十五颂

　　……悔说，此之

　　　　……多谓□

（后缺）

K2：221－4，残片。残高 9、残宽 9.2 厘米。存文字 4 行（图版六七）。译文如下：

（前缺）

　　……自修净五道……

　　……菩提心经语……

　　……佛供养……

　　……能遇忍……

（后缺）

K2：221－6，残片。残高 3.5、残宽 1.5 厘米。存 3 字（图八六）。译为"……真实觉……"。

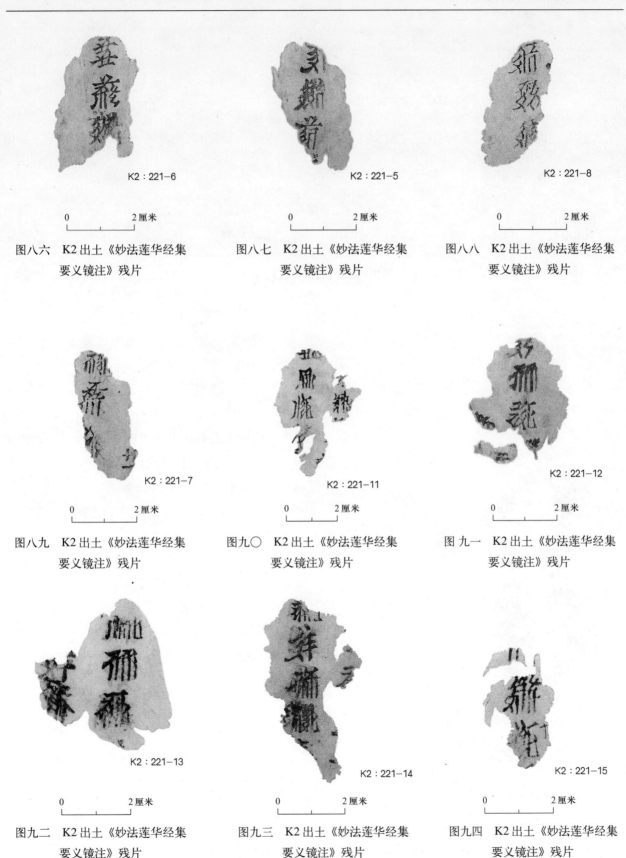

K2：221-6

0   2厘米

图八六 K2出土《妙法莲华经集
要义镜注》残片

K2：221-5

0   2厘米

图八七 K2出土《妙法莲华经集
要义镜注》残片

K2：221-8

0   2厘米

图八八 K2出土《妙法莲华经集
要义镜注》残片

K2：221-7

0   2厘米

图八九 K2出土《妙法莲华经集
要义镜注》残片

K2：221-11

0   2厘米

图九○ K2出土《妙法莲华经集
要义镜注》残片

K2：221-12

0   2厘米

图九一 K2出土《妙法莲华经集
要义镜注》残片

K2：221-13

0   2厘米

图九二 K2出土《妙法莲华经集
要义镜注》残片

K2：221-14

0   2厘米

图九三 K2出土《妙法莲华经集
要义镜注》残片

K2：221-15

0   2厘米

图九四 K2出土《妙法莲华经集
要义镜注》残片

K2：221-16

0　　　　2厘米

图九五　K2出土《妙法莲华经集
要义镜注》残片

K2：221-17

0　　　　2厘米

图九六　K2出土《妙法莲华经集
要义镜注》残片

K2：221-18

0　　　　2厘米

图九七　K2出土《妙法莲华经集
要义镜注》残片

K2：195

0　　　　2厘米

图九八　K2出土《妙法莲华经集
要义镜注》残片

K2：221-5，残片。残高3.5、残宽1.5厘米。存3字（图八七）。译为"……一善坛……"。

K2：221-8，残片。残高3、残宽2厘米。存3字（图八八）。译为"……无谓四……"。

K2：221-7，残片。残高3.5、残宽2厘米。其右侧为书口，有汉字"廿一"，当为该卷第21页。正文存2字（图八九）。译为"……法有……"。

K2：221-9，残片。残高13、残宽12厘米。存文字6行（图版六八）。译文如下：

（前缺）

……说分二□□

……说者此者

……佛道等谓

……身等谓□离害无

……坐□慧施慧之谓女

……也□此一事者

（后缺）

K2：221-10，残片。残高13.5、残宽12.6厘米。存文字5行（图版六九，1）。译文如下：

（前缺）

……彼经

……四修持等心

　　……不作天王

　　……贪恶多，女身

　　……十地口足，三

　　（后缺）

K2∶221－11，残片。残高4.5、残宽3厘米。存文字2行（图九〇）。译文如下：

　　（前缺）

　　……依……

　　……性不定……

　　（后缺）

K2∶221－12，残片。残高4、残宽3厘米。存4字（图九一）。译为"之颂分二"。

K2∶221－13，残片。残高3、残宽2.5厘米。可识读者有2字（图九二）。译为"……之法……"。

K2∶221－14，残片。残高5、残宽2.3厘米。存3字（图九三）。译为"……佛之法……"。

K2∶221－15，残片。残高4.5、残宽1.5厘米。存2字（图九四）。译为"……今不……"。

K2∶221－16，残片。残高3.5、残宽1厘米。存3字（图九五）。译为"……是譬如……"。

K2∶221－17，残片。残高4.5、残宽2.5厘米。存3字（图九六）。译为"……以第三……"。

K2∶221－18，残片。残高5、残宽2.7厘米。存文字2行（图九七）。译文如下：

　　（前缺）

　　……颂之分二，先……

　　……中……

　　（后缺）

K2∶195，残片。有上栏。残高8、残宽4厘米。存文字2行（图九八）。译文如下：

　　（前缺）

　　诸思有处行残害……

　　能忍受也。颂……

　　（后缺）

K2∶331，残片。残高6.8、残宽2.6厘米。存文字1行（图九九）。译为"……六大悲菩萨喜……"。

K2∶238，残片。有下栏。残高9.5、残宽5厘米。存文字3行（图一〇〇）。译文如下：

　　（前缺）

　　……云中尊者，大

　　……是谓。二三颂

　　……漏品……

　　（后缺）

K2∶237－4，残片。残高6、残宽9厘米。存文字6行（图版六九，2）。译文如下：

　　（前缺）

K2：331

0 ———— 2厘米

图九九　K2出土《妙法莲华经集要义镜注》残片

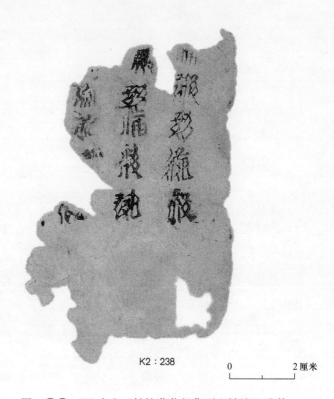

K2：238

0 ———— 2厘米

图一〇〇　K2出土《妙法莲华经集要义镜注》残片

K2：237-5

0 ———— 2厘米

图一〇一　K2出土《妙法莲华经集要义镜注》残片

0 ———— 2厘米

K2：237-6

图一〇二　K2出土《妙法莲华经集要义镜注》残片

……谓，三……

……妙高山中海……

……生于，旃……

……其一……

……生，此……

……也……

（后缺）

K2：237-5，残片。为该页之首行中间部分。残高9、残宽7.6厘米（图一〇一）。可识读者仅5字。译为"……妙高山下大……"

K2：237-6，残片。为该页之首行下半部分，有下栏。残高12.5、残宽7.4厘米（图一〇二）。可识读者仅1行。译为"……故云真实。云情者白"。

K2：137，残页。为该经卷尾尾题。存文字7行（图版七〇）。译文如下：

印面校者　　梁释迦喇嘛　　嵬古竭　　慧治

印字取者　　毗慧照　　梁慧勇　　段慧照　　庞于

　　　　　慧盛　　梁慧成　　嵬名慧善　　杨慧能

　　　　　米勒慧盛　　魏慧善　　□慧明

　　　　　甲狄慧□　　贾罗讹慧宝　　梁那征

作字兼丁者　　梁慧宝　　六□□照

印本者　　梁慧善

6. 佛经

共1纸。蝴蝶装，刻本。K2：33，左右略残。纸高32.2、残宽35厘米。四界单栏，栏距高23、宽34厘米。中间有书口，书口宽1.5厘米。书口上部有汉文"五巳"（五卷），下部有汉文页码"三十一"，紧靠下栏处有汉文"范"字，可能是刻工姓氏。每半页10行，每行满行者21字。字略大，约1厘米见方（图版七一）。译文如下：

（前缺）

主令。枝条不觉，是名罪垢，为碍自智。罪者德行未令明
白，今能断除，方曰法身。论云是念住所至因。解云第二
篇文先允示。论云四种所至也。解云后释成，分二。先罪
能生。功彼未明，本觉共作。依修功德，方化现智，又相
续相成。此故持法时，长盈流，彼性离。本觉在睡梦中，
当未使明悟。由杂乱者，本觉因随薰授，秽相成也。　　论
云此刻了悟所至。解云后治烦行相，今先九地法空，初觉
般若而起，住四种惑乱。相等治，譬日生，天明夜无不明，
故云念住觉。　　论云是念住所至因。解云第三篇文先允示

□　论云分离所至或弃。解云行离故释，今住此。相先喻

　　　　　五巳　　　　　　　　　　　三十一

于异相，故而为最细。后喻于生相，故最粗动也。所谓生

住边，边者边际也。化情者是住相之前边。俱和顺者生相

之后边也，此曰细，故生住二边，杂乱难分。然唯曰粗，

如此故先与异相复成混杂，皆因曰粗也。彼等修宫愚圣

异也。生住二相共大末那[1]，二边皆有梨耶[2]识也。曰极喜地

者是自初地。初获圣性，俱证二空，具益自他，生起大

喜。曰渡三有地者是第七地。其能超出欲有、色有、无色

有。初起于心起，二无数界，加行损行，今作有相，功

至后际，世间二乘，超出道也。《华严十地品》中此菩萨

者愿随缘而生授三界。所谓世间应以法秽染未成，寂

（后缺）

7. 佛经

　　共4纸。蝴蝶装，泥活字印本。纸高29、宽40.6厘米。四界单栏，栏线不直，四角有缺口，栏距高23.2、宽33.4厘米。有天头、地脚，中间留有书口空白处，无书口线。书口上部有汉文卷数，下部有汉文页码。每半页10行，每行满行者20字。字显瘦长，高1、宽0.8厘米左右。

　　K2：67-1，残片。高11.5、残宽24厘米。书口下部有汉文页码"七"（图版七二）。出土时其与K2：67-2叠在一起。译文如下：

（前缺）

……之归处无□□□

……应亦制止等，何故

……三以本经，故不依

……也第一者峰及肋

　　　　　七

……　　　应略无名□□

……　　　应示彼处□□

……　　　本经，故无缘弃

……　　　乎无，第一因

……　　　以所拒止示失

　　　　……于成无喻

---

〔1〕　"末那"是西夏文音译，其当为梵文 Manas 之音译。梵文 Manas 译为"意"，佛教所说八识中的第七识，即"末那识"。

〔2〕　"梨耶"是西夏文音译，其当为梵文 Arya 之略译。梵文 Arya 译为"圣者"，佛教所说八识中的第八识，汉文佛经中译为"阿赖耶识"、"阿梨耶识"等，略称"梨耶识"。

　　……净瓶不常无

　　……故答何

　　……及事性

　　……语

　　（后缺）

K2：67－2，残片。残高10.5、残宽31.3厘米。书口下部有汉文页码"八"（图版七三）。译文如下：

　　（前缺）

　　……以未失

　　……应之性气

　　……安立用因之

　　……也。第二者示

　　……应之性宫不

　　……饰能成也谓，故

　　……依靠因不拒□□

　　……应示之性□□

　　……性宫峰及□□

　　　　　　　八

　　……峰及肋□□□

　　……如无，故示□□

　　……空性处亦未拒

　　……三方式不同性

　　……第者示应无

　　……性气示□□

　　……宫未依也

　　……故彼处性

　　……应无处

　　（后缺）

K2：117，残页。高29、残宽30.5厘米。书口下部有汉文页码"廿六"（图版七四）。译文如下：

　　（前缺）

　　……定是

　　……以彼数

　　……之性气及异

　　……也。第一之或

应制止。拒制时，他法不从，悟者无制。如空性，从

他法者是无制。如幻所说。应拒制释此本。其亦
说违处或行违处。由第一故幻术等成。一切法亦
违而制，不从他法。成制无缘及由第二故制空
性等。一切法亦相违。所制时他法从故，成制无
缘。若当制，其实违，所行违何亦一样成。一法
并应从，其亦成一法。因罪其谓无数。故彼如实
制归只无障成。无制集制成，以火不常等之成。
归只数以何亦未摄。其数自归处，其二之无性气
故也。自本安立乃成。法不弃及弃□也。其亦净瓶
（后缺）

　　K2：139，存一整纸，但中间略残缺。高29、残宽40.6厘米。书口上部有汉文卷数"五"，下部有汉文页码"卅五"（图版七五）。译文如下：

（前缺）
至成，亦以彼应至。坏□□□测无自无□依，毁于彼，
至以真如，未成为故。□□□□□之可至等□瓶处
□□□□之有□□□□□□□□□□以察至成
□□□□□□□□□□□□□名曰自未见故
于彼正理□□□□□□□□□□莫察之易至□
等同又显□□□□□□□□□俱之界围察允
许成，亦以彼□□□□□□自因未见，其察允许
不成为故。故缘之□殊□□故也。或以彼数应至，
因未见，体性以真如样至，彼数未成亦性气以真
谛之法成。故此亦等说而毕。第二大失者若至同
处□成。亦未见异，诸处未及疑，故应同识。以略
实之体性当成空。亦异金刚之座处，因未见净瓶，其
为空性，未成为故。故疑彼实之体性，因成不失。以
所见中道，宣说体性者不□□□□□□莫至诸处，疑
亦同至成。故不同□□□□□□□□疑亦同向至。
亦不失□□□□□□□□□无罪成也。第二
□□□□□□□□□□□□□性脊梁之是。
□□□亦其故□□□□□□□无之无罪是。性
□□之烟是。论注□□□□□法，求悟彼脊之烟。由持
法之处有是□□□□大现也。又至而成之时，故
（后缺）

该文献在《大正藏》中未录。不过从西夏文文献内容来看，此经应是译自汉文本，而且是属于佛经注疏之类的文献。

8. 佛经

共 1 纸。经折装。K2：213，残高 16、残宽 17 厘米。上有单栏，天头较高，高 7.5 厘米。现存字 4 行，最多者每行存 10 字。字体略大，约 0.8 厘米见方。每行字的右侧有手写的小字注释。该纸中间有接缝，接口不齐，以致栏线上下错开近 0.5 厘米（图版七六）。译文如下：

（前缺）

……气者……

供，自性独自遗。跛盲人……

迷时境起者……自，不悟境……

正自性见由，然我自性……

因故起合

我者是同合□持者。故起不成，求也。自处□因合……

是。唯知见……

喜等供

我及自性等和合□生廿三谛，又我见自性谛，一味□者……

（后缺）

9. 佛经

共 26 纸。卷子装，活字印本。纸高 35.7 厘米，残存总长度近 1 米。上下单栏，栏距 26.5 厘米。天头高 5.6、地脚高 3.3 厘米。满行 25 字，字约 1 厘米见方。原文不少地方右侧行间还有手写的西夏文小字。这些小字有的是注释，有的似乎是排印时遗漏之字，多数模糊不清。

K2：66，残页。高 35.7、残宽 29 厘米。存文字 18 行（图版七七）。译文如下：

（前缺）

无，心住时心化成红色，盈流音者不疾不缓。此二□□□□□□

色见。天耳能闻三音，然他人之善恶等心能知。由彼，记心轮摄也

□住，以神摄后二轮。今以此神能察众生之往世中善恶等事。

摄记心轮，又而知他人之善恶事。后方实由教化众生，恶断善

□以令成无上觉。如是语故，依有摄教诫轮也。三因何得三轮，显

□□业清净，离十种罪因，方获彼三轮功德果。《瑜伽疏》语：身业因

实获神变轮，语业因实获记心轮，意业因实获教诫轮。又问：身获

神变，因果□□，此者不违。其□□因，又果□中应显。身者俱身业

也。今以语业获记心轮，以意业获教诫轮者何故，因果自然也。

答曰：今此语业罪过离，故语起。真谛令彼信他人之心志识。然果

处所至他心能悟。由彼云语业获记心轮。又意业罪过离，故获漏

灵。然以语起能训诫有情。依彼意业获教诫轮，□□违也。依道理

说，实语业故成，获教诫轮。行相显故，复不说也。若以□故成，获记
心轮者，行相隐故，因此异说。以语业获教诫轮及无，又因以意成
获记心轮，亦行相显明。因此不说。若因以意成获教诫轮者，行相
□□，因此异说。意业□□□□□□□□□□□□□亲朋好友
□□□□□□□□□□□□□□□□□□□□□□□余三句者次

（后缺）

K2：148，残页。高35.7、残宽26厘米。存文字16行（图版七八）。译文如下（原文中模糊不清的小字注释在译文中略去）：

（前缺）

咒□□□□□□业以一起记心轮不……

下方先一者是他因。彼大乘师解，行俱……

依修闻思。三慧生，依法行法谓者无性摄。《论》语：证□之法□□□

依法谓，与彼一起也。又出世，云道之法，依世间□之法。行者其

行，其之现前令获自在也。第五语：法者依离谛，法者道谛谓。又

谓
《瑜伽》第八十八语，法者正见，故是依前行圣道，云法者依靠彼法他

梵语
声闻，依义为意谓。又摩沙〔1〕第一百八十一卷中亦说。避乱不诱

诸根不乱谓者，今随此六根六尘境，诸根乱□。又《圆觉疏》语：乱三

乱身业
业有。此者身喜行驰游戏，坐（旁加小字：亦）暂（旁加小字：略）不止，口作诗歌，无利

乱意业
喜戏谑，心性

乱口业
□□世行喜受，唯求诸恶等起。若□□时出家伤心，自失利他。世
□□□骂詈善神等谓。今调伏六根□□□□□离正成。故不乱
□□□□□□以诸戒可学成。《瑜伽》语□□□□□□益处。三实
□□□□□□□□□□□□□□六自□□□□□□□□□□□齐
……者彼
……他心

（后缺）

---

〔1〕"摩沙"是西夏文音译，其当为梵文 Māsa 之音译，意为"豆"，藏文作 mo sran grevu，即摩沙豆，汉文文献中又音译作"么沙"，如《菩提场所说一字顶轮王经》卷四云："么沙，婆罗门小豆。"

K2：216，残片。残高 16、残宽 10.5 厘米。存文字 6 行。背面还有一行小字注（图版七九）。译文如下：

（前缺）

……定解悟竟□□□□□□□

……此应导。善等五慧未离故□

初值类同

……疏语：彼五心先后六慧同

第二

……初值五慧，后而定寻觅有，寻

……慧不乱，故而所至第三定。类

……同时，初值意慧实居境察□

（后缺）

背面西夏文手写的小字，译为"……义何有。答：境□所漏成，以心净时，心境□□故初值乃成也"。

K2：190－2，残片。残高 11、残宽 13.5 厘米。存文字 8 行（图版八〇）。译文如下：

（前缺）

□□□之亦……

□□别样知……

□语心应察……

□获。譬如画师……

□□之异相亦察……

…说是也

王同相察，心之异同……

样察依合，同相相取，喻……

相同□四应离，皆不依……

……中相……

（后缺）

K2：190－1，残片。残高 9.4、残宽 13 厘米。存文字 8 行（图版八一）。译文如下：

（前缺）

□□□□处……

□□相分……

□真义定同者……

皆无远近。此……

□□与同。第七意根……

　　□自然义□第八……

　　心之体……

　　若一……

　　（后缺）

K2∶176，残片。残高14、残宽4.5厘米。存文字3行（图版八二）。译文如下：

　　（前缺）

　　……如。此者善心，心……

　　……空智，唯有异境慧故。然普摄……

　　……普摄无漏智。问……

　　（后缺）

K2∶65，残片。残高10、残宽10.2厘米。存文字5行（图版八三，1）。译文如下：

　　（前缺）

　　谤人……

　　名成……

　　　　　　　　三种

　　真义可（旁加小字：解）。四……

　　菩提可（旁加小字：成）谓。……

　　□依可习……

　　（后缺）

K2∶217，残片。残高7、残宽8厘米。存文字5行（图版八三，2）。译文如下：

　　（前缺）

　　……故……

　　……是论中义……

　　……此四部皆三……

　　……智慧是。觉虑慧……

　　……祭，因闻祭故……

　　（后缺）

K2∶37-1，残片。残高6.6、残宽8.5厘米。存文字5行（图版八四，1）。译文如下：

　　（前缺）

　　近依……

　　近依又……

　　由治。此……

　　亦善实……

　　譬识……

（后缺）

K2：37－2，残片。残高8、残宽8.2厘米。存文字5行（图版八四，2）。译文如下：

（前缺）

齐及……

之离谓者……

后疑心之……

离谓随……

独喻外……

（后缺）

K2：87，残片。残高4.5、残宽6厘米。存文字4行（图版八五）。译文如下：

（前缺）

……合……

……应无疑……

……遍诵咒。又……

……与现样成……

（后缺）

K2：324－1，残片。残高9、残宽4.5厘米。存文字3行（图版八六，1）。译文如下：

（前缺）

……实未离……

……心观智慧火……

……知随……

（后缺）

K2：324－2，残片。残高8、残宽7厘米。存文字4行（图版八六，2）。译文如下：

（前缺）

……无自性，相

……做有是。体□

……性观　　思□□

……童水观□□

（后缺）

K2：319－1，残片。残高8、残宽7.6厘米。存文字5行（图版八七）。译文如下：

（前缺）

……而起。有情□

……谓也。随此

……说。其□□

　　……中□分知□

　　　……所□□

（后缺）

K2：319－3，残片。残高9.2、残宽9.8厘米。存文字5行（图版八八）。译文如下：

（前缺）

　　□□□□助祭……

　　□□□□谛惑……

　　□□□□远不……

　　□唯近察者疑……

我持苦谛成。

（后缺）

K2：319－4，残片。残高4.5、残宽5.5厘米。存文字4行（图版八九）。译文如下：

（前缺）

　　……之虚妄以……

　　……譬证心……

　　……譬证至……

　　……善……

（后缺）

K2：319－5，残片。残高5.2、残宽3.3厘米。存文字2行（图一〇三）。译文如下：

（前缺）

　　……若又依疏……

　　……中业情……

（后缺）

K2：319－7，残片。残高3.8、残宽3厘米。存文字2行（图一〇四）。译文如下：

（前缺）

　　……分随……

　　……也……

（后缺）

K2：319－8，残片。残高4.6、残宽3厘米。存文字2行（图一〇五）。译文如下：

（前缺）

　　……俱一可依……

　　……名成……

（后缺）

K2：319－9，残片。残高3、残宽4.3厘米。存文字3行（图一〇六）。译文如下：

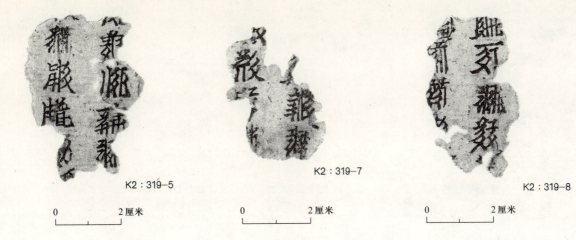

图一〇三 K2出土印本佛经残片　图一〇四 K2出土印本佛经残片　图一〇五 K2出土印本佛经残片

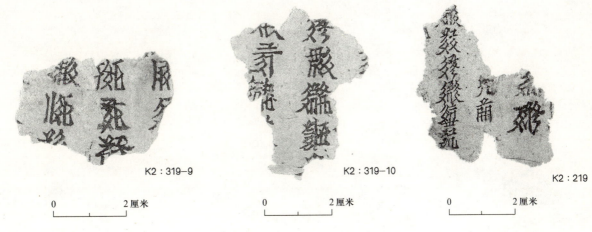

图一〇六 K2出土印本佛经残片　图一〇七 K2出土印本佛经残片　图一〇八 K2出土印本佛经残片

（前缺）

……性……

……如诸为……

……及又……

（后缺）

K2∶319－10，残片。残高5、残宽4厘米。存文字2行（图一〇七）。译文如下：

（前缺）

……义是。今注……

……遍体……

（后缺）

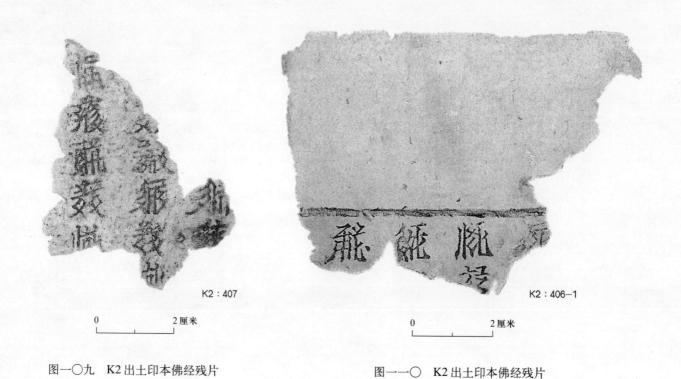

K2：407

0　　　　　　2厘米

图一〇九　K2出土印本佛经残片

K2：406-1

0　　　　　　2厘米

图一一〇　K2出土印本佛经残片

K2：325

0　　　　　　2厘米

图一一一　K2出土印本佛经残片

K2：415

0　　　　　　2厘米

图一一二　K2出土印本佛经残片

K2：406-2

0　　　　　　2厘米

图一一三　K2出土印本佛经残片

K2：219，残片。佛经尾部，有小字尾题。残高 4.5、残宽 4.4 厘米。存文字 3 行（图一〇八）。译文如下：

（前缺）

   ……第四

……沙门

……处学义，地拘……

（后缺）

K2：407，残片。残高 6、残宽 4.7 厘米。存文字 3 行（图一〇九）。译文如下：

（前缺）

……无……

……何故不知……

……二乘俱不知……

（后缺）

K2：406-1，残片。残高 6.6、残宽 8.8 厘米。存文字 4 行（图一一〇）。译文如下：

（前缺）

五……

不立……

妒……

同……

（后缺）

K2：325，残片。残高 6.8、残宽 2 厘米。存文字 1 行，文中还有 1 行小字注（图一一一）。译文如下：

（前缺）

……习，可习授者……

……一圣威仪，二法威仪，三……

（后缺）

K2：415，残片。残高 6.8、残宽 6 厘米。存文字 3 行（图一一二）。译文如下：

（前缺）

火……

毒……

者……

（后缺）

10. 佛经

共 3 纸。卷子装，活字印本。上下单栏，天头高 4.2 厘米。其中有黑地白文的"经"和"注"。

K2：96，残片。残高 12.2、残宽 25.2 厘米。存文字 15 行（图版九〇）。译文如下：

（前缺）

断……

入道中。上……

各自无上道……

与自然获得成就……

断□修定、修福……

有，由福天魔……

二未来多迷惑。经……

欲广行善知识……

生无正法眼……

者引诱失德……

心教修三摩地[1]。……

净显悟是。注此……

□□念□□……

断谓。依彼……

少与法所俱……

阿难陀[2]……

（后缺）

K2：56，残片。残高 8、残宽 10.2 厘米。存文字 6 行（图版九一）。译文如下：

（前缺）

……无漏业及觉心等……

……因金……

……令化……

……离又……

……离故。然……

……识资……

（后缺）

K2：428，残片。残高 7.3、残宽 2.5 厘米。存文字 2 行（图版九二）。译文如下：

---

〔1〕 "三摩地"为西夏文音译，其当为梵文 Samādhi 之音译。汉文佛经中音译作"三昧"、"三摩地"、"三摩提"等，又译为"定"、"等持"等。

〔2〕 "阿难陀"为西夏文音译，其当为梵文 Ananda 之音译，译作"欢喜"、"庆喜"，为佛之十大弟子之一。

（前缺）

……处无，故混杂，亦无……

……先六识之实……

（后缺）

11. 佛经

共 10 纸。刻本。装订形式不详。从残页看，该文献为上下单栏，天头和地脚较高。天头高 6.8、地脚高 4 厘米。

K2∶210－1，残片。残高 14.8、残宽 4.7 厘米。存文字 3 行（图版九三）。译文如下：

（前缺）

于彼生者疑……

黑色，刹那……

□□而……

（后缺）

K2∶210－2，残片。残高 15、残宽 4.5 厘米。存文字 2 行（图版九四，1）。译文如下：

（前缺）

其如第二能……

第四应察……

（后缺）

K2∶210－3，残片。残高 15、残宽 8 厘米。存文字 5 行（图版九四，2）。译文如下：

（前缺）

真实离及……

手者已见，畏……

□以咒……

应作皆……

兵器握……

（后缺）

K2∶406－2，残片。残高 6、残宽 4 厘米。存文字 3 行（图一一三）。译文如下：

（前缺）

立即……

此者弟……

舟□□……

（后缺）

K2∶265，残片。残高 10、残宽 6.5 厘米。存文字 4 行（图版九五，1）。译文如下：

（前缺）

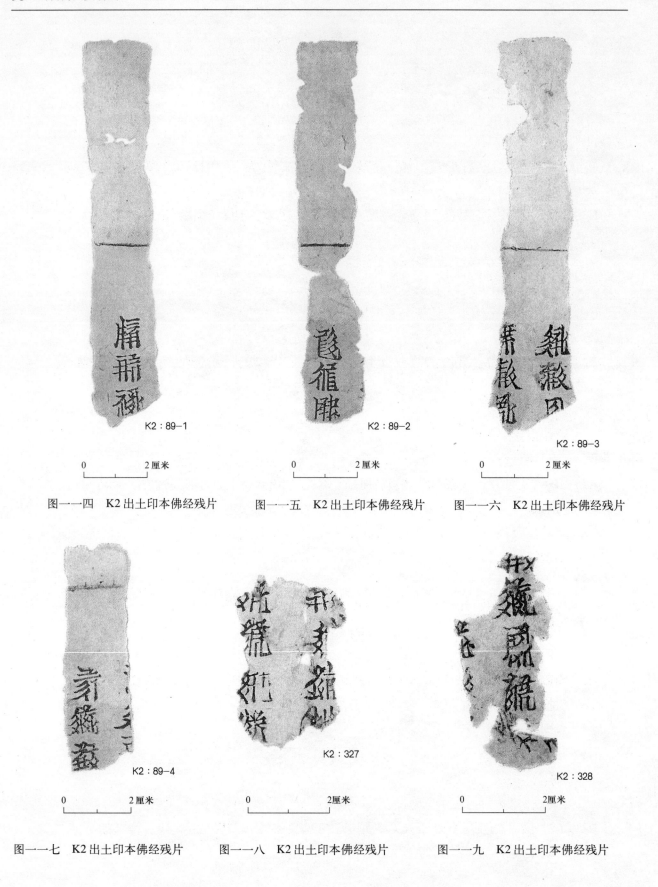

图一一四　K2出土印本佛经残片　　　图一一五　K2出土印本佛经残片　　　图一一六　K2出土印本佛经残片

图一一七　K2出土印本佛经残片　　　图一一八　K2出土印本佛经残片　　　图一一九　K2出土印本佛经残片

　　……立即亡

　　……者血调和

　　……实毁坏

　　……诵持故

　　（后缺）

K2：279，残片。残高 9.5、残宽 4.5 厘米。存文字 3 行（图版九五，2）。译文如下：

　　（前缺）

　　……三世界中□□

　　……色□禀持戏

　　……数□

　　（后缺）

K2：89 - 1，残片。残高 12.2、残宽 2.1 厘米。存 3 字（图一一四）。译为"勇猛法……"。

K2：89 - 2，残片。残高 12.5、残宽 2 厘米。存 3 字（图一一五）。译为"饿鬼邑……"。

K2：89 - 3，残片。残高 11.8、残宽 2.5 厘米。存文字 2 行（图一一六）。译文如下：

　　（前缺）

　　百及八……

　　王及绕……

　　（后缺）

K2：89 - 4，残片。残高 6.8、残宽 2.2 厘米。存 3 字（图一一七）。译为"身者门……"。

12. 佛经

共 8 纸。蝴蝶装，刻本。均为残片。从残存情况看，四界为双栏，中间有书口。

K2：275，残片。残高 9、残宽 6.2 厘米。存文字 4 行（图版九六）。译文如下：

　　（前缺）

　　……舍牟陀止于依……

　　……舍那观于依……

　　……故见谓，□知见，二……

　　……者定慧正等处三……

　　（后缺）

K2：321，残片。残高 9、残宽 5 厘米。存文字 3 行（图版九七）。译文如下：

　　（前缺）

　　……凉是。今……

　　……亦性合真……

　　……也。慈者人姓也……

　　（后缺）

K2：189，残片。残高 11、残宽 8.3 厘米。天头高 4.6 厘米。存文字 4 行，文中有黑地白文的"经"和"注"（图版九八，1）。译文如下：

（前缺）

珠弃未……

注佛作开示经……

神珠表未获，解……

中亦此譬有……

（后缺）

K2：269，残片。残高 9.2、残宽 3.2 厘米。存文字 2 行（图版九八，2）。译文如下：

（前缺）

……说□□布列诸集……

……诸集□所说。二……

（后缺）

K2：327，残片。残高 4、残宽 2.7 厘米。存文字 2 行（图一一八）。译文如下：

（前缺）

……此间……

……事相忧……

（后缺）

K2：328，残片。残高 5.4、残宽 2.5 厘米。有文字 1 行（图一一九）。译为"……者性相……"。

K2：54，残片。残高 9.1、残宽 7.8 厘米。残存右上角，有文字 2 行（图一二〇）。译文如下：

首楞严经……

□□所……

（后缺）

K2：273，残片。残高 10.3、残宽 13.5 厘米。存文字 2 行，前一行为行书，字体较小，模糊不清。第二行为楷体，字略大（图一二一）。译文如下：

……者　□慧□□

……者慧净

13. 佛经

共 1 纸。蝴蝶装，刻本。K2：423，经页之上半部。残高 10.2、残宽 14 厘米。出土时该纸包有红色沙粒。上部有单栏。中间有书口，书口宽 1.5 厘米。天头高 4 厘米。书口有经名，经名仅存 2 字，译为"指南"。正文存文字 8 行，每行存 5 字（图版九九）。译文如下：

（前缺）

性显九地是。……

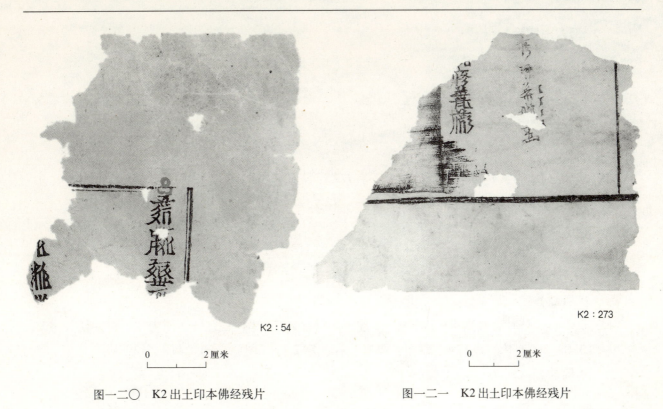

K2：54

0   2厘米

图一二〇 K2出土印本佛经残片

K2：273

0   2厘米

图一二一 K2出土印本佛经残片

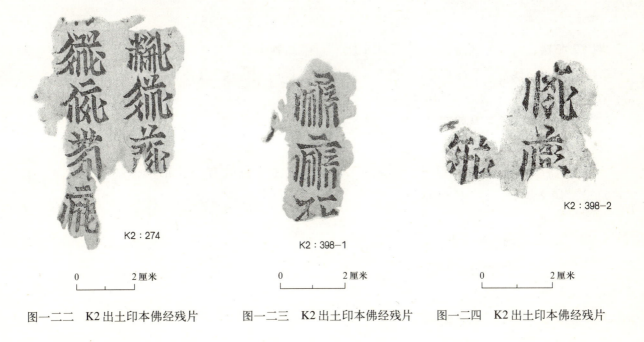

K2：274

图一二二 K2出土印本佛经残片

K2：398-1

图一二三 K2出土印本佛经残片

K2：398-2

图一二四 K2出土印本佛经残片

0   2厘米

供给，自之助……
指南

欲，故先前佑……

成就谓者前地……

三大阿僧祇[1]……

众生语时节……

大劫加以一……

六□□劫之……

（后缺）

14. 佛经

共 5 纸。刻本。从残存情况看，其上下有双栏。天头高 4.6 厘米。字较大，约 1.5 厘米见方。

K2：274，残片。残高 7.5、残宽 5.2 厘米。存文字 2 行（图一二二）。译文如下：

（前缺）

……菩萨深……

……明五蕴皆……

（后缺）

K2：398－1，残片。残高 4.9、残宽 2.2 厘米。仅存 2 字（图一二三）。译为"……一切……"。

K2：398－2，残片。残高 4、残宽 4 厘米。存文字 2 行（图一二四）。译文如下：

（前缺）

……不净……

……虑……

（后缺）

K2：314，残片。残高 5.2、残宽 4.1 厘米。存 2 字（图一二五）。译为"……菩提……"。

K2：400，残片。残高 9.5、残宽 5.2 厘米。存 1 字（图一二六）。译为"乾……"。

15. 佛经

共 18 纸。刻本。从残存情况看，该经分上下双栏，有天头、地脚。天头最高者为 2.5 厘米。地脚高 3.2 厘米。字较大，约 1.3 厘米见方。

K2：147，残片。残高 17.8、残宽 8.5 厘米。文中空白处有小花饰。存文字 4 行（图版一〇〇）。译文如下：

（前缺）

……显现。彼等亦此种

……某甲之当守护。百年

……□

……力佉力 曼丽 弥丽

（后缺）

---

〔1〕 "阿僧祇"为西夏文音译，其当为梵文 Asamkhya 之音译，汉文佛经中音译为"阿僧祇"、"阿僧企耶"等，译曰"无数"。

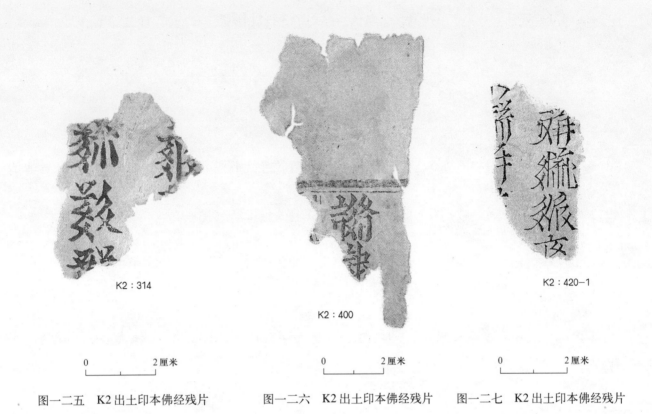

K2∶314

0　　　　　　2厘米

图一二五　K2出土印本佛经残片

K2∶400

0　　　　　　2厘米

图一二六　K2出土印本佛经残片

K2∶420-1

0　　　　　　2厘米

图一二七　K2出土印本佛经残片

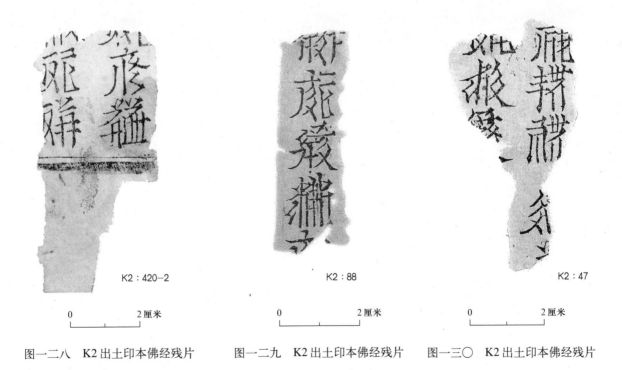

K2∶420-2

0　　　　　　2厘米

图一二八　K2出土印本佛经残片

K2∶88

0　　　　　　2厘米

图一二九　K2出土印本佛经残片

K2∶47

0　　　　　　2厘米

图一三〇　K2出土印本佛经残片

K2∶421，残片。残高5、残宽5.5厘米。存文字3行（图版一〇一）。译文如下：

（前缺）

……觉故……

……大明王。密……

……正……

（后缺）

K2∶420－1，残片。残高5.5、残宽2.6厘米。存文字1行（图一二七）。译为"……饮时毁者……"。

K2∶420－2，残片。残高6.6、残宽3.2厘米。存文字2行（图一二八）。译文如下：

（前缺）

……者涕

……饮食

（后缺）

K2∶88，残片。残高5.5、残宽1.7厘米。存文字1行（图一二九）。译为"……间行，水中……"。

K2∶47，残片。残高6.8、残宽3.8厘米。存文字2行（图一三〇）。译文如下：

（前缺）

……皆摇动……

……以此摄……

（后缺）

K2∶418，残片。残高5、残宽4厘米。存文字2行（图一三一）。译文如下：

（前缺）

……又亦……

……又……

（后缺）

K2∶419－1，残片。残高5.2、残宽4.6厘米。存文字2行（图一三二）。译文如下：

（前缺）

增长……

斗……

（后缺）

K2∶419－2，残片。残高2.8、残宽4.5厘米。存文字2行（图一三三）。译文如下：

（前缺）

……敬……

……令终……

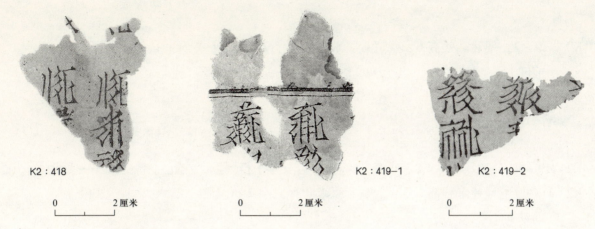

0   2厘米
　　K2：418

0   2厘米
　　K2：419-1

0   2厘米
　　K2：419-2

图一三一　K2出土印本佛经残片　　图一三二　K2出土印本佛经残片　　图一三三　K2出土印本佛经残片

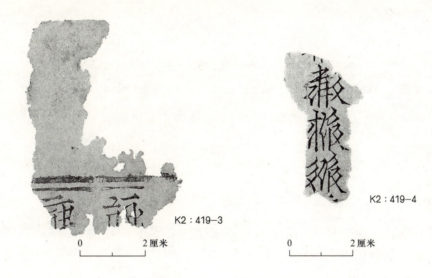

K2：419-3

K2：419-4

0   2厘米

0   2厘米

图一三四　K2出土印本佛经残片　　　图一三五　K2出土印本佛经残片

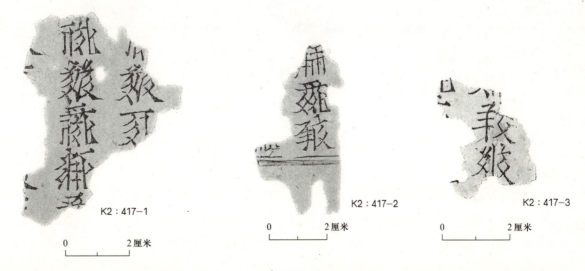

0   2厘米
　　K2：417-1

0   2厘米
　　K2：417-2

0   2厘米
　　K2：417-3

图一三六　K2出土印本佛经残片　　图一三七　K2出土印本佛经残片　　图一三八　K2出土印本佛经残片

（后缺）

K2：419－3，残片。残高6、残宽4厘米。存文字2行（图一三四）。译文如下：

（前缺）

行……

皆……

（后缺）

K2：419－4，残片。残高4.8、残宽2.6厘米。存文字1行（图一三五）。译为"……及危害……"。

K2：417－1，残片。残高6.3、残宽5厘米。存文字2行（图一三六）。译文如下：

（前缺）

……敬礼，一……

……敬礼，于道……

（后缺）

K2：417－2，残片。残高6、残宽3厘米。存文字1行（图一三七）。译为"……母等"。

K2：417－3，残片。残高3.4、残宽3厘米。存文字1行（图一三八）。译为"……下方……"。

K2：417－4，残片。残高3.1、残宽3.2厘米。存文字2行（图一三九）。译文如下：

（前缺）

意……

悦……

（后缺）

K2：417－5，残片。残高4.7、残宽1.6厘米。存文字1行（图一四〇）。译为"……德自在……"。

K2：417－6，残片。残高4.7、残宽3厘米。存文字1行（图一四一）。译为"……五百宝……"。

K2：417－7，残片。残高6、残宽2.7厘米。存文字2行（图一四二）。译文如下：

（前缺）

……相令显

……乱……

（后缺）

K2：417－8，残片。残高3.5、残宽3厘米。存文字1行（图一四三）。译为"……妙名……"。

16. 佛经

共5纸。蝴蝶装，刻本。四界子母栏，有书口。书口宽1厘米，书口至两侧边栏宽16厘米。天头高4厘米。每半页10行，现存每行最多19字。

K2：160，残页。残高27、残宽20.5厘米。存文字10行（图版一〇二）。译文如下：

（前缺）

图一三九　K2 出土印本佛经残片　　图一四〇　K2 出土印本佛经残片　　图一四一　K2 出土印本佛经残片

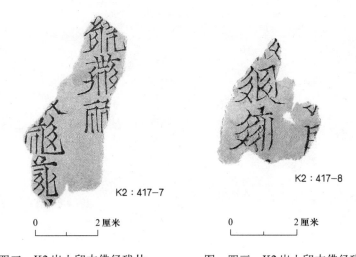

图一四二　K2 出土印本佛经残片　　图一四三　K2 出土印本佛经残片

□□□□□趣可依一切功成。萨字独……

经类说。萨者是虚，成迦叶身，身聚集是。……

由察空虚身起，云虚身见。次说有类。……

成，是身聚集。又实有也。察此有身见……

后说大乘。萨者云变化迦叶身，由弥……

由无实无有，变化不定。云名察用见分……

起，故此因云变化身见也。又说应幻虚……

是。因起有谓。无有变化不定名谓，取五蕴……

无漏之离。无漏蕴者取。由生起取不起。此见……

取蕴之持令成。问：不说令我成故我见。……

K2：181，残片。残高 6.7、残宽 11.5 厘米。存文字 5 行（图版一〇三）。译文如下：

K2：322

0　　　　　　2厘米

图一四四　K2出土印本佛经残片

（前缺）

……兵器持，功成……

……有先说。故……

……境无漏察者唯……

……心不喜谓。论……

……法昌盛敬者……

K2：322，残片。残高4.2、残宽5.5厘米。存文字3行（图一四四）。译文如下：

（前缺）

……者此……

……闻不……

……敬易不……

（后缺）

K2：413，残片。残高4、残宽5厘米。存文字3行（图一四五）。译文如下：

（前缺）

……沙门　　□……

……三有……

……略故此……

（后缺）

K2：326，残片。残高2.6、残宽4厘米。存文字1行（图一四六）。译为"……前业……"。

17. 藏传佛经

共2纸。蝴蝶装，活字印本。纸高31、宽44.4厘米。四界双栏，栏距上下24、左右37厘米。

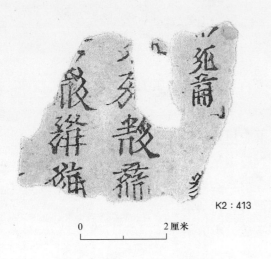

K2：413

0　　　　　　2厘米

图一四五　K2出土印本佛经残片

K2：326

0　　　　　　2厘米

图一四六　K2出土印本佛经残片

天头3.8、地脚2.9厘米。每半页11行，每行最多达22字。该文献当为译自藏文的藏传佛教文献。

K2：141，残页。残高31、残宽44.4厘米。存文字22行（图版一〇四）。译文如下：

　　故上下文隐显，先后明察故方说。……
　　者根本者依于真实次第，后之引起……
　　之由义生成名。此者是生起次第。此……
　　由已解，其亦是妙法。注自然者根本……
　　摄，故方云以真成法体。其实真如……
　　无上殊胜成等谓　疏□下方……
　　因故获证所谓无性自真如……
　　一切皆是真实性。真实之修……
　　实文字之□□□母谓，诸……
　　说也　　注……
　　与无碍……
　　二分……
　　之不……
　　无是，故佛□□□亦□合……
　　因与智一起故俱此无碍。先……
　　入于，当安立等十门。义限量……
　　中往。因成此显用门说故，不相……
　　取。故此前七门中以理事摄无碍……
　　宣说。理事无碍者，与此何□。答，彼……

无碍显，此前七门因同，皆事理碍……

有法谓。何故前七门中事事无碍。等……

中能令入也。答：同法故事事无碍……

K2：214，残页。高 31、残宽 18 厘米。存文字 8 行（图版一〇五）。译文如下：

因是说。明今德俱，因门事事□□显。故一切不摄者无□

注文云自成圆声等者显□□□□□门成。故不摄法，无

□然法雨皆降□□□□□□□□□□□种法中众多悟

□一切中皆□□□□□□□□□□□等事遇，自法

……等谓者，由他本

……等主成，十方十

……此眷属法亦

……二□□□

（后缺）

18. 藏传佛经

共 25 纸。蝴蝶装，刻本。纸高 32.5 厘米。上下子母栏，左右单栏。上下栏距 24.6 厘米。有书口，宽 1 厘米，书口至两侧边栏宽 17.1 厘米。天头高 4.2、地脚高 3.8 厘米。每半页 11 行，每行 23 字。字体方正，约 1 厘米见方。该文献为译自藏文的藏传佛教文献。

K2：126，残页。纸高 32.5、残宽 22 厘米（图版一〇六）。其背面正楷书写西夏文"大方广佛华严经"。字体大，约 2 厘米见方。经名下还有两个小字，译为"大方"（图版一〇七）。正文译文如下：

（前缺）

□□□□□□□□□□□□□□□□谓也。答曰：彼本

□□□□之□□□六觉□□□□□□□不也。若大乘

□□□说。故唯是第八。《瑜伽论》第九十三中云：母胎中因

缘成□□果识生立，相续不断，能持戒迦罗兰[1]等。另又七

□者不能令持戒相续不断。云因识者是第八之种籽。

云果识者母胎中显现为第八。四名色支者此名色支之体

□□□品□有，先现混合体中所说，有二种。依先一种说，故

百法中穷尽六无为定。又别九十三有漏以法成本，何故

也。无为法者灭谛中摄，故无生法灭定。有漏道谛中摄，与闷

生违背，与轮回不依顺。故不入体中。此因唯有漏以苦集二

---

[1]　"迦罗兰"为西夏文音译，其意不解。

谛体□。然慈恩法师[1]曰：一切有漏五蕴皆成此体。异熟不

（后缺）

K2：149，残片。残高18、残宽16厘米。存文字10行（图版一〇八）。译文如下：

（前缺）

念，二门皆得……

分显明等者，由根安立……

名字解说。门中《真实名经》之……

与不同。　注又先者法佛自证……

以依靠报身而说。圆……

用应。除相真实喻……

观智之闻觉应成……

导依云论者真……

化身俱喻……

学习……

（后缺）

K2：212－1，残片。残高8.5、残宽7.5厘米。存文字5行（图版一〇九，1）。译文如下：

（前缺）

……黑色及没我[2]垂……

……或白纸等……

……应远离　唵……

……咒诵……

……法……

（后缺）

K2：212－2，残片。残高10.7、残宽8厘米。存文字5行（图版一〇九，2）。译文如下：

（前缺）

……响……

……隔上……

……种种供养亦……

……中人并无。故……

……间者用金银作……

K2：246，残片。残高10.5、残宽16厘米。存文字9行（图版一一〇）。译文如下：

---

[1]　“慈恩法师”，指唐京兆大慈恩寺释窥基。据《宋高僧传》卷四载，窥基事玄奘，学五天竺语，传唯识因明之旨，造疏百本，又称百本疏主，法相宗（唯识宗）之开祖。永淳元年（682）寿五十一而圆寂，后世均称其为“慈恩法师”。

[2]　“没我”为西夏文音译，其意不解。

（前缺）

　　　　……诵，其

　　　……所说，力

　　……现瑞相。又

　　　……说瑞相

　　　……好梦示。其

　　……法所授说。密

　　……坛烧施，又

　　……主坛烧施，月

（后缺）

　K2：320－4，残片。残高11、残宽5.8厘米。存文字3行（图版一一一）。译文如下：

（前缺）

　　……十四所漏因现时

　　……十五欢喜法授时

　　　……自说先往业力

（后缺）

　K2：62，残片。残高12、残宽14.4厘米。存文字9行（图版一一二）。译文如下：

（前缺）

　　　三法所受……

　　三十三祈雨法事……

　　三十四游戏法事品……

　　三十五摄制根器品……

　　　一摄制加行加……

　　　二受者根器种……

　　　三令受密法……

　　　四自体加行又……

　　　□□□成有……

　　　（后缺）

　K2：215－1，残片。残高12.2、残宽14.5厘米。存文字9行（图版一一三）。译文如下：

（前缺）

　　……供养食　……

　　……显密　……

　　……法事品　……

　　……敬爱品　……

K2:51

0　　　　2厘米

图一四七　K2出土藏传佛经残片

　　……法事品 ……

　　一自体加行又 ……

　　□□□利益此 ……

　　……所说密 ……

　　……法事品……

　　（后缺）

K2:215-2，残片。残高8.8、残宽6厘米。存文字3行（图版一一四，1）。译文如下：

　　（前缺）

　　……作　　一所作炉……

　　……　　　　四所修供……

　　……相胜天母处诸集……

　　（后缺）

K2:51，残片。残高7.6、残宽11.5厘米。存文字7行（图一四七）。译文如下：

　　（前缺）

　　　……又

　　　……又

　　……又

　　……又

　　……密

　　……诵其

　　……三密

　　（后缺）

K2：209，残片。残高 5、残宽 7 厘米。存文字 5 行（图版一一四，2）。译文如下：

　　（前缺）

　　……而……

　　……谓，今……

　　……一切实令净……

　　……幻圣感应……

　　……诸……

　　（后缺）

K2：91－1，残片。残高 7、残宽 7 厘米。存文字 5 行（图版一一五，1）。译文如下：

　　（前缺）

　　……应……

　　□□□上月……

　　□方手中轮实……

　　诸疾病上列……

　　□病……

　　（后缺）

K2：91－2，残片。残高 7.5、残宽 5.5 厘米。存文字 3 行（图版一一五，2）。译文如下：

　　（前缺）

　　斤黄金获得……

　　殊胜国土获……

　　何……

　　（后缺）

K2：60，残片。残高 6、残宽 7 厘米。存文字 4 行（图版一一六）。译文如下：

　　（前缺）

　　……慧……

　　……可依靠成……

　　……因果是，自……

　　……离处……

（后缺）

K2∶416，残片。残高 8.5、残宽 4 厘米。存文字 2 行（图一四八）。译文如下：

（前缺）

……所授持终

……时要义五篇……

（后缺）

K2∶397，残片。残高 8、残宽 4.5 厘米。存文字 2 行（图一四九）。译文如下：

（前缺）

……中杀者

　　……先

（后缺）

K2∶320－3，残片。残高 4.5、残宽 4.3 厘米。存文字 3 行（图一五〇）。译文如下：

（前缺）

……宝库……

　一生起……

　　一诸……

（后缺）

K2∶320－1，残片。残高 4.5、残宽 4.5 厘米。存文字 3 行（图一五一）。译文如下：

（前缺）

……加行……

……念其……

……围绕诵念……

（后缺）

K2∶320－2，残片。残高 9、残宽 5 厘米。存文字 2 行（图一五二）。译文如下：

……授复

……俱令智其

（后缺）

K2∶414，残片。残高 4、残宽 5 厘米。存文字 3 行（图一五三）。译文如下：

（前缺）

……前

……其

……此

（后缺）

K2∶412－1，残片。残高 3.6、残宽 4 厘米。存文字 2 行（图一五四）。译文如下：

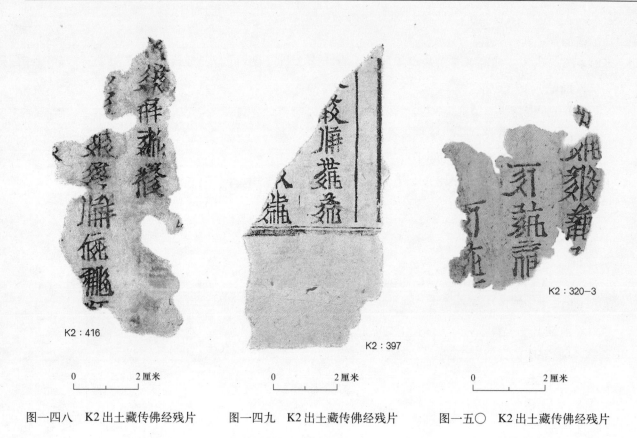

K2：416

0　　　　　2厘米

图一四八　K2出土藏传佛经残片

K2：397

0　　　　　2厘米

图一四九　K2出土藏传佛经残片

K2：320-3

0　　　　　2厘米

图一五〇　K2出土藏传佛经残片

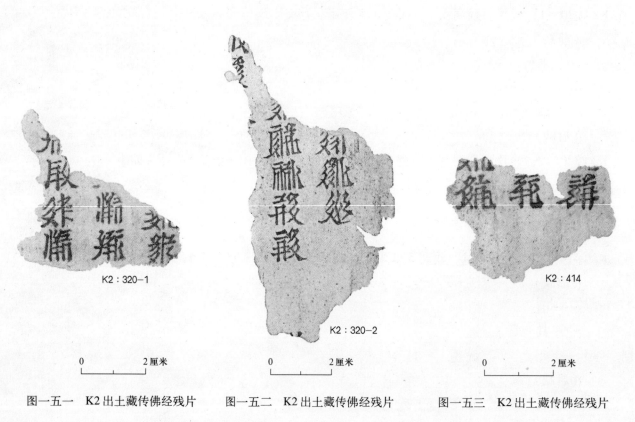

K2：320-1

0　　　　　2厘米

图一五一　K2出土藏传佛经残片

K2：320-2

0　　　　　2厘米

图一五二　K2出土藏传佛经残片

K2：414

0　　　　　2厘米

图一五三　K2出土藏传佛经残片

（前缺）

……中围……

……乳灯……

（后缺）

K2∶412－2，残片。残高3、残宽3厘米。存文字2行（图一五五）。译文如下：

（前缺）

……无智……

……洒……

（后缺）

K2∶319－2，残片。残高10、残宽5.6厘米。存文字3行（图一五六）。译文如下：

（前缺）

……深隐下方，名

……下方心语双

……是，又先俱是。译

（后缺）

K2∶319－6，残片。书口有汉字"十九"，当为第十九页。残高6.5、残宽8厘米。存文字4行（图一五七）。译文如下：

（前缺）

十九

……以答，故义……

……说文火……

……智慧谓也……

……生故……

（后缺）

K2∶63，残片。残高3.6、残宽1.5厘米。存文字1行（图一五八）。译为"……勇识……"。

19. 藏传佛经

共12纸。经折装（？），刻本。上下单栏。现存最大者纸残高19、残宽21.3厘米。地脚高3厘米。该文献当为译自藏文的藏传佛教文献。

K2∶164，残页。残高19、残宽21.3厘米。存文字14行（图版一一七）。译文如下：

（前缺）

……勇士……

……使解。彼实……

……成亦得，其间他成就……

……汝是

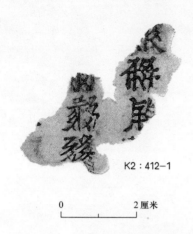

K2：412-1

0　　　　　2厘米

图一五四　K2出土藏传佛经残片

K2：412-2

0　　　　　2厘米

图一五五　K2出土藏传佛经残片

K2：319-2

0　　　　　2厘米

图一五六　K2出土藏传佛经残片

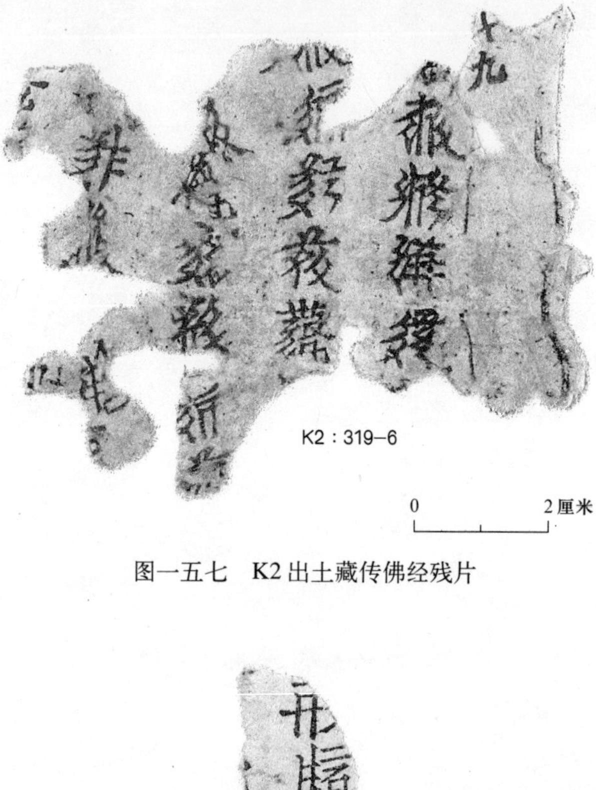

K2：319-6

0　　　　　2厘米

图一五七　K2出土藏传佛经残片

K2：63

0　　　　　2厘米

图一五八　K2出土藏传佛经残片

　　　　……□　　若说此法故　急速而起也

　　　　……□　　乐与流水混　诸佛空行母〔1〕

　　……他续彼□施　颇具相合时　仪有此之谓

　　……记句□烧用　记句持成就　石药依水得

　　……与仙者，迦答　吽吽　于此时生，我者汝之

　　……我何所作谓。依教诫汝当作。我之□毁坏

　　……汝死恐堕地狱。尔时，一切勇士及瑜伽母〔2〕

　　……（醯）噜迦智令入我处。五松□混合

　　……之粪及……中处时

　　……咒……以相合

　　（后缺）

K2：170－1，残片。残高15.7、残宽6.4厘米。存文字4行（图版一一八）。译文如下：

　　（前缺）

　　　　……□　　母等□□□　以展右居住

　　……妙以　刹那令彼入　唵　底悉答毗

　　……尸哩醯噜迦耶毗摩醯　　　　　毗

　　……等见以勇士之子生起。

　　（后缺）

K2：170－2，残片。残高14、残宽7.3厘米。存文字4行（图版一一九）。译文如下：

　　（前缺）

　　　　　　……□　　彼如□未来

　　　　　　……上　悟此妙行时

　　……□　　无比密妙行

　　……以能怖　　　力天数之彼毁坏

　　（后缺）

K2：276，残片。残高10.5、残宽5.6厘米。存文字4行（图版一二〇）。译文如下：

　　（前缺）

　　……□　　伎歌种□作　　种……

　　……□　　□求解脱者　寂母以道□……

〔1〕 "空行母"是藏文mkhav vgro ma的西夏语意译，梵文作ḍākiṇī，汉文佛经中常译作"荼吉尼"、"拿枳尼"等，是一种证得殊胜成就的瑜伽行母。在密教中它是较低等级的女性神灵，通常是作为胁侍神灵或眷属出现，代表主尊的某种阴性力量。

〔2〕 "瑜伽母"西夏文字面直译是"默有母"、"在寂母"，其当为藏语rnal vbyor ma（字面义为"相应母"、"在寂母"）之直译。rnal vbyor相当于梵文Yoga，汉文文献中常音译为"瑜伽"。所以，这里的西夏文"默有母"译成汉文应为"瑜伽母"。

……□　以绢等……

……座上……

（后缺）

K2∶264-1，残片。残高6.2、残宽7.4厘米。存文字4行（图版一二一，1）。译文如下：

（前缺）

……欲是　次南方……

……应施　正觉法……

……牢成　金刚钟……

……闻名　师亦……

（后缺）

K2∶264-2，残片。残高8、残宽9.2厘米。存文字6行（图版一二一，2）。译文如下：

（前缺）

……行与　地下……

……发与　诸花……

……吉醯噜大王　慧体不……

……青及又红黄　十二……

……以拥抱　别……

……相印□　颅具血……

（后缺）

K2∶38，残片。残高6.5、残宽9厘米。存文字6行（图版一二二）。译文如下：

（前缺）

……作

……获得　萨……

……以此咒诵……

……勇主三十七……

……皆作烧施……

……栖息等……

（后缺）

K2∶323，残片。残高7、残宽6厘米。存文字3行（图一五九）。译文如下：

（前缺）

……是

……庄严

……口合

（后缺）

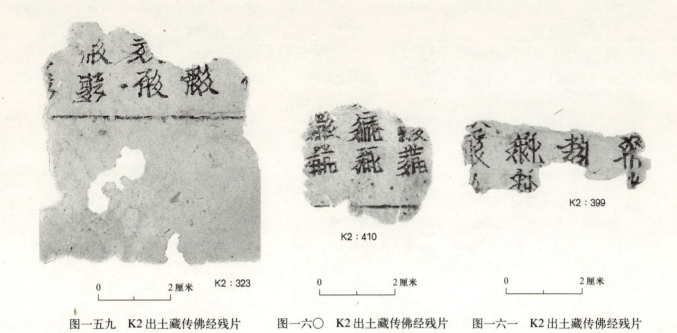

图一五九 K2出土藏传佛经残片　　图一六○ K2出土藏传佛经残片　　图一六一 K2出土藏传佛经残片

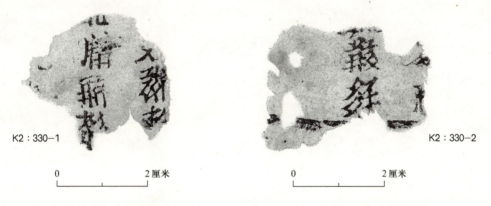

图一六二 K2出土藏传佛经残片　　　图一六三 K2出土藏传佛经残片

K2：410，残片。残高3、残宽3.4厘米。存文字3行（图一六○）。译文如下：

（前缺）

……杀

……最长

……常证

（后缺）

K2：399，残片。残高1.7、残宽4.8厘米。存文字4行（图一六一）。译文如下：

（前缺）

……忍……

……虑于……

（后缺）

K2：330－1，残片。残高 3、残宽 2.6 厘米。存文字 2 行（图一六二）。译文如下：

（前缺）

……颂……

……勇猛……

（后缺）

K2：330－2，残片。残高 2.5、残宽 3.5 厘米。存文字 1 行（图一六三）。译为"……何有"。

20. 其他印本佛经

共 8 纸。从字体、纸质和版式均与上述西夏文佛经不同，无法归为一种，故下面将之单独收录。

K2：319－11，残片。残高 6、残宽 7.5 厘米。上部有双栏，右侧有书口。其当为译自藏文的藏传佛教文献。存文字 4 行（图版一二三，1）。译文如下：

（前缺）

于□时何故……

如，佛灌顶……

说。其中四……

时于佑……

（后缺）

K2：20，残片。残高 5、残宽 10.7 厘米。左侧和下部有双栏。存文字 4 行（图版一二三，2）。译文如下：

（前缺）

……然□

……师语

……之谓

……师语

K2：249，残片。残高 3.6、残宽 9 厘米。左侧和上部有单栏。存文字 5 行（图版一二四）。译文如下：

（前缺）

深……

初善……

所流，正……

实住。最……

变化受……

K2：70，残片。残高 14、残宽 17.8 厘米。上部有单栏。存文字 2 行（图一六四）。译文如下：

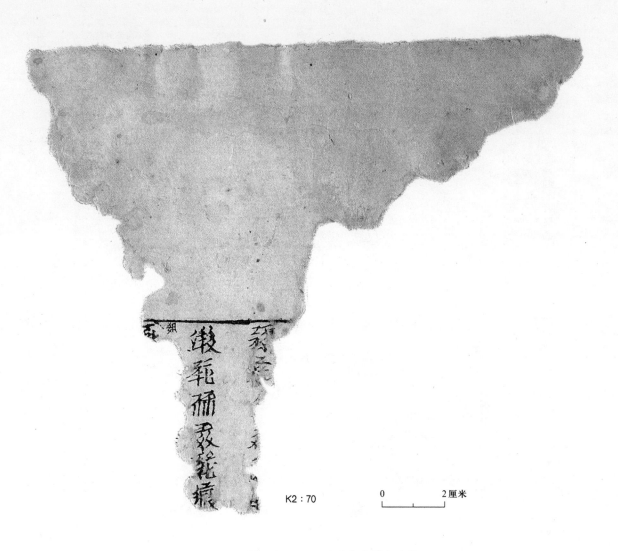

K2：70

0　　　　2厘米

图一六四　K2出土印本佛经残片

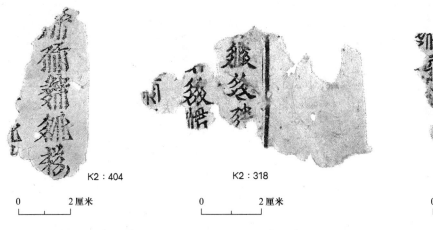

K2：404

K2：318

K2：317

0　　　　2厘米　　　0　　　　2厘米　　　0　　　　2厘米

图一六五　K2出土印本佛经残片　　图一六六　K2出土印本佛经残片　　图一六七　K2出土印本佛经残片

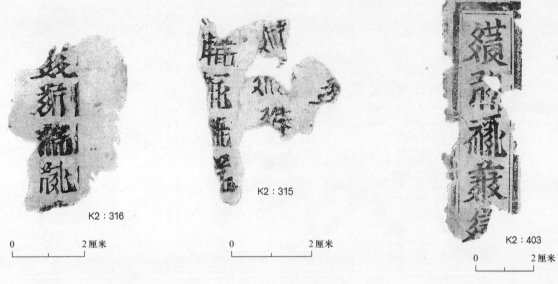

图一六八　K2出土印本佛经残片　　图一六九　K2出土印本佛经残片　　图一七〇　K2出土佛经经名封签残片

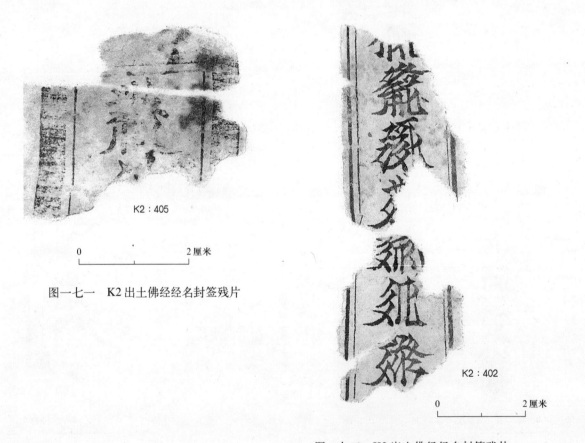

图一七一　K2出土佛经经名封签残片

图一七二　K2出土佛经经名封签残片

（前缺）

人彼之黄红色……

业……

（后缺）

K2：404，残片。残高6.5、残宽3.2厘米。字体较大，约1.5厘米见方。存文字1行（图一六五）。译为"……之默然而……"。

K2：318，残片。残高4.4、残宽8厘米。右侧有双栏。存文字2行（图一六六）。译文如下：

（前缺）

……因果除……

……无度……

（后缺）

K2：317，残片。残高3.4、残宽3.8厘米。右侧有双栏。存2字（图一六七）。译为"……智之……"。

K2：316，残片。残高5、残宽3.2厘米。右侧有单栏。存文字1行（图一六八）。译为"……果同有异……"。

K2：315，残片。残高4.5、残宽3.5厘米。存字2行（图一六九）。译文如下：

（前缺）

……同故心……

……识根……

（后缺）

21. 佛经经名封签

存4种。均为雕版印刷而成。

K2：403，长条形，残存上半部。残高8.5、宽2.8厘米。经名外有双栏边框，边框宽2.3厘米（图一七〇）。译为"集敕护法……"。

K2：405，长条形，残存上半部。残高3.2、宽3.8厘米。封签经名四周有宽边框。经名仅存1字（图一七一），译为"大……"。

K2：199，长条形。高23、宽4.5厘米。上半部为版印佛经经名，下半部绘两朵花饰。经名四界有双栏框，栏框高10、宽3厘米。经名较长，共20字，按两行排列，每行10字。由于文字印刷不甚清晰，不少字无法识读（图版一二五）。经名译文如下：

千□六□正念悟急读起

□□□性觉选择无妙语

K2：402，残为两段。经名四周有双栏边框。宽2.5厘米。一段残高4.6厘米，另一段残高4厘米（图一七二）。译为"……部经契第九卷"。

（二）西夏文写本佛经

共 87 种，313 纸，另有 2 纸佛经封面。大部分已残，均无首尾题名。其中译自藏文的藏传佛教密宗文献占多数。几乎所有佛经残缺页码，又没有可供参考的材料。所以，尽管依据纸张、版式和书体能将其归为一种，但其次第却无法厘定。只能按残存内容多寡和残片大小，以先多后少、先大后小顺序逐件叙述。

1. 吉祥如是殊胜今愿此安乐

共 3 纸。经折装，楷体书写。共 8 折。纸高 11 厘米，最宽者 23 厘米。无边栏行格，无天头、地脚。每折 6 行，每行 11 字。该文献首尾俱缺。因现存的 9 折内容中"吉祥如是殊胜[1]今愿此安乐"一句共出现 13 次之多。故因以为名。该文献当为译自藏文的藏传佛教文献。

K2：131 - 1，高 11、残宽 31 厘米，存 3 折半，共 23 行（图版一二六）。出土时与 K2：131 - 2 和 K2：131 - 3 叠在一起。译文如下：

（前缺）

（吉祥如是殊胜）今愿此安乐

慈悲□□□□□皆令解脱

无边有情□□□道获安居

皆于无上释帝宫边四愿圆

吉祥如是殊胜今愿此安乐

来无比妙应殿中仙帝前面

相察竟又谓成吉祥三界师

释种女人眷属庄严垂璎珞

吉祥如是殊胜今愿此安乐

少年威力□行文字数证牢

头竟皆能人天殊出第一上

因去邪念生释种中彩女围

吉祥如是殊胜今愿此安乐

出王舍门悟世间生老见死

诸人愚昧诸天往□□空中

因出三界如琉璃色头发堕

吉祥如是殊胜今愿此安乐

---

〔1〕 "殊胜"一词的西夏文音译为"夏哇"，其可能是一个梵文音译词。查《文海》和《同音》，这两字均为标音字，《同音文海宝韵合编》中其当"吉祥、安乐"解（此解为韩小忙教授相告）。又在《吉祥遍至口合本续》中，此词曾多次出现，对应藏文本《真实相应大本续》作 mchog，意为"胜妙、殊胜"。

敬心生起学六外道令归伏

天赐所赦需凶恶大象调伏

敬畏最上释迦□王贡蜜汁

吉祥如是殊胜今愿此安乐

少年犹如莲花满相释迦种

愿净王之子轮回圣王□种

（后缺）

K2：131－2，高11、残宽16厘米。存2折，有文字12行（图版一二七）。译文如下：

（前缺）

旦证不死集甘露主正觉成

吉祥如是殊胜今愿此安乐

钵啰那斯[1]国土世尊传正法

集五拘轮宣说稀法等四谛

天道非天人非人等可礼敬

吉祥如是殊胜今愿此安乐

诸天以大神送贡青色衣服

那啰旮尼[2]池边问业无遗竟

动且起于静虑饮吉祥乳粥

吉祥如是殊胜今愿此安乐

生于莲花最胜菩提树王下

结跏趺坐以不动定伏诸魔

（后缺）

K2：131－3，高11、残宽16厘米。存2折，有文字12行（图版一二八）。译文如下：

（前缺）

护无上明知足胜妙宫殿中

不败殿之座续令最妙灌顶[3]

---

[1] "钵啰那斯"是西夏语音译，其当为梵文 Bārāṇasī、Vārāṇasī 的西夏语音译。《大唐西域记》译作"婆罗疤斯"。《法显传》译为"波罗捺"。钵啰那斯国位于北印度，即迦尸国（Kāśī）。佛陀一生中相当一部分时间是在钵啰那斯国度过的。佛陀初转法轮的鹿野苑，佛教圣迹阿育王窣堵波等都在这里。

[2] "那啰旮尼"是西夏文音译，其意未解。

[3] "灌顶"的西夏文直译是"主授"，当为藏文 dbang bskur ba（藏文字面义为"主授、权授"）之西夏语直译，其梵文作 Abhiṣikta，汉文佛经中译为"灌顶"。灌顶是修习密法时必须经历的一种宗教入门仪式。其取自古印度国王即位时用四大海之水浇灌其头顶，以示自此即有权治理国政之意。密教仿效此法，通过皈依金刚上师，按上师所传密咒以及严格的程序、仪轨，观修佛我一体，以求即身成佛的最高法门。只有经过入门灌顶，才能取得修习密法的资格。

　　大象以白色相而生赡部洲[1]

　　吉祥如是殊胜今愿此安乐

　　王舍城中皆妙城邑清净子

　　母者无□谄诳相离名天应

　　十月怀胎意智□□释迦种

　　吉祥如是殊胜今愿此安乐

　　心喜寂静身毫林中静虑树

　　持枝生时皆敬仰净梵释帝

　　空中游行四方行驿莲花生

　　吉祥如是殊胜今愿此安乐

2. 长寿功德颂

　　共1纸。卷子装（？），行书书写。K2：68，高28、宽33厘米。无界栏行格，天头高4厘米，地脚高2厘米。正文存文字17行，每行最多20字。尾题每行35字（图版一二九）。文中有"今说慈悲长寿法"之句，并云若人诵此颂可获得二十种功德，故定名为"长寿功德颂"。译文如下：

　　（前缺）

　　尔时世尊居舍卫国，对大众眷属，佛妙□□菩

　　萨云：赡部洲人寿百年。因恶□□乃

　　□病夭。今说慈悲长寿法。若人诵此□颂

　　……故有二十种功德。

　　一长寿□□　二生佛国中　三不坠恶趣

　　四昔寿得智　五同俱法库　六同修宝塔

　　七不□□灭　八不生魔中　九诸佛庇护

　　十不受女身　十一四王守护　十二□□福多

　　十三同供真法　十四若胜供七佛　十五如海量问

　　十六可成□□地轮供　十七得不退转

　　十八若胜法施他施　十九与供佛同　二十六渡即满。

　　南无□钵罨钵底　啊钵啰咪哆　啊由□那

　　须毗□瑟怛　丁撮啰旆野　哆它嘎怛野

　　啊啰诃丁　谢咪谢□它野　哆达佗 唵

　　萨□罗伽丽　钵哩输亭　哆嘛丁　□迦那

---

[1]　"赡部洲"西夏文直译是"赡部河园"，其中"赡部"为音译，"河园"为义译。"河园"即河中之地，意为"洲、岛"。"赡部洲"藏文作 vdsam bu gling（其中 gling 译为"洲、岛"），梵文为 Jambudvipa，汉文文献中译作"赡部洲"、"琰浮洲"、"阎浮提"等。梵文 Jambu 为树名，传说赡部洲以此树而得名。此洲在苏迷卢山（Sumeru）之南，所以又称南赡部洲，印度即在此洲上。

萨谟迦丁　索婆伐　毕输亭　摩诃野那

钵哩比哩　索诃

真义国师功德司正译主座主五韵切语□□□同比丘[1]沙门五源法中选取□□而施。

3. 祈愿偈

共 4 纸。卷子装，行楷书写。纸高 26.5 厘米。每纸左右均残，4 纸共长近 77 厘米。无界栏行格，有天头和地脚。天头和地脚各高 2.5 厘米。每行为上下两偈句，每句 9 字。字高约 1、宽 0.8 厘米左右。该文献为译自藏文的藏传佛教文献。

K2：295，残高 7.4、残宽 4 厘米。存文字 2 行（图版一三〇）。译文如下：

（前缺）

……乞能远离……

……疾病死能远离……

（后缺）

K2：125，残宽 45 厘米。存文字 31 行（图版一三一）。译文如下：

（前缺）

□□□□犯戒罪能灭	愿我□□□□□□□
□□□□法违罪能灭	愿我□□□□□□□
□□□出罪能灭	愿我□□□□□□□
□□□□恶能远离	愿我□□□□□□□
□□□□□□能远离	愿我行□□□□□□
□□□□□□除	愿我善□□□□□□
□□□□□□□灭除	愿我□□□□□□□
愿我□□师主圆又满	愿我最□□□□□□
愿我大乐慧主圆又满	愿我金刚□□□□□
愿我增长定力能坚固	愿我集□□□□□□
愿我咒□威力迅速获	愿我施供集轮能□□
愿我息灾慈悲当成就	愿我增长圆满当成就
愿我□心勾召[2]当成就	愿我调御降伏[3]当成就
愿我空□自在当成就	愿我足迅游行当成就
愿我刀剑莫伤当成就	愿我贤珠如意当成就

---

[1] "比丘"两字的西夏文直译是"善起"。其系藏文 dge slong（藏文字面义作"善起"）的西夏文直译，汉语译作"比丘"。

[2] 这里"勾召"的西夏文直译是"主悟"，其当为藏语 dbang ba（藏文字面义作"主、控制"）的西夏语译法，dbang ba 对应梵文作 Vaśikaraṇa。Vaśikaraṇa 在汉文文献中音译为"缚施迦罗拿"，或义译作"勾召"。

[3] 这里"降伏"的西夏文直译是"紧行"、"勇行"，其当是藏文 mngon spyod pa（藏文字面义为"勇行"、"紧行"）之西夏语直译，对应梵文作 Ābhicārika，译为"勇行"。梵文 Ābhicārika 在汉文文献中音译成"阿毗遮噜迦"、"阿毗左磂迦"等，义译是"降伏"、"诛"。

愿我隐身匿迹当成就	愿我净眼遍察当成就
愿我□□济寡当成就	愿我妙瓶苦□当成就
愿我三生空行乃值遇	愿我四喜大乐应觅取
愿我二十四宫自由去	愿我六十二佛可面见
愿我弹指当成摇指印	愿我举步当成见足迹
愿我呼气吸气咒当成	愿我心生念动定当成
愿我见女当成伐罗窣〔1〕	愿我见男当成醯噜迦〔2〕
愿我饮食成五甘露〔3〕肉	愿我所居当成胜妙宫
愿我死时悲苦皆无有	愿我死时无惧正念在
愿我死时闻空中天伎	愿我死时五轮来迎接
愿我大乐空行宫中往	愿我大印成就立即得
愿我无量五轮化身遇	愿我救渡无量五趣苦
愿我大印成就未获时	愿我世世归依双本佛
愿我世世归依本续法	愿我世世归依勇猛母
愿我世世俱闲人向清	愿我世世贤智逢父母
愿我世世归依□□□	愿我世世□□□□□

（后缺）

K2∶118，高26.5、残宽29.5厘米，存字19行（图版一三二）。译文如下：

（前缺）

愿我世世金刚□奉行	愿我世世常敬供本佛
愿我世世罪过皆忏悔	愿我世世善根皆随喜
愿我世世妙法传教诫	愿我世世佛召居界宫
愿我世世精勤修善根	愿我世世最上□□□
愿我世世慈心施安乐	愿我世世善心苦救渡
愿我世世喜心常心悦	愿我世世离心八法绝
愿我世世生大菩提心	愿我世世为有情利乐
愿我世世无悭行布施	愿我世世无恶修净戒
愿我世世无嗔行安忍	愿我世世不怠有勤贡

---

〔1〕 这里的"伐罗窣"是西夏文音译，其意不解。

〔2〕 这里的"醯噜迦"是西夏文音译，也译作"黑如迦"，在方塔出土的汉文《修持仪轨》等佛经中音译作"形噜割"。是藏文 he ru ka 之西夏语音译，梵文作 Heruka，义为"饮血"，藏传佛教中的神灵名，又名"喜金刚"、"胜乐金刚"、"忿怒明王"等。Heruka 原为苯教的一尊凶神，后来被莲花生吸收到藏传佛教中来，造型有二臂黑如迦和多臂黑如迦，两臂常持头骨碗和金刚杵。它是普贤金刚手的一种变化外形，是藏传佛教密宗中重要畏怖神。

〔3〕 这里"五甘露"的西夏文直译是"五药"，其是藏文 rtsi lnga（藏文字面义作"五药"）之直译，此译为"五甘露"。"五甘露"是一种密宗供品，即蜂蜜、石密、乳、酪、酥油。

愿我世世不乱修静虑　　　愿我世世不愚修胜慧

愿我世世无慢修善利　　　愿我世世不弃发大愿

愿我世世不懈修大力　　　愿我世世无我修智慧

愿我世世金刚宝座袭　　　愿我世世传承金刚乘

愿我世世成金刚上师　　　愿我世世显盛金刚乘

愿我世世如成醮噜迦　　　愿我世世不避轮回苦

愿我世世不喜圆寂乐　　　愿我世世不弃众生界

愿我世世所作为众生　　　愿我世世指示金刚乘

愿我世世为有情灌顶　　　愿我世世大印令获得

□□□□有情皆□□　　　□□□□□□修习

（后缺）

K2∶278，残高7、残宽3厘米。存文字2行（图版一三三）。译文如下：

（前缺）

……令，解悟一切……

……有，皆之上成……

（后缺）

4. 禅宗文献

共1纸。卷子装（?），楷书书写。K2∶158，纸高22、残宽25厘米。无首无尾，上下单栏，栏距19厘米。有细墨线行格，行线宽1.6厘米。存文字13行，每行最多者20字（图版一三四）。译文如下：

（前缺）

者色等实性真如诸无边也……

以真智观理照，以俗智观事照，以真俗二混智

观事理双照。依俱留双运俱除观照次第，虚空中三

观成。　记持有自除者观自有处。空□

自息者观自空处有。　记神深计后[1]等者

略疏第五云，真假不有，有空不计，径直神知，以照观

业成，故自深渊。　记导者引导而下，或不相导，故

其二处俱在。《大疏》十三下半云，此者因大悲故常

住生死，因大智故常居涅槃，是俱在义。今说不住

者因悲智相导……涅

槃本自有见。……

---

〔1〕　"神深计后"是西夏文直译，此意未解。

生不住等……

二生死本……

（后缺）

5. 藏传密教修法

共7纸，出土时5纸叠在一起。行楷书写，装订形式不详。其中5纸皆高29.7、残宽7厘米。上下单栏，栏距21.8厘米。有墨线行格，行格较宽，约2厘米。有天头和地脚。天头高4.2厘米，地脚高3.7厘米。每行最多者26字，字体略小，高近0.8、宽约0.5厘米。

K2∶119－1，残片。高29.7、残宽7厘米。存文字3行（图版一三五，1）。译文如下：

（前缺）

于身左右中等三脉，脐间如种种相结，喜笑轮成就者由啰

字之依处是大宫。此者先初脐间喜，因坚固依处谓大宫也。

于彼以察依，故法真实生乐。云因实成等者，译主说，故问

（后缺）

K2∶119－2，残片。高29.7、残宽7厘米。存文字3行（图版一三五，2）。译文如下：

（前缺）

云语际句等者，先说数生不有。以宣说所有世俗语及三

议哆□尼句，令解悟诸异生。愿说一切句亦皆生起于庵字，

亦译主师语：脐有声现，生于五十字而供也。云那纳咒颂者

（后缺）

K2∶119－3，残片。高29.7、残宽7厘米。存文字3行（图版一三六，1）。译文如下：

（前缺）

见五妙境界功德乐等者，如由增长皆有。由集竟亦宣说□。云彼

数等，义者声显，有八类，阿字最上。于彼阿头，半月明点[1]增，成

阿字，集合彼字。于彼庵字头，明点自性，那纳细声诵，时时观察在

（后缺）

K2∶119－4，残片。高29.7、残宽7厘米。存文字4行（图版一三六，2）。译文如下：

（前缺）

种成就获得时，食彼药，则寿命增长而无限量，彼为第八。云三世

界等者，与三世界相缚。由因乘经及律，由三及果乘，本续及释皆

持等，三中如来所说。出世界中，羯磨[2]所依成就皆由供得。云何等乃

---

〔1〕 这里"明点"的西夏文直译是"圆点"，其是藏文 thig le（藏文字面义是"圆点"、"滴"）之直译，在佛书中此常译为"明点"，即藏传佛教密宗修法中所谓的菩提心。

〔2〕 这里"羯磨"的西夏文直译是"作事"，其应是藏文 las chog（藏文字面义为"作业"、"办事"）之直译，梵文作 Karma，佛书中常音译为"羯磨"。

所修者，时一切间，应多久作。头上有火，足下有火。

（后缺）

K2：119－5，残片。高29.7、残宽7厘米。存文字3行（图版一三七）。译文如下：

（前缺）

来，成仆使者是第六。□时译主随从，云二种成就。其中，一空行

成就者，如别中所说，往空中用。摄持诸集数，以诵持咒颂，获得

成就。时取受彼药，能往空中。彼者令愚痴等惊愕生疑，令入密乘者

（后缺）

K2：391，残片。残高11、残宽2.5厘米。存文字2行（图版一三八，1）。译文如下：

（前缺）

……金刚药者

……除于

（后缺）

K2：98，残片。残高7.5、残宽3.5厘米。存文字2行（图版一三八，2）。译文如下：

（前缺）

种字等一起诵金……

光生 成……

（后缺）

6. 藏传密教修法

存3纸，共4折。经折装，行楷书写。纸高24.5厘米，上下单栏，栏距21厘米。每折宽13.5厘米，有文字7行，每行最多18字。字稍大，约1.2厘米见方。

K2：186－1，残页。首行上部有双行小字注释。高24.5、残宽13厘米（图版一三九）。译文如下：

（前缺）

次诵索播伐咒二十一遍唵阿吽一百零八遍，次，无量威德自在光明如来之□

诸佛子等，今汝等作咒印竟。此一食化无量□

成，量如须弥□同法界，不能永□。

次应诵乳海咒

诸佛子等，今汝等作咒印竟。今此咒印由摄持威

力，印中甘露流出，成为乳海，法界盈流。汝等一

切有情之□饱满盈足。 次施碍[1]饿鬼应施净水。

（后缺）

---

[1] 这里的"施碍"是西夏文直译，其是藏文 gnod sbyin（藏文字面义为"碍施"）之直译。gnod sbyin 梵文作 Yakṣa，汉文文献中常音译为"药叉"、"罗刹"、"夜叉"等，为佛教中的异类。

K2：186－2，残页。高 24.5、残宽 13.3 厘米（图版一四〇）。译文如下：

（前缺）

　　□□肉血腐臭辛辣秽□是，当获如是饮食

　　亦譬如服毒药危害身体，唯门□□门海沉没。解脱

　　时无我_{某甲}等奉如来诚，一心□弃不止，设立广大

　　法会。汝等日□值遇此胜事，获得戒品。于来世，

　　侍奉诸佛，亲近善供，供养三宝。由此缘故，遇

　　善知识，起菩提心，唯求成佛，不求他果。先得道

　　者相互应济。又愿汝等日夜常久守护我，我之

（后缺）

K2：186－3，残页。共 2 折，高 24.5、宽 27.2 厘米（图版一四一）。译文如下：

（前缺）

　　诸佛子等，诸方所至，部类不同，相敬嗔恨。我□施

　　者，一切无碍，不高不低，正等皆德，不思近怨。今

　　□□□伤下，恃强凌弱，□欺寡少，应不令获食。

　　□□正等，故与佛慈相违。相互爱念，应如父母

　　思子。诸佛子，汝等各自父母兄弟姐妹妻眷

　　儿女亲朋好友亲戚众人，或有事缘无暇来，则

　　汝等佛子以慈悲爱悯，各自禀持饮食钱财等，

　　应令施彼等饱满盈足。道心生起，□离三途，

　　常□流逝，舍弃此身。复愿获道果。又汝等因

　　此净食分三份。一份施赐水类处，令获生空。

　　一份施赐飞禽处，令获法空。一份施赐□方受

　　有情身处，皆以满足令获证无生忍。

　　次遍结供养印

　　诸佛子等，昔所受饮食者皆□中，生命交换，酒味

（后缺）

7. 藏传密教修法

共 1 纸。卷子装，行书书写。K2：13，首尾均残。纸高 30 厘米，上下为细墨线划的单栏，栏距 24 厘米。天头 3.5、地脚 2.5 厘米。存文字 23 行，每行最多者 27 字。字约 0.8 厘米见方（图版一四二）。译文如下：

（前缺）

　　者此一品中……

　　者而著之故成，何故也。由句解则随著，随著故由行手印。依四

喜□□□依获大手印[1]成就也。此故句解者是无上要喜。又宣说瑜
伽及定母，相互句□，故释迦种同解。彼解悟，故定母喜，故世和
出世间获成也。此续中身语字句□说者是□由此续。依指□□续及
无□中修者依与戏论修。云□牟咛那者，此是与记戒种同。云菩担
叽者是句□。云所及四部宫宣说者此中□□略说。云菩担叽者所及
结手印，此□□□相句解。体并显现□方略说。阿没哩哆之谓者甘
露□□□□生起。文中触于□齿，云我阿饿我者是由身体句解，所
及揭噜伐悉，摩诃尼罗者是大青。云至于者是□语句解。文中四□
者四道□□之谓。文中迦者是牛羊。所及动者是名数，是此六咦字
解何句。啊钵迦者是未凉，依此一句语解句。于罨略解所至而满之
谓，此三种者是咦咦由身体解句。煌者是名数，是所及愧耻。此二
种者略解字句。其之中间名数者，其往煌□名数□时，彼义者往。
故云之间名数所至击空，上方句之显现者，此□□者由身体解句。
其间击空者虚空示之谓。以身体示□体解句中来。云乞钵者是
下方无，此者是解一种语句。印及手印之□□□□□印者是作
空行等手印。此者应答。微细印者瑜伽□。其答是手印□者，
是解密句。此者依字解句及依语解句，摄此二。此者空行母
何□□□时，瑜伽□何如。以一字答及又依空行母语
　　　　　　……解句答等之摄也。所说勇猛者醯噜
　　　　　　　　……母之谓。彼四天母
　　　　　　　　　……至，云吽吽帕
　　　　　　　　　　　（后缺）

8. 藏传密教仪轨

存7纸。卷子装，麻纸楷书书写。首尾俱缺。纸高24厘米。上下单栏，栏距17.5厘米。

K2：145，残页。高24、残宽45厘米，存文字24行，每行最多者19字（图版一四三）。译文
如下：

（前缺）

诵说乞入善顺瑜伽母中。彼又有青杖，

一切业间以净瓶断止。应如是诵说。此是诸法

---

[1] "大手印"（phyag rgya chen po）是藏传佛教噶举派教法中的精髓。其实为一种禅定法，即修行者的身、语、意完全处于静寂
状态，与本尊融为一体，最终证达空乐智慧。大手印最初是由印度佛教大成就者萨罗哈（Saraha）约在公元前1世纪开始传
授。其弟子龙树（klu sgrub）继之弘扬大手印。到公元10世纪左右，印度佛教噶举派祖师笛波巴（ti bo pa）和那洛巴（na
ro pa）等继承并发展了大手印法。西藏噶举派始祖玛尔巴（mar pa）曾三赴印度，从那洛巴等师处学得大手印法，并译成藏
文，在藏区弘传。另据《青史》记载，有印度大成就者麦枳哇（metripa）的弟子在西藏传授大手印法。

最妙察。　诸聚集处无疑惑。　婆罗女[1]及杂类[2]亦

应依自性一味食，以诵遣内。解问此法事

未了毕。故因毁于法事不解者，

与有佛之我慢，当以不放逸入。金刚教

师尊先□依次列坐。　第五乞供，业

金刚弟子同贡献曼荼罗[3]，差异是手中持花，

礼间合掌语：

供养受持普贤种种化，并供养诸勇猛瑜伽母，

宫主止碍二足积聚故，旨寻居于诸不二等持。

何未各自旨寻居于佛之瑜伽。

以略句乞供。彼又聚集花，上师处□□□

上师，亦依次贡上师及本佛处，曼荼罗□□

中作坛也。第六令本心净者一切记句忏悔

罪过故，顶间金刚勇识依要语法作定。依百字

何义诵说"阿罗荼那[4]"。并宣说此句：

我今不解由愚蒙，与记句者违及毁，上师

冠者我所护，以受持中尊金刚，大悲众者

有自性，行往尊处我所说。　第二自体

之六种饱满。所说以集《大瑜伽续》

---

〔1〕 "婆罗女"，其中的"婆罗"是音译。"婆罗女"当指藏文中的 bram ze mo，译为"婆罗门女"。"婆罗门"指古代印度四大种姓之第一种姓，梵语 Brāhmaṇa，藏语中一般译作 bram ze，意为"净行"。关于婆罗门的来历、行为、地位在汉文文献中多有记载。《大唐西域记》卷二云："婆罗门，净行也，守道居贞，洁白其操。"义净《南海寄归内法传》卷四载："又五天之地，皆以婆罗门为贵胜，凡有座席，并不与余三姓同行。"但是，佛书中的婆罗女，是指地位卑贱的女人，有时指女尼。

〔2〕 "杂类"为西夏文直译，"杂类"似为藏文 gdol pavi bu 义译，梵文为 Mātaṅga，此又译为"下姓"。"下姓"指古代印度四大种姓之外的种族。《大唐西域记》卷二载："若夫族姓殊者，有四流焉：一曰婆罗门，净行也，守道居贞，洁白其操。二曰刹帝利，王种也，奕世君临，仁恕为志。三曰吠奢，商贾也，贸迁有无，逐利远近。四曰戌陀罗，农人也，肆力畴垅，勤身稼穑。凡兹四姓，清浊殊流，婚娶通亲，飞伏异路，内外宗枝，姻媾不杂。妇人一稼，终无再醮。自余杂姓，实繁种族，各随类聚，难以详载。"《南海寄归内法传》卷四载："又五天之地，皆以婆罗门为贵胜，凡有座席，并不与余三姓同行。自外杂类，故宜远矣。"可见杂类、杂姓均指四种姓之外的下姓，是印度的下等民族。

〔3〕 "曼荼罗"是西夏文音译。其当为梵文 Mandala 之音译，汉文佛经中译为"坛城"或音译为"曼荼罗"、"曼拏罗"、"满拏罗"、"曼吒罗"等。它是密教本尊及其眷属神灵居住的场所。密教的四种密法，即事密、行密、瑜伽密和无上瑜伽密，都有自己的一套表现精神宇宙的模式，即坛城系统。这个坛城系统由主尊神及其一些眷属神灵组成。密乘修习者在修习时，可以通过观想坛城中本尊神而使自己达到与之相应。

〔4〕 "阿罗荼那"为西夏文音译，其意未解。

《三菩怛》[1] 中之法，以等持[2]中围[3]广大供养□

饱满。心中净□□□甘露觉授饱满。由表生

　　　　　　　　　……及瑜伽

　　　（后缺）

K2∶27，残片。残高17.7、残宽9厘米。存文字5行，多数为陀罗尼（图版一四四）。译文如下：

（前缺）

唵咪帝尼伐折哩　跋哇跋那　荼……

□□□□□半我蜀啰弥字化，莲花……

……守护轮坚固念……

……吽　派得

……自身一刹（那）……

（后缺）

K2∶211，残片。残高21.2、残宽6.5厘米。存文字4行（图一七三）。译文如下：

（前缺）

……此勇猛……

□□遍生教诫师，亦……谓，问□□□

我谓□取。则问依何故能受持，汝亦随松□结□

应谓，是取入于先道者。故未……

（后缺）

K2∶293，残片。残高8.6、残宽9厘米。现存文字可识读者有4行（图一七四）。译文如下：

（前缺）

……我□　索诃

……宫思

……吽

　　……亦诸铁石

---

〔1〕　"三菩怛"是西夏文音译，其当指《大乘要道密集》中多次引用的《三菩提续》，梵文作 Saṃpuṭa tantra。《三菩提续》在西夏
　　　还译作《吉祥遍至口合本续》，其当为藏文 dpal kun tu kha sbyor zhe bya bavi rgyud 之直译，该文献的西夏文译本1991年出土
　　　于宁夏贺兰山拜寺沟方塔。另外，在藏文《大藏经》中与西夏文本较为一致的藏文本为《真实相应大本续》（yang dag par
　　　sbyor ba zhes bya bavi rgyud chen po）。《三菩提续》是藏传佛教萨迦派道果法中最重要的怛特罗之一，是融合《喜金刚本续》
　　　（kyevi rdo rje zhes bya ba rgyud kyi rgyal po）和《吉祥上乐根本续》（bde mchog vbyung ba zhes bya bavi rgyud po chen po）的无
　　　上瑜伽密法。

〔2〕　"等持"是西夏文直译。其当为藏文 ting nge vdzin（藏文字面义为"等持"）西夏文直译，梵文作 Samādhi，汉文诸经中音译
　　　作"三昧"、"三摩地"、"三摩提"等，或译作"禅定"。《慧琳音义》卷九曰：三昧"或此言三摩提，或云三摩帝，皆讹
　　　也，正言三摩地，此译云等持"。

〔3〕　"中围"是西夏语直译。其当为藏语 dkyil vkhor（藏文字面义为"中围"）之西夏语直译，梵文作 Mandala，汉文佛经中译为
　　　"坛城"或音译为"曼荼罗"、"曼拏罗"、"满拏罗"、"曼吒罗"等。

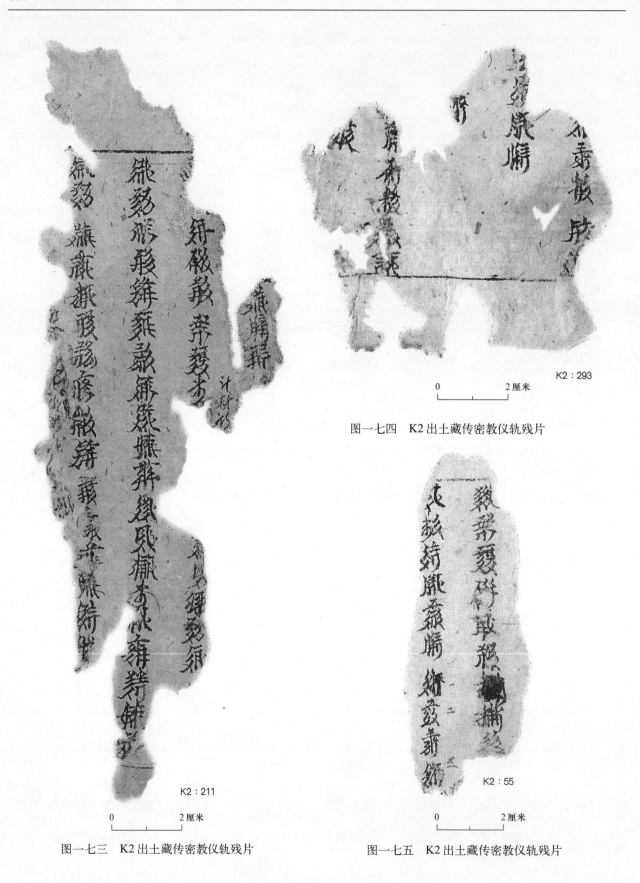

图一七四　K2 出土藏传密教仪轨残片

图一七三　K2 出土藏传密教仪轨残片

图一七五　K2 出土藏传密教仪轨残片

K2∶374

0   2厘米

图一七六 K2出土藏传密教仪轨残片

K2∶361

0   2厘米

图一七七 K2出土藏传密教仪轨残片

（后缺）

K2∶55，残片。残高10.5、残宽3.2厘米。存文字4行（图一七五）。译文如下：

（前缺）

次师生中围中央果……

□以思地界空。吽–兰二我吽……

（后缺）

K2∶374，残片。残高5、残宽4厘米。存文字2行（图一七六）。可识读者译文如下：

（前缺）

……空中……

……时守卧……

（后缺）

K2∶361，残片。残高5.7、残宽4厘米。存文字3行（图一七七）。译文如下：

（前缺）

祥……

祥……

二……

（后缺）

9. 藏传密教修法

共8纸。卷子装，行楷书写。纸高26厘米，残存总长度近90厘米。无首尾。上下单栏，栏距20厘米。每行满行23字。

K2：140，残页。高 26、残宽 24 厘米。存文字 11 行（图版一四五）。译文如下：

（前缺）

方□应也。四宣说□□□之印相者□空行母等四。

取等四句，或不喜戏论，故先文有一面之二手也。有种种

色实戏母者一面四手也。阔单迦[1]者左第一手中持。

颅具者左第二手中持。云达嘛噜[2]者，达嘛噜右第一手

中持。镰者镰刀，右第二手中持。三眼者人有三眼。

于身五印者项珞、腕钏、耳环、冠珠，凡此等者饰其身，

并饰腰珞、脚绷等。头发散乱披于身后。云饰实□喜

悦相，诸句□立作供养。前中种种有。云实戏母中前四

字者空行母黑色青喇喇、青色颅生母、红色、有母色、黄色。

云实戏母者以喜悦相作供养。云饰实□者其青，四母之

……五勇猛数之相

（后缺）

K2：132，残页。高 26、残宽 45 厘米。存文字 20 行（图版一四六）。译文如下：

（前缺）

是者……

有五印令显。然……

者中主男类中聚集。二十四中□□眷属[3]中现轮相印。故

为一面二手。随主为尊。宫中摄□义令穷尽，现四面十二手，

故成化佛。头发冠顶以绢缚。此士等束发□□□顶缚也。

金刚铃者为方便胜慧[4]之印。执六□者右手及左

手忍，以六□女之喜□执也。然文中大贪欲者实随逐，

此者是惑、贪惑、欲惑、实惑、随惑、逐大惑，此六。故大名成，

续断无有，归于七惑。居三轮中，未问，依相居住。六宣说男女□

之相印者，文云取瑜伽母等五句。瑜伽母者因义中□

语现。解心足生起方便不离。功持尽皆一起，一切皆喜，不

---

〔1〕 "阔单迦"是梵文 Khaṭvāga 的西夏语音译，原义为"床足"，此译为"髑髅杖"，一种带有三颗人头的手杖，是藏传佛教护
　　　法神手中常见的法器。

〔2〕 "达嘛噜"是梵文 Dāmaru 的西夏语音译，意为"小鼓"，系用人的头盖骨制成的密教僧人所用的一种鼓。

〔3〕 "眷属"之西夏文直译是"绕围"。此处的"围绕"不是一种动作，应指围绕佛、菩萨的神灵。"围绕"当直译藏文 vkhor
　　　nas，藏文本义为"围绕、转"，但在佛经中常指"眷属众"，即服侍佛、菩萨等的低一级的神灵，相当于梵文 Catvāri，汉文
　　　文献中常音译为"跛儞嚩罗"，或义译为"眷属"。如《梵语杂名》云："眷属，云跛儞嚩罗。"

〔4〕 方便胜慧是藏传佛教无上瑜伽密法中两种修法。该密续又称方便续和胜慧续，亦称胜慧母续和方便父续。藏传佛教无上瑜伽
　　　密法之重点是讲述生起次第和圆满次第法的修行，就是方便和胜慧之双运法。藏传佛教又把方便和胜慧用男女两根来表示，
　　　故又称方便父续和胜慧母续。方便父续主要是以修风（气）为主，胜慧母续主要是以修明点为主。

弃自相。二十四者是相同因。头发散披，令归于男。依胜饰者凡

此项珞、腕钏、耳环。顶间宝珠真实饰者印中一现。瑜伽

具及一起□□者，彼女等左手中持颅盆，以药执男之颈也。

以示畏持镰刀者，彼女右手上伸，示持镰刀，手向上示畏。

随其本□相三轮中居住也。七宣说八空行母之相印者，

文取鸦头母等六句。其间云鸦头母等三句义者，其

东北西南四空行母执□头相与鸦、鸺、狗、猪颅相似，左手中

应持。诸手及五印容仪尽显，大乐轮中与四空行母同所分明，

故文中坐上空行。依何云鸦头等实区分。□□□□□

（后缺）

K2：159，残页。高 26、残宽 11 厘米。存文字 7 行（图版一四七）。译文如下：

（前缺）

……垂，手印色

……林墓地[1]中，火神身红色，骑红色青羊，

一面二臂，仙人相。右手持火炉，左手抱一面二臂之红

色明妃，以火众围。其内龙名大莲花，身红色，一面二手，合掌，

七蛇饰明妃，容颜欢喜。下半如坐蛇缠绕相。其内树神名者

云仙聚，挂青羊头，手印色相与前同。次离谛隅[2]中□□

（后缺）

K2：234，残片。残高 18.5、残宽 11.5 厘米。存文字 5 行（图版一四八，1）。译文如下：

（前缺）

应令喜谓。云诸瑜伽母……

空行，二宫生空行，三咒生……

令谓者，其数悦时，世间成就赐……

就赐，宫生出世间成就□资助。咒生世间……

世间……女空行、空行……

（后缺）

K2：233，残片。残高 4.2、残宽 7.6 厘米。存文字 4 行（图版一四八，2）。译文如下：

（前缺）

〔1〕 这里的"墓地"当是藏文 dur khrod（墓地）的西夏文直译，梵文作 Slta vana，汉文诸本中音译作"尸陀林"、"尸多婆那"、"尸林"等，或义译为"寒林"，即弃死尸之处。

〔2〕 这里"谛离隅"的西夏文直译是"谛离隅"，指西南方。"谛离隅"是藏文 bden bral gyi phyogs（藏文字面义为"谛离隅"）之西夏语直译，梵文作 Nāirriti。密教曼荼罗有四方四隅，四方即东南西北，四隅为具主隅（Aishāni）、火隅（Agneyi）、离谛隅和风隅（Vāyavi）。具主隅位于东北、火隅位于东南、离谛隅位于西南、风隅位于西北。

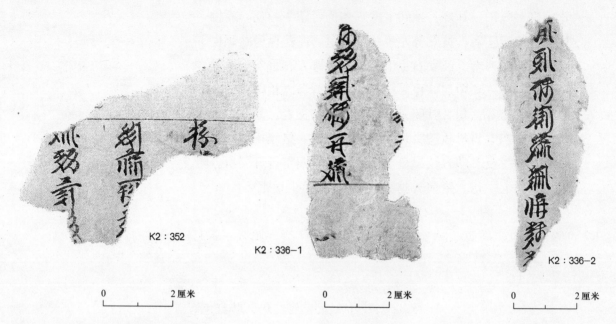

图一七八　K2出土藏传密教修法残片　图一七九　K2出土藏传密教修法残片　图一八〇　K2出土藏传密教修法残片

……殿中人是。后……

……日数豆……

……应食恶……

……（成）就求得……

（后缺）

K2：352，残片。残高5、残宽6.5厘米。存文字3行（图一七八）。译文如下：

（前缺）

一……

日坛上……

□谓，身……

（后缺）

K2：336－1，残片。残高8、残宽2.8厘米。存文字1行（图一七九）。译为"……轮之名，众脉中菩提……"。

K2：336－2，残片。残高7.5、残宽2.6厘米。存文字1行（图一八〇）。译为"……之谓，百之半者"。

10. 修供曼荼罗仪轨

存9纸。卷子装，行楷书写。纸高30厘米，残存总长度近1米。无首尾。上下有红色单栏线，有墨线行格。栏距23.5厘米，行宽1.8厘米。天头高3、地脚高2.8厘米。每行满行者最多

24 字。该文献中最大两页，即 K2：144 记载的主要是修供曼荼罗，K2：5 记载的是与观想五轮修法有关的藏传密教文献。故暂名其为"修供曼荼罗仪轨"。

K2：144，残页。高 30、残宽 35 厘米。存文字 19 行（图版一四九）。译文如下：

（前缺）

……相顺之八大，此……

……如凡此隅此方此横此纵此大半此又……

能分离，师之谓诸方诸此亦等三……

中此测量以解悟见。初又师处亦量……

□云量此应何故量谓。故宽窄此大。四量此……

之中持而量。故四隅中，令生四隅□□之谓。次根本，此四

应量。此者量窄，宽此之□□□上量之谓。此之何故谓根本。

故是区分内外中围处也。时复宽，此小，应四量。其上半，此大

四量，故成八大分。内四分者成内中围。外四分者是外中围。

复又宽，此小量。其上分，此小量，成十六分竟。又复亦宽，此小

量。其上复分，此小量。故成三十分时，复又宽，此小量。其上复

亦分，此小量。宽此大小量五遍时，分数一起成六十四分者是

根本量此。　　　次量外场者是□四隅又四门等二颂。云中间四

隅者是胜妙宫之四隅也。云四门者是指宫殿之四门也，是四居

处。彩者是四踏道，随从以四柱脚饰及如五色光。立供养天

母处是迴廊栏楯等处亦应留也。云珞俱者于二椽唇处，以

诸宝连接成一或二圆圈。其中半月上以宝珠垂饰之谓。云珞

分等者以诸宝连成一长条，其端成三分，其数于端以贡金刚

悬于一椽之谓。其之外又有残缺城头，亦有随从。隅分一切

（后缺）

K2：5，残页。高 30、残宽 25 厘米。存文字 13 行（图版一五〇）。译文如下：

（前缺）

□今生起于此□　何时至于菩提心　我今真实要退转

□及三聚印亦授持。诵此偈三遍，应令语取。时师

□处诵咒。一切业□取，弟子沐浴毕，弟子授持。师自心

中种字光染，从右鼻孔出，入弟子等之左鼻孔。依次至足下，

化为啰字，风中围成。其光复盛，上行至脐间□下处，化成然

字，火中围成。光复盛，上行至脐间，化成然字，日坛成。于

彼观想吽字，智火燃烧，心中罪过自性。观想嘎字，足下风动，

脐下□□□□□吽字智火燃烧，上行至□驱嘎字。吽字

□□□□嘎字化入师及弟子前面之间，成鬼魅猕猴相。

□路赞哇[1]师说：故彼等下方化然字日坛成，于此火焰燃烧无遗。

□牟□传。师自四诵咒四亿，悬鸦头等八染时，此相下方吽

字成□□□相。彼中□时，弟子诵叉打[2]等二咒，并令作叉打。

□□□□数归，入师心中，杵□不□□。译主师语，时师心中

　　　……中入……

　　　（后缺）

K2：194－1，残片。残高20、残宽13.7厘米。存文字8行（图版一五一）。译文如下：

（前缺）

哆它嘎哆韦底伐折罗……

思蕴实清净　以妙观察智　贪世无……

……所绝满贪恼……

云汝已证净妙观察智是金刚主者……

主谓者是□此瑜伽母皆之等二颂。译主……

前面放置□□□诵咒。一切行以彼……

或刹那空……

茎□于……

（后缺）

K2：194－2，残片。残高12、残宽11.8厘米。存文字5行（图版一五二）。译文如下：

（前缺）

……持□当成身金刚。其及

　……哇啊底摩哥汉咒等诵。

……是大圆镜智，愚众明主[3]

　　……种汝等□无中心同

　　　……而证

　　　（后缺）

K2：194－3，残片。残高18、残宽12厘米。存文字6行（图版一五三）。译文如下：

（前缺）

是也，路赞哇师说。故□□□师有，乐……

云作五供养。译主……中颂及咒……

---

〔1〕　"路赞哇"是西夏文音译，其当为藏文 lo tswa ba 之音译，此译为"译师"。

〔2〕　"叉打"二字是西夏文直译，此意不解。

〔3〕　"众明主"是西夏语直译，其当是直译藏文 rnam par snang mdzad，相应的梵文为 Vairocana。Vairocana 在汉文文献中音译成
　　　"毗卢遮那"，是佛的十种名号之一，意译为"众明主"、"遍照明"。《慧琳音义》云："按梵本，毗字应音云无废反，此云
　　　种种也。卢遮那，云光明也。言佛于身智以种种光明照众生也。"

吉祥金刚持，石不二三定，今我摄……

唵□□哆它嘎哆葛耶伐折罗　索（诃）……

以令弟子诵时，师自色蕴实清净……

之，名主真实与，等诵一颂以此谓……

（后缺）

K2：223－2，残片。残高11、残宽8.5厘米。存文字5行（图版一五四，1）。译文如下：

（前缺）

……中滂化成阿字……

……时，其光舜间……

……一面二手，右……

……成念或何……

……有者罗……

（后缺）

K2：270，残片。残高9.8、残宽6厘米。存文字3行（图版一五四，2）。译文如下：

（前缺）

……以一味舍葛哆……

……中略等诵一颂，彼间……

……颂诵以主赐，又……

（后缺）

K2：307，残片。残高9、残宽5.4厘米。存文字3行（图一八一）。译文如下：

（前缺）

字……

□数之……

所供中……

（后缺）

K2：377，残片。残高5、残宽4.8厘米。存文字2行（图一八二）。译文如下：

（前缺）

……利能作……

……一时师……

（后缺）

11. 佛经

共1纸。行书书写。K2：156，残高12.6、残宽39.5厘米。原折为4折，正文中被剪去四个等大的圆，现存内容并不多。无界栏行格。共有文字20行，每行现存最多7字。字较大，大者约1.5厘米见方（图版一五五，1）。译文如下：

K2：307

0　　　　　　2厘米

图一八一　K2出土修供曼荼罗仪轨残片

K2：377

0　　　　　　2厘米

图一八二　K2出土修供曼荼罗仪轨残片

……除

□□□□敬礼我

□□□□□□浴

□□□□□持光

□□□□名心明

□□□□虽由所

愿□□□□□生

□□□□□□果

伎□□□□幡盖

□今依做皆供养。

唯愿乞授持慈悲

供养□□□□竟

圣□□□□□故

咒□□□□印结

　　广□□□围绕解

　　召此道场，大莲花

　　主八□□者围绕。

　　此……归净土，

　　……教诫。

　　此本有……慧净师

12. 藏传密教仪轨

共 21 纸。出土时散乱，装订形式不详，行楷书写。上下单栏，有天头、地脚和细墨线行格，行格宽 1.8 厘米。

K2：300，残页。残高 18、残宽 18.5 厘米。存文字 10 行，每行最多 16 字（图版一五五，2）。译文如下：

　　（前缺）

　　　　　　　　　　……根本心

　　　　　　　……母等二句□□

　　　　　……应诵说也。挂鸦头等三□

　　　　　……轮中四空行等十二之□处，吽咒

　　　　　……真谓者是大乐轮中四天母。另四

　　　　　……应诵者，令灌顶金刚师弟子

　　　　　……应谓也。问：中围与佛一样是也。

　　　……中尊是，故诵此数高。他等之数低者，因眷属

　　　　　……之甚低者是无方便和尊之印故也。

　　　……如作烧施[1]。又集轮[2]及作喜宴□□□

　　（后缺）

K2：303，残片。残高 14、残宽 8 厘米。存文字 4 行（图版一五六）。译文如下：

　　（前缺）

　　　　　……者……

　　　　　……以修者是回还。异……其本

---

〔1〕 "烧施" 是西夏文直译。其当为藏语 sbyin bsreg（藏文字面义为 "烧施"）之直译。sbyin bsreg 对应梵文为 Homa，汉文诸本中常音译为 "护摩"、"呼么" 等。《希麟音义》云："护魔二字或云呼么，梵语也。唐云火祭。"《慧琳音义》亦载 "护摩梵语，唐云火祭祀法，为飨祭贤圣之物火中焚燎，如祭四郊五岳等。" 护魔即护摩，其原为事火婆罗门烧火祀天，婆罗门以火为天之口，认为烧飨物于火，则天食之，而与人以福。密教取其法，设火炉，烧乳木，以智慧之火烧烦恼之薪，以真理之性火而为尽魔害。

〔2〕 "集轮" 是西夏语直译。其当为意译藏文 tshogs gyi vkhor，今译作 "聚轮"、"会供轮" 等，意为佛菩萨眷属大聚集，这种修法属藏密母续喜金刚和上乐金刚相结合的修法。以通过歌舞、饮食和双修等得大喜乐成就为主要内容。在俄藏黑水城文献中就有关于集轮修法的藏传西夏文献，如《集轮法事》、《金刚亥母集轮供养次第录》等。

……后所说□□□其应先说。义之□

　……布列显明说之谓也。同□

（后缺）

　K2∶179－1，残片。残高9、残宽11厘米。存文字6行，每行最多6字（图版一五七，1）。译文如下：

　　（前缺）

　　……成，又此五

　　……因至心中，铁钩

　　……著时生乐，喜

　　　……彼□□

　　……与一样亡。金刚

　　　……入时□□

　　　（后缺）

　K2∶179－2，残片。残高8.4、残宽8厘米。存文字4行，每行最多6字（图版一五七，2）。译文如下：

　　　（前缺）

　　　……乐觉

　　　……依作加行由

　　　……而入，至于根时

　　　……喜□授

　　　（后缺）

　K2∶85，残片。残高10、残宽7厘米。存文字4行，每行最多10字（图版一五八）。译文如下：

（前缺）

方一刹那间……

是身金刚。文中额上谓者……

□□者，云文唵萨□那。此……

……右……

（后缺）

　K2∶29－1，残片。残高10.8、残宽4.5厘米。存文字3行（图版一五九）。译文如下：

（前缺）

……面者左第六手……

□方第四手中持镰刀，金（刚）……

大名母者金刚渡母……

（后缺）

K2：29-2，残片。残高13、残宽6.5厘米。存文字4行（图版一六〇）。译文如下：

（前缺）

□□□□中甲胄佛之……

□念者是语金刚自性。唵……

月坛上亲心真咒白色，右……

应立即作。云额间者实非……

（后缺）

K2：226，残片。残高11、残宽6厘米。存文字3行（图版一六一）。译文如下：

（前缺）

……金刚醯噜迦□谓故也。根……

……初因与金刚相同，左足……

……中怒……

（后缺）

K2：229，残片。残高5.5、残宽7厘米。存文字3行（图版一六二）。译文如下：

（前缺）

□谓也。第二咒……

第□者广面……

面白，口中咒……

（后缺）

K2：308，残片。残高7.3、残宽4.6厘米。存文字3行（图版一六三）。译文如下：

（前缺）

……有隅……

……宫宝相同。二十四……

……说故……

（后缺）

K2：83，残片。残高11.5、残宽3厘米。存文字2行，每行最多12字（图版一六四）。译文如下：

（前缺）

……谓。云次第而逝者，论自在之逝……

……益故，此中围□□所……

（后缺）

K2：344，残片。残高8、残宽6.5厘米。存文字3行，每行最多7字（图版一六五）。译文如下：

（前缺）

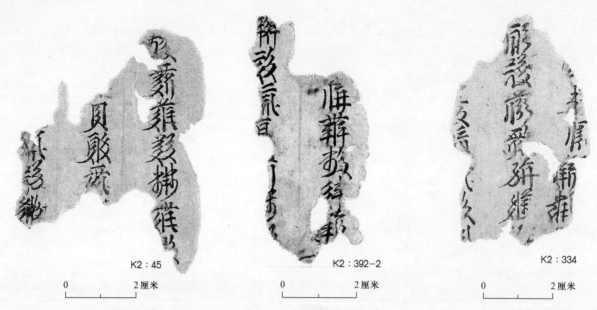

图一八三　K2出土藏传密教仪轨残片　图一八四　K2出土藏传密教仪轨残片　图一八五　K2出土藏传密教仪轨残片

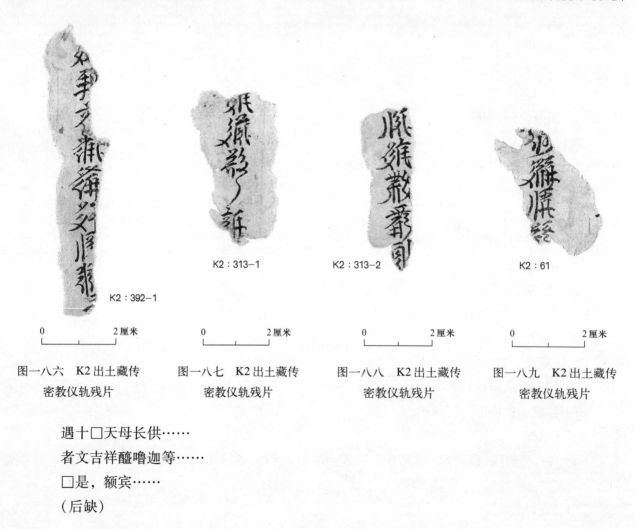

图一八六　K2出土藏传
密教仪轨残片

图一八七　K2出土藏传
密教仪轨残片

图一八八　K2出土藏传
密教仪轨残片

图一八九　K2出土藏传
密教仪轨残片

遇十□天母长供……

者文吉祥醮噜迦等……

□是，额宾……

（后缺）

K2：44，残片。残高 15、残宽 8 厘米。存文字 4 行，每行最多 16 字（图版一六六）。译文如下：

（前缺）

……中吉祥醯噜迦句者，盖以略许中及谓者□

……等谓者，所说其眷属示六十佛。咒次第

……心真及度母心真[1]、亲心真[2]及□□

……令，供奉甘露也。自在谓

（后缺）

K2：178，残片。残高 7.5、残宽 9 厘米。存文字 5 行，每行最多 6 字（图版一六七）。译文如下：

（前缺）

……字摄，心间吽……

……一起消，菩提心……

……五字之示□，其……

……金刚道中……

……等四句……

（后缺）

K2：45，残片。残高 6.5、残宽 10 厘米。存文字 3 行，每行最多 6 字（图一八三）。译文如下：

（前缺）

……往诸供养处中……

……八天母……

……入故……

（后缺）

K2：392－2，残片。残高 6.5、残宽 3 厘米。存文字 2 行，每行最多 5 字（图一八四）。译文如下：

（前缺）

……中持以佛等……

……中应饰……

（后缺）

K2：334，残片。残高 6.2、残宽 4 厘米。存文字 3 行，每行最多 6 字（图一八五）。译文如下：

---

〔1〕 "心真"是西夏文直译，其对应藏文当为 snying po，佛书中常译为"心咒"。

〔2〕 "亲心真"是西夏文直译，其对应藏文当为 nye snying po，佛书中常译为"根本心咒"、"本尊心咒"。

（前缺）

    ……一样念并……

    ……是语清净，尔时……

    （后缺）

K2：392－1，残片。残高7、残宽1.6厘米。存文字1行，仅有7字（图一八六）。译为"……等文于实有依样……"。

K2：313－1，残片。残高4.5、残宽1.8厘米。存文字1行，仅有5字（图一八七）。译为"……此者一一器……"。

K2：313－2，残片。残高5、残宽1.4厘米。存字文1行，仅有5字（图一八八）。译为"……又此大乐轮……"。

K2：61，残片。残高4、残宽2.5厘米。存文字1行，仅有3字（图一八九）。译为"……作顶髻……"。

13. 陀罗尼

共6纸。单页，行草书写。长条形。内容基本相同，均为陀罗尼。每纸共2行，每行最多21字。

K2：93，残高24.2、残宽4厘米（图一九〇）。可识读者译为：

    唵琵辟嘛犍□丕罗□伐犍都帝□底哆咦伽迦旃

    利辟顶辟底旃纳尼□辟□哩钵□摩诃尸哩摩捹

K2：94，残高24、残宽3厘米（图一九一）。内容与K2：93相同。

K2：90，上端略窄。残高23.5、残宽2.5～3.3厘米（图版一六八）。可识读者译为：

    唵琵辟嘛犍□丕罗□伐犍都帝□底哆咦伽迦旃利

    辟顶辟底旃纳尼□辟□哩钵□摩诃尸哩摩捹

K2：280，上下两端宽，中间略窄。残高21.7、残宽3～3.8厘米（图一九二）。内容与K2：93相同。

K2：99，残高21、残宽3.5厘米（图一九三）。内容与K2：93相同。

K2：25，残高25、残宽3.1厘米（图一九四）。内容与K2：93相同。

14. 藏传密教修法

共1纸。单页，行楷书写。K2：206，首尾残缺，纸高19、残宽14厘米。无界栏行格，天头高2.8、地脚高2厘米。正文每行分为上下两句，每句为七字偈语（图版一六九）。译文如下：

    （前缺）

    持此瑜伽因大禄   三遍此之句尽亦

    以和谐及又无息   金刚以舌勃□□

    此亦与彼随伦比   成就于此无疑惑

    彼缘正法续数皆   一切时节亦能修

    此无缘解脱未有   此者种籽因自盛

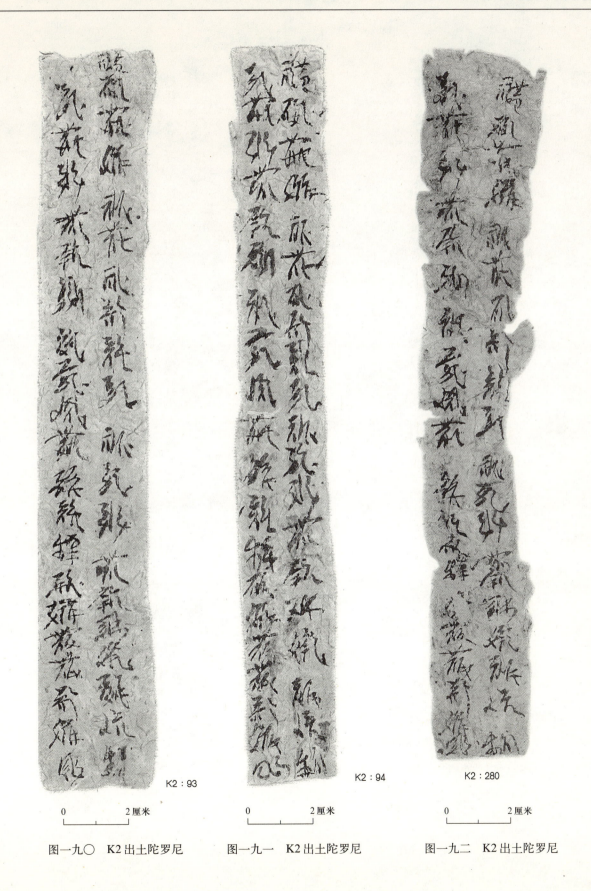

K2 : 93

K2 : 94

K2 : 280

0   2厘米

0   2厘米

0   2厘米

图一九〇　K2出土陀罗尼　　　图一九一　K2出土陀罗尼　　　图一九二　K2出土陀罗尼

K2：99

0　　　　2厘米

图一九三　K2出土陀罗尼

K2：25

0　　　　2厘米

图一九四　K2出土陀罗尼

正法主者何正觉　　此实正法未有者

正法论者略句亦　　以舌之根莫能说

其句于此不相依　　尘土也许未生起

唯独正法秽浊间　　授持句者此皆亦

何处现人由彼亦　　未见续及教诫者

以舌之根能宣说　　有情尽皆思念及

（后缺）

15. 藏传密教佛经

共 1 纸。卷子装，行楷书写。K2：166，首尾俱缺，下半部略残。残高 24、残宽 56 厘米。上下单栏，栏距 20 厘米。有天头，高 4 厘米。存文字 28 行，每行最多者 20 字（图版一七〇）。译文如下：

（前缺）

……由业力令与一切畏恐灭离。第七日……

穿著见，认出彼人是观音，遂敬礼彼人。彼人□□

是我谓，汝因何顶礼我？答：汝是观音也。……

供，故我来此。彼人云：莫非是我，亦……

此人云：汝请来西天，于此我来。言而去……

食所做。□时我来。金一□及西天……

欺诳愧谓□观空中显现，而修寺舍……

是凡俗人，亦见面。于彼获得大手印成就……

者明也。云大有中起者，彼如菩萨久□中而……

分离也。坏者，因能毁灭四魔故云坏。有者，十……

德有故云有。出者，是超出三界之义。佛之……

有谓者，一切无上威力之法□有谓……

皆持。云名何名，故大悲心之谓。云诸有情者……

一义是。云有情者，八有情之谓也。云不善者……

之谓。云大罪者，是五不断罪。云魔障者……

者，二障之谓。此□如是不善，魔障……

消灭谓。云一切应供皆令满足者……

之谓。生殊胜道及入定。胜道生者，亦……

及□□□□皆得供养。故云我宣说者，如是……

令满。□□□谓也。说出有坏[1]。二乞……

---

[1]　"出有坏"的西夏文直译是"坏有出"，其是藏文 bcom ldan vdas（藏文字面义为"坏有出"）之西夏语直译，梵文作 Bhagavāt，汉文佛经中音译作"薄伽梵"、"婆伽梵"等，即世尊，佛的一种名号。其因何称为"出有坏"，此文献中有详细解释。

也。二如来□赐。云出有坏者，佛……

自在菩萨之谓。汝于今起，立即宣说……

时是谓。我易解及诸如来数亦皆随……

十方如来亦皆随喜谓也。三……

起所说者，圣观自在佛□聚众……

谓者，比丘二百五十……

嘛持戒五百之谓。……

女者，沙弥嘛十五……

（后缺）

16. 藏传密教修法

共1纸。卷子装，行楷书写。K2：150，首尾俱缺。残高24、残宽31.2厘米。上下单栏，栏距22厘米。有细墨线行格，行格宽2.1厘米。共存文字16行，每行最多者24字（图版一七一）。译文如下：

（前缺）

应止成……

所具唯应止。云不成，有二分义……

二不失等罪。三所□等罪。四殊胜等罪。五颠倒灭绝。一有大罪

过者，其文如是。故云匠人家中净瓶此处无。所止时，其家中

净瓶亦所止成。此文义者意智菩提师[1]之语。昔祖枝师[2]禀持此

法。故自究竟喻理于情。故为持法自体，俱皆应止。察相情

……持法自体，俱皆应止。不谓者不依，此地界者持法。此处无

净瓶者应成，亦根本察见许有察无故谓时，察见许有察无故

……理以此□□处净瓶□□止时，匠人家中净瓶

……净瓶有□□地界处亦有净瓶成。□

……此地界处□及其家中有□

……及正理未喻情者不失等同谓□

……依记以正理，此地界处净瓶

……不应失。匠人家中净瓶□

……意智菩提师□持此法。自

……相察□□

（后缺）

---

〔1〕 "意智菩提师"为西夏文直译。其当为吐蕃高僧，事迹不详。

〔2〕 "祖枝师"为西夏文直译。其当为吐蕃高僧，事迹不详。

17. 藏传密教修法

共 8 纸。卷子装，行书书写。首尾俱缺。纸高 27.8 厘米，上下有细黑栏线，栏距 21.2 厘米。无行格，行距较宽。天头高 3.6、地脚高 3 厘米。

K2：128，高 27.8、残宽 61 厘米，为两张纸粘接在一起，文献左侧有接口。存文字 28 行，每行最多 23 字（图版一七二）。译文如下：

（前缺）

亲是解悟也。又随守护佛语，记句……

数成就之资助及乖路，空行母不能作迁答也。由

共同利益者是兄及亲。示因成并解因成，故解句名成。作

解句境处者四种，为等生空行母、宫生空行母、咒生空行母、

由业生空行母数。等生空行母者聚缘胜智，二足积忧，

烦恼障并应知，获得断障大手印成就，而居十地。因诸菩萨、有

情之利益，空行母所化已，居中围内，最拙母等一一之亦百亿

各空行母导引眷属。宫生空行母者何人之女？此本续中四主

俱授，增长集竟，随二次修，见本佛处，或身变□，愿生空

行母中。发愿有情利益□□灭，又遍二十四宫或遍三十七

宫中，每日生于善时。彼中先住，已由空行母数所授持，成

□女众。修者，毁记句罚治，护记句赐予成就。咒生空

行母者是何女人？此本续中四主俱授，增长集竟，随修已见

□相，获得成就者是。业生空行母者下面说。空行母色相并

有术业，空行母性气众多是。解句□时节者第二十六品

中云　　净及不净混杂之　修供者乃三□居　又彼中净者是

修集竟次者。不净者修增长次者。混杂者是增长集竟，二居处

最者修。修彼者时节乃竟有时、二有时、三有时、难有时，

四种有也。竟有时者大乘密意，讲者师乃直实集竟。正觉

受持圆满，报身轮回。王之□相色究竟宫，眷属勇士六十百

亿□与同在（右边用小字注："男女六十百亿"），以七种宝璎珞庄严。宣说

彼数是终了之时。讲者师应说□□围及聚集者皆了毕。二有时

者化身之中围数集于报身，报身集于法身，不显□时□□

　　　　……此本续数已集经卷所作。金刚手菩萨处有者

　　　　　……金刚手亦彼本续数，乌□国空行母数之

　　　　　　……第时是。难有时者当来有情

　　　　　　　……人中所传而令盛

　　　　　　　　……净瑜伽士者等生

（后缺）

K2：354，残片。残高7、残宽8厘米。存文字4行（图版一七三）。译文如下：

（前缺）

……慧是。方便胜慧……

……以第四品大……

……手印之……

……以记句……

（后缺）

K2：174，残片。残高12.2、残宽6厘米。存文字3行（图版一七四，1）。译文如下：

（前缺）

中脉处立……

世界。喉中、眉间轮之脉……

脉……

（后缺）

K2：353，残片。残高10、残宽8厘米。存文字2行（图一九五）。译文如下：

（前缺）

……解数

……不应通也。此至□□

（后缺）

K2：384，残片。残高4.5、残宽2厘米。存文字1行（图一九六）。译为"……此之明点……"。

K2：379，残片。残高5、残宽3.5厘米。存文字1行（图一九七）。译为"……云空行母者……"。

K2：386，残片。残高4、残宽2.4厘米。存文字1行（图一九八）。译为"……二字义者……"。

K2：387，残片。残高7、残宽1.6厘米。存文字1行（图一九九）。译为"……谓　应护"。

18. 藏传密教修法

共9纸。楷书书写，装订形式不详。上下有墨线单栏，文中有细墨线行格。行格宽2厘米。天头高3.8、地脚高3厘米。

K2：207-1，残片。残高13、残宽9厘米。存文字3行（图版一七四，2）。译文如下：

（前缺）

之观……

此者后时获得众利……

□□□□定道入时……

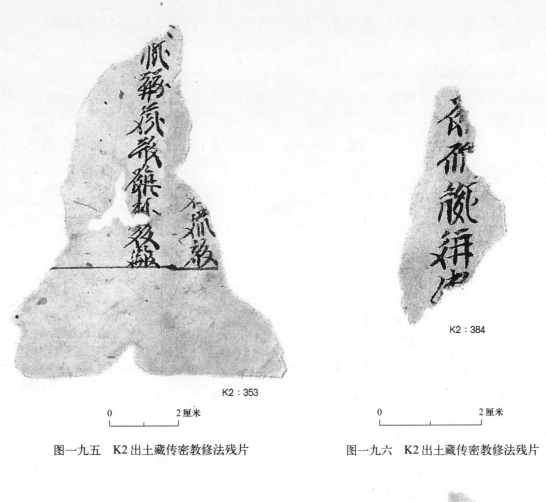

K2：353

0   2厘米

K2：384

0   2厘米

图一九五　K2出土藏传密教修法残片　　　　　图一九六　K2出土藏传密教修法残片

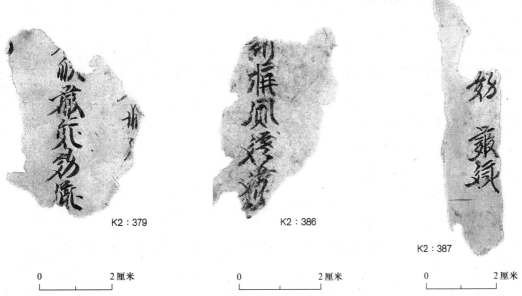

K2：379

K2：386

K2：387

0   2厘米　　　　　0   2厘米　　　　　0   2厘米

图一九七　K2出土藏传密教修法残片　　图一九八　K2出土藏传密教修法残片　　图一九九　K2出土藏传密教修法残片

（后缺）

K2：207－2，残片。残高15、残宽9厘米。存文字2行（图版一七五）。译文如下：

（前缺）

观修说。常证真智，真俗……

者德俱显也。恒沙诸佛……

（后缺）

K2：207－3，残片。残高13、残宽12.6厘米。存文字6行（图版一七六）。译文如下：

（前缺）

　　　……中先三身业

　　……性身显也。非有非无

　　……性德。万德与像不同故

　　　……透澈清净谓者久诸

　　　……德也。来

　　　　……故不来

　　　（后缺）

K2：7，残片。残高17、残宽11厘米。存文字6行（图版一七七）。译文如下：

（前缺）

　　……实无□□□□

　　……若他观等谓事法

　　……观是也。经此法所至，净获

　　……法眼净谓者圣道以眼明法性

　　……分离。由离障……

（后缺）

K2：78，残片。残高15、残宽7.3厘米。存文字4行（图版一七八）。译文如下：

（前缺）

此般若法者诸佛之……

相无一念信解，亦先相……

经此者所至，不法也。此……

　　……复是。净……

（后缺）

K2：81，残片。残高6.7、残宽11.6厘米。存文字6行（图版一七九，1）。译文如下：

（前缺）

　　……往

　　……念修

　　……如胜

　　……胜比

　　……如胜也

　　……也此

　　（后缺）

K2：84，残片。残高7.5、残宽8.5厘米。存文字4行（图版一七九，2）。译文如下：

　　（前缺）

　　……略悟……

　　……是，诸佛出生广……

　　……施福及乘……

　　……后福……

　　（后缺）

K2：363，残片。残高13.5、残宽5厘米。存文字2行（图版一八〇，1）。译文如下：

　　（前缺）

　　……心生于起……

　　……等以诸行本成也。菩萨等谓者……

　　（后缺）

K2：268，残片。残高10、残宽8厘米。存文字3行（图版一八〇，2）。译文如下：

　　（前缺）

　　……法性空义

　　……无知解者

　　　　……者空

　　（后缺）

19. 藏传密教佛经

共5纸。卷子装，行书书写。无首尾，无经名。纸高20厘米，上下有墨线单栏，栏距16.8厘米。天头高1.8、地脚高1.5厘米。

K2：187，残页。高20、残宽41厘米。存文字25行（图版一八一）。译文如下：

　　（前缺）

　　……班弥怛，西尼……

　　日作□时，布噜班弥怛[1]白天睡……

---

[1]　"布噜班弥怛"是西夏文音译。其中的"班弥怛"当为梵文Pandita的西夏语音译，《南村辍耕录》记元代音为"板的达"；《元史》音译为"班弥怛"，今天音译作"班智达"、"班第怛"、"般弥怛"等，义为"学者"，即精通五明学术的人。"布噜班弥怛"可能是一位天竺僧人。其事迹不详。

作时，唯饮善乳而传于汝谓。所传……

作而睡。后来闻法间坐。师语：唯饮乳……

汝睡。又一日夜间，布噜班弥怛入定而睡……

身离去。又亦睡，又身离去。后来闻法坐，师……

之嬉以自身……作。尔时布噜班弥怛语：他……

者果然也谓。……一人生癞疮……

谓，治疾病。西尼降哇师[1]知晓，命汝寻往。……

噜班弥怛处，依次师处。师语：人故愿居此……

□亦不跛。彼者无癞疮无，禁风作定，因而著……

中而睡，因是著。而问彼人。增长作定是睡因□

奉承彼之一要论。依彼所作而愈。又其西尼降哇师

有一天来，冬时行往。腊月二十四日□

身体不适，入寂灭定。时顶间如冰出声响，烟雾中

生细火焰。选取尸宫为焚烧处。诸弟子相互议

无果。拂晓日出，日生白色寒光居□前面地

□□于而照耀。众人语：实应为焚师处。彼处作白而

□□尔时，或见空中成五色光明，幢幡宝盖等，或见

□□诸种者满，或见五色光明不同。诸见彼者

　　　　　……中白□授□□中圆粒□□轮见。法师

　　　　　……有余。用薪及乳，尸

　　　　　……其所取。又光

　　　　　……成就获。久瑜伽士

　　　　　……谓，此师在时，光之

　　　　　　　　（后缺）

K2：193，残片。残高 7.5、残宽 8.2 厘米。存文字 5 行（图版一八二）。译文如下：

（前缺）

……器中……

……不可焚毁，不可……

……焚竟。彼夜……

……大手印成就得……

---

〔1〕 "西尼降哇"是西夏文音译，可能是一位吐蕃僧人。其事迹不详。

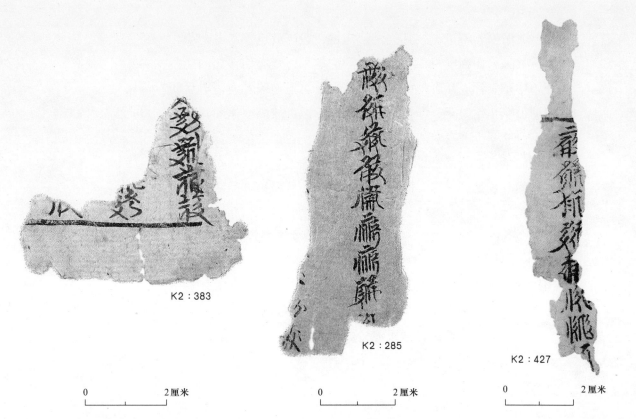

图二〇〇　K2出土藏传密教佛经残片　图二〇一　K2出土藏传密教佛经残片　图二〇二　K2出土藏传密教佛经残片

　　……子以入于空定灭……

　　　　（后缺）

　　K2:383，残片。残高4.6、残宽5.2厘米。存文字2行（图二〇〇）。译文如下：

　　　　（前缺）

　　……谓所往。足

　　　　　……乃

　　　　（后缺）

　　K2:285，残片。残高8、残宽3厘米。存文字1行（图二〇一）。译为"……是。此者一切苦谛俱……"。

　　K2:427，残片。残高10、残宽1.6厘米。存文字1行（图二〇二）。译为"勇相正面广……"。

20. 藏传密教修法

　　共4纸。行楷书写，出土时卷成一团，原可能为卷子装。纸高23.8厘米。上下有墨线单栏，栏距20.5厘米。天头高1.8、地脚高1.5厘米。文字书写工整，满行者每行均24字。文中还夹有小字注。

　　K2:155-1，残页。高23.8、残宽13.3厘米。存文字7行（图版一八三）。译文如下：

（前缺）

获勾召者解密句不说。故其□之记句定，毁坏成也。此者是第
一罪。其又毁伤则虎狼猛兽伤害。□□宅入，魔类伤害如同染得疾
病等，中楚毒死。此者是第二罪。其与自类记句同者，诸勇猛明母
自相遇已。集轮时至，于行遣时此解句不说。故鸠喇达罗宫、
乌鸦宫、哆喇叽哩宫、迦栗钵那四种宫中住者，宫生空行母
数所作间禁也。若又宫生、咒生、业生、等生空行母数不喜，
以怒作间禁者是第三罪。此亦前释第七品并后释第三品中

（后缺）

K2：155－2，残片。残高11.4、残宽11厘米。存文字5行（图版一八四）。译文如下：

（前缺）

……以诵，散洒于僧等上，恶魔皆

……种行，散洒于众渔人等上，其

……中入醮噜迦之诛人禀持

……初座上应坐，一弟子

……男女数业师处中

（后缺）

K2：171－1，残片。残高14、残宽5.6厘米。存文字3行（图版一八五）。译文如下：

（前缺）

又宫及……

彼如聚集近聚集　　四种本……

密之语者大惊愕　　彼数皆……

□□□□□□　　彼之记句……

（后缺）

K2：171－2，残片。残高12.6、残宽7厘米。存文字4行（图版一八六）。译文如下：

（前缺）

……阿喇喇喇喇煌　大乐

……以同声唱，告起时诸天母

……成之三明点成滴

……方化迦利，日坛间

（后缺）

21. 佛经

共2纸。行楷书写，装订形式不详。上下子母栏。有行格，行格宽2厘米。天头高4.5、地脚
高3.2厘米。

K2：39，残片。残高14、残宽13厘米。存文字7行（图版一八七）。译文如下：

（前缺）

由……

洲波罗多……

于略休息时，狮子……

余皆与人相像……

先语了然速……

亦谓。父王……

□王……

（后缺）

K2：14，残片。残高12.8、残宽14.3厘米。存文字6行（图版一八八）。译文如下：

（前缺）

……（阿）罗汉供，佛身出血和合

……又云犯诸戒

……菩萨戒

……大

……之三

……谓者涅（磐）

（后缺）

22. 藏传密教修法

共3纸。行草书写，装订形式不详。上下单栏，无行格。天头高2.5厘米。个别字较为潦草，很难辨识。

K2：162，残片。残高14、残宽8厘米。存文字6行（图版一八九）。译文如下：

（前缺）

……是谓者此……

是。见生起受持□寂定，毒出。故后二……

持令起。若受持乃起，亦染著于□……

因故成也谓。六福禄所成者，所见……

而起之知觉者，静虑使毒出……

□□□□□令相合也。上师……

（后缺）

K2：165－1，残片。残高15、残宽8.2厘米。存文字6行（图版一九〇）。译文如下：

（前缺）

□□三食应。所谓明母者……

应食。记句及出定间四□自性……

……出入定皆因说。时间于明母……

……谓□此根支二种。二种者四……

……集时净瓶主□□□□心生精勤……

……也，故界聚集是，密主□□故精勤……

（后缺）

K2：165－2，残片。残高12、残宽8.7厘米。存文字6行（图版一九一）。译文如下：

（前缺）

……失无所依□样……

……取依实修行……

……者由以修成也。五……

……饮食一样饮，□皆摄持……

……若应成。依□者应食令成……

……答：五圣五明等，彼实净垢分离……

（后缺）

23. 祈愿偈

共2纸。行草书写，纸高24厘米。无界栏行格。天头较高，约3厘米。地脚高1厘米。字迹潦草。

K2：136，残页。高24、残宽20厘米。存文字11行。每行有4句偈句，每句为4字（图版一九二）。译文如下：

（前缺）

利益愿作	如是愿成	未成此愿	愿我世世
仍生我处	七种功德	当获男身	本种殊妙
当成第一	愿身无上	当成和合	长寿无上
当成第一	无病无上	当成第一	□有无上
当成第一	获持聚主	俱□当获	愿众无上
当成第一	三宝□□	□□当□	真谛无上
当成第一	智慧明利	真义解悟	如是德众
男身获时	诸佛海处	愿常供养	妙法海处
常修愿□	大众海处	愿常轮回	十方诸佛
十方妙法	十方贤圣	慈悲所依	愿□所依
真谛所依	神灵所依	我□所依	愿早成就

（后缺）

K2：185，残片。残高9.4、残宽8.2厘米。存文字2行，多数潦草不识（图二〇三）。

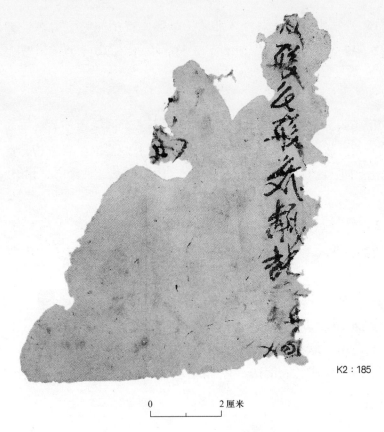

K2：185

0 ____|____ 2厘米

图二○三　K2出土"祈愿偈"残片

24. 佛经

共 1 纸。K2：183，残页。行书书写。首尾俱缺。无界栏行格，顶格书写，无天头、地脚。残高 16、残宽 14.5 厘米。存文字 8 行（图版一九三）。译文如下：

（前缺）

□□□万年万年万……

界万万年

法身佛□□离，清净界至虚空，未往来……

未，唯迹穷尽无分离，诸离相圆同……

证得，法身功德思议□天上人间□□□……

归依。故罪消灭，福无边。多利那[1]谓……

报身佛阿难陀□□，身如海明……

止，真实圆证。弥字清净无伦比。法王……

（后缺）

---

[1]　"多利那"为西夏文音译，其意未解。

25. 佛经

共1纸。K2：146，残片。行书书写。纸呈长条形，首尾完整，无名。四界无边栏，无行格，顶格书写。高20.2、残宽3厘米。共有文字3行，文末有双行小字（图版一九四，1）。译文如下：

（前缺）

十信心次第。云三贤等者，初问之以十信处不来有四缘由作答。一、

信处灭除不定，故不来。二、是乱修处，故不来。三、法界之智，此

处不显现也。四、法身佛之本智不显现也。□初问何故，彼中五处相摄（□中三贤十圣□）。

26. 佛经

共1纸。K2：1，残片。行草书写。呈长条形，首尾完整，无名。字体很小，有的已残缺。四界无边栏，无行格。高15.7、宽3.7厘米。共有文字5行（图版一九四，2）。译文如下：

十一种□聚集者一样。一实居于法。法者□□□所出，故不来□□□□来

□□至，因所□□此法者以自识而幻化，是半相，故内幻化。此半相者他识

之半相无，故谓。欲界、法欲界以识察故谓近。上界识故谓远。人之应察，义

故谓胜。□之应察成，故谓怯。譬如此柱脚，法喻山河等时，如柱脚与细椽

其仍谓粗也。

27. 佛经

共2纸。行楷书写，卷子装。高25.8厘米。上下单栏，栏距21厘米。天头高2.9、地脚高1.8厘米。

K2：167，残页。高25.8、残宽22厘米。存文字15行（图版一九五）。译文如下：

（前缺）

应是，故同亦谓。云何故则大小……

者先不得已则授故也。亦此同归依三宝，戒……

小中因有。依律乘归依三宝，应令受戒也。依五乘分……

人天二乘应习。随从戒条不同解脱，令受戒时先往……

以戒人天乐道，殊胜生道因获得。随从圣果之亦……

异解脱戒令受时先往。此人天二乘□□归依三宝……

吽不同，归依三宝，亦令受戒也……

者皆同而应获得……道得……

定，获得胜道成，此自吽不……定生道八品圣果□

是。随从因是获得殊胜生道也。不同□□者与人天二乘□□

后菩萨乘之不同，归依三宝相……应。与彼自然□□□

彼乘□□所应示。法者四……因缘□□也。不同解脱戒谓□□

众戒是。今应允许持此比丘戒数。其他六众之□□□名者先

后诸戒皆此间□□及后是于此。此之下又不□□皆不许也谓。云本

示中见，令悟本示之谓。行□□中先异解悟，宣说戒……

（后缺）

K2：58－2，残片。残高8.8、残宽10厘米。存文字7行（图版一九六）。译文如下：

（前缺）

……由二乘分离，故□

……离，故由前

……谓。故此

……用□□□也

……戒能令及□有□

……境界□

……因是□

（后缺）

28. 藏传密教修法

共1纸。行草书写，K2：198，残页。纸高29、残宽14厘米。上下单栏，栏距24.4厘米。有天头、地脚，天头高2.8、地脚高2厘米。存文字6行，文字较为潦草，有的字甚难识读（图版一九七）。译文如下：

（前缺）

□□也□地者下方起金轮，地面上□□苗相合也。观想八吽字，化八

□□谓者三隅皆有，相畏怖，又观也。观想守护轮者□势堪□□是也。

第五□处□者真性□□。日坛中阿利[1]白色，十六字相□二遍，成三

十二字者尔时此作定。故尔时因是获得三十二相，迦利[2]三十

二□上加六哆栗耶罗萨。四十字□□□相袭。八十字□□□

此作定。□□时，获得八十种好也。五菩提□□菩提□□菩提□□□

（后缺）

29. 藏传密教修法

共31纸。卷子装，行书书写。上下细墨线单栏。有天头和地脚，天头高4、地脚高3厘米。行距较宽，行间夹有西夏文小字注。

K2：51，残片。残高13、残宽19厘米。正文存文字8行（图版一九八，1）。译文如下：

---

[1] "阿利"为西夏文音译，其当为梵文 Ali 之音译，指梵文中的元音。

[2] "迦利"为西夏文音译，其当为梵文 Kali 之音译，指梵文中的辅音。

（前缺）

百五十……

有一切亦自之胜……

男之…

能之甘露成。次光摄集……

至天晓等

法念有□□。又喉间来时……

时五色光……

右脉中

念。尔时，外风出入。右脉……

门证，是第一果。其犹如左……

因察细烦

获得自在。左脉波浪伏愿无解……

（后缺）

K2：202，残片。残高 17、残宽 19 厘米。正文存文字 8 行，在第二行和第三行间有汉文小字"三"（图版一九八，2）。译文如下：

（前缺）

……初界聚集处多起。第五……

……者中间及末界聚集处多……

三

……应。本究竟处多起也。……

……故起和合，依此于现世成就□

……集，故云七种等者，彼中七种集，故得无漏神，由是说究竟等

……于中有身应成。本究竟七种略

……应，能究竟也。以□数者资料

……种宣说。次，心所住。三

……摄持时谓，此亦三种

（后缺）

K2：152，残片。残高 15、残宽 11 厘米。正文存文字 4 行（图版一九九）。译文如下：

（前缺）

……作□长　二净□之此……

……五明点瑜伽　一灯火滋长者……

由殊胜

……论得时，少年儿童身……

……静虑支主令集……

（后缺）

K2：31，残片。残高 16.8、残宽 9.3 厘米。正文存文字 4 行（图版二○○）。译文如下：

（前缺）

……中至时，前住女之密处如□脉尖处。

应察□□□知不成谓也　　　　　□□有相境无相成

……自在□□应持，依此数而静，无相解脱

……中出入。于左脉

……解脱门获证，是第二果。彼如中脉

（后缺）

K2：297，残片。残高 15.8、残宽 11 厘米。正文存文字 5 行（图版二○一）。译文如下：

（前缺）

……脉尖因无，然与添加等分离谓

……令显现，及道……与分说故，界

……持生之故……

……说。彼间界聚集……

……此者前世愿生起因，由势

……有者□

（后缺）

K2：296－1，残片。残高 15、残宽 17 厘米。正文存文字 5 行（图版二○二）。译文如下：

（前缺）

□作。精风出入处，右……

□□观想右边日，左边月……

有。故乐……

解悟左脉中释放，不……

脉中释放，不从里面来，净……

钵□□于乐皆至……

（后缺）

K2：296－2，残片。残高 14、残宽 5 厘米。正文存文字 2 行（图版二○三，1）。译文如下：

（前缺）

四大脉之一一……

出入。□□及诸相能作真如定也。……

习于二字，一……

（后缺）

K2：205，残片。残高 13、残宽 6 厘米。正文存文字 3 行（图版二○三，2）。译文如下：

（前缺）

□□□乃增一遍……

又起于二十二日乃减一遍……

<small>加减同</small>

遍成。彼犹如依四时四十二……

（后缺）

K2：80，残片。残高 12.5、残宽 12.2 厘米。正文存文字 4 行（图版二〇四，1）。译文如下：

（前缺）

……堕入。譬如一人□□上

……处如幻焰□，或许

<small>身心□</small>

……中脉内受持，故三种觉

<small>应受三种觉　心能觉</small>

……生起，此者入定。定……

（后缺）

K2：48，残片。残高 7.8、残宽 8.8 厘米。正文存文字 3 行（图版二〇四，2）。译文如下：

（前缺）

……正遇

……观想，顶净梵[1]

<small>眉间、净梵及</small>

……观想彼二字头上。

（后缺）

K2：339 - 1，残片。残高 7.5、残宽 7.2 厘米。正文存文字 3 行（图二〇四）。译文如下：

（前缺）

……显现也。此……

……圆所说……

<small>三中风□□持之先因说。以此风……</small>

……先……

（后缺）

K2：339 - 2，残片。残高 6.8、残宽 3.5 厘米。正文存文字 1 行（图二〇五）。译文如下：

（前缺）

<small>……明点光</small>

……世界一切皆至。其……

（后缺）

---

[1]　"净梵"是西夏文直译，其当是藏文 tshangs pa（净梵）之直译。"净梵"应是指密教气脉明点运行的五大穴位之净梵穴。这五大穴位又称为五轮，分别为密轮（会阴穴）、脐轮、心轮、喉轮和顶轮。顶轮即头顶之百汇穴，又称净梵穴。

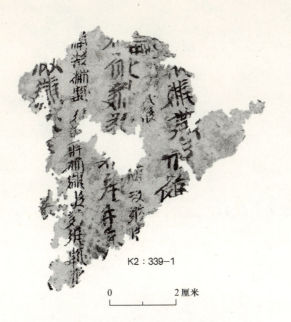

K2：339-1

0 ⊢———⊣ 2厘米

K2：339-2

0 ⊢———⊣ 2厘米

图二〇四　K2出土藏传密教修法残片　　　　图二〇五　K2出土藏传密教修法残片

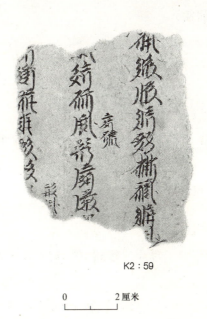

K2：345

0 ⊢———⊣ 2厘米

K2：59

0 ⊢———⊣ 2厘米

图二〇六　K2出土藏传密教修法残片　　　　图二〇七　K2出土藏传密教修法残片

K2：345，残片。残高7.2、残宽4.5厘米。存文字2行（图二〇六）。译文如下：

（前缺）

……一切有情之主……

　　……皆成佛

……殊，佛令自在。其……

（后缺）

K2：59，残片。残高 8、残宽 6.5 厘米。存文字 3 行（图二〇七）。译文如下：

（前缺）

……于无障碍谓，中法同……

自相

……地之性气刚健……

……主得因……

（后缺）

K2：305－1，残片。残高 11、残宽 5.4 厘米。存文字 2 行（图二〇八）。译文如下：

（前缺）

人如是，于此等持……

者譬如……

（后缺）

K2：305－2，残片。残高 8.5、残宽 6.2 厘米。存文字 3 行（图二〇九）。译文如下：

（前缺）

……生起。第七者

……有一人处无向

……应本

（后缺）

K2：305－3，残片。残高 5、残宽 3 厘米。正文存文字 1 行（图二一〇）。译文如下：

（前缺）

□自性空及……

自性真空……

（后缺）

K2：309－2，残片。残高 10、残宽 4.5 厘米。存文字 1 行（图二一一）。译为"……中脉及菩提"。

K2：312，残片。残高 7.5、残宽 5 厘米。存文字 2 行（图二一二）。译文如下：

（前缺）

……中见显现。等持

……诸有

（后缺）

K2：359，残片。残高 8.4、残宽 2.1 厘米。正文存文字 1 行（图二一三）。译文如下：

（前缺）

……中而入及无

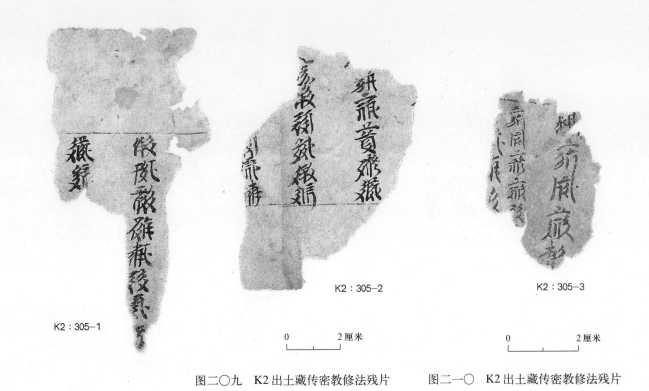

K2：305—1

K2：305—2

K2：305—3

0　　　　2厘米

0　　　　2厘米

图二〇九　K2出土藏传密教修法残片　　　图二一〇　K2出土藏传密教修法残片

0　　　　2厘米

图二〇八　K2出土藏传密教修法残片

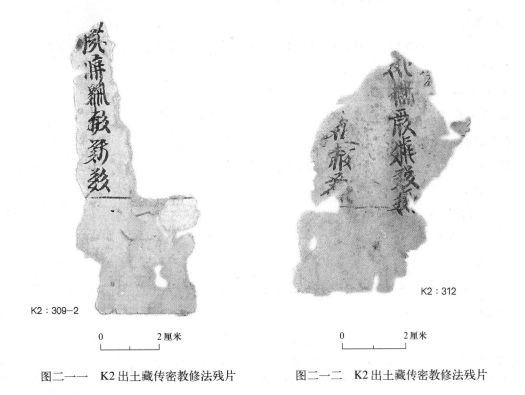

K2：309—2

K2：312

0　　　　2厘米

0　　　　2厘米

图二一一　K2出土藏传密教修法残片　　　图二一二　K2出土藏传密教修法残片

K2：359

0　　　　　2厘米

图二一三　K2出土藏传密教修法残片

K2：292

0　　　　　2厘米

图二一四　K2出土藏传密教修法残片

……住于获勾召[1]应持

（后缺）

K2：292，残片。残高11.8、残宽5厘米。存文字2行（图二一四）。译文如下：

（前缺）

者或……

有数。彼又依其样知……

（后缺）

K2：342－1，残片。残高3、残宽4.2厘米。存文字2行（图二一五）。译文如下：

（前缺）

……身彼……

……往亦……

（后缺）

K2：342－2，残片。残高2.6、残宽4.2厘米。存文字2行（图二一六）。译文如下：

（前缺）

[1]　这里"勾召"的西夏文原文直译是"主"，其是直译藏语dbang ba（藏语义为"主、控制"），对应梵文作Vaśikaraṇa。Vaśikaraṇa在汉文文献中音译为"缚施迦罗拿"，或意译作"勾召"。密教护摩法之一。

……静虑……

……女……

（后缺）

K2：342－3，残片。残高4.2、残宽4.5厘米。存文字2行（图二一七）。译文如下：

（前缺）

……母中往，心……

……红彤彤肺……

（后缺）

K2：342－4，残片。残高4.6、残宽4.5厘米。存文字2行（图二一八）。译文如下：

（前缺）

……先……

……身语伦比……

（后缺）

K2：342－5，残片。残高4、残宽4厘米。正文存文字2行（图二一九）。译文如下：

（前缺）

……之毛孔皆……

……居者上解脱道之……

……居处来……

（后缺）

K2：342－6，残片。残高3.4、残宽4.3厘米。正文存文字2行（图二二〇）。译文如下：

（前缺）

……风相合……

左

……依波……

（后缺）

K2：342－7，残片。残高3、残宽3厘米。存文字1行（图二二一）。译为"……界清净……"。

K2：342－8，残片。残高2.5、残宽2.8厘米。存文字1行（图二二二）。译为"……洒水……"。

K2：342－9，残片。残高2.4、残宽3厘米。正文存文字1行，前有汉文小字"十三"（图二二三）。译文如下：

（前缺）

十三

……依波……

（后缺）

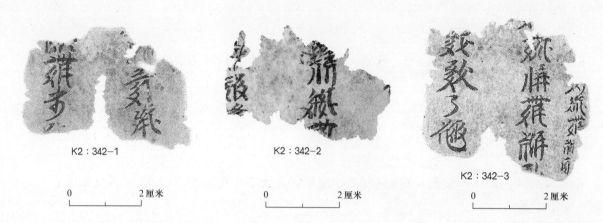

图二一五　K2出土藏传密教修法残片　　图二一六　K2出土藏传密教修法残片　　图二一七　K2出土藏传密教修法残片

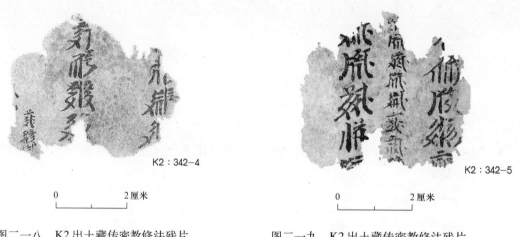

图二一八　　K2出土藏传密教修法残片　　　　　图二一九　　K2出土藏传密教修法残片

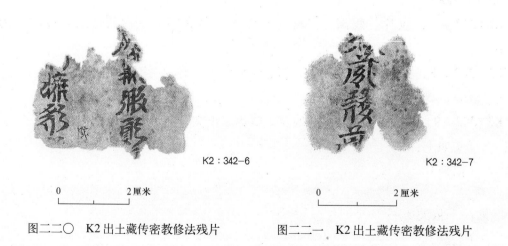

图二二〇　　K2出土藏传密教修法残片　　　　图二二一　　K2出土藏传密教修法残片

K2：342-8

0   2 厘米

K2：342-9

0   2 厘米

K2：342-10

0   2 厘米

图二二二　K2出土藏传密教修法残片　图二二三　K2出土藏传密教修法残片　图二二四　K2出土藏传密教修法残片

K2：342--10，残片。残高 2.5、残高 1.7 厘米。存文字 1 行（图二二四）。译为"……皆成……"。

30. 佛经

共 1 纸。卷子装，行书书写。K2：208，残页。有天头，无界栏行格，天头高 1 厘米。行距较宽，有的行中还有双行小字。残高 14.5、残宽 22 厘米。存文字 11 行（图版二〇五）。译文如下：

（前缺）

□不是出□恩语：狂犬女……略失……

如五谓。□质语：凶药味消，千年私龟。随义解语上句者，唯……

唯是，是未有无，亦是无。无非主……

记。然经语：《下华严经》第三十五……

章语：如来□□依靠，众生……

诸众生烦恼……

究竟涅磐能令住乐。……

救以欲令住涅磐者，无障碍……

无障碍解脱智者，实依一切法……

实依觉者，无行、无生、业慧……

慧业明者……

（后缺）

31. 佛经

共 6 纸。行书书写。

K2：35，残片。残高 17.5、残宽 9 厘米。存文字 5 行（图版二〇六）。译文如下：

（前缺）

……住真实□教诫

……又随喜，请转法轮如来住教诚

……以威仪，法界菩萨上……

……次诵愿文

……及……

（后缺）

K2：373，残片。残高 5.2、残宽 5 厘米。存文字 3 行（图二二五）。译文如下：

（前缺）

□□界……

变化相……

□略数……

（后缺）

K2：369，残片。残高 4.8、残宽 3.3 厘米。存文字 1 行（图二二六）。译为“……放无量……”。

K2：372，残片。残高 4.5、残宽 3.8 厘米。存文字 2 行（图二二七）。译文如下：

（前缺）

……持之……

……亲近者沙……

（后缺）

K2：294，残片。残高 5.7、残宽 6 厘米。存文字 2 行（图二二八）。译文如下：

（前缺）

贪嗔痴……

诸如来……

（后缺）

K2：432，残片。残高 5.5、残宽 4.3 厘米。存文字 1 行（图二二九）。译为“次忏悔……”。

32. 藏传密教仪轨

共 32 纸。行书书写。上下单栏，无行格。地脚高 3 厘米。

K2：151-1，残片。残高 16.5、残宽 4.2 厘米。存文字 2 行（图版二〇七，1）。译文如下：

（前缺）

……诵舍耶吽忏悔也。四归依三宝体

　　……入逆道。下乘苦恼无边间

（后缺）

K2：151-2，残片。残高 14、残宽 4.2 厘米。存文字 2 行（图版二〇七，2）。译文如下：

（前缺）

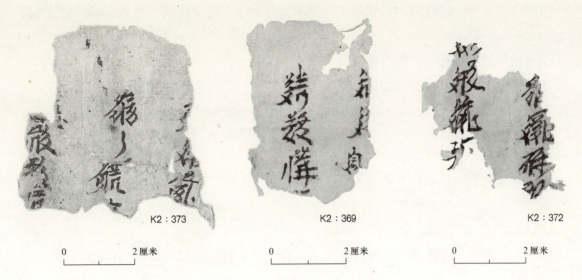

图二二五　K2 出土写本佛经残片　　图二二六　K2 出土写本佛经残片　　图二二七　K2 出土写本佛经残片

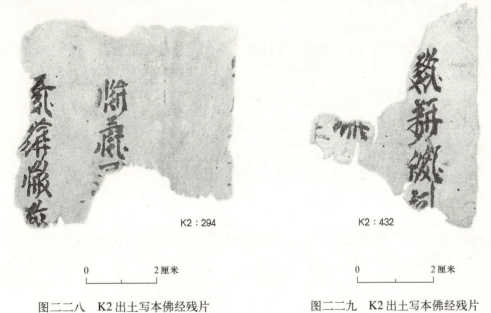

图二二八　K2 出土写本佛经残片　　　　图二二九　K2 出土写本佛经残片

……以诵茶叽尼[1]咒供养，水月花座处

　　……诵，亦与彼一样洗足之轮

（后缺）

---

[1] "茶叽尼"是西夏文音译，其当为音译梵文 Dākiṇī，汉文佛经中常译作"茶吉尼"、"拿枳尼"等。Dākiṇī 藏文为 mkhav vgro ma，藏文文献中常译为"空行母"，是一种证得殊胜成就的瑜伽行母。

K2∶151－3，残片。残高16.4、残宽4.4厘米。存文字2行（图版二〇八，1）。译文如下：

（前缺）

……中围处实敬礼　　世间八法实毁坏

……母　有凶恶相处敬礼

（后缺）

K2∶151－4，残片。残高16.4、残宽4厘米。存文字2行（图版二〇八，2）。译文如下：

（前缺）

……缝实远离　　世间作者依实入

……□诸解脱清净门

（后缺）

K2∶151－5，残片。残高10、残宽4.5厘米。存文字2行（图二三〇）。译文如下：

（前缺）

……中资助故……

……哆耶弥诵，菩提心……

（后缺）

K2∶357－1，残片。残高8.8、残宽4.8厘米。存文字2行（图二三一）。译文如下：

（前缺）

……生起。其等又□□欲……

……身光……

（后缺）

K2∶357－2，残片。残高5、残宽6厘米。旁有西夏文小字注释。正文存文字2行（图二三二）。译文如下：

（前缺）

……依不……

……以又敕法……

……于中心……

……句生，于句……

（后缺）

K2∶335，残片。残高6.4、残宽5.8厘米。存文字3行（图二三三）。译文如下：

（前缺）

……内中……

……二火字白红……

……底脉中……

（后缺）

K2∶248－1，残片。残高6.5、残宽6.2厘米。存文字3行（图版二〇九，1）。译文如下：

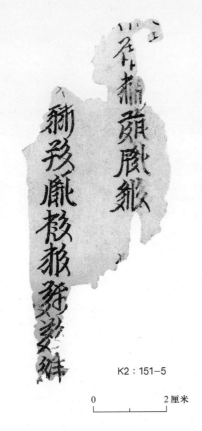

K2：151-5

0   2厘米

图二三〇 K2出土藏传密教仪轨残片

K2：357-1

0   2厘米

图二三一 K2出土藏传密教仪轨残片

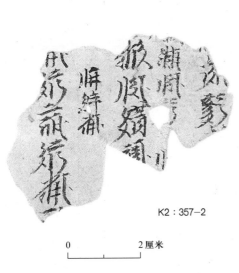

K2：357-2

0   2厘米

图二三二 K2出土藏传密教仪轨残片

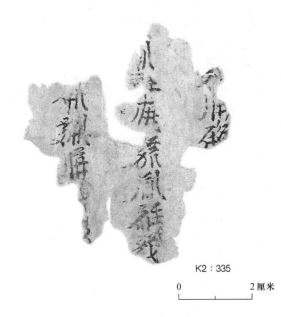

K2：335

0   2厘米

图二三三 K2出土藏传密教仪轨残片

（前缺）

……处欲供曼达敬礼……

……如念以……

……句亦彼……

（后缺）

K2：248－2，残片。残高7.8、残宽6.6厘米。存文字3行（图版二〇九，2）。译文如下：

（前缺）

……时复□师于自心……

……金刚道中……

……上坐念……

（后缺）

K2：248－3，残片。残高8、残宽6厘米。存文字3行（图版二一〇，1）。译文如下：

（前缺）

……十方无数□中……

……处一样入时……

……金刚□□花……

（后缺）

K2：248－4，残片。残高7.2、残宽6.3厘米。存文字3行（图版二一〇，2）。译文如下：

（前缺）

……时天母……

……中往时，师自……

……师依……

（后缺）

K2：248－5，残片。残高9、残宽7厘米。存文字3行（图版二一一，1）。译文如下：

（前缺）

……时师自与慧女不……

……上著时……

……菩提心成，下……

（后缺）

K2：248－6，残片。残高8.6、残宽7厘米。存文字3行（图版二一一，2）。译文如下：

（前缺）

……十方□不勤得……

……四众亦随从……

……此世不求……

（后缺）

K2：248－7，残片。残高6.7、残宽4.8厘米。存文字2行（图二三四）。译文如下：

（前缺）

……施食等……

……是，施食……

（后缺）

K2：349－1，残片。残高4、残宽2.5厘米。存文字1行（图二三五）。译为"佛果空……"。

K2：349－2，残片。残高4.2、残宽2.5厘米。存文字1行（图二三六）。译为"化因果……"。

K2：349－3，残片。残高4、残宽2.7厘米。存文字2行（图二三七）。译文如下：

（前缺）

恼……

一口知……

（后缺）

K2：248－7

图二三四　K2出土藏传密教仪轨残片

K2：349－4，残片。残高4.2、残宽3厘米。存文字2行（图二三八）。译文如下：

（前缺）

若觉性……

今此……

（后缺）

K2：349－5，残片。残高4.2、残宽2.7厘米。存文字1行（图二三九）。译为"幻化得……"。

K2：349－6，残片。残高4、残宽2厘米。存文字1行（图二四〇）。译为"与等生……"。

K2：349－7，残片。残高3.7、残宽2.5厘米。存文字1行（图二四一）。译为"空说也……"。

K2：349－8，残片。残高3.8、残宽2.5厘米。存文字1行（图二四二）。译为"请助佑……"。

K2：349－9，残片。残高4、残宽3厘米。存文字1行（图二四三）。译为"静虑定……"。

K2：349－10，残片。残高4、残宽3厘米。存文字1行（图二四四）。译为"第禅之……"。

K2：349－11，残片。残高4、残宽2.6厘米。存文字2行（图二四五）。译文如下：

（前缺）

他……

缚于欲……

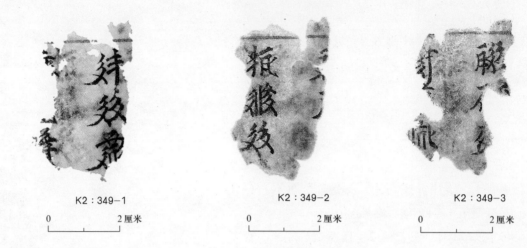

K2：349-1　　　　　　　K2：349-2　　　　　　　K2：349-3

0　　　　　　2厘米　　　　0　　　　　　2厘米　　　　0　　　　　　2厘米

图二三五　K2出土藏传密教仪轨残片　图二三六　K2出土藏传密教仪轨残片　图二三七　K2出土藏传密教仪轨残片

K2：349-4　　　　　　　K2：349-5　　　　　　　K2：349-6

0　　　　　　2厘米　　　　0　　　　　　2厘米　　　　0　　　　　　2厘米

图二三八　K2出土藏传密教仪轨残片　图二三九　K2出土藏传密教仪轨残片　图二四〇　K2出土藏传密教仪轨残片

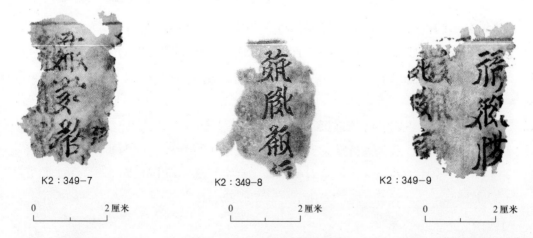

K2：349-7　　　　　　　K2：349-8　　　　　　　K2：349-9

0　　　　　　2厘米　　　　0　　　　　　2厘米　　　　0　　　　　　2厘米

图二四一　K2出土藏传密教仪轨残片　图二四二　K2出土藏传密教仪轨残片　图二四三　K2出土藏传密教仪轨残片

图二四四　K2出土藏传密教仪轨残片　　图二四五　K2出土藏传密教仪轨残片　图二四六　K2出土藏传密教仪轨残片

（后缺）

K2：349-12，残片。残高6、残宽2.8厘米。存文字1行（图二四六）。可识读者仅1字，译为"□□下……"。

K2：351-1，残片。残高11、残宽6厘米。墨迹严重晕染，多数文字模糊不清。存文字3行，仅2行文字较为清晰（图二四七）。译文如下：

（前缺）

……如来谓。又其往□等

……分离□□如来谓

（后缺）

K2：351-2，残片。残高10、残宽10.2厘米。墨迹严重晕染，多数文字模糊不清。存文字6行，仅个别文字清楚（图二四八）。译文如下：

（前缺）

……□□往

……名称

……□□

……是□果□谓

……□□有之

……□□□故

（后缺）

K2：351-3，残片。残高8.5、残宽3.6厘米。存文字1行，可识读的仅1字"其"（图二四九）。

K2：351-4，残片。残高6.2、残宽3.3厘米。存文字3个（图二五〇）。译为"……行圆满"。

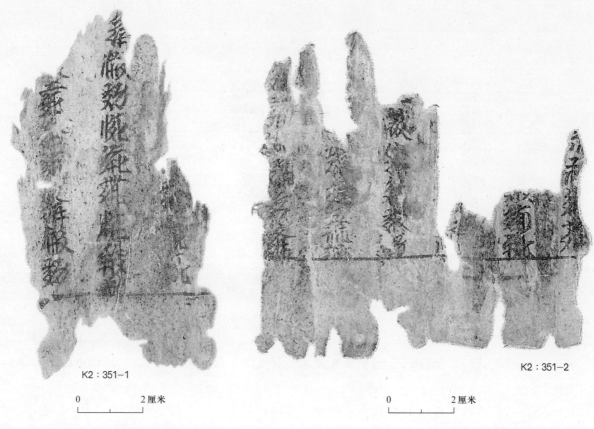

K2：351-1

0　　　　　2厘米

图二四七　K2出土藏传密教仪轨残片

K2：351-2

0　　　　　2厘米

图二四八　K2出土藏传密教仪轨残片

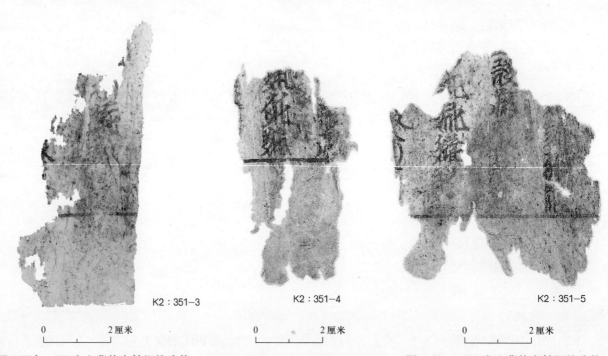

K2：351-3

0　　　　　2厘米

K2：351-4

0　　　　　2厘米

K2：351-5

0　　　　　2厘米

图二四九　K2出土藏传密教仪轨残片　　图五〇　K2出土藏传密教仪轨残片　　图二五一　K2出土藏传密教仪轨残片

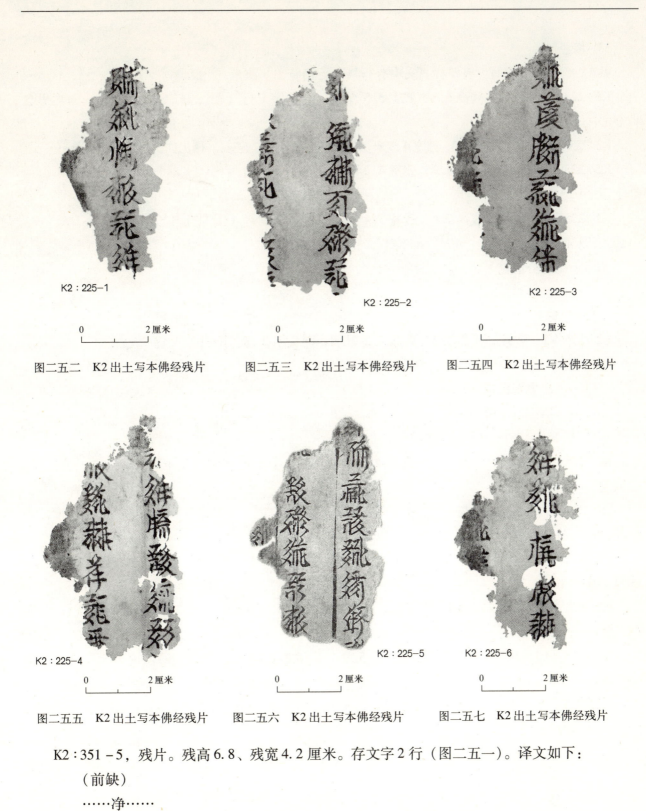

K2：225-1

0　　　　2厘米

图二五二　K2出土写本佛经残片

K2：225-2

0　　　　2厘米

图二五三　K2出土写本佛经残片

K2：225-3

0　　　　2厘米

图二五四　K2出土写本佛经残片

K2：225-4

0　　　　2厘米

图二五五　K2出土写本佛经残片

K2：225-5

0　　　　2厘米

图二五六　K2出土写本佛经残片

K2：225-6

0　　　　2厘米

图二五七　K2出土写本佛经残片

K2：351-5，残片。残高6.8、残宽4.2厘米。存文字2行（图二五一）。译文如下：

（前缺）

……净……

……正觉□

（后缺）

33. 佛经

共18纸。楷书书写。有单栏。文中有行格，行格宽1.8厘米。

K2：225－1，残片。残高6.5、残宽3.5厘米。存文字1行（图二五二）。译为"……功思念以慈心……"。

K2：225－2，残片。残高7.3、残宽4厘米。存文字1行（图二五三）。译为"……彼中第一慈……"。

K2：225－3，残片。残高7.2、残宽4.2厘米。存文字1行（图二五四）。译为"……东南西北上下……"。

K2：225－4，残片。残高7.6、残宽3.4厘米。存文字2行（图二五五）。译文如下：

（前缺）

……慈心应修习谓……

……次第当安乐……

（后缺）

K2：225－5，残片。残高7.2、残宽4.2厘米。存文字2行（图二五六）。译文如下：

（前缺）

……之男女已成。孝……

……第三以上师……

（后缺）

K2：225－6，残片。残高6.6、残宽4.2厘米。存文字1行（图二五七）。译为"……心观。二依□……"。

K2：225－7，残片。残高6.6、残宽3.4厘米。存文字1行（图二五八）。译为"……无，五赢弱，六……"。

K2：225－8，残片。残高7.2、残宽3.8厘米。存文字1行（图二五九）。译为"……慈心应修习。其……"。

K2：225－9，残片。残高7、残宽3.6厘米。存文字1行（图二六〇）。译为"……因有恩佑功，彼……"。

K2：225－10，残片。残高7.5、残宽3.5厘米。存文字1行（图二六一）。译为"……成。不得已善心……"。

K2：225－11，残片。残高6.8、残宽4.2厘米。存文字1行（图二六二）。译文如下：

（前缺）

……莫生起，故佛……

……慈心生起……

（后缺）

K2：225－12，残片。残高4.4、残宽3厘米。存文字1行（图二六三）。译为"……财物等……"。

K2：225－13，残片。残高4.2、残宽2厘米。存文字1行（图二六四）。可识读的仅1字"者"。

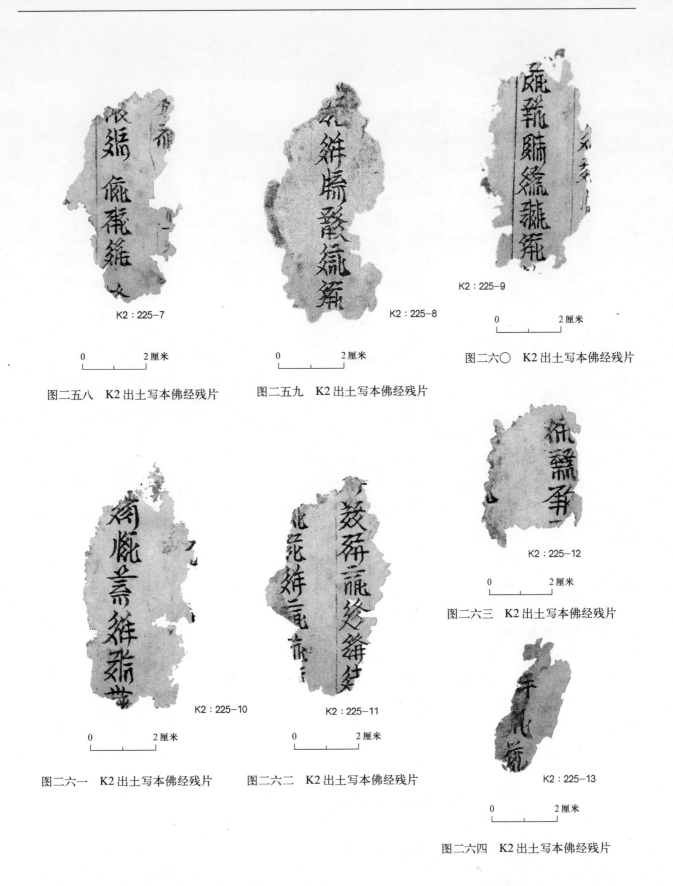

K2：225-7

图二五八　K2出土写本佛经残片

K2：225-8

图二五九　K2出土写本佛经残片

K2：225-9

图二六〇　K2出土写本佛经残片

K2：225-10

图二六一　K2出土写本佛经残片

K2：225-11

图二六二　K2出土写本佛经残片

K2：225-12

图二六三　K2出土写本佛经残片

K2：225-13

图二六四　K2出土写本佛经残片

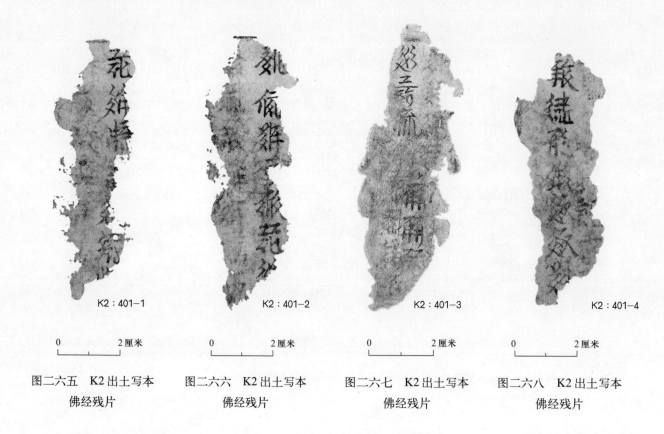

图二六五　K2出土写本　　图二六六　K2出土写本　　图二六七　K2出土写本　　图二六八　K2出土写本
　　　佛经残片　　　　　　　　佛经残片　　　　　　　　佛经残片　　　　　　　　佛经残片

K2：401－1，残片。有上栏。墨迹晕染严重，字迹模糊。残高8、残宽2.5厘米。存文字1行（图二六五）。译为"慈心修习□彼……"。

K2：401－2，残片。残高8.5、残宽2.8厘米。存文字1行（图二六六）。译为"观，五以怨□慈心……"。

K2：401－3，残片。残高8.7、残宽2.6厘米。存文字1行（图二六七）。墨迹晕染严重，字迹模糊。译为"复自之□真谛……"。

K2：401－4，残片。残高8、残宽3厘米。存文字1行（图二六八）。译为"等遍□人居住处……"。

34. 藏传密教仪轨

共5纸。卷子装，行书书写。从残存最大页者看，其纸高24.5厘米，上下单栏，栏距18.8厘米，无行格，有天头、地脚，天头高4、地脚高1.6厘米。

K2：163，残页。高24.5、残宽24厘米。文献残损严重，多处文字已残缺，内容多为陀罗尼。存文字14行（图版二一二）。译文如下：

（前缺）

　　　　　　……俱□画□之腹上

　　　　　　……拶悉庄严。得哩

　　　　　　……匝中□□丕伐得耶啰摩

　　庄严。拶力没□没谛□□罗都□□噜萨

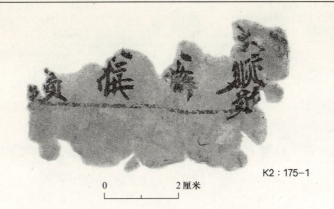

K2：175-1

0　　　　2厘米

图二六九　K2出土藏传密教仪轨残片

比那尼嫫乞□□萨那尼□代得耶啰摩哆

只拶竟没□没得哩乞□得哩悉尼□栗伐

萨比写，字周围中□□□诸写毕时，轮□□

黑颏具中□□□二匹□□。诵索命咒时，

用马蹄踢，以如是法二三□□，其病人略

善成已。弟子□使□□□佛座□□□下

并坍塌等□□□□□□有三角□令打竟已。

红羊□□白羊头□一样□□用九种绢悬于

颈头，□三脊□上毒□□□□又□□□乳

……也。肉红血……

（后缺）

K2：175-2，残片。残高11.5、残宽18厘米。存文字10行，多数字残缺不全（图版二一三，1）。译文如下：

（前缺）

……往

……□□□中围□□□记

……东方持国□□□

……□□□□□萨栗

……栗□□□□□哆

……不二

……□□

……唵派□啰□

……吽拶□□□

（后缺）

K2：175-1，残片。残高4、残宽7厘米。有文字3行（图二六九）。译文如下：

（前缺）

……嘎舍

……钵

……二

（后缺）

K2∶177，残片。残高10、残宽10.2厘米。存文字6行，内容多为陀罗尼（图版二一三，2）。译文如下：

（前缺）

……诵。唵啰□□

……旐一遍。吽□□

……啰乞舍啰□□

……丽写那摩丽□

……那尸乞尸乞恰啰

……多没博乞那啰

（后缺）

K2∶284，残片。有上栏，单栏。残高12.2、残宽5.6厘米。存文字2行（图版二一四）。译文如下：

（前缺）

大白伞盖母……

大回还母……

（后缺）

35. 佛经

共2纸。楷书书写。

K2∶283，残片。残高11.5、残宽11.6厘米。有上栏，为单栏。天头高2.7厘米。存文字7行（图版二一五）。译文如下：

（前缺）

□如。二三月解……

成时，随修习中根……

随修习□根应修……

三区分定及未定……

三有日夜等三身……

味应□□不区分取悟……

区分定及未定……

（后缺）

K2∶311，残片。残高9、残宽4厘米。存文字2行（图版二一六）。译文如下：

（前缺）

……方他隅上下虚空皆……

……有于一切皆至，利……

（后缺）

36. 佛经

共 2 纸。楷书书写。

K2：115，残片。有下栏，单栏。地脚高 4.3 厘米。残高 19.2、残宽 13.3 厘米。存文字 7 行（图版二一七）。译文如下：

（前缺）

……住，有性……

……□身是也。第二所观全身者，二

……二俱所观自，彼中一□他所观全身

……佛劫生现□□□□宣说。三正

……有□主，此□种者他俱足

……我作佛法，虽有心且亦此

……生现，故作佛法。幢□□也。佛

（后缺）

K2：366，残片。残高 5.6、残宽 7 厘米。存文字 3 行（图版二一八）。译文如下：

（前缺）

……身者……

……有救渡故……

……皆妙……

（后缺）

37. 藏传密教修法

共 8 纸。行书书写。从现存残片看，为上下单栏，栏距不详。有天头、地脚。天头高 2、地脚高 1.4 厘米。该经可能与藏传佛教密法"那若六法"中的拙火定有关。

K2：341－1，残片。残高 8、残宽 3.2 厘米。存文字 2 行（图版二一九，1）。译文如下：

（前缺）

……记句成谓

……由□□三□依自体□

（后缺）

K2：341－2，残片。残高 8.1、残宽 3.6 厘米。存文字 2 行（图版二一九，2）。译文如下：

（前缺）

……依□□成也。记句者语

……以□□者是记句。□

（后缺）

K2：341－3，残片。残高8.1、残宽3.8厘米。存文字3行（图版二二○，1）。译文如下：

（前缺）

……亦应成。本□应食

……加以食，故当自在。本如

……主谓。□定□□也□

（后缺）

K2：341－4，残片。残高8、残宽4厘米。存文字3行（图版二二○，2）。译文如下：

（前缺）

……以令护持，故方根本生者

……不护亦触不生故。其

……解脱□□□

（后缺）

K2：341－5，残片。残高8、残宽4.7厘米。存文字3行（图版二二一）。译文如下：

（前缺）

……不应离□谓也。□□

……令□勇谓者拙火[1]

……满者是勇。不离

（后缺）

K2：350－1，残片。残高4.6、残宽5厘米。存文字3行（图二七○）。译文如下：

（前缺）

于……

唯食此……

上三……

（后缺）

K2：350－2，残片。残高4.4、残宽5厘米。存文字2行（图二七一）。译文如下：

（前缺）

皆有……

轮此……

---

〔1〕 "拙火"当是意译藏文 gtum mo，又译为"猛烈火"。"拙火"其实是藏传佛教密宗修习者修行时于脐间产生的一种热气。按《大乘要道密集》云："拙火，粹暴之义。火即是火焰。修道之人，自然脐下离四指许，元有血脉，暖气所盛。梵书黄色短'哑'字之相，其'哑'字顿然相成，至极尖炎热，不能触着；梵书红色短'哑'字上暴发猛焰，故是名拙火也，亦名暴火定也。"拙火定修法属藏传佛教那若六法之一。

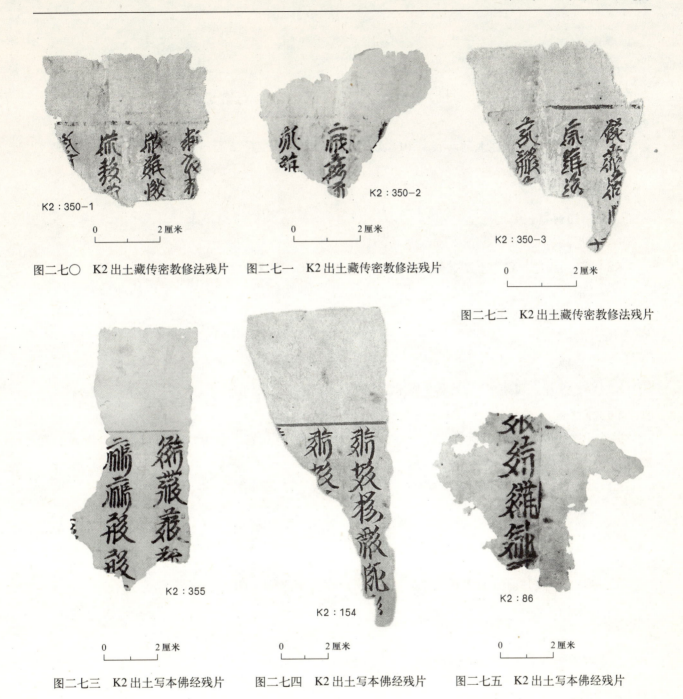

图二七〇　K2出土藏传密教修法残片　　图二七一　K2出土藏传密教修法残片

图二七二　K2出土藏传密教修法残片

图二七三　K2出土写本佛经残片　　图二七四　K2出土写本佛经残片　　图二七五　K2出土写本佛经残片

（后缺）

　　K2：350-3，残片。残高6、残宽4.8厘米。存文字3行（图二七二）。译文如下：

　　（前缺）

　　照，空者……

　　应，记句……

　　随愿……

（后缺）

38. 佛经

共 3 纸。楷书书写。上下单栏，有行格。天头高 4.8 厘米。行格宽 2 厘米。字较大，约 1.3 厘米见方。

K2：355，残片。残存上部。残高 10、残宽 5.2 厘米。存文字 2 行（图二七三）。译文如下：

（前缺）

善现。若菩……

一切智慧……

（后缺）

K2：154，残片。残存上部。残高 13.5、残宽 6 厘米。存文字 2 行（图二七四）。译文如下：

（前缺）

诃萨而是。不……

诃萨……

（后缺）

K2：86，残片。残高 6.7、残宽 8 厘米。存文字 1 行（图二七五）。译为“……君子正法……”。

39. 佛经

共 6 纸。行草书写。有行格，行格宽 1.2 厘米。从字迹观察，似用竹笔书写。字迹潦草，甚难辨识。

K2：40 - 1，残片。残高 4.5、残宽 3.8 厘米。存文字 2 行（图二七六）。译文如下：

（前缺）

……利业是……

……□□……

K2：40 - 2，残片。残高 2.8、残宽 4.5 厘米。存文字 3 行（图二七七）。译文如下：

（前缺）

……天母……

……轮佛者……

……入于……

（后缺）

K2：40 - 3，残片。残高 5、残宽 7.8 厘米。存文字 5 行，无法辨认（图二七八）。

K2：382，残片。残高 4、残宽 3 厘米。存文字 2 行（图二七九），可识读者有：

（前缺）

……亦增……

……喜□不……

（后缺）

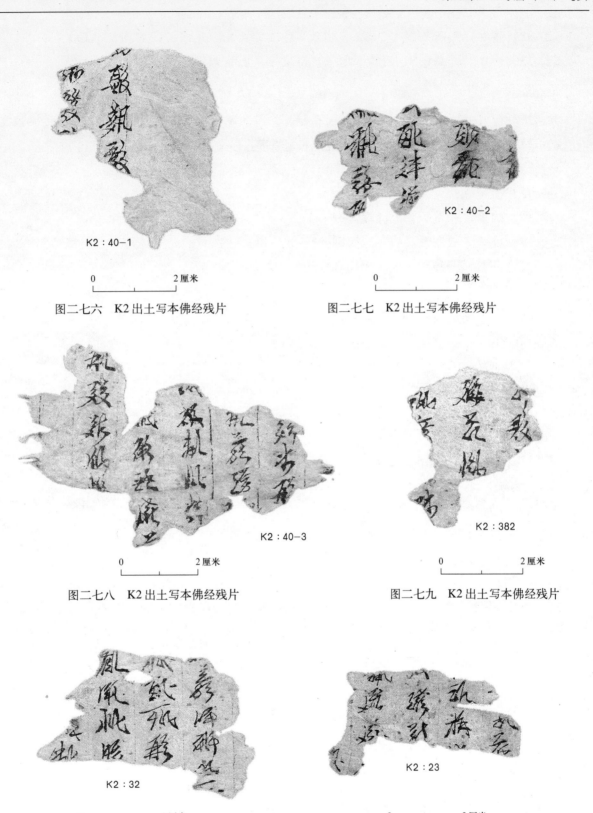

K2：40-1

0　　　　　　2厘米

图二七六　K2出土写本佛经残片

K2：40-2

0　　　　　　2厘米

图二七七　K2出土写本佛经残片

K2：40-3

0　　　　　　2厘米

图二七八　K2出土写本佛经残片

K2：382

0　　　　　　2厘米

图二七九　K2出土写本佛经残片

K2：32

0　　　　　　2厘米

图二八○　K2出土写本佛经残片

K2：23

0　　　　　　2厘米

图二八一　K2出土写本佛经残片

K2：32，残片。残高3.2、残宽3.5厘米。存文字4行，难以辨识（图二八〇）。

K2：23，残片。残高2.8、残宽5厘米。存文字4行，难以辨识（图二八一）。

40. 佛经

共4纸。行书书写。有上栏，单栏。天头较高，约5.8厘米。其当为译自藏文的藏传佛教文献。

K2：200，残片。有上栏。残高17.5、残宽8.5厘米。存文字4行（图版二二二）。译文如下：

（前缺）

草梢上遍燃烧，乃见已。母……

作，成就之相不灭，故显现。……

中而作灭，故而毁。彼亦当如圆……

又宜□教诫等善巧而成，于彼真性……

（后缺）

K2：2，残片。残高6、残宽6.2厘米。存文字3行（图版二二三）。译文如下：

（前缺）

……至其国又……

……无生忍悟……

……十方巡行……

（后缺）

K2：370，残片。残高5、残宽4.7厘米。存文字3行（图二八二）。译文如下：

（前缺）

……□□……

……刹那时……

……时可……

（后缺）

K2：393，残片。有上栏。残高4.5、残宽3厘米。正文存文字1行，旁有小字注释（图二八三）。译文如下：

（前缺）

……故中……

究竟成。十……

……性气……

（后缺）

41. 佛经

共6纸。行书书写。无界栏行格。天头高1.6厘米。

K2：302，残片。有天头。残高10.8、残宽5.6厘米。存文字4行（图版二二四，1）。译文如下：

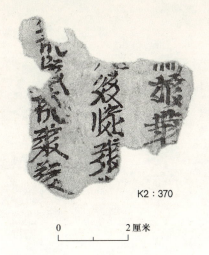

K2：370

0　　　　　　2厘米

K2：393

0　　　　　　2厘米

图二八二　K2出土写本佛经残片　　　　图二八三　K2出土写本佛经残片

（前缺）

我等厚障，众生之……

此宫妙……

碍四……

大……

（后缺）

K2：3，残片。有天头。残高9.2、残宽5.8厘米。存文字2行（图版二二四，2）。译文如下：

（前缺）

三世居住，□觉……

种种善根无遗无……

（后缺）

K2：42，残片。残高8.7、残宽9.8厘米。存文字3行（图版二二五）。译文如下：

（前缺）

……上三宝……

……等无始于……

……罪作，为诸恶业。彼罪力……

（后缺）

K2：41，残片。残高7.6、残宽7厘米。存文字2行（图二八四）。译文如下：

（前缺）

……者数，我等之……

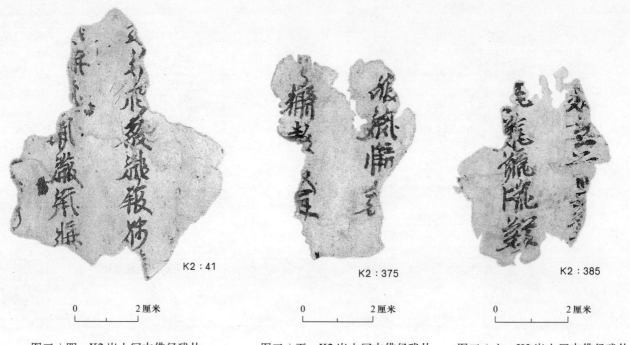

图二八四　K2 出土写本佛经残片　　　图二八五　K2 出土写本佛经残片　　　图二八六　K2 出土写本佛经残片

……于至。其二……

（后缺）

K2：375，残片。残高 5.5、残宽 3.5 厘米。存文字 2 行（图二八五）。译文如下：

（前缺）

……所思虑……

……间三……

（后缺）

K2：385，残片。残高 5、残宽 3.8 厘米。存文字 1 行（图二八六），译为"……初相宫分……"。

42. 佛经

共 6 纸。楷书书写。有下栏，单栏。地脚高 2 厘米。

K2：267，残片。有下栏。残高 10.4、残宽 7.5 厘米。存文字 4 行（图版二二六，1）。译文如下：

（前缺）

……与意相合谓。然《华严经》

……一切前皆现故相合

……竹叶法不渡，法身

　　……谓华□

（后缺）

K2：15，残片。有下栏。残高 8.4、残宽 6 厘米。存文字 3 行（图版二二六，2）。译文如下：

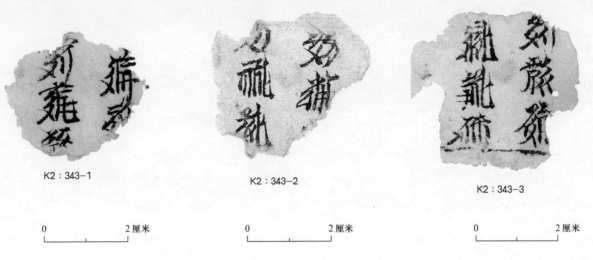

K2：343-1

0 _____ 2厘米

K2：343-2

0 _____ 2厘米

K2：343-3

0 _____ 2厘米

图二八七　K2出土写本佛经残片　　　图二八八　K2出土写本佛经残片　　　图二八九　K2出土写本佛经残片

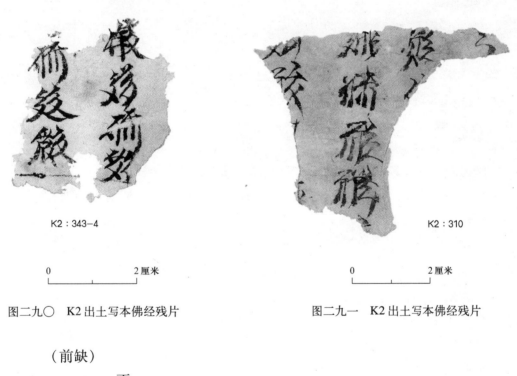

K2：343-4

0 _____ 2厘米

K2：310

0 _____ 2厘米

图二九〇　K2出土写本佛经残片　　　　　　图二九一　K2出土写本佛经残片

（前缺）

……不

……真，空观中三观

……悟观，二

（后缺）

K2：343-1，残片。残高2.9、残宽3.8厘米。存文字2行（图二八七）。译文如下：

（前缺）

……男女……

……作供养……

（后缺）

K2：343－2，残片。残高3、残宽3.7厘米。存文字2行（图二八八）。译文如下：

（前缺）

……谓于……

……令居处……

（后缺）

K2：343－3，残片。有下栏。残高3.8、残宽3.5厘米。存文字2行（图二八九）。译文如下：

（前缺）

……是。此

……半月之

（后缺）

K2：343－4，残片。残高4.2、残宽4厘米。存文字2行（图二九〇）。译文如下：

（前缺）

……人悦之谓

　……之果是。

　（后缺）

43. 佛经

共2纸。行楷书写。字间距较大。该文献为译自藏文的藏传佛教文献。

K2：301，残片。残高6、残宽7厘米。存文字5行（图版二二七）。译文如下：

（前缺）

……中三……

……女请唤。空□……

……时，于左手……

……以金刚……

……咕金〔1〕……

（后缺）

K2：310，残片。残高5.2、残宽6.2厘米。可识读的文字存1行（图二九一）。译为“……我之略许……”。

---

〔1〕 “咕金”为西夏语音译，其当为梵文 Kurkum 之西夏语音译，藏文又音译作 gur kum，译曰“藏红花、郁金花”。

44. 佛经

共 2 纸。行楷书写。无界栏行格。天头高 2.7、地脚高 0.8 厘米。文中个别地方有双行小字。此文献为译自藏文的藏传密教修法。

K2：240，残片。残高 15.3、残宽 8.4 厘米。存文字 4 行（图版二二八）。译文如下：

（前缺）

……柏叶上自

……次第如先，无穷□观想。此数面皆□□□□

……如是观想竟时，心间吽字，十六天母得。左鼻孔

……令成处，以无量观想，顶间上师本佛无上广博故□

（后缺）

K2：299，残片。残高 8.7、残宽 8 厘米。存文字 4 行，文中有双行小字。文字多残缺不全（图版二二九）。译文如下：

（前缺）

前□□根本续持……

□□用，念有僧……

施也此□_{皆亦上慧下□有□}……

中□□以远□……

（后缺）

45. 佛经

共 3 纸。行楷书写。有上栏，单栏。天头高 3.2 厘米。

K2：228，残片。有上栏。残高 7.6、残宽 6 厘米。存文字 2 行，残片之左侧有西夏文小字"五"（图二九二）。译文如下：

（前缺）

是。又先四……

多发生。六……

五

（后缺）

K2：364，残片。有单栏。残高 16.7、残宽 2.8 厘米。存文字 1 行（图二九三）。译为"之谓，察现前等谓者……"。

K2：365，残片。有单栏。残高 8.7、残宽 8 厘米。存文字 3 行，多已模糊不清（图二九四）。译文如下：

（前缺）

□□□咒坛……

是，中令不息。故……

中……

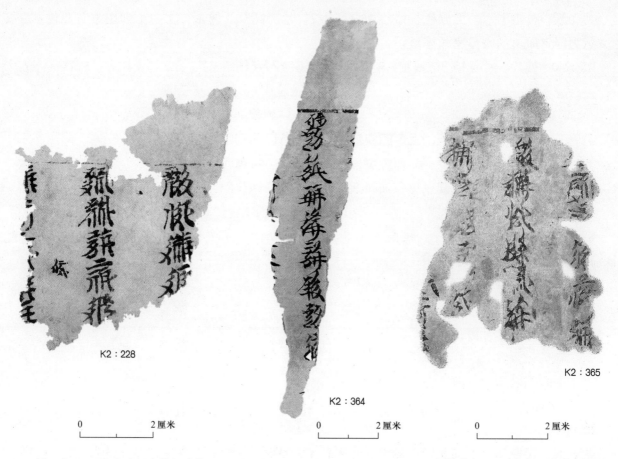

图二九二　K2 出土写本佛经残片　　　图二九三　K2 出土写本佛经残片　　　图二九四　K2 出土写本佛经残片

（后缺）

46. 佛经

共 2 纸。行楷书写。上下单栏，有天头、地脚。

K2：304 – 1，残片。有下栏。残高 11.5、残宽 6 厘米，地脚残高 1.4 厘米。存文字 2 行，个别字模糊不清（图版二三〇）。译文如下：

（前缺）

……持目睹面，三身五□□□□

……持目睹面，去除断见及岐悟

（后缺）

K2：291，残片。残高 12、残宽 4.7 厘米。存文字 2 行（图版二三一）。译文如下：

（前缺）

……持槌杖，第二……

……莲花于红色滂字上，日坛……

（后缺）

47. 佛经

共 2 纸。行书书写。上下单栏，有天头、地脚。行间夹有小字。

K2：290，残片。残高 4.3、残宽 4.4 厘米。存文字 3 行（图版二三二）。译文如下：

（前缺）

……人天□之□安……

……又愿身闻……

……遍枯竭……

（后缺）

K2：271，残片。残高 12、残宽 3.7 厘米，天头高 2.1 厘米。文字保存完整者仅 1 行，行间有一小字（图二九五）。译文如下：

（前缺）

　　　　右
□□□□四方茉若_我阿我……

（后缺）

48. 佛经

共 1 纸。K2：57，残片。行书书写。有下栏，单栏。残高 16、残宽 6.6 厘米，地脚高 2 厘米。存文字 4 行（图版二三三）。译文如下：

（前缺）

　　　　……是根本。□□者，彼当相合。

……为者，界中间与烧相缚有故。□者之作恶

　　　　……成，其□起之坠落□谓。要语

　　　　　　……谓节□□者□节由

　　　　（后缺）

49. 佛经

共 3 纸。行书书写。无界栏行格。

K2：340，残片。残高 4.2、残宽 8 厘米。存文字 4 行，多数字迹模糊不清（图二九六）。译文如下：

（前缺）

……授见故□……

……三此□□……

……□□□……

……义□……

（后缺）

K2：332，残片。残高 6、残宽 6.5 厘米。存文字 2 行。文中印有红色字，字迹不清晰（图二九七）。译文如下：

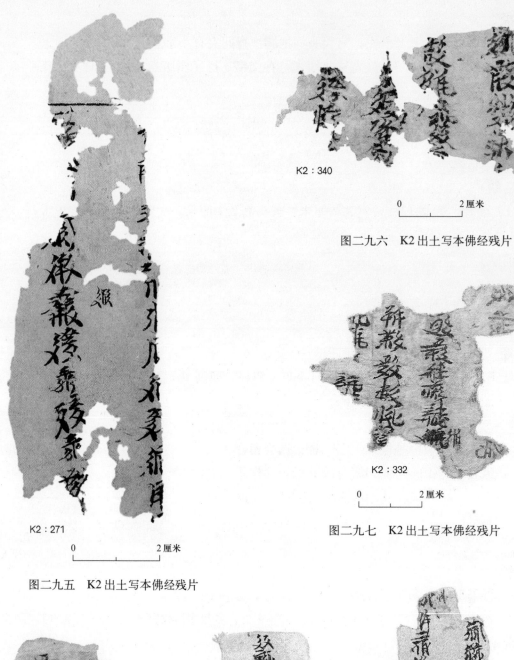

K2：340

0　　　　2厘米

图二九六　K2出土写本佛经残片

K2：332

0　　　　2厘米

图二九七　K2出土写本佛经残片

K2：271

0　　　　2厘米

图二九五　K2出土写本佛经残片

K2：304-2

0　　　　2厘米

图二九八　K2出土写本佛经残片

K2：9

0　　　　2厘米

图二九九　K2出土写本佛经残片

K2：368

0　　　　2厘米

图三〇〇　K2出土写本佛经残片

（前缺）

……天母白净常久……

……大牛幢及又……

（后缺）

K2：304-2，残片。残高2.4、残宽2.8厘米。存文字2行（图二九八）。译文如下：

（前缺）

智慧……

颇盆……

（后缺）

50. 佛经

共2纸。行书书写。上下单栏，字体较小。

K2：9，残片。有上栏。残高2.6、残宽2.1厘米。存文字1行（图二九九）。译为"南无无量寿……"。

K2：368，残片。残高4、残宽2.6厘米。存文字2行（图三〇〇）。译文如下：

（前缺）

……字者应成……

……心生起故……

（后缺）

51. 佛经

共9纸。行草书写。出土时成两叠，均残存上部。有上栏，单栏。天头高1.3厘米。文字潦草，甚难识读。

K2：272-1，残片。残高4.3、残宽4.5厘米。存文字3行（图三〇一）。译文如下：

（前缺）

是何义……

□谓者观文义……

色显……

（后缺）

K2：272-2，残片。残高4、残宽4.6厘米。存文字3行（图三〇二）。译文如下：

（前缺）

名及……

智□□是也……

色……

（后缺）

K2：272-3，残片。残高4、残宽3.6厘米。存文字1行，潦草难识（图三〇三）。

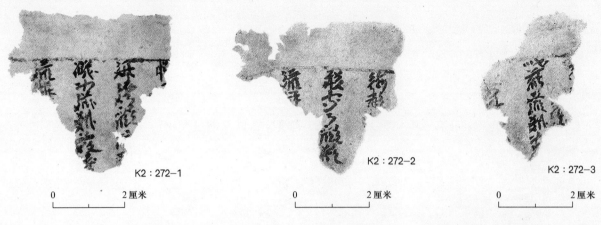

图三○一 K2出土写本佛经残片   图三○二 K2出土写本佛经残片   图三○三 K2出土写本佛经残片

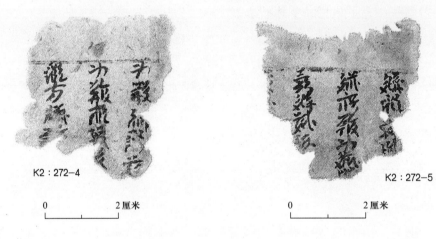

图三○四 K2出土写本佛经残片   图三○五 K2出土写本佛经残片

K2：272－4，残片。残高4.3、残宽3.8厘米。存文字3行，潦草难识（图三○四）。

K2：272－5，残片。残高4、残宽4厘米。存文字3行，潦草难识（图三○五）。

K2：348－1，残片。残高3.9、残宽5厘米。存文字4行（图三○六）。译文如下：

（前缺）

以一真法界……

定慧是，□不……

□□觉语俱……

□□□根本……

（后缺）

K2：348－2，残片。残高3.8、残宽3.5厘米。存文字3行（图三○七）。译文如下：

（前缺）

观，亦此□说……

应所□作中……

0　　　　　　2厘米

图三〇六　K2出土写本佛经残片

0　　　　　　2厘米

图三〇七　K2出土写本佛经残片

0　　　　　　2厘米

图三〇八　K2出土写本佛经残片

0　　　　　　2厘米

图三〇九　K2出土写本佛经残片

我心能解义……

（后缺）

K2：348－3，残片。残高4.6、残宽4.8厘米。存文字3行（图三〇八）。译文如下：

（前缺）

经等四大□……

此□亦解□语……

是本初之觉……

（后缺）

K2：348－4，残片。残高4.1、残宽4.4厘米。存文字4行（图三〇九）。译文如下：

（前缺）

下净亦悟，先……

告起者之中……

功之此者心……

□□□至……

（后缺）

52. 藏传佛经

共 9 纸。卷子装，行草书写。首尾俱缺。纸高 20.8 厘米。上下单栏，栏距 17.5 厘米。有天头、地脚。天头高 2、地脚高 1.1 厘米。行间距较宽，字较小，有的字成一黑团，有的字残缺，很难辨识。

K2∶143，残页。高 20.8、残宽 33.4 厘米。存文字 20 行（图版二三四）。译文如下：

（前缺）

中来……

无□□利……

语依种有显现也。此如来□者文……

有也。文□□□尔后解悟也。□中……

有。一名二句三戒。名者显现诸法自性，譬如诸法中色……

也。句者显现差异，譬如色不同，中□诸色之□如也。……

譬如以彼句显现差异，亦义□未显□□彼色之……

此刻随文中名，实集句章□闻。此般若句义者咒章意□配，

后人闻时能有知解者。实生信者乃《大积经》中说，诸法实有

不信□实信成。譬如有罪，以目见虚花时，虚花持。故目清净者

彼之□□。此意□□等蕴界体性有。实信□□义解者，彼

体性实有，不信无自性，由知解方生起实信者谓。二疑以恶语

信现者，文中佛须菩提[1]之□□□，此之实令成谓等。此章佛

（须菩）提之□□□□语恭敬，我□尽。又后五百品时，持戒慧

……能起解信。云真义□□（后有西夏文小字：问语），须菩提何故

　　　　　　……觉有等而有生□解者。又问：唯五

……谓何也（后有西夏文小字：答语）。有二种所说，前□□□

　　　　　　……能知解谓，问也。班弥怛

　　　　　　……是。何故□□

　　　　　　……也。此□□□□

（后缺）

---

〔1〕"须菩提"为西夏文音译，人名，佛之十大弟子之一。"须菩提"当为梵文 Subhūdi 之音译，译曰"善现"，汉文文献中又音译作"须浮帝"、"须扶提"、"苏补底"等。

K2：133，残片。残高 18、残宽 5 厘米。存文字 3 行（图版二三五）。译文如下：

（前缺）

……记第四

□□身相□□信□者，文中佛谓须菩提，所到……

是谓见如来等。此文□□者须菩提身……

（后缺）

K2：288，残片。残高 8.8、残宽 4 厘米。存文字 2 行（图版二三六）。译文如下：

（前缺）

也。然经中云：种种……

论中皆□法□心，三界……

（后缺）

K2：337，残片。残高 5.2、残宽 6.2 厘米。存文字 4 行（图版二三七）。译文如下：

（前缺）

……诸义

……谓如。心等之□

……者□解句等

……□也

（后缺）

K2：346，残片。残高 7、残宽 4.5 厘米。存文字 3 行（图版二三八，1）。译文如下：

（前缺）

因闻法福……

皆见知解□□……

起修行故□□□……

（后缺）

K2：224-1，残片。残高 13.7、残宽 5.3 厘米。存文字 4 行（图版二三八，2）。译文如下：

（前缺）

……皆□……

……经契宣说时，五……

……中后五百品者《大积经》中说，圆……

……修□得者□也。第二五百……

（后缺）

K2：224-2，残片。残高 4.8、残宽 4.8 厘米。存文字 2 行（图三一〇）。译文如下：

（前缺）

菩提……

K2：224-2　　图三一〇　K2出土藏传佛经残片

0　　　　　2厘米

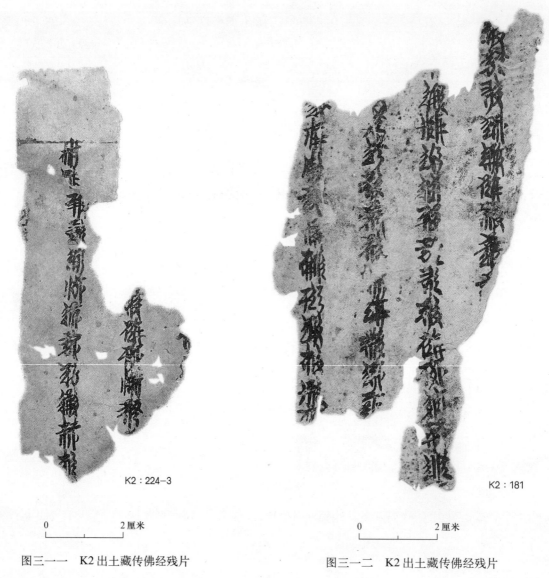

K2：224-3

K2：181

0　　　　2厘米

0　　　　2厘米

图三一一　K2出土藏传佛经残片　　　　　图三一二　K2出土藏传佛经残片

心生□谓……

（后缺）

K2：224－3，残片。有上栏。残高 10.4、残宽 4.5 厘米。存文字 2 行（图三一一）。译文如下：

（前缺）

……如是观想……

……中，我等何故不解谓，惭愧……

（后缺）

K2：181，残片。有上栏。残高 12.4、残宽 6 厘米。存文字 4 行，文字多数残缺不全，模糊难辨（图三一二）。

53. 科文

共 1 纸。卷子装。K2：114，楷书书写，首尾残缺，无名无题。纸高 29.4、残宽 32 厘米。上下单栏，栏距 21 厘米。天头高 4.4、地脚高 4 厘米（图版二三九）。正文中每句科文注释下有西夏文或汉文小字。译文如下：

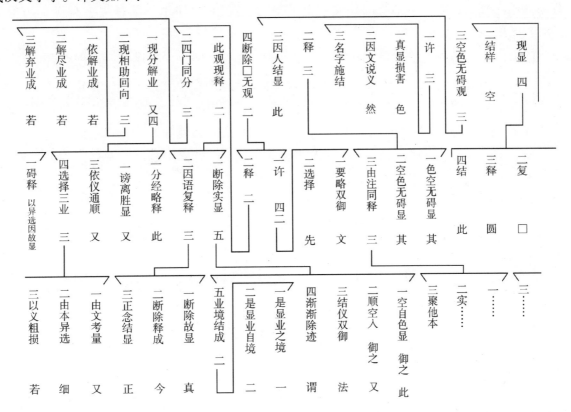

54. 密教修法科文

存 1 纸。行楷书写。K2：123，残页。高 25.3、残宽 13.4 厘米。字体极小，甚难识读（图版二四○）。背面有行草抄写的经文。

正面部分分为三科：无穷性气、无穷差别和性气之义。按原文格式译文如下（原文为竖行，这里改作横行）：

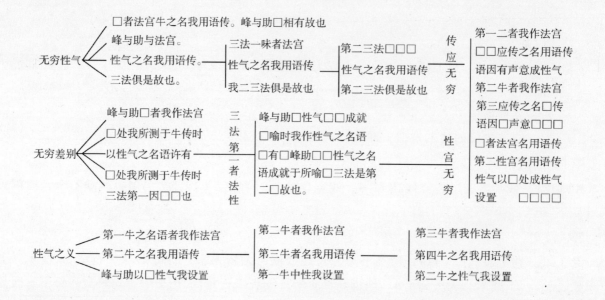

背面是用西夏文行草小字书写的经文。上下单栏，栏距 18 厘米。共有文字 6 行（图版二四一），较难识读。译文如下：

　　　　能由意生而各自入定。第二行用□□犹如眼，相续无间。以行用一一乃梗啰者

　　　　何故尔时意化而不见，故谓。然尔时不见故，以其不需梗啰，一一相续并自寻

　　　　受为自性，因是于一一字分，行也。他亦□未见，以何成。以寻不成。以经成谓，依何

　　　　故生，并□□定。行用□需故也。然以经尔时亦成，因境等久□于法□

　　　　如。尔时亦见也。然以意尔时未见谓者，无定也谓。然诚中意□□者立，

　　　　不同处及未有时生□□也谓。□彼数等谓。

55. 佛经

共 15 纸。不论是纸质，还是书写格式均与其他佛经不同，故将它们单独介绍。

佛经之一

K2:358，残片。行书书写。残高 10、残宽 4.2 厘米。存文字 3 行，并有双行小字注（图三一三）。译文如下：

　　　　（前缺）

　　　　……又观解真义 天堂地狱界皆有苦

　　　　　　……风花雪月

　　　　　　　　……至

　　　　（后缺）

佛经之二

共存 2 纸，楷书书写。

K2:409，残片。残高 3.2、残宽 4.5 厘米。存文字 3 行（图三一四）。译文如下：

　　　　（前缺）

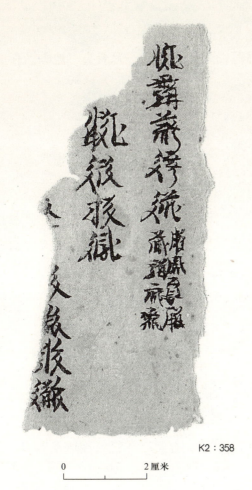

K2 : 358

0   2厘米

图三一三　K2出土写本佛经残片

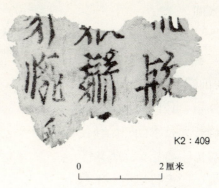

K2 : 409

0   2厘米

图三一四　K2出土写本佛经残片

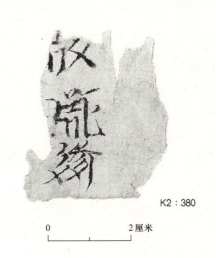

K2 : 380

0   2厘米

图三一五　K2出土写本佛经残片

……索……

……写……

……身不……

（后缺）

K2：380，残片。残高4、残宽3.5厘米。存文字1行（图三一五）。译为"……宫主……"。

佛经之三

K2：362，残片。高11.5、残宽3.7厘米。上下单栏，栏距9.4厘米。天头、地脚高均为1.2厘米。存文字3行，每行9字（图版二四二）。译文如下：

（前缺）

　　……以文字

上下方隅虚空界青母

三世界者以足穰之也

（后缺）

佛经之四

K2：289，残片。高 10.8、残宽 8.2 厘米。顶格书写，无界栏行格，无天头、地脚。存文字 4 行（图版二四三）。译文如下：

（前缺）

伎乐　仆使闻，何故入。

倘若无弦求□知。仆使

解悟□离相知资乘身 毕□弦□

……□疾行惧痴　不尽

（后缺）

佛经之五

K2：411，残片。残高 3.1、残宽 6.5 厘米，存文字 3 行。（图三一六）。译文如下：

（前缺）

……实……

……信喜乐……

……及最……

（后缺）

佛经之六

K2：21，残片。残高 20.8、残宽 5.2 厘米。有细墨线行格，存文字 2 行（图版二四四）。其为译自藏文的藏传佛教文献残页。译文如下：

（前缺）

奉诏师日夜供养不断而为次。

贤觉　　帝师　　传

佛经之七

K2：309－1，残片。行书书写。有下栏，单栏。地脚高 1 厘米。有行格，行格宽 1.2 厘米。残高 5.6、残宽 5.5 厘米。存文字 3 行（图版二四五）。译文如下：

（前缺）

　……大是。心法

　……谓。何未脐点

　　　……者外

（后缺）

佛经之八

K2：82，残片。行楷书写。有下栏，单栏。地脚高 2.8 厘米。残高 12.2、残宽 2.6 厘米。存文字 1 行（图三一七）。译为"……诵持根本咒及真心咒等"。

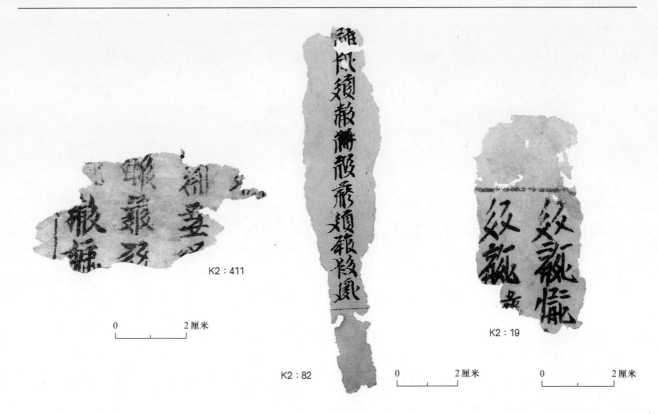

图三一六　K2出土写本佛经残片　　图三一七　K2出土写本佛经残片　　图三一八　K2出土写本佛经残片

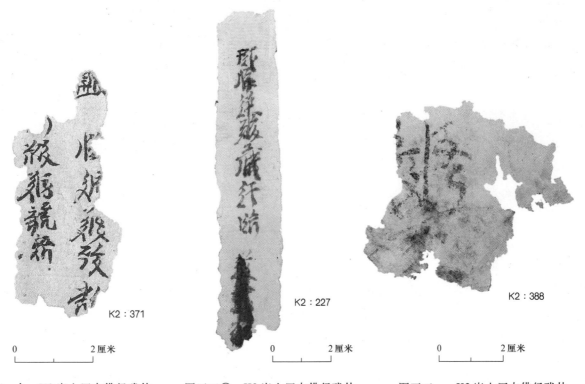

图三一九　K2出土写本佛经残片　　图三二〇　K2出土写本佛经残片　　图三二一　K2出土写本佛经残片

佛经之九

K2：19，残片。行楷书写。有上栏，单栏。地脚高2厘米。残高6、残宽3厘米。存文字2行（图三一八）。译文如下：

（前缺）

南无谛……

南无……

（后缺）

佛经之十

K2：371，残片。行书书写。残高6、残宽3.3厘米。存文字2行（图三一九）。译文如下：

（前缺）

……利。又□宝珠三……

……心幻物□……

（后缺）

佛经之十一

K2：227，残片。行书书写。残高12、残宽2.3厘米。存文字1行（图三二〇）。译为"……如，集计时□毕陀……"。

佛经之十二

K2：388，残片。行楷书写。残高5.5、残宽6厘米。残存1个字（图三二一）。译为"……有"。

佛经之十三

K2：120，经折装。该纸是两纸的接口处，后一纸已佚。行草书写。有上栏，双栏。残高13.2、残宽6.6厘米。天头高2.4厘米。存文字4行，多数字残缺不全（图版二四六，1）。译文如下：

（前缺）

……□□□以而……

耳□自性及无量□□□……

者有成。此间□抹随以□应谓……

显现□□□□显现。一切自之本佛……

（后缺）

佛经之十四

K2：266，残片。行书书写。有上栏，单栏。残高10.3、残宽11.1厘米。天头高5厘米。存文字4行（图版二四六，2）。译文如下：

（前缺）

性白色顶生……

中□者四……

如□愚花……

一样，由一种等……

（后缺）

佛经之十五

K2：223－1，残片。行书书写。残高2.4、残宽2.8厘米。有上栏，单栏。有天头，高2.8厘米。有行格，行格宽2.1厘米。存文字2行（图版二四七）。译文如下：

（前缺）

者亦应食无死，十□等谓及彼之安乐……

记句者亦不应超出上师语等及……

应食未有醉等宣说。不离……

（后缺）

56. 科文

共2纸。卷子装。草书书写。出土时揉成一团。无界栏行格，天头很低。残存总长度60多厘米。内容不详。

K2：124－1，残页。残高20、残宽53厘米（图版二四八）。

K2：124－2，残片。残高9、残宽13.3厘米（图版二四九）。

57. 佛经

共15种。草书书写。均书写非常潦草，甚难识读，内容不详。

佛经之一

共27纸。卷子装。纸高22.2厘米，总长度约180厘米。上下有单线界栏，栏距18.7厘米。有墨线行格，行格宽1.8厘米。天头高2.3、地脚高1.2厘米。文中有写错并经涂改之处，偶有红笔标点，文字潦草。其中有"轮"、"中围"、"瑜伽"、"脉"等藏传密宗文献中常见的术语，还有"注"、"所谓"等西夏佛经注疏中常用的形式。故推测，此经应是译自藏文的藏传密教修法仪轨的注疏。

K2：127，残页。高22.2、残宽25.7厘米。存文字15行（图版二五○）。

K2：161，残页。高22.2、残宽24.5厘米。存文字14行（图版二五一）。

K2：69，残页。高22.2、残宽24厘米。存文字14行（图版二五二）。

K2：71，残页。高22.2、残宽27厘米。存文字16行（图版二五三）。

K2：72，残页。残高16.6、残宽26厘米。有文字15行（图版二五四）。

K2：153，残页。高22.2、残宽13.8厘米。残存文字8行（图版二五五）。

K2：203，残片。残高13.8、残宽10.5厘米。存文字6行（图版二五六）。

K2：180，残片。残高15.8、残宽15厘米。存文字7行（图版二五七）。

K2：58－1，残片。残高13、残宽5.5厘米。存文字4行（图版二五八）。

K2：172－1，残片。残高15、残宽9厘米。存文字5行（图版二五九）。

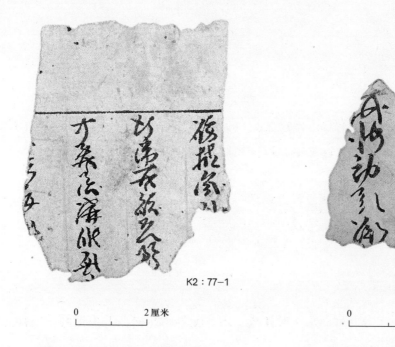

图三二二　K2 出土写本佛经残片　　　图三二三　K2 出土写本佛经残片

K2：172－2，残片。残高10、残宽5厘米。存文字3行（图版二六〇）。

K2：172－3，残片。残高10.6、残宽7厘米。存文字4行（图版二六一）。

K2：77－4，残片。残高14.2、残宽12.5厘米。存文字7行（图版二六二）。

K2：77－3，残片。残高12.3、残宽7.7厘米。存文字4行（图版二六三）。

K2：77－1，残片。残高7、残宽5.7厘米。存文字3行（图三二二）。

K2：77－2，残片。残高4.2、残宽3.3厘米。存文字1行（图三二三）。

K2：395－1，残片。残高5、残宽6.5厘米。存文字3行（图三二四）。

K2：395－2，残片。残高4.2、残宽5厘米。存文字2行（图三二五）。

K2：395－3，残片。残高4.5、残宽4厘米。存文字2行（图三二六）。

K2：10，残片。残高6.6、残宽3.6厘米。存文字2行（图三二七）。

K2：396－1，残片。残高9、残宽2厘米。存文字1行（图三二八）。

K2：396－2，残片。残高6、残宽2.5厘米。存文字2行（图三二九）。

K2：396－3，残片。残高6.2、残宽2厘米。存文字1行（图三三〇）。

K2：396－4，残片。残高6.6、残宽2厘米。存文字1行（图三三一）。

K2：396－5，残片。残高4.5、残宽4厘米。存文字2行（图三三二）。

K2：396－6，残片。残高5.7、残宽2厘米。存文字1行（图三三三）。

K2：34，残片。残高4、残宽2厘米。存文字1行（图三三四）。

佛经之二

共11纸。卷子装。纸高22厘米，总长度80多厘米。无界栏行格。留有天头和地脚。天头高

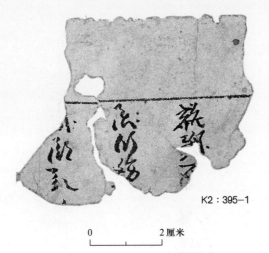

K2:395-1

0   2厘米

图三二四 K2出土写本佛经残片

K2:395-2

0   2厘米

图三二五 K2出土写本佛经残片

K2:395-3

0   2厘米

图三二六 K2出土写本佛经残片

K2:10

0   2厘米

图三二七 K2出土写本佛经残片

1.7、地脚高1.5厘米。文中偶有红笔标点。该经也应是译自藏文的藏传密教修法仪轨的注疏。其文字书写风格及大小与草书佛经之一完全一致，唯一不同之处是该种文献无界栏行格，而草书佛经之一有界栏行格。所以，这两种文献的抄写者应是同一人，也许是同一文献。

    K2:75-1，残页。高22、残宽18.7厘米。存文字9行（图版二六四）。

    K2:75-2，残页。高22、残宽16厘米。存文字7行（图版二六五）。

    K2:188，残页。高22、残宽15厘米。存文字8行（图版二六六）。

    K2:73，残页。高22、残宽9厘米。存文字5行（图版二六七）。

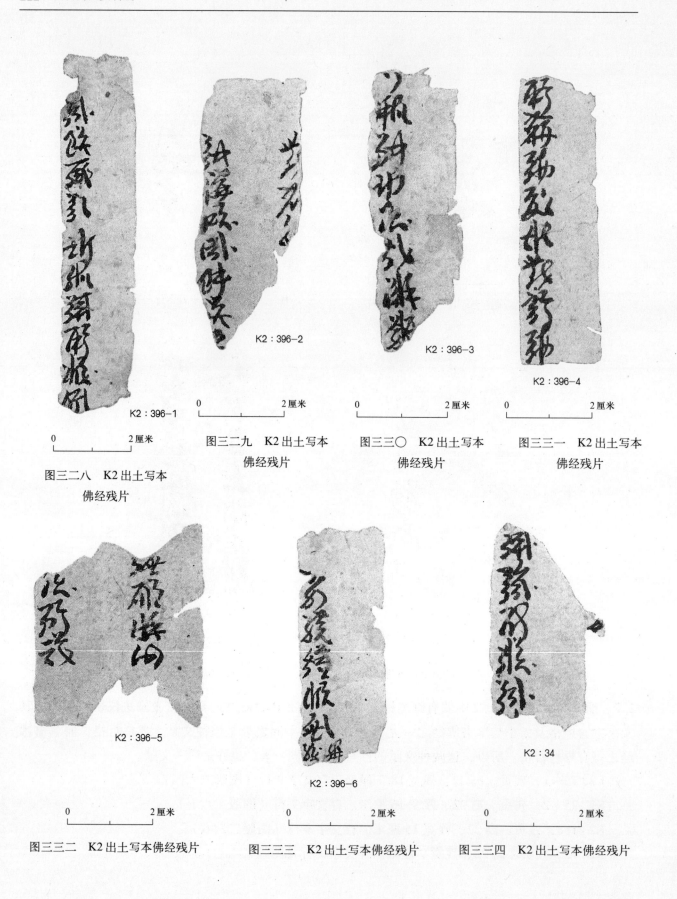

K2：396-1

图三二八　K2 出土写本
佛经残片

图三二九　K2 出土写本
佛经残片

K2：396-2

图三三〇　K2 出土写本
佛经残片

K2：396-3

图三三一　K2 出土写本
佛经残片

K2：396-4

K2：396-5

图三三二　K2 出土写本佛经残片

K2：396-6

图三三三　K2 出土写本佛经残片

K2：34

图三三四　K2 出土写本佛经残片

K2：4，残页。高 22、残宽 9.8 厘米。存文字 5 行。在首行的右边还有小字注（图版二六八）。

K2：22，残片。残高 18.6、残宽 17 厘米。存文字 9 行（图版二六九）。

K2：394，残片。残高 9、残宽 8 厘米。存文字 4 行（图版二七○）。

K2：18，残片。残高 9、残宽 6 厘米。存文字 3 行（图三三五）。

K2：347－1，残片。残高 7.8、残宽 5 厘米。存文字 3 行（图三三六）。

K2：347－2，残片。残高 7、残宽 5.5 厘米。存文字 3 行（图三三七）。

K2：43，残片。残高 6.5、残宽 4.6 厘米。存文字 2 行（图三三八）。

佛经之三

共 4 纸。卷子装。无界栏行格。天头高 1.6～2 厘米，地脚高 0.6～1.2 厘米。纸高 32 厘米。

K2：130，残页。高 32、残宽 34.5 厘米。存文字 27 行（图版二七一）。

K2：204，残片。残高 13.4、残宽 15.5 厘米。存文字 13 行（图版二七二）。

K2：182，残片。残高 16、残宽 8.4 厘米。存文字 7 行（图版二七三）。

K2：28，残片。残高 17.5、残宽 5 厘米。存文字 4 行（图版二七四）。

佛经之四

共 1 纸。单页（？）。K2：122，为该页之尾部，前缺。书写非常潦草，内容不详。存文字 30 行。纸高 32.5、残宽 31 厘米（图版二七五）。

佛经之五

共 1 纸。K2：242，残片。残高 12.8、残宽 12.3 厘米。从残存部分看，其上部有单栏，文中有行格。行格宽 1.2 厘米。天头高 0.8 厘米。存文字 8 行。文字甚难辨识（图版二七六）。

佛经之六

共 2 纸。卷子装。1 纸为上半部，1 纸为下半部，无法拼接连缀。无界栏行格，有天头、地脚。天头高 1.7、地脚高 1.5～2 厘米。行距较宽。行间偶有小字注释。多处文字缺损，字迹潦草，甚难辨认。文中有"天母"、"金刚"、"甘露供养"、"中围"等词语，说明其是译自藏文的藏传佛教密宗文献。

K2：191－1，残页。残高 23、残宽 38 厘米。存文字 15 行（图版二七七）。

K2：191－2，残页。残高 20、残宽 39 厘米。存文字 16 行（图版二七八）。

佛经之七

共 2 纸。字较大。

K2：247，残片。残高 5.2、残宽 12.2 厘米。存文字 6 行（图版二七九）。

K2：389，残片。残高 5、残宽 4.7 厘米。存文字 2 行（图三三九）。

佛经之八

共 7 纸。无界栏行格，有天头，但无地脚。字很小。

K2：231－1，残片。残高 12、残宽 5 厘米。存文字 5 行（图版二八○）。

K2：231－2，残片。残高 12、残宽 14 厘米。存文字 13 行（图版二八一）。

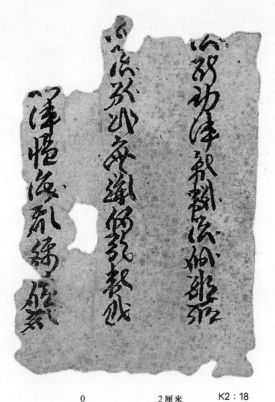

0   2厘米   K2：18

图三三五   K2出土写本佛经残片

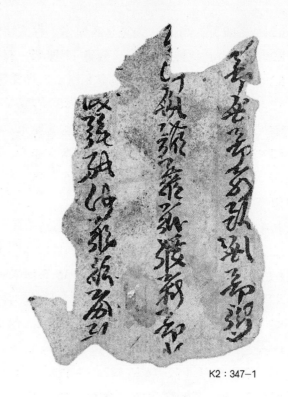

K2：347-1

0   2厘米

图三三六   K2出土写本佛经残片

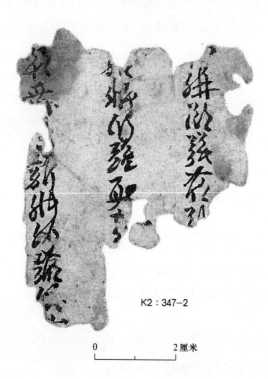

K2：347-2

0   2厘米

图三三七   K2出土写本佛经残片

K2：43

0   2厘米

图三三八   K2出土写本佛经残片

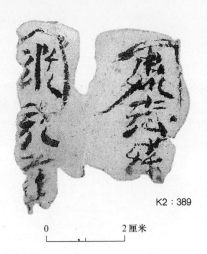

K2：389

0　　　　　2厘米

图三三九　K2出土写本佛经残片

K2：338-2

0　　　　　2厘米

图三四〇　K2出土写本佛经残片

K2：298

0　　　　　2厘米

图三四一　K2出土写本佛经残片

K2：381

0　　　　　2厘米

图三四二　K2出土写本佛经残片

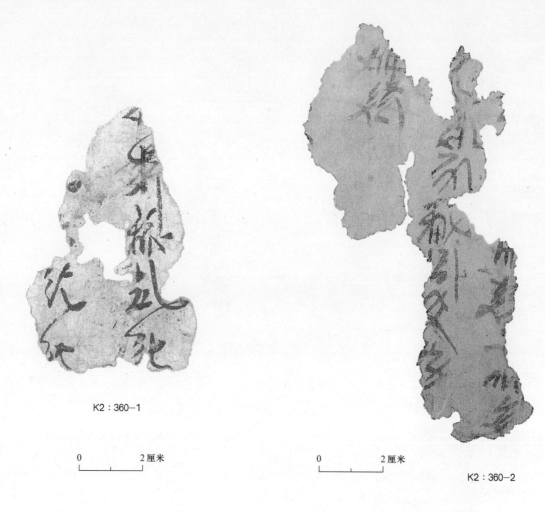

图三四三　K2出土写本佛经残片　　　　图三四四　K2出土写本佛经残片

K2：231－3，残片。残高19、残宽6.8厘米。存文字7行（图版二八二）。

K2：338－1，残片。残高16、残宽6.5厘米。存文字5行（图版二八三）。

K2：338－2，残片。残高6、残宽3.5厘米。存文字3行（图三四〇）。

K2：298，残片。残高9.5、残宽2.4厘米。存文字3行（图三四一）。

K2：381，残片。残高4.7、残宽4厘米。存文字4行（图三四二）。

佛经之九

残存2纸。

K2：360－1，残片。残高8.5、残宽5.4厘米。存文字2行（图三四三）。

K2：360－2，残片。残高12、残宽6.5厘米。存文字3行（图三四四）。

佛经之十

共1纸。K2：239，残片。残损严重，正面和背面均有文字。残高26.6、残宽13厘米。正面存文字7行（图版二八四）。背面有文字5行（图版二八五）。

K2：79

0　　　2厘米

图三四六　K2出土写本佛经残片

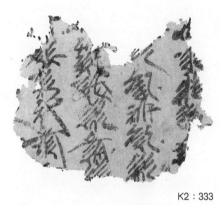

K2：333

0　　　2厘米

图三四七　K2出土写本佛经残片

K2：192

0　　　2厘米

图三四五　K2出土写本佛经残片

佛经之十一

共1纸。K2：192，残片。有地脚，左侧边较宽。残高15.2、残宽11厘米，地脚高4.1、左侧边宽3.2厘米。存文字3行（图三四五）。

佛经之十二

共1纸。K2：79，残片。左侧留有宽边。残高6.4、残宽17厘米。存文字3行（图三四六）。

佛经之十三

共1纸。K2：333，残片。残高5.5、残宽6.5厘米。存文字4行（图三四七）。

佛经之十四

共1纸。K2：367－2，残片。残高5、残宽6.5厘米。存文字1行（图三四八）。

佛经之十五

共1纸。K2：220，残片。残高12、残宽5.2厘米。存文字1行（图三四九）。

K2：367-2

0　　　　　2厘米

图三四八　K2出土写本佛经残片

K2：220

0　　　　　2厘米

图三四九　K2出土写本佛经残片

0　2厘米

K2：215

图三五〇　K2出土佛经封面（正面）

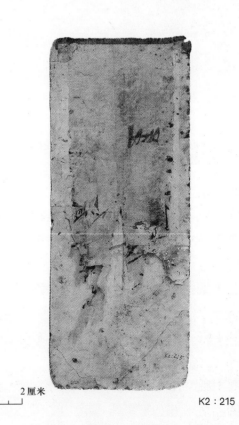

0　2厘米

K2：215

图三五一　K2出土佛经封面（背面）

0 ____ 2 厘米　　　　　　　　　　　　　　　　K2：217　　　　　　　　　0 ____ 2 厘米　　　　　　　　　　　　　　　K2：217

图三五二　K2 出土佛经封面（正面）　　　　　　　　　　　　图三五三　K2 出土佛经封面（背面）

58. 佛经封面

共 2 件。均为经折装硬纸封面。

K2：215，为一厚纸，残为两段。高 25.8、宽 10.5、厚 0.2 厘米。封面正面裱一层蓝色的丝织品。其上楷书竖写西夏文经名，已模糊不清，可识读的为"……注第一"（图三五〇）。背面粘有行书西夏文佛经，甚残（图三五一）。

K2：217，为一厚纸。高 13.5、宽 4.5、厚 0.5 厘米。封面表面裱一层蓝色丝织品，无经名（图三五二）。背面粘有行书西夏文佛经（图三五三）。

（三）汉文佛经

能确定为佛经的汉文文献仅有《圣妙吉祥真实名经》1 种，共 2 纸。经折装。无首尾经名。纸高 12 厘米，上下有子母栏，栏距 9 厘米。每纸存 3 行，每行是两句七字的偈语。

K2：100 - 1，残片。高 12、残宽 3 厘米（图版二八六，1）。录文如下：

（前缺）

我等真实救度者　　　作护菩提大利益

宣说幻化微妙理　　　此是清净微妙道

亦是甚深极广大　　　大义有情作利益

（后缺）

K2：100 - 2，残片。高 12、残宽 3 厘米（图版二八六，2）。录文如下：

（前缺）

　　三世诸佛真实说　　　诸秘密中真实王

　　此妙吉祥真实名　　　真实无私而翻译

　　为护真实善根故　　　一切有情皆真实

（后缺）

这两纸内容与释智（慧）译《圣妙吉祥真实名经》内容相同。参阅《大正藏》卷 20《圣妙吉祥真实名经》页 832 上栏和中栏。

（四）藏文经咒

共 11 纸。有藏文佛经和经咒两种。

1. 藏文写本佛经

共 1 纸。K2：426，残片。残高 3.5、残宽 4.7 厘米。两面均有文字，均为古藏文（图版二八七，1、2）。

2. 版印藏文经咒

共 10 纸。均为长条形，有完整的，也有残缺不全的。最大者高 6.2、宽 25 厘米。每一件经咒均为 2 行，内容一致。其上下有双栏边框，左右为单栏，栏高 2.2、宽 16.6 厘米。边框四周有宽边。

K2：235 - 1，边缘略残。高 6.6、宽 22 厘米（图版二八八，1）。

K2：235 - 2，边缘略残。高 6、宽 25 厘米（图版二八八，2）。

K2：235 - 3，完整。高 6.2、宽 25 厘米（图版二八八，3）。

K2：235 - 4，残片。残存半页。高 6.2、残宽 12.8 厘米（图三五四）。

K2：235 - 5，残片。残存约三分之一。高 4.8、残宽 7.7 厘米（图三五五）。

图三五四　K2 出土版印藏文经咒残片　　　　　图三五五　K2 出土版印藏文经咒残片

图三五六　K2出土版印藏文经咒残片　　　　　　图三五七　K2出土版印藏文经咒残片

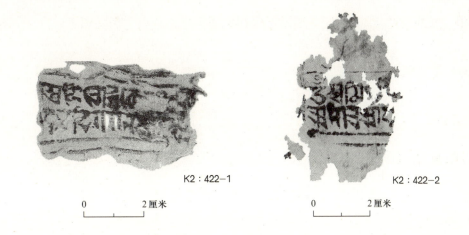

图三五八　K2出土版印藏文经咒残片　　　图三五九　K2出土版印藏文经咒残片

K2：235－6，残片。残存约三分之一。残高4.5、残宽7.7厘米（图三五六）。

K2：6，残片。残缺一角。高8.7、宽20.7厘米（图版二八九）。

K2：232，残片。存约三分之一。高8.5、残宽16厘米（图三五七）。

K2：422－1，残片。残高4、残宽5.5厘米（图三五八）。

K2：422－2，残片。残高5.8、残宽3.6厘米（图三五九）。

二　辞书

共3种，8纸。为《同音》、《同义》和《同音文海宝韵合编》。

（一）西夏文《同义》

共2纸。蝴蝶装，刻本。四界双栏，有天头、地脚。文中有行格，宽2厘米。字体较大，约1.3厘米见方。

K2：157，残片。有上栏和右栏。天头高4.4厘米。右上角存阴刻篇名，可惜篇名不清。残高15.2、残宽15.6厘米。正文存文字6行（图版二九○）。译文如下：

> □
>
> 筵、宴、飧食、飧食、筵、筵……
>
> 稻、麦、麦、麻、秫、粟……
>
> 饮、粥、粥、角黍、粽子……
>
> 肉、（肉末）、肉馅、肉馅、食……
>
> 润滑、润滑、酥油、熟酥、蜜……
>
> （熟酥）、熟酥、奶渣、奶渣、搅拌……
>
> （后缺）

K2：286，残片。残高3、残宽5厘米。仅存文字2行，共4个字（图版二九一，1）。译文如下：

> （前缺）
>
> ……诈、骗……
>
> ……逃、诱……
>
> （后缺）

（二）西夏文《同音》

共4纸，分属两种不同版本。蝴蝶装，刻本。正文均为一大字下有一小字，大小字组成一同义词组。

第一种版本有2纸，字体笔画略显粗肥。四界为单栏，有天头、地脚。地脚残高2厘米。文中有行格，行格宽2.1厘米。中间有书口，书口宽1.4厘米。从残页看，书口中还有汉文页码。

K2：201−1，残片。有下栏和左栏。残高6.6、残宽7.8厘米。存文字3行（图版二九一，2）。译文如下：

> （前缺）
>
> ……货物、勒薄（党项人名）
>
> ……膨胀、颗粒
>
> ……浮图（塔）、襁肚
>
> （后缺）

K2：201−2，残片。有下栏和书口。书口有汉文"三"，当指《同音》第3页。正文中有的大字下为汉文数字。残高6.6、残宽7.8厘米。存文字5行（图版二九二）。译文如下：

（前缺）

……者……

……三

……大象、小畜

……清扫

……立即

……仰视

……茉芋

……姊妹

（后缺）

第二种版本亦有 2 纸，字体笔画较为细瘦。四界为双栏。文中有行格，行格宽 2 厘米。

K2：218，残片。有右边栏。残高 9.3、残宽 8.5 厘米。正文存文字 3 行（图版二九三，1）。译文如下：

多余、嬉戏、弯曲、停止……

兴盛、穿著、瘦弱、停止……

……钵子、迦伽……

（后缺）

K2：329，残片。残高 5、残宽 6.3 厘米。正文存文字 3 行（图版一九三，2）。译文如下：

（前缺）

……溢满……

自强、锹镢……

……堡垒……

（后缺）

（三）西夏文《同音文海宝韵合编》

共 2 纸。写本。有上栏，单栏。无行格。有天头，高 3 厘米。其格式类《说文解字》，被注释的字较大，占满行。其次用小字解释其字形结构，然后为注释。小字为双行。

K2：306，残片。有上栏，单栏。残高 6、残宽 5.2 厘米（图版二九四，1）。译文如下（原文中的双行小字在译文中改为单行小字）：

（前缺）

饮旁 研磨……

从研 摇，研磨……

沉贪
上界 阴云

（后缺）

K2：287，残片。有上栏，单栏。残高4.8、残宽5厘米（图版二九四，2）。译文如下：

（前缺）

□□

圣全……

健……

□……

（后缺）

三　其他文献

此类文献有的是与佛教有关，但不是佛经；有的因残缺严重，无法确定其是否为佛经，故而单独将其列出。其中有西夏文和汉文两种。

（一）西夏文文献

共3种，6纸。均为写本。

1. 曼遮散

共1纸。卷子装，行草书写。K2：197，高12.5、宽28.3厘米。顶格书写，无界栏行格，无天头、地脚。首尾完整，共9行（图版二九五）。译文如下：

曼遮散[1]

白佗青等医治

黄牵牛四两　　墨香五钱　　白牵牛二两

门土三钱　　胡椒二钱　　□□芋六钱

散白皮三钱

此数相混磨成末，睡时□盏

瓶中五钱应饮用。四五遍

□时，白米□□□三次应食。

云五钱者□□□□□应观。

2. 集粮账单

共2纸。单页，行书书写。

K2：46，残片。有头无尾，顶格书写。残高23.2、残宽11厘米。存文字4行，每行最多者12字。字较大，高约2、宽约1.5厘米（图版二九六）。其背面也有一行文字（图版二九七）。译文如下：

---

[1]　"曼遮散"是西夏文音译，其当为藏文或梵文的音译词，其意未解。

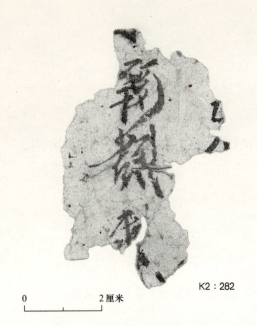

K2：282

0　　　　2 厘米

图三六〇　K2出土集粮账单

（正面）

集取粮食

……啰宥处十三斛三斗麦，又三斛

……二斛麦。梁□师□□斛麦，□

　　　……梁慧护处□□粟□

（后缺）

（背面）

送五斛麦中……

K2：282，残片。残高6、残宽4.4厘米。存2字（图三六〇）。译为"……斛谷……"。

3. 化缘账单

卷子装，行书书写，当属同一件文献。有尾无头，字略小。字高1、宽0.8厘米。

K2：97，残片。残高13、残宽8厘米。存文字3行（图版二九八）。译文如下：

（前缺）

……二十两　哆□□明四

……二十六两　……

……种……

（后缺）

K2：356，残片。残高17、残宽17厘米。存文字5行（图版二九九）。译文如下：

（前缺）

……师处十斛麦和五斛谷面、三

……上梁慧护处五斛粟和三斛

……人处放五斛五斗麦和一斛五斗谷

……获得五斗麦。马阿茂处三斗谷面又

……增苏儿化有。

K2：92，残片。高14、宽7厘米。存文字3行，多数文字模糊不清（图版三〇〇）。译文如下：

（前缺）

……梁阿□大德十□□□□师拾五……

……杜法师一……

……二……

（后缺）

（二）汉文文献

共5种，6纸。其中5纸为写本，另1纸为刻本。

文献之一

共2纸，均行书书写，不知题名。

K2：281－1，残片。前后残缺，残高8、残宽5厘米。存文字3行（图版三〇一，1）。录文如下：

（前缺）

千户……

百户……

张浦……

（后缺）

K2：281－2，残片。残高11.5、残宽9厘米。存文字3行（图版三〇一，2）。录文如下：

……洪一石高宽

……羊纯 安祥

……陈亮

（后缺）

文献之二

共1纸。行书书写，K2：367，残片。残高6.5、残宽3.2厘米。存文字2行（图版三〇二，1）。录文如下：

（前缺）

……岁气

……士

（后缺）

文献之三

共1纸。揭裱，行草书写。K2：425，残片。该文献为唐卡（K2：425）背揭裱纸，纸面还残留绘制唐卡用的颜料。残高19、残宽10厘米。存文字3行（图版三〇二，2）。录文如下：

（前缺）

……第……

……阿狼罢二项

……埋党会遇……

（后缺）

文献之四

K2：24，行书书写。残片。残高5、残宽7.5厘米。仅存1字"浇……"（图三六一）。

文献之五

图三六一　K2出土汉文文献残片　　　　　图三六二　K2出土汉文文献残片

K2：376，刻本。残片。残高5、残宽1.4厘米。存文字1行，字体略大（图三六二）。录文为"……无余……"。

（三）夏汉文合璧文献

共1件。K2：134，残片。残缺下部，夏汉文合璧。共存文字7行。有的地方用西夏文书写，有的地方则用汉文。文间正中有汉文"神"字，字体大。有的西夏字为异体字，不识。残高11.8、残宽17厘米（图版三〇三）。译文如下：

（前缺）

陶……

九月十七日□□□□□卝□……

十八日□□□□壬一　枝……

羊树五十□羊树二十……

贤树十五□□□……

神

金……

（后缺）

四　佛画

共4件，可分唐卡和版印佛画。

1. 唐卡

共2件。

K2：424，残片。残为一长条，图案内容不详。残高14、残宽2.3厘米（图版三〇四）。

K2：425，残片。图案内容不详。残高19.5、残宽9厘米（图版三〇五）。

2. 版印佛画

共2件，一为佛画，另一件是卫国天王图。

K2：236，佛画。单页，为一长横幅，出土时揉成一团。无边框，上下有很窄的天头地脚，左侧空边较宽。版画右侧残，存两身人像。右侧为释迦牟尼像。佛像结跏趺坐于莲花座上，右手作说法印，左手残缺。顶有高肉髻，眉间有白毫，有头光及大身光，并放毫光。左侧为水月观音像，结跏趺坐。左手持净瓶，瓶中插柳枝，右手置于右膝。头戴花冠，璎珞下垂，眉间有白毫，有头光及大身光，并放毫光。图的左侧有两行西夏文题款，可惜文字模糊不清，难以辨识。纸残高12、宽19厘米，版画高10、残宽15.4厘米（图版三〇六）。

K2：49，卫国天王图。经折装佛经之插图，已残，现存部分当为其中一折。上下有子母栏，有天头和地脚。图中仅有卫国天王一身站像。天王右手持宝剑，非常英武。背后为火焰祥云。纸高14.8、残宽7、上下栏距12.5厘米（图版三〇七）。

五　瓷器

均为残片，从器形看有碗、罐。釉色有白釉、黑釉、褐釉等。有素面，也有剔刻花纹饰。

1. 碗

共3件。

K2：250，浅黄色胎，表施一层化妆土，未施釉。尖圆唇，敞口，斜弧壁，圈足。口径15、足径7.4、高5.6厘米（图三六三，3；图版三〇八，1）。

K2：251，碗底。浅黄色胎。残存部分露胎。残高3厘米（图三六三，2；图版三〇八，2）。

K2：258，碗口沿。白色胎。口部有宽缘。壁表饰白色釉。残高3.4、残宽4厘米（图三六三，6；图版三〇八，3）。

2. 罐

共3件。均为残片。

K2：252，罐口沿。浅灰色胎。平唇，敛口。外壁饰黑釉，内壁露胎。残高12、残宽12厘米（图三六三，1；图版三〇八，4）。

K2：254，剔刻花罐片。浅灰色胎。内壁露胎，外壁施褐釉，有剔刻花纹。残高7、残宽9厘米（图三六三，5；图版三〇八，5）。

K2：256，罐底。浅灰色胎。外壁饰白釉，已剥落。残高3.4、残宽10厘米（图三六三，8；图版三〇八，6）。

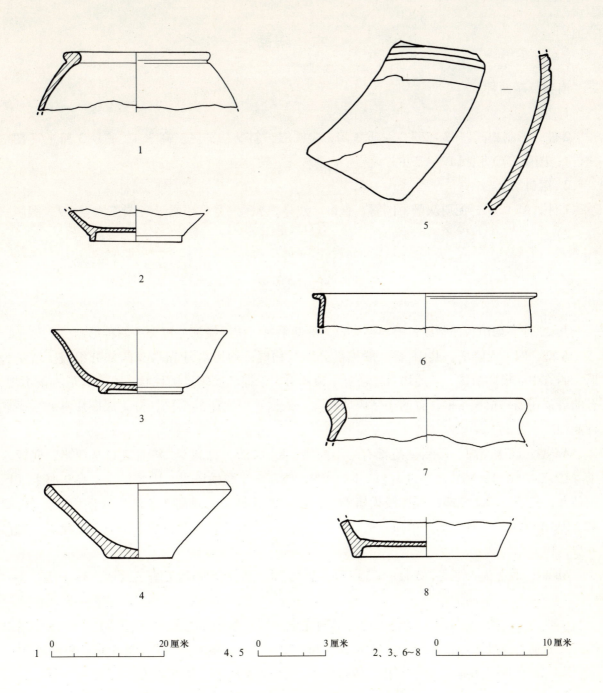

图三六三　K2 出土瓷器、陶器

1. 瓷罐口沿 K2∶252　2. 瓷碗底 K2∶251　3. 瓷碗 K2∶250　4. 陶盏 K2∶253

5. 瓷罐片 K2∶254　6. 瓷碗口沿 K2∶258　7. 陶罐口沿 K2∶257　8. 瓷罐底 K2∶256

六 陶器

有盏、罐两种。

1. 盏

2 件，形制相同。K2：253，泥质灰陶，尖圆唇，斜壁，平底。高 3.4、底径 3 厘米（图三六三，4；图版三〇九，1）。

2. 罐口沿

1 件，K2：257，泥质灰陶，圆唇，直口。残高 3.6、残宽 6.6 厘米（图三六三，7；图版三〇九，2）。

七 擦擦

共 22 件。均用黄泥制成，上半部脱模，下部手捏。按脱模部分可分为两种形制。

A 型，四方天降塔。共 18 件。脱模部分形制相同，均由塔基和塔身两部分组成。塔基为方形，四方中间模印阶梯，直通塔身。塔身呈覆钵形。手捏的底座呈圆柱状，有高有低，很不规整。有的塔顶还插一根小木棍，有的塔基内装经文。依据手捏底座的不同，分为底座瘦高和大平底两种亚型。

Aa 型，底座瘦高，16 件。底部有一小高座。K2：259，总高 9、塔身底径 9 厘米，底径 5 厘米（图三六四，1；图版三〇九，3）。K2：109，残存一半脱模塔身。内装经文。高 9 厘米（图版三〇九，4、5）。K2：247，残存脱模塔身之一半。内装经文。残高 7.5 厘米（图版三一〇，2）。K2：108，存脱模塔身上部，顶插一根细木棍。残高 5.5 厘米，木棍外露部分长 2.6 厘米（图版三一〇，1）。

Ab 型，底座为大平底，2 件。K2：111，总高 10、底径 9 厘米（图三六四，3；图版三一〇，3）。

B 型，百八塔。共 4 件。均已残碎。形制完全一致。脱模部分模印四层小塔。四层小塔排列的方式分别为：最下一层为 31，依次为 28、26、22，加上擦擦本身，共 108 个塔。底座较高。

K2：260，塔上端有三个小圆孔。残高 6.8、底径 4.4 厘米（图三六四，2；图版三一〇，4）。

八 泥佛像

1 件，K2：107，正中有塔幢形佛龛，龛中模印佛像，结跏趺坐于仰莲座上，双手结禅定印。座下部和佛像两侧有梵文种字。座之两侧各有 2 个喇嘛塔。背面手捏而成。高 5.5、下宽 4.4 厘米（图三六四，4；图版三一〇，5）。

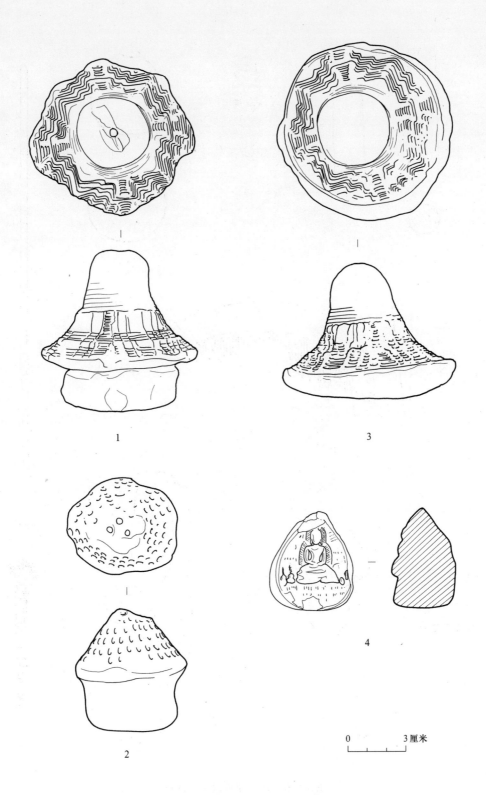

图三六四　K2出土擦擦和泥佛像

1. Aa型擦擦 K2：259　2. B型擦擦 K2：260　3. Ab型擦擦 K2：111　4. 泥佛像 K2：107

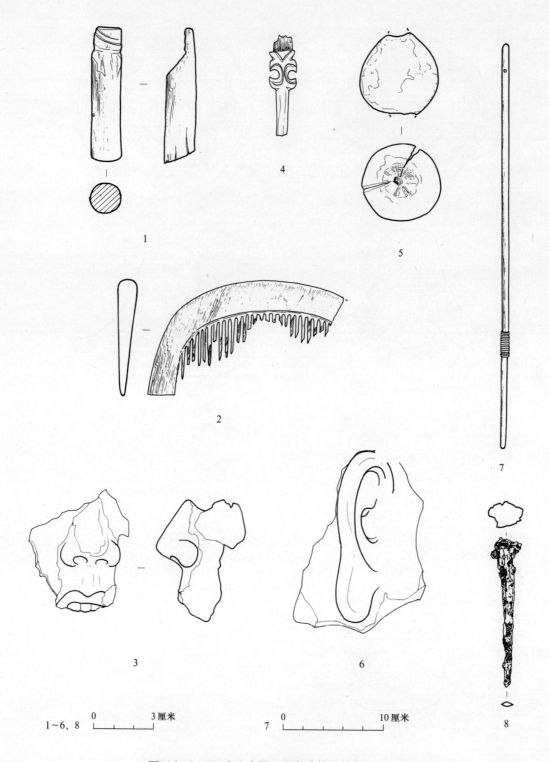

图三六五　K2出土木器、泥塑残块和铁钉

1、4、7. 木器 K2：110、K2：112、K2：261　2. 木梳 K2：263

3、6. 泥塑残块 K2：104、K2：102　5. 球形木器 K2：106　8. 铁钉 K2：105

九 木器

共 5 件。有梳子、球形木器等。

1. 梳子

1 件。K2∶263，梳齿均残。长 9.5、高 6.6 厘米（图三六五，2；图版三一一，1）。

2. 球形木器

1 件。K2∶106，呈一球形，可能为塔刹上的宝珠。上下已残缺，仅存一圆珠。一侧有裂缝，一侧刻一竖槽。表涂成红色并刷金粉，均已剥落。残高 4.4、径 4 厘米（图三六五，5；图版三一一，2）。

3. 其他木器

3 件。K2∶112，小木片雕刻而成。用途不详。残长 5、最宽处 1.3 厘米（图三六五，4）。K2∶261，细圆木，一端有细穿孔，另一端近中部缠有细线。用途不详。长 40 厘米（图三六五，7；图版三一一，3）。K2∶110，小圆木，一端有雕刻痕迹。用途不详。残长 6.8、径 1.8 厘米（图三六五，1；图版三一一，4）。

十 铁器

铁钉 1 件。K2∶105，通体锈蚀严重。长7.2 厘米（图三六五，8；图版三一一，5）。

十一 泥塑

共 3 件。

嘴鼻残块，1 件。K2∶104，嘴大张，唇鲜红，白齿外露。表饰成粉红色。高 5、宽 5厘米（图三六五，3；图版三一二，1）。

耳部残块，1 件。K2∶102，表饰成粉红色。耳长 8.4 厘米（图三六五，6；图版三一二，2）。

莲花座，1 件。K2∶101，圆形覆莲瓣座。黄泥塑成，泥中掺有毛麻之类的物质。内空。表面原刷有白色，然后涂一层红色，现已剥

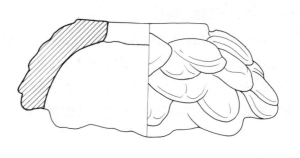

0　　　　5厘米

图三六六　K2 出土泥塑莲花座 K2∶101

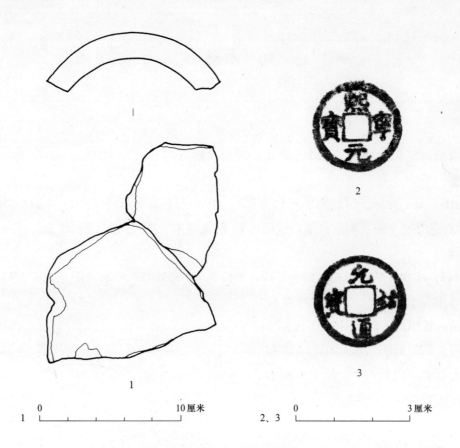

图三六七　K2出土筒瓦和钱币

1. 琉璃筒瓦K2：255　2. 熙宁元宝　3. 元祐通宝

落。座上佛像已不存。上径8.5、底径17、高7厘米（图三六六；图版三一二，3）。

十二　建筑构件

2件，有筒瓦和砖。

1. 琉璃筒瓦，1件。K2：255，已残，泥质红陶。瓦外壁施绿色釉。槽内壁饰布纹，中间有釉痕。残长16、宽10厘米（图三六七，1；图版三一二，4）。

2. 砖，1件。K2：432，已残，泥质红陶，砖体厚大。一侧印有绳纹，并有戳印。另一侧光面。残长28、宽34、厚9.5厘米（图版三一二，5）

十三　钱币

2枚。熙宁元宝，1枚，右旋读，径2.4厘米（图三六七，2；图版三一二，6）。元祐通宝，1枚，右旋读，径2.4厘米（图三六七，3；图版三一二，7）。

第四章 三号窟（K3）

二号窟北侧为一处悬崖峭壁，在峭壁的中部有一处略微凸出的窄平台。三号窟就位于此平台东侧，编号为 K3，其南与四号窟相连。

K3 窟底比 K4 窟底略高出近 2 米，两窟间有直径约 60 厘米的洞口相通。两窟南距 K2 近 20 米。K3 和 K4 前 1 米多就是高约 10 米的悬崖。两窟前的悬崖边筑有护壁。护壁用长条形片石砌筑而成，残高 1~3、长约 11 米。

第一节 石窟形制和壁画

一 石窟形制

K3 的形制很不规则，其是利用此处凹进去的岩壁修整而成（图版三一三）。洞窟口部略呈拱形，底宽 4.3、中间最高处 4.5 米。窟内底部平面亦呈不规则形，中间略深，底部入深 3 米。洞窟后部修筑的并不整齐，在下部还残存粗糙的岩壁。后壁略倾斜向上与窟顶相连至洞口。方向面西，约 240°（图三六八）。

窟壁很不平整，完全是顺着原始岩壁抹草拌泥，然后再在其上绘制壁画。即使是抹了泥的壁面，仍然坑坑注注、高低不平。

从残存壁画观察，墙壁上的草拌泥有两层，说明此窟至少经过两次维修。草拌泥表面又涂抹一层很薄的白灰泥，较为光滑。壁画是在白灰泥面上绘制。

K3 窟内堆积与 K1 窟内堆积基本相同，厚约 20 厘米。

二 壁画

K3 壁画与其他窟相比保存相对较好。其主要由南北两组壁画构成。

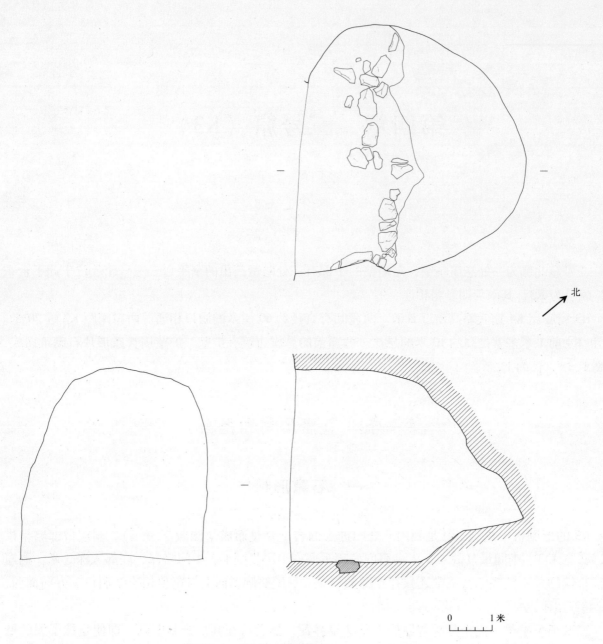

图三六八　K3平、剖面图

（一）南侧壁画

南侧壁画主要为一主二辅的形式。主尊为释迦牟尼说法及其听法弟子图，两侧各有一尊胁侍菩萨坐像，右上角还有上乐金刚双身像（图三六九；图版三一四）。为了叙述方便，我们将这些图像按人物的位置单独编号。另外，在壁画上还有大量明清时期的游人题刻。

1. 释迦牟尼说法图

由释迦牟尼说法像及其周围16尊听法弟子组成。中间释迦牟尼编为1号，周围16尊菩萨像

图三六九　K3南侧壁画

自释迦牟尼像左侧上部开始分别编为 2～17 号。

1 号图，释迦牟尼说法图。释迦牟尼结跏趺坐于莲台上，双手当胸合掌。扁平肉髻。脸为白色，用绿色勾描脸形和五官，唇上有八字髭，下颌尖有须。身披袈裟，左侧为绿色，右侧为褐色。有绿色头光和白色褐圈身光。释迦牟尼顶部有升起的祥云。身高 98 厘米（图三七〇；图版三一五）。

2 号图，菩萨。位于释迦牟尼的左上角内侧。头戴花冠，脸为褐色。双手当胸合十。身披袈裟，左褐右绿。带褐色头光和白色褐圈身光。露出身高 28 厘米（图三七一；图版三一六）。

3 号图，菩萨。位于释迦牟尼左上角外侧。头戴花冠，脸为褐色。双手当胸合十。身披袈裟，左褐右白。带绿色头光和白色褐圈身光。露出身高 30 厘米（图三七一；图版三一六）。

4 号图，菩萨。位于 2 号和 3 号图的下侧中部。头戴花冠，脸为褐色。双手当胸合十。身披袈裟，左褐右白。带绿色头光和白色褐圈身光。露出身高 24 厘米（图三七一；图版三一六）。

5 号图，菩萨。位于释迦牟尼像的左侧靠外。头戴花冠，脸为褐色。双手当胸合十。身披袈裟，左褐右绿。带褐色头光和白色褐圈身光。露出身高 32 厘米（图三七一；图版三一六）。

6 号图，菩萨。位于释迦牟尼像的左侧靠内。头戴花冠，脸为褐色。双手当胸合十。身披袈裟，左红右绿。带褐色头光和白色褐圈身光。露出身高 46 厘米（图三七一）。

7 号图，菩萨。位于释迦牟尼像的左下角外侧。菩萨结跏趺坐于圆形垫上。头戴花冠，脸为绿色。双手当胸合十。身披袈裟，左红右黑。带褐色头光和白色褐圈身光。身高 42 厘米（图三七二；图版三一七）。

8 号图，菩萨。位于释迦牟尼像的左下角内侧。头戴花冠，脸为褐色。双手当胸合十。身披袈裟，左褐右白。带绿色头光和白色褐圈身光。身高 50 厘米（图三七二；图版三一七）。

9 号图，菩萨。位于 7、8 号菩萨下部。菩萨结跏趺坐于圆形垫上。头戴花冠，脸为绿色。双手当胸合十。身披袈裟，左右均为红色。带褐色头光和白色褐圈身光。身高 49 厘米（图三七二；图版三一七）。

10 号图，菩萨。位于 9 号菩萨的左侧。菩萨结跏趺坐于圆形垫上。头戴花冠，脸为褐色。双手当胸合十。身披袈裟，左红右绿。带绿色头光和白色褐圈身光。身高 50 厘米（图三七二；图版三一七）。

11 号图。菩萨。位于释迦牟尼像的下部左侧。菩萨结跏趺坐于圆形垫上。头戴花冠，脸为褐色。双手当胸合十。身披袈裟，左褐右绿。带褐色头光和白色褐圈身光。身高 56 厘米（图版三一八）。

12 号图。菩萨。位于释迦牟尼像的下部右侧。菩萨结跏趺坐于圆形垫上。头戴花冠，脸为褐色。双手当胸合十。身披袈裟，左褐右白。带绿色头光和白色褐圈身光。身高 57 厘米（图版三一八）。

13 号图，菩萨。位于释迦牟尼像的右下角下部。头戴花冠，脸为褐色。双手当胸合十。身披袈裟，左褐右绿。带褐色头光和白色褐圈身光。身高 49 厘米（图版三一八）。

14 号图，菩萨。位于释迦牟尼像的右上角上部左侧。头戴花冠，脸为褐色。双手当胸合十。身披袈裟，左褐右绿。带褐色头光和白色褐圈身光。身高 40 厘米（图三七三；图版三一九）。

15 号图，菩萨。位于 14 号菩萨的右侧上部。头戴花冠，脸为褐色。双手当胸合十。身披袈裟，

0   10厘米

图三七〇   K3南侧壁画释迦牟尼说法图

0 ⊢⊣⊢⊣⊢⊣⊢⊣⊢⊣ 10厘米

图三七一　K3南侧壁画释迦牟尼左上角菩萨

0 ⊢⊣⊢⊣⊢⊣⊢⊣⊢⊣ 10厘米

图三七二　K3南侧壁画释迦牟尼左下角和下部菩萨

0   10厘米

图三七三 K3南侧壁画释迦牟尼右上角菩萨

左褐右白。带绿色头光和白色褐圈身光。身高33厘米（图三七三；图版三一九）。

16号图，菩萨。位于14号菩萨的右侧下部。头戴花冠，脸为褐色。双手当胸合十。身披裟裟，左褐右白。带绿色头光和白色褐圈身光。身高38厘米（图三七三；图版三一九）。

17号图，菩萨。位于15、16号菩萨右侧。头戴花冠，脸为褐色。双手当胸合十。身披裟裟，左褐右绿。带褐色头光和白色褐圈身光。身高45厘米（图三七三；图版三一九）。

2. 左侧胁侍菩萨图

位于释迦牟尼说法图的左侧下方。这一组壁画大部分已剥落。从残存情况看，其主尊为一菩萨，编号为25号。主尊左侧有4位菩萨，从上至下分别编号为26～29号。

25号图，菩萨。大部分剥落，仅存半圈头光和顶部上升的祥云。

26号图，菩萨。头和身均已剥落。现存褐色头光和身光以及颈部。着绿色衣，圆领。

图三七四　K3 南侧壁画释迦牟尼右侧胁侍菩萨图

27 号图，菩萨。仅存褐色头光，余均剥落。

28 号图，菩萨。存白色头光、花冠顶部以及右侧黑色袈裟。

29 号图，菩萨。存绿色头光、白色身光、花冠顶部、褐色袈裟一角以及下部莲座。高在 50 厘米左右。

3. 右侧胁侍菩萨图

位于释迦牟尼说法图的右侧下方。其主尊为八臂佛顶尊胜佛母，编号为 19 号。两侧下方各有一身供养菩萨，左侧编号为 20 号，右侧编号为 21 号。佛顶尊胜佛母正下方还有一位供养人，编号为 30 号（图三七四）。

图三七五 K3南侧壁画上乐金刚双身像

19号图，佛顶尊胜佛母。头戴花冠，八臂，结跏趺坐于仰莲座上。五官被毁，有绿色头光，白色褐圈身光。两主臂左手作禅定印，上有红色金刚杵；右手作与愿印。另六臂，左一手当胸持索，二手持物不详，三手持弓；右一手当胸持红色交杵金刚，二手持箭（已剥落），三手持莲花，上有无量寿佛。有项珞、腕钏，身披飘带。头部有升起的祥云，祥云上部为上乐金刚双身像。通高125厘米（图三七四；图版三二〇）。

20号图，佛顶尊胜佛母左侧供养菩萨。头部已毁，坐于圆形垫上。身披袈裟，左褐右红。左手作禅定印，右手持一葵花。通高49厘米（图三七四）。

21号图，佛顶尊胜佛母右侧供养菩萨。头戴花冠，坐于圆形垫上。身披袈裟，左褐右白。左手作禅定印，右手持钩，上挂一物。带褐色头光和白色褐圈身光。通高65厘米（图三七四；图版三二一）。

0 　　　　20厘米

图三七六　K3 北侧壁画

30 号图，佛顶尊胜佛母下方供养人。头戴方冠，五官已剥落。躬身，身穿褐衣。双手持香，作供养状。通高 42 厘米（图三七四；图版三二一）。

4. 上乐金刚双身像

18 号图，上乐金刚双身像，位于释迦牟尼说法图右上角，佛顶尊胜佛母的上方。上乐金刚白色，头戴五骷髅冠，三目，忿怒相。目视明妃。胸前挂 50 个人头串成的璎珞，下垂至胯部。双手拥抱明妃。佩臂钏、腕钏和脚饰。左腿前弓，右腿后蹬。明妃为青色（现成黑褐色），头戴五骷髅冠，脸朝上，左手搂住上乐金刚的脖颈，右手上扬，持物不清。左腿与上乐金刚一样后蹬，右腿经上乐金刚的左侧盘在其腰后。上乐金刚右脚和明妃左脚踩一仰面魔，上乐金刚左脚亦踩一魔。双魔下为圆形莲座。双身像后部绘一个半圆形佛龛。通高 30 厘米（图三七五；图版三二二）。

（二）北侧壁画

北侧一组为菩萨像。主尊为四臂观音菩萨，编号为 22 号。主尊左下角的比丘像，编号为 23 号。主尊下还有一供养人，编号为 24 号（图三七六；图版三二三）。

22 号图，四臂观音菩萨。菩萨结跏趺坐于仰莲座上，头戴花冠，面部被毁。四臂，两主臂当胸，双手合捧如意宝。另两臂张于两侧，左手持莲花，右手当持数珠，已剥落。身披袈裟，左为黑色，右为红色。有项饰和腕钏。顶部有上升的祥云。菩萨像通高 118 厘米（图三七六；图版三二四）。

23 号图，比丘。位于观音菩萨的左下角。比丘为立像，有绿色头光，五官已毁。身披袈裟。下半身剥落。残高 20 厘米（图三七六；图版三二五，1）。

24 号图，供养人。位于观音菩萨下部。头部残缺。身穿长衫，腰束带。供养人前有一个五脚香炉。供养人双臂前伸，似乎在烧香。残高 30 厘米，香炉高 18 厘米（图三七六；图版三二五，1）。

此外，在南北两组壁画之间绘有红色枋柱，残高 90、宽 22 厘米。在红色枋柱上方，上乐金刚双身像北侧，还绘有五朵小花，小花大小 14 厘米（图版三二五，2）。

第二节　出土遗物

三号窟出土遗物主要为西夏文佛经、藏文文献、绘画、泥佛像和擦擦等。

一　佛经

共 100 纸，均已残，无法拼对。可分为印本和写本两种。

（一）西夏文印本佛经

共 17 种，28 纸。

佛经之一

共 3 纸。

K3：74，残片。残高 3.6、残宽 3.5 厘米。存文字 2 行（图三七七）。译文如下：

（前缺）

……诵读……

……灭除……

（后缺）

K3：72，残片。残高 2.4、残宽 2.6 厘米。存文字 2 行（图三七八）。译文如下：

（前缺）

……不……

……诸罪……

（后缺）

K3：67，残片。残高 3、残宽 1.7 厘米。存文字 1 行（图三七九）。译为“……圆觉境……”。

佛经之二

共 5 纸。上下子母栏。有天头和地脚。天头高 1.8、地脚高 1.2 厘米。

K3：64，残片。残高 6.5、残宽 5 厘米。存文字 4 行（图三八〇）。译文如下：

（前缺）

……烦恼……

……问。其宫……

……不俱，然无……

……何故……

（后缺）

K3：58，残片。残高 3.6、残宽 3.2 厘米。存文字 2 行（图三八一）。译文如下：

（前缺）

……福德无……

……著，无德……

（后缺）

K3：33，残片。有下栏，双栏。地脚高 1.2 厘米。残高 3.6、残宽 3.5 厘米。存文字 3 行（图三八二）。译文如下：

（前缺）

……啰

K3：74

0　　　　2厘米

K3：72

0　　　　2厘米

K3：67

0　　　　2厘米

图三七七　K3出土印本佛经残片　　图三七八　K3出土印本佛经残片　　图三七九　K3出土印本佛经残片

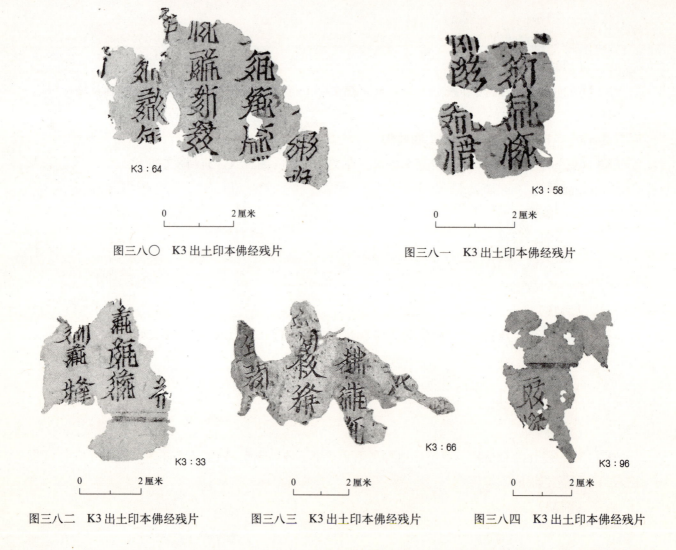

K3：64

0　　　2厘米

图三八〇　K3出土印本佛经残片

K3：58

0　　　2厘米

图三八一　K3出土印本佛经残片

K3：33

0　　　　2厘米

图三八二　K3出土印本佛经残片

K3：66

0　　　　2厘米

图三八三　K3出土印本佛经残片

K3：96

0　　　　2厘米

图三八四　K3出土印本佛经残片

……引嘎者

……怛引钵

（后缺）

K3∶66，残片。残高5、残宽8厘米。存文字3行（图三八三）。译文如下：

（前缺）

……中先……

……诵咒故……

……一人……

（后缺）

K3∶96，残片。有上栏，双栏。天头高1.8厘米。残高5、残宽3.6厘米。存文字2个（图三八四）。译为"阿那……"。

佛经之三

共1纸。K3∶57，残片。无界栏。残高4、残宽6.1厘米。存文字4行（图版三二六）。译文如下：

（前缺）

然此……

此真谛……

八种大……

四种……

（后缺）

佛经之四

共1纸。K3∶26，残片。有下栏，双栏。地脚高2.4厘米。残高4.8、残宽3.5厘米。存文字2行（图三八五）。译文如下：

（前缺）

……多谓

……中所

（后缺）

佛经之五

共1纸。K3∶43，残片。有上栏，单栏。天头高1.5厘米。残高5.8、残宽3.5厘米。存文字3行（图版三二七，1）。译文如下：

（前缺）

□□与其……

菩提菩萨……

依义实……

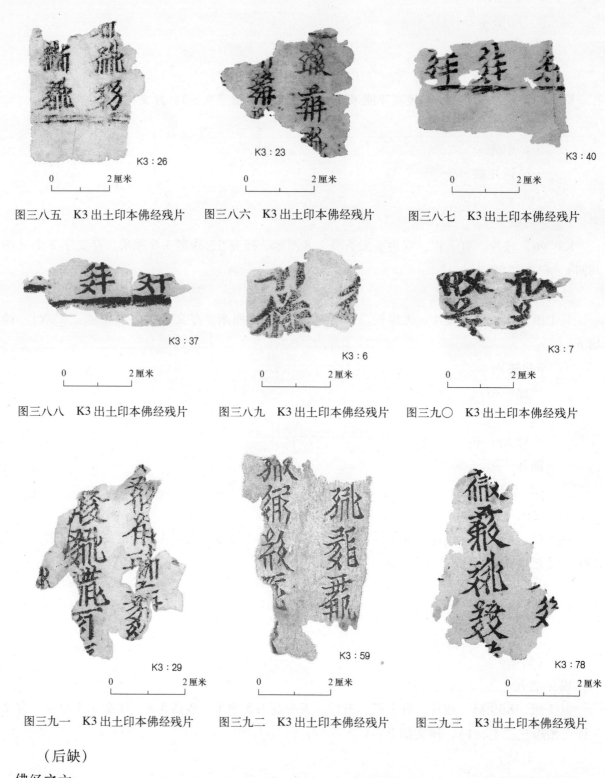

图三八五　K3出土印本佛经残片　　图三八六　K3出土印本佛经残片　　图三八七　K3出土印本佛经残片

图三八八　K3出土印本佛经残片　　图三八九　K3出土印本佛经残片　　图三九〇　K3出土印本佛经残片

图三九一　K3出土印本佛经残片　　图三九二　K3出土印本佛经残片　　图三九三　K3出土印本佛经残片

（后缺）

佛经之六

共1纸。K3：25，残片。文中有双行小字。残高7.2、残宽3.2厘米。存文字2行（图版三二七，2）。译文如下：

（前缺）

……理□时令说　倘若喜厌……

　　　　　　性差异说……

　　　　　　（后缺）

佛经之七

共 1 纸。K3∶23，残片。有上栏，单栏。残高 3.7、残宽 3.7 厘米。存文字 2 行（图三八六）。译文如下：

（前缺）

信持……

□实……

（后缺）

佛经之八

共 2 纸。可能为佛名经。

K3∶40，残片。有下栏，单栏。地脚高 1.5 厘米。残高 3、残宽 4.5 厘米。存文字 3 行，共 3 字（图三八七）。译文如下：

（前缺）

……佛

……佛

……佛

（后缺）

K3∶37，残片。有下栏和地脚。残高 2、残宽 4.5 厘米。存文字 2 行，共 2 字（图三八八）。译文如下：

（前缺）

……佛

……佛

（后缺）

佛经之九

共 2 纸。字体较大，笔画粗肥。

K3∶6，残片。残高 2.4、残宽 3.3 厘米。存 1 字（图三八九）。译为"……者"。

K3∶7，残片。残高 2、残宽 3.5 厘米。存 4 个字，均为半个字（图三九〇）。

佛经之十

共 1 纸。K3∶29，残片。残高 5、残宽 4 厘米。存文字 2 行（图三九一）。译文如下：

（前缺）

……数罪灭除……

K3：15

图三九四　K3出土印本佛经残片

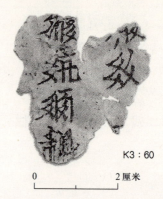

K3：60

图三九五　K3出土印本佛经残片

K3：83

图三九六　K3出土印本佛经残片

K3：94

图三九七　K3出土印本佛经残片

K3：93

图三九八　K3出土印本佛经残片

K3：98

图三九九　K3出土印本佛经残片

……天而往。—……

（后缺）

佛经之十一

共1纸。K3：59，残片。残高5.5、残宽3.7厘米。存文字2行（图三九二）。译文如下：

（前缺）

　　……意安乐……

　　……何故也。其……

佛经之十二

　　共 1 纸。K3∶78，残片。残高 4.6、残宽 3 厘米。存文字 1 行（图三九三）。译为"……山江河无……"。

佛经之十三

　　共 2 纸。

　　K3∶15，残片。有上栏，单栏。残高 2.2、残宽 1.1 厘米。存 3 字（图三九四）。译为"二十八……"。

　　K3∶60，残片。残高 3.5、残宽 3 厘米。存文字 2 行（图三九五）。译文如下：

　　（前缺）

　　……神……

　　……恭请，四菩（萨）……

　　（后缺）

佛经之十四

　　共 3 纸。字体较大，约 1.1 厘米见方。

　　K3∶83，残片。残高 2.5、残宽 3 厘米。存 2 字（图三九六）。译为"……一切……"。

　　K3∶94，残片。有下栏，单栏。残高 2、残宽 3.5 厘米。可识读的仅 1 字（图三九七）。译为"……□师……"。

　　K3∶93，残片。残高 2、残宽 2.2 厘米。可识读的仅 1 字（图三九八）。译为"……□罗……"。

佛经之十五

　　共 2 纸。四界单栏，有行格。

　　K3∶98，残片。残存下部，有下栏和右栏。残高 1.8、残宽 9.6 厘米。存文字 4 行（图三九九）。译文如下：

　　（前缺）

　　……万

　　……一

　　……□

　　……二十

　　……十二

　　……奉

　　……七万

　　（后缺）

　　K3∶16，残片。残高 1.4、残宽 4 厘米。存文字 4 行（图四○○）。译文如下：

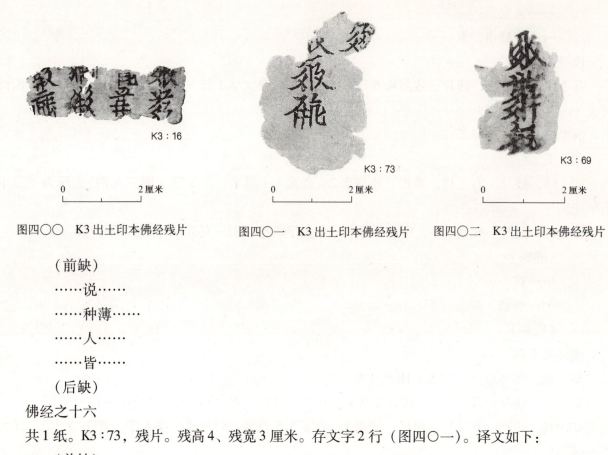

图四〇〇　K3出土印本佛经残片　　　图四〇一　K3出土印本佛经残片　　图四〇二　K3出土印本佛经残片

（前缺）

……说……

……种薄……

……人……

……皆……

（后缺）

佛经之十六

共1纸。K3:73，残片。残高4、残宽3厘米。存文字2行（图四〇一）。译文如下：

（前缺）

……居住……

……（阿）伐都底[1]……

（后缺）

佛经之十七

K3:69，残片。残高3、残宽2厘米。存2字，均为咒语（图四〇二）。译为"……弥韦……"。

（二）西夏文写本佛经

共33种，72纸。均残损严重，无法拼对。

佛经之一

共1纸。K3:39，残片。楷书书写。残高6.5、残宽6厘米。存文字4行（图版三二八）。译文如下：

（前缺）

---

[1]　"阿伐都底"为梵文Avadhūdi之西夏语音译，义为"中脉"。藏密禅定修法中身体之"气"须经过三个最基本的脉络，即中脉、左脉和右脉。

……六善……

……旷野道中……

……时，表面以无惧……

……至……

（后缺）

佛经之二

共7纸。行书书写。上下单栏，天头高1.6、地脚高2.1厘米。有的行间有西夏文小字注释。

K3：105，残片。存上栏。残高15、残宽9厘米。存文字4行（图版三二九）。译文如下：

（前缺）

有善天……

法座……

先有大众之语谓……

先有诸大众语，未曾兴起诵……

（后缺）

K3：38，残片。残高5.5、残宽6厘米。存文字3行（图版三三〇，1）。译文如下：

（前缺）

……彼之伦比……

……语受，作利益……

……彼令真谛……

（后缺）

K3：35，残片。有下栏，单栏。残高5、残宽3.1厘米。存文字2行（图四〇三）。译文如下：

（前缺）

　　　……菩

……以悲虑此

（后缺）

K3：36，残片。残高5、残宽4.8厘米。存文字2行（图四〇四）。译文如下：

（前缺）

……召请，灌顶三……

……时守护……

（后缺）

K3：65，残片。有上栏，单栏。残高5、残宽4.4厘米。存文字2行（图四〇五）。译文如下：

（前缺）

之次第……

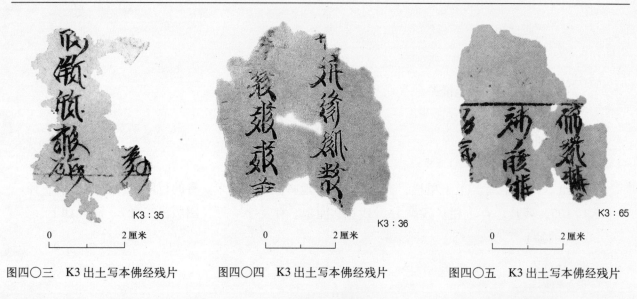

图四〇三 K3出土写本佛经残片　　图四〇四 K3出土写本佛经残片　　图四〇五 K3出土写本佛经残片

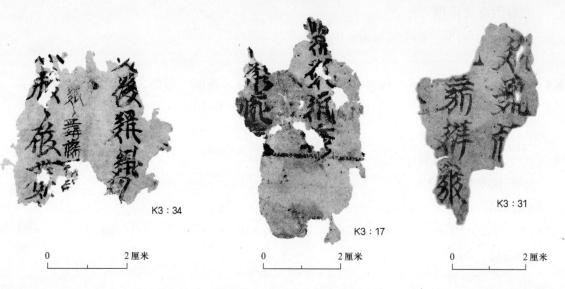

图四〇六 K3出土写本佛经残片　　图四〇七 K3出土写本佛经残片　　图四〇八 K3出土写本佛经残片

仔细不显……

（后缺）

K3：34，残片。残高4、残宽4厘米。存文字2行（图四〇六）。译文如下：

（前缺）

……□□百八……

　　　　道场坛上……

……种种末香……

（后缺）

K3：17，残片。有下栏，单栏。地脚高2.1厘米。残高5.5、残宽3.3厘米。存文字2行（图四〇七）。译文如下：

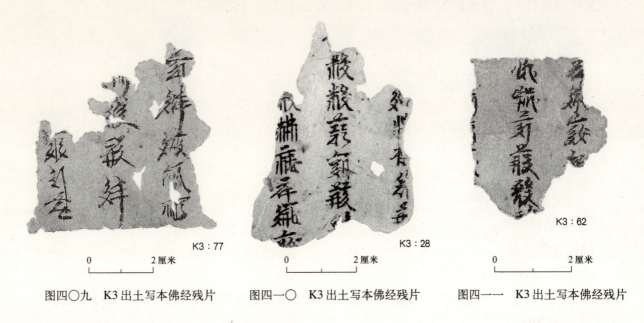

图四〇九　K3 出土写本佛经残片　　　图四一〇　K3 出土写本佛经残片　　　图四一一　K3 出土写本佛经残片

　　（前缺）

　　……盖艰真

　　……语不□

　　（后缺）

佛经之三

　　共 1 纸。K3：31，残片。楷书书写。残高 5.7、残宽 3.2 厘米。存文字 2 行（图四〇八）。译文如下：

　　（前缺）

　　……住，行遣……

　　……自心底……

　　（后缺）

佛经之四

　　共 1 纸。K3：77，残片。无界栏行格。顶格书写，行书。残高 5.5、残宽 5.5 厘米。存文字 3 行（图四〇九）。译文如下：

　　（前缺）

　　……身心□□净

　　……欲他佛

　　……护，圣实

　　（后缺）

佛经之五

　　共 2 纸。行书书写。

K3：28，残片。残高 6.2、残宽 4.5 厘米。存文字 2 行（图四一〇）。译文如下：

（前缺）

……种种乐器何……

……中皆当解脱……

（后缺）

K3：62，残片。残高 4.3、残宽 3.7 厘米。存文字 2 行（图四一一）。译文如下：

（前缺）

当解脱……

又愿身闻弟子……

（后缺）

佛经之六

共 2 纸。行楷书写。

K3：55，残片。残高 10.5、残宽 6.5 厘米。存文字 2 行（图版三三〇，2）。译文如下：

（前缺）

……光明之谓。其亦净瓶……

……有，又自摄持。拙火要语……

……成道要语……

（后缺）

K3：12，残片。残高 6.4、残宽 1.5 厘米。存文字 1 行（图四一二）。译为 "……语唯愿请授，寺舍……"。

佛经之七

共 1 纸。K3：24，残片。行楷书写。残高 7、残宽 2 厘米。存文字 1 行（图四一三）。译为 "……女人阿耨多罗[1]……"。

佛经之八

共 1 纸。K3：42，残片。行书书写。残高 15.5、残宽 3.5 厘米。存文字 2 行，多数字残缺不全（图四一四）。译文如下：

（前缺）

……唵字□于光□以□成……

……时，唵阿吽三字……

（后缺）

佛经之九

共 1 纸。K3：63，残片。行书书写。残存上部。无界栏。残高 5.5、残宽 5 厘米。存文字 2 行

---

〔1〕 "阿耨多罗"，为梵文 Anuttara 之西夏语音译，义为 "无上"。《法华玄赞》卷二云："阿云无，耨多罗云上"。

K3：12

0　　　　2厘米

图四一二　K3出土写本佛经残片

K3：24

0　　　　2厘米

图四一三　K3出土写本佛经残片

（图四一五）。译文如下：

　　（前缺）

　　此□□者是界□……

　　令，饰众咒香花……

　　（后缺）

佛经之十

K3：41，残片。楷书书写。有上栏，双细栏。有天头，高4.8厘米。残高7.8、残宽2.5厘米。存文字2行（图四一六）。译文如下：

　　（前缺）

　　前面空……

　　有者……

　　（后缺）

佛经之十一

共1纸。K3：27，残片。行楷书写。残高5、残宽5厘米。存文字2行（图四一七）。译文如下：

　　（前缺）

　　……八寒地狱……

　　……之……

　　（后缺）

佛经之十二

共4纸。行楷书写。

K3∶42

0 ————— 2厘米

图四一四　K3 出土写本佛经残片

K3∶63

0 ————— 2厘米

图四一五　K3 出土写本佛经残片

K3∶41

0 ————— 2厘米

图四一六　K3 出土写本佛经残片

K3：27

0   2厘米

图四一七　K3出土写本佛经残片

K3：71

0   2厘米

图四一八　K3出土写本佛经残片

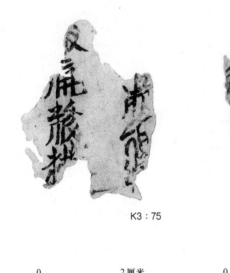

K3：75

K3：68

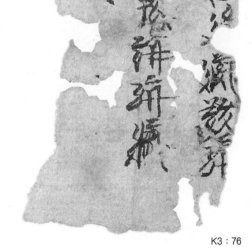

K3：76

0   2厘米   0   2厘米   0   2厘米

图四一九　K3出土写本佛经残片　　图四二〇　K3出土写本佛经残片　　图四二一　K3出土写本佛经残片

    K3：71，残片。有上栏，单细栏。天头高1.3厘米。残高5.6、残宽5厘米。存文字2行（图四一八）。译文如下：

    （前缺）

    南无十方三……

    南无……

    （后缺）

K3∶75，残片。残高6、残宽5厘米。存文字2行（图四一九）。译文如下：

（前缺）

……者无……

……如，故尔时……

（后缺）

K3∶68，残片。残高4、残宽2.3厘米。存文字2行（图四二〇）。译文如下：

（前缺）

……谓……

……蓬七〔1〕之……

（后缺）

K3∶76，残片。残高4、残宽3厘米。存文字2行，但仅有3字能识读（图四二一）。译为"……二种中……"。

佛经之十三

共1纸。K3∶70，残片。行书书写。残高8.5、残宽5厘米。存文字3行，多数字残缺（图四二二）。译文如下：

（前缺）

……觉众生。所说善……

……膝跪……

……□界前□□□□□……

（后缺）

佛经之十四

共1纸。K3∶49，残片。行楷书写。无界栏。残高4.6、残宽3厘米。存文字2行（图四二三）。译文如下：

（前缺）

施。次……

次供养……

（后缺）

佛经之十五

共1纸。K3∶53，残片。行楷书写。有下栏，单栏。地脚高0.5厘米。残高4.5、残宽5.8厘米。存文字5行（图四二四）。译文如下：

（前缺）

……不为者□

---

〔1〕"蓬七"为音译词，一种草名。

K3：49

0　　　　　　　2厘米

图四二三　　K3出土写本佛经残片

K3：52

0　　　　　　　2厘米

图四二五　　K3出土写本佛经残片

K3：70

0　　　　　　　2厘米

图四二二　　K3出土写本佛经残片

K3：53

0　　　　　　　2厘米

图四二四　　K3出土写本佛经残片

K3：19　　　　0　　　　　　　2厘米

图四二六　　K3出土写本佛经残片

K3∶20

0　　　　　2厘米

图四二七　K3出土写本佛经残片

K3∶80

0　　　　　2厘米

图四二八　K3出土写本佛经残片

K3∶82

0　　　　　2厘米

图四二九　K3出土写本佛经残片

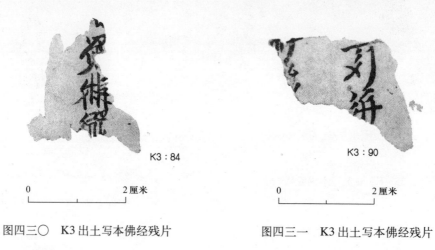

K3∶84

0　　　　　2厘米

图四三〇　K3出土写本佛经残片

K3∶90

0　　　　　2厘米

图四三一　K3出土写本佛经残片

……童子

……心妄

……解脱

……居

（后缺）

佛经之十六

共1纸。K3∶52，残片。楷书书写。残高3.1、残宽2.5厘米。存文字1行（图四二五）。译为"……无量功德……"。

佛经之十七

共2纸。行书书写。

K3∶19，残片。残高4.8、残宽2.2厘米。存文字1行（图四二六）。译为"……先上妙法轮……"。

K3∶20，残片。残高2.5、残宽2.2厘米。存文字1行（图四二七）。译为"……最随喜……"。

佛经之十八

共 1 纸。K3：80，残片。行楷书写。残高 4.5、残宽 1.3 厘米。存文字 1 行（图四二八）。译为"……国一切……"。

佛经之十九

共 3 纸。行楷书写。

K3：82，残片。残高 2.5、残宽 3.3 厘米。存文字 1 行（图四二九）。译为"……莫能，二……"。

K3：84，残片。残高 2.5、残宽 2 厘米。存文字 1 行（图四三〇）。译为"……相显明……"。

K3：90，残片。残高 2、残宽 3 厘米。存 2 字（图四三一）。译为"……一遍……"。

佛经之二十

共 1 纸。K3：101，残片。行楷书写。有细线行格，行格宽 1.7 厘米。残高 6.8、残宽 4 厘米。存文字 3 行（图四三二）。译文如下：

（前缺）

……肉及酒……

……由死谓者，死及……

……者不……

（后缺）

佛经之二十一

共 1 纸。K3：106，残片。行楷书写。残高 4.3、残宽 4.5 厘米。存文字 3 行（图四三三）。译文为：

（前缺）

□以……

屎香……

有……

（后缺）

佛经之二十二

共 1 纸。K3：103，残片。行草书写。残高 5、残宽 6.5 厘米。存文字 2 行（图四三四）。译文如下：

（前缺）

……瓶禀持……

……瓶持□□……

（后缺）

佛经之二十三

共 1 纸。K3：22，残片。行书书写。天头高 1.4 厘米。残高 2、残宽 11 厘米。存文字 4 行，每行仅 1 字（图四三五）。译文如下：

K3：106

0 　　　　2厘米

图四三三　K3出土写本佛经残片

K3：101

0 　　　　2厘米

图四三二　K3出土写本佛经残片

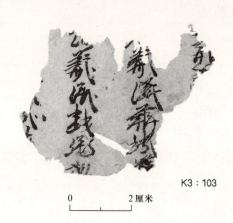

K3：103

0 　　　　2厘米

图四三四　K3出土写本佛经残片

K3：22

0 　　　　2厘米

图四三五　K3出土写本佛经残片

K3：88

0 　　　　2厘米

图四三六　K3出土写本佛经残片

（前缺）

来……

字……

唵……

唵……

（后缺）

佛经之二十四

共1纸。K3：88，残片。行楷书写。字体较小。残高3、残宽3.2厘米。存文字2行（图四三六）。译文为：

（前缺）

……如来之……

……法会住……

（后缺）

佛经之二十五

共1纸。K3：102，残片。行草书写。有上栏，为单细线栏。残高6.8、残宽2.5厘米。存文字1行（图四三七）。译为"应出离烦恼，阿字□□……"。

佛经之二十六

共1纸。K3：99，残片。行书书写。残高8、残宽4厘米。存文字2行，第1行字体小，第2行字体较大（图四三八）。译文如下：

（前缺）

……□妙心□相俱，□……

……灰，下无垢光……

（后缺）

佛经之二十七

共1纸。K3：10，残片。行楷书写。有行格，宽1.9厘米。字体较大，约1.2厘米见方。残高6.8、残宽3厘米。可识读的文字有3个（图四三九）。译为"……清净故……"。

佛经之二十八

共7纸。行书书写。上下单栏。字体较大，约1厘米见方。

K3：8，残片。残高4.8、残宽4厘米。存文字2行（图四四〇）。译文如下：

（前缺）

……生死涅槃……

……念息绝……

（后缺）

K3：21，残片。残高3.8、残宽2厘米。存文字1行（图四四一）。译为"……能调伏……"。

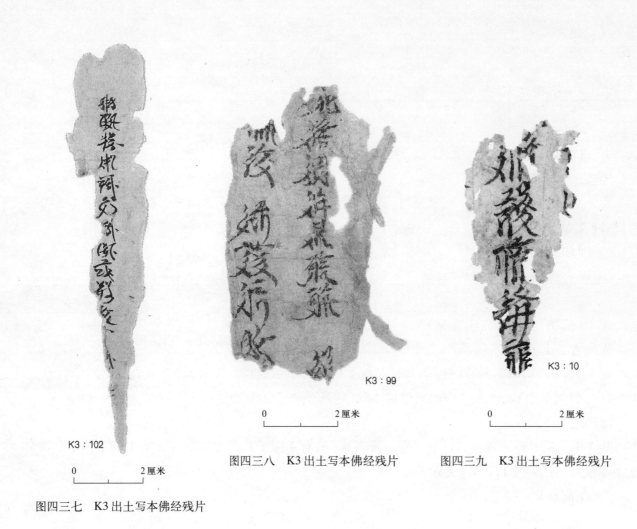

K3：102

0　　　　2厘米

图四三七　K3出土写本佛经残片

K3：99

0　　　　2厘米

图四三八　K3出土写本佛经残片

K3：10

0　　　　2厘米

图四三九　K3出土写本佛经残片

K3：8

0　　　　2厘米

图四四〇　K3出土写本佛经残片

K3：21

0　　　　2厘米

图四四一　K3出土写本佛经残片

K3：13

0　　　　2厘米

图四四二　K3出土写本佛经残片

K3：13，残片。残高 4.4、残宽 2.4 厘米。存文字 1 行（图四四二）。译为"……名欲能得……"。

K3：100，残片。残高 5.6、残宽 3 厘米。存文字 1 行（图四四三）。译为"……应加驱逐……"。

K3：14，残片。有下栏，单栏。地脚高 0.8 厘米。残高 3.5、残宽 3.5 厘米。残存文字可识读者仅 1 字（图四四四）。译为"……赞"。

K3：108，残片。残高 5、残宽 2 厘米。存文字 1 行（图四四五）。译为"……是故闻……"。

K3：92，残片。残高 2、残宽 2.1 厘米。仅存 2 字（图四四六）。译为"……手印……"。

佛经之二十九

共 3 纸。行书书写。字体较大，约 1.2 厘米见方。

K3：91，残片。残高 3.5、残宽 2 厘米。存 2 字（图四四七）。译为"……何故……"。

K3：95，残片。残高 5、残宽 1.6 厘米。存 3 字（图四四八）。译为"……应入依……"。

K3：86，残片。残高 3、残宽 2.6 厘米。存 2 字（图四四九）。译为"……句义……"。

佛经之三十

共 1 纸。K3：54，残片。行书书写。残高 6.8、残宽 2.5 厘米。存文字 1 行（图四五〇）。译为"……净瓶经契……"。

佛经之三十一

共 10 纸。行草书写，上下单栏，有天头、地脚，行距较宽。从现存残片内容看，该文献是译自藏传佛教密宗文献。

K3：89，残片。残高 4、残宽 1.5 厘米。存文字 1 行（图四五一）。译为"……来诸缘舍……"。

K3：61，残片。残高 3.5、残宽 3.5 厘米。存文字 2 行（图四五二）。译文如下：

（前缺）

……母食……

……请食甘露……

（后缺）

K3：32，残片。残高 6.5、残宽 4.8 厘米。存文字 2 行（图四五三）。译文如下：

（前缺）

……空行母之宣说。□……

……瑜伽母之宣说……

（后缺）

K3：97-1，残片。残高 7、残宽 4.2 厘米。存文字 2 行（图四五四）。字迹潦草，很难识读。

K3：97-2，残片。残高 3.4、残宽 1.2 厘米。存文字 1 行（图四五五）。

K3：97-3，残片。残高 8.3、残宽 3 厘米。存文字 2 行（图四五六）。

K3：104，残片。有下栏。地脚高 1.5 厘米。残高 7.7、残宽 7.2 厘米。存文字 3 行（图四五七）。

K3：50，残片。残高 4.8、残宽 4.2 厘米。存文字 2 行（图四五八）。

K3：81，残片。残高 5.7、残宽 2 厘米。存文字 1 行（图四五九）。

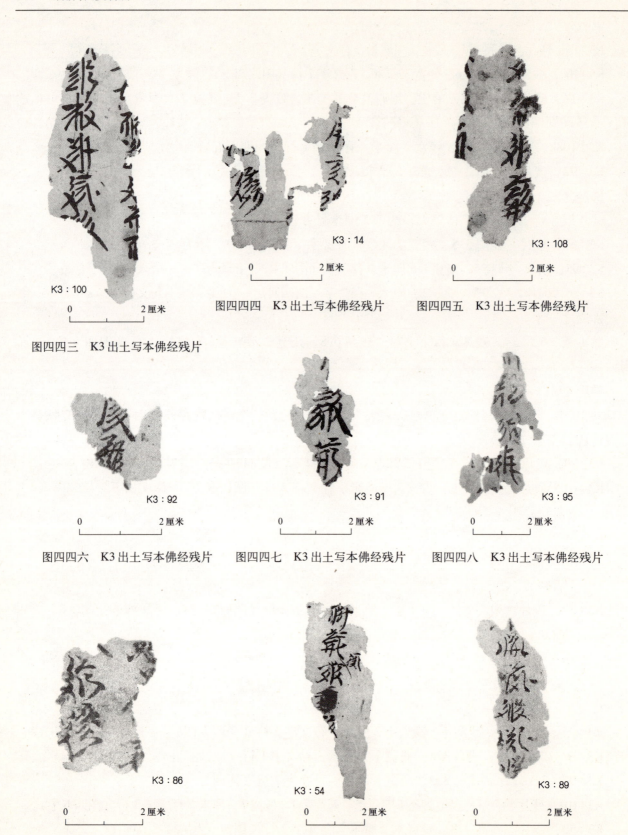

K3:100

图四四三　K3出土写本佛经残片

K3:14

图四四四　K3出土写本佛经残片

K3:108

图四四五　K3出土写本佛经残片

K3:92

图四四六　K3出土写本佛经残片

K3:91

图四四七　K3出土写本佛经残片

K3:95

图四四八　K3出土写本佛经残片

K3:86

图四四九　K3出土写本佛经残片

K3:54

·图四五〇　K3出土写本佛经残片

K3:89

图四五一　K3出土写本佛经残片

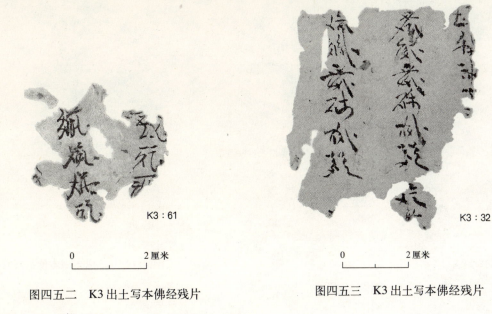

K3：61

0　　　2厘米

图四五二　K3出土写本佛经残片

K3：32

0　　　2厘米

图四五三　K3出土写本佛经残片

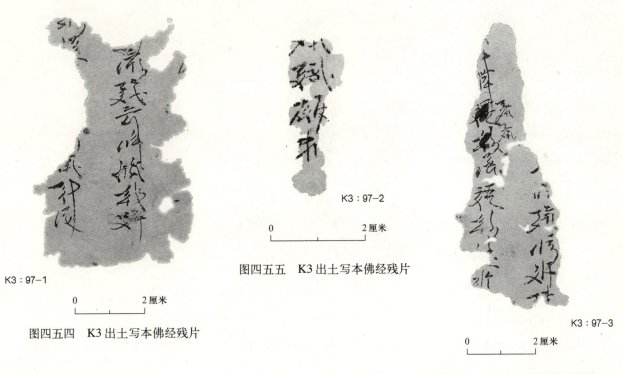

K3：97-1

0　　　2厘米

图四五四　K3出土写本佛经残片

K3：97-2

0　　　2厘米

图四五五　K3出土写本佛经残片

K3：97-3

0　　　2厘米

图四五六　K3出土写本佛经残片

K3：107，残片。残高4.5、残宽6厘米。存文字3行（图四六○）。

佛经之三十二

共6纸。草书书写，字迹潦草。

K3：46，残片。残高6.5、残宽3厘米。存文字1行（图四六一）。

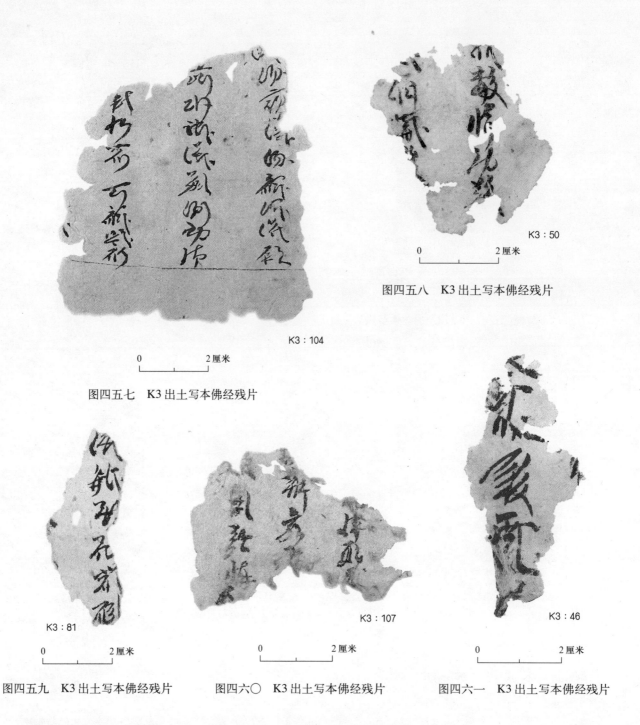

图四五八　K3出土写本佛经残片

图四五七　K3出土写本佛经残片

图四五九　K3出土写本佛经残片　　　　图四六〇　K3出土写本佛经残片　　　　图四六一　K3出土写本佛经残片

K3：11，残片。残高5.2、残宽2厘米。存文字1行（图四六二）。

K3：44，残片。残高6.5、残宽2.6厘米。存文字2行（图四六三）。

K3：48，残片。残高8、残宽2.5厘米。存文字3行（图四六四）。

K3：47，残片。残高8.1、残宽4.9厘米。存文字2行（图四六五）。

K3：9，残片。有下栏，单栏。地脚残高1厘米。残高3、残宽3厘米。存2个字（图四六六）。

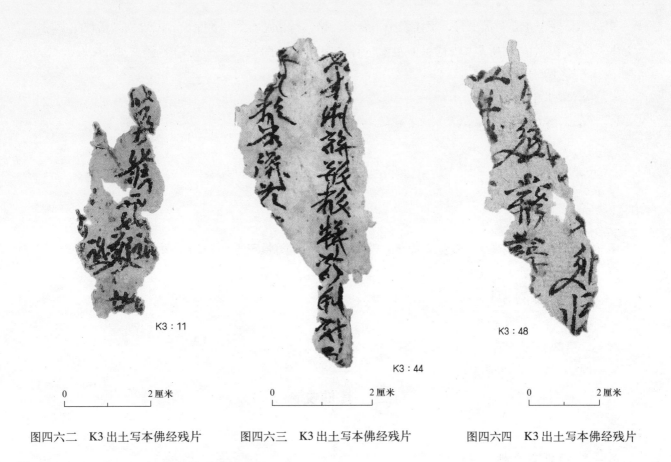

K3：11

0　　　　　2厘米

图四六二　K3出土写本佛经残片

K3：44

0　　　　　2厘米

图四六三　K3出土写本佛经残片

K3：48

0　　　　　2厘米

图四六四　K3出土写本佛经残片

K3：47

0　　　　　2厘米

图四六五　K3出土写本佛经残片

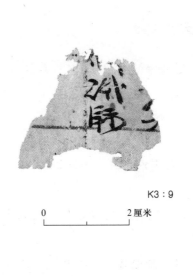

K3：9

0　　　　　2厘米

图四六六　K3出土写本佛经残片

佛经之三十三

共 2 纸。陀罗尼。行楷书写，字体较小。有窄行格，行格宽不到 0.8 厘米。内容均为密教陀罗尼。

K3：56，残片。残高 5、残宽 4.1 厘米。存文字 5 行（图版三三一，1）。译文如下：

（前缺）

……萨昧乞利达萨……

……嘎尼叭派得……

……昧嘎噜底叭……

……底叭派得……

……派得叭……

（后缺）

K3：18，残片。残高 4、残宽 2 厘米。存文字 2 行（图版三三一，2）。译文如下：

（前缺）

……叭派□三昧……

……得伐折啰悉丽……

（后缺）

二　其他文献

（一）西夏文文献

共 1 件。习字残片。K3：30，行草书写。前后残缺。残高 7.5、残宽 3 厘米。存文字 2 行。第 1 行为 7 个相同的字，译为"纬"。第 2 行亦存 7 个相同的字，译为"细"（图版三三二，1）。

（二）藏文文献

仅 1 件。K3：45，残片。一面书写藏文。残高 6.6、残宽 3.2 厘米（图版三三二，2）。

三　佛画

共 3 件。有唐卡 1 件，画稿 2 件。

1. 唐卡

K3：109，为金刚亥母像残片。残高 3、残宽 3.7 厘米（图版三三三，1）。

2. 画稿

K3：51-1，画稿残片，为两段，内容不详。残高 3、残宽 3.8 厘米（图版三三三，2）。

K3：51-2，画稿残片。画右侧有西夏文题字。题字残缺不全。译为"……最乐……"。残高 4、残宽5.5厘米（图版三三三，3）。

四　泥佛像

共47件。均用黄泥制成。正面脱模，背部手捏。按脱模部分可分为三型。

A型，佛像居于塔幢中。共19件。形制相同。正面略呈三角形。居中为塔幢，有塔刹和塔身。

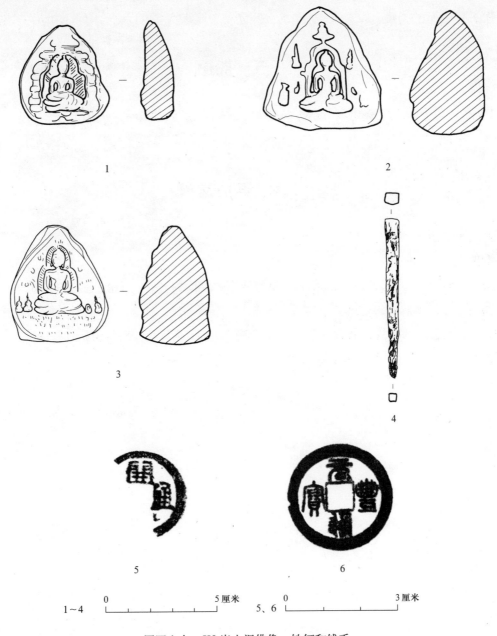

图四六七　K3出土泥佛像、铁钉和钱币

1. B型泥佛像 K3:3　2. A型泥佛像 K3:1　3. C型泥佛像 K3:2　4. 铁钉 K3:6　5. 开元通宝　6. 元丰通宝

佛像居塔身中，结跏趺坐于莲花座上，结禅定印。塔幢两侧各有两个一上一下的喇嘛塔。K3：1，高6、下宽5.5厘米（图四六七，2；图版三三四，1）。

B型，佛像居于塔形龛中。共2件。形制相同。正面略呈桃形。居中为塔形佛龛。龛中为佛像，结跏趺坐于莲花座上，结禅定印。K3：3，高4.6、下宽4厘米（图四六七，1；图版三三四，2）。

C型，佛龛为细线。26件。多数破碎，形制相同。正面呈桃形，居中用细线凸印佛龛，龛中模印佛像，结跏趺坐于仰莲座上，结禅定印。座下部和佛像两侧有梵文种字。座两侧各有2个喇嘛塔。背面有手捏的指痕。K3：2，高5.5、下宽4.2厘米（图四六七，3；图版三三四，3）。

五　擦擦

共19件。均为四方天降塔，残碎。K3：4，下部有手捏的高座。内装经文。残高7、座径5厘米（图版三三四，4）。

六　其他遗物

有铁钉和钱币。

1. 铁钉

2枚，截面呈长方形。K3：6，残长6.8厘米（图四六七，4；图版三三四，5）。

2. 钱币

2枚。开元通宝，1枚，残存一半，径2.5厘米（图四六七，5；图版三三四，7）。元丰通宝，1枚，宽缘，右旋读，径2.8厘米（图四六七，6；图版三三四，6）。

第五章 四号窟（K4）

四号窟位于三号窟南侧，编号为 K4。K4 与 K3 相隔很近，K3 南侧底部就在 K4 北侧顶上，两窟底部相差近 2 米。

第一节 石窟形制

K4 形状较为规整。洞口宽大，略呈上窄下宽的拱形。下宽 4.8、高 4.2 米。方向 210°。洞内平面略呈马蹄形，地面平整。前宽与洞口宽一致，入深约 5 米。

洞内壁面亦不垂直，坑坑洼洼。在窟壁面上抹有草拌泥，但不见壁画。壁面多处有烟熏火烤的痕迹。顶部多已坍塌，现存最高处约 4.2 米（图四六八）。在北侧顶部有一个直径约 60 厘米的圆形洞口与 K3 南侧底部相通。

K4 窟内堆积与其他窟一样较薄。最上一层为表土层，厚约 10 厘米，主要为羊粪和浮土堆积。其下为灰烬层，大多分布在窟内中后部。厚度 10～15 厘米。在表土层及灰烬层中还出土了一些瓷片和建筑构件等。

第二节 出土遗物

K4 中出土遗物很少，主要是瓷器、建筑构件和铁器等。

一 瓷器

均为残片，无法复原。从器形看有碗、罐、缸等，釉色有白釉、褐釉、酱釉等。

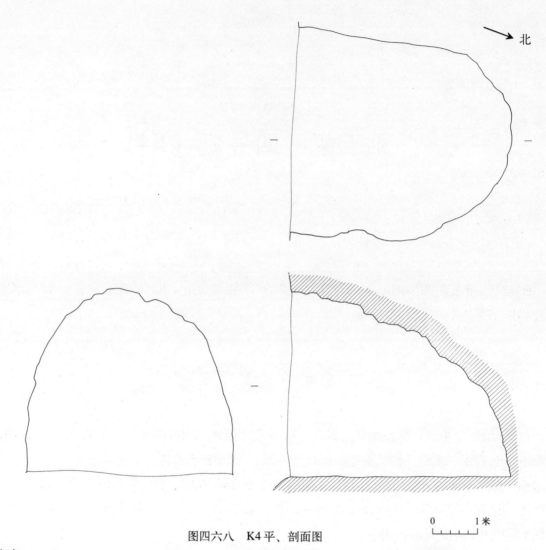

图四六八　K4平、剖面图

1. 碗底

共2件。

K4:2，灰白色胎。圈足。内壁饰白釉，有沙圈。外壁露胎。残高3.6、足径8.5厘米（图四六九，6；图版三三五，1）。

K4:3，浅黄色胎。圈足。内壁饰褐釉，底有涩圈。外壁上部饰褐釉，下部露胎。残高3.5、足径5.5厘米（图四六九，2；图版三三五，2）。

2. 罐底

1件。K4:4，灰白色胎。素面，器体厚重。在近底部存有两个小圆孔。残高4.5、底径18.5厘米（图四六九，5；图版三三五，3）。

3. 缸口沿

均为残片，共16块，最大者高29、宽18厘米。K4:6，缸口部残片。白色胎。直口，器体厚重。内壁饰酱釉。外壁饰豆绿色釉。残高20、残宽10.5厘米（图四六九，3；图版三三五，4）。

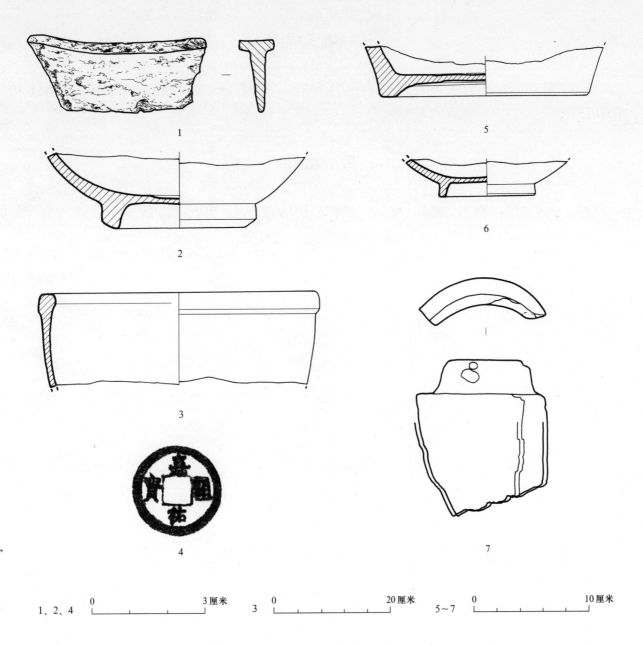

图四六九　K4出土铁器、瓷器、建筑构件和钱币

1. 铁锅沿 K4：5　2. 瓷碗底 K4：3　3. 瓷缸口沿 K4：6　4. 嘉祐通宝　5. 瓷罐底 K4：4　6. 瓷碗底 K4：2　7. 筒瓦 K4：1

二　铁器

均为铁锅残片，共有4块，最大者长6.5、宽5厘米。K4：5，锅沿。残长7.5、沿宽2.6厘米（图四六九，1；图版三三五，5）。

三　建筑构件

琉璃筒瓦，1件。K4∶1，红色陶土，一端有子母口。背饰绿琉璃。筒瓦槽内饰布纹，被烟熏成黑色。残长12、宽11厘米（图四六九，7；图版三三五，6）。

四　钱币

1枚。嘉祐通宝，楷书，对读。径2.5厘米（图四六九，4；图版三三五，7）。

第六章　相关问题讨论

　　宁夏境内的古代石窟大部分分布在南部山区古代交通要道附近。重要的有固原须弥山石窟、炭山石窟，彭阳无量山石窟，海原天都山石窟，西吉扫竹岭石窟等。这些石窟除须弥山石窟时代较早外，大部分开凿于宋元乃至明清。而在宁夏北部地区，特别是贺兰山一带古代石窟数量并不多，仅见中宁石空镇的石空寺和山嘴沟石窟。另外，在拜寺沟方塔附近也发现 2 孔利用天然岩洞修整而成的西夏禅窟。中宁石空寺的开凿时代众说纷纭，按《嘉靖宁夏新志》载其为"元故寺"，《陇右金石录》引《甘肃新通志稿》载寺创于唐时，"窟内造像皆唐制"。《中卫县志》又认为是西夏"元昊建"。在贺兰山中，规模较大的石窟除石空寺外，当数山嘴沟石窟了。

第一节　关于山嘴沟石窟和出土文献的时代

一　石窟的开凿和使用

　　山嘴沟石窟未见文献记载，不知开凿于何时。1984 年，宁夏全区开展文物普查，曾对山嘴沟石窟有过简单记录，并推测其"极可能开凿于西夏时期"[1]。《贺兰山文物古迹考察与研究》认为，"其时代推测为明代或明代以前"[2]，但在后文中又认为"极可能开凿于西夏时期"[3]，与宁夏《文物普查资料汇编》一致。

　　贺兰山是西夏的神山、圣山，西夏统治者曾在山中大规模地修筑寺庙和离宫别墅。据宁夏方志记载，贺兰山"山口内各有寺，多少不一，大抵皆西夏时旧址"[4]。到了明代还"上有颓寺百

---

〔1〕　宁夏回族自治区文物管理委员会、宁夏回族自治区文化厅编：《文物普查资料汇编》（内部资料），1986 年，页 31。
〔2〕　牛达生、许成：《贺兰山文物古迹考察与研究》，宁夏人民出版社，1988 年，页 10。
〔3〕　《贺兰山文物古迹考察与研究》，页 82。
〔4〕　［清］张金城修，杨浣雨纂：《乾隆宁夏府志》卷三，陈明猷点校本，宁夏人民出版社，1992 年，页 86。

余所，并元昊故宫遗址"[1]。近十几年来，宁夏考古工作者在对贺兰山东麓的调查中发现，大水口、西伏口、插旗口、贺兰口、苏峪口、拜寺沟、镇木关口、滚钟口、大口子、榆树沟等都有西夏建筑遗址，其中大部分是西夏寺庙遗址，而山嘴沟石窟的时代也应与之相当。

1. 山嘴沟石窟的位置和形制与武威张义乡小西沟岘西夏石窟很相似

武威小西沟岘石窟亦位于深山之中，洞中也发现了大量西夏文献。"在这群山耸峙中，有一条水沟由北向南倾泻而下，把群山劈为平行对峙的两列山峰。在东北山上，向着西南面的山坡，有一个因山坡塌陷而形成的山隙。山隙的中部有一个洞（1号洞），窄而深，又不规则。在洞的地面上，发现少量的遗物，遗物上面只覆盖着一层薄薄的'五灵脂'及沙土混合物。1号洞的上面，又有一个封闭的小洞（2号洞），发现更多的遗物。1号洞是天然的山洞，地上只发现少量的遗物。而2号洞是人工的，不但发现较多的遗物，且有佛座、泥塔、佛像等不易移动的东西。2号洞又在1号洞上面，所以，我们认为，这一批西夏遗物原是保留在2号洞的，后来有一部分流散到下面1号洞中"[2]。

从地理位置和石窟形制来看，武威小西沟岘石窟与山嘴沟石窟极为相似，它们均位于深山之中，系利用自然岩洞略加修整而成。特别是山嘴沟二号洞窟，由上下两层狭长的岩洞组成。武威小西沟岘石窟为西夏晚期洞窟，出土的西夏文献中有五个西夏纪年，分别为人庆、天盛、乾祐、天庆和光定。这五个西夏年号，最早的是1145年，最晚的是1212年。山嘴沟石窟出土西夏文献中尽管没有明确的西夏纪年，但有一些佛经是西夏僧人翻译，如贤觉帝师、真义国师等。山嘴沟石窟也应是一处西夏时期的洞窟。

武威小西沟岘和山嘴沟石窟皆出土了一批藏传佛教佛经和藏文文献。这些石窟均位于人迹罕至的深山之中，也许是受当时藏传佛教重实修的影响。藏传佛教特别是噶举派开山祖师玛尔巴（Mar pa）译师的弟子米拉日巴（mi la ras pa，1040~1123年）就是以践修而著称。他为了获得成就，长年在深山中坚持苦修，折磨得自己"双目深陷，一根根骨头凸起老高，肤色发青，枯瘦如柴，肉和骨头要分离的样子，皮肤上长了许多绿茸茸的长毛"[3]。西夏时期，藏传佛教曾兴盛一时。武威小西沟岘和山嘴沟石窟两处石窟均位于深山密林之中，其中修行的僧侣在一定程度上应是受藏传佛教这种践修思想的影响。

2. 壁画的一些西夏特征

在二号窟后室两壁中间各有一位白衣上师像。上师均头戴白色桃形莲花帽。这种帽式与榆林窟第29窟南壁东侧的西夏真义国师戴的冠完全一致[4]。在洞外北壁中部有墨书西夏文"佛"字，旁边不远处还有西夏文题刻，惜多已模糊不清。在八字形通道北壁外侧绘有菩萨像，其身后绘一儿童。儿童形体较小，免冠，髡发。与榆林窟第29窟南壁西夏壁画中儿童的形态和髡发样式相

〔1〕［明］胡汝砺编，管律重修：《嘉靖宁夏新志》卷一，陈明猷校勘本，宁夏人民出版社，1982年，页12。
〔2〕甘肃省博物馆：《甘肃武威发现一批西夏遗物》，《考古》1974年第3期。
〔3〕［明］桑杰坚赞：《米拉日巴传》，刘立千译，四川民族出版社，1985年，页152。
〔4〕《中国石窟·安西榆林窟》，文物出版社，1997年，页117。

近[1]。李元昊曾颁布秃发令，他"自先秃其发，及令国人皆秃发，三日不从令，许众杀之"[2]。山嘴沟石窟壁画上儿童的发式完全符合西夏髡发习俗。

3. 关于石窟的使用时期

通过以上论述，我们认为山嘴沟石窟开凿于西夏，壁画也当在西夏时期绘制。但其在西夏灭亡后未必就立即被废弃，可能一直沿用到蒙元时期。

西夏王朝灭亡了，但是佛教在西夏故地并没有消失。蒙元政府还在贺兰山中修建佛寺，仍有西夏后裔在山中隐居修行。西夏乾定三年（1226）进士及第的高智耀，见国事殷重，不愿受职，隐居于贺兰山中。后来被王恽弹劾云："河西土俗，大半僧祇"，高智耀"事佛敬僧乃其所乐，迹其心行，一有发僧耳"[3]。蒙古定宗贵由二年（1247）刊印的西夏文《金光明最胜王经》流传序的集录者沙门慧觉当时就是贺兰山石台岩云谷慈恩寺僧人[4]。文献又记载，泰定四年（1327）元政府曾"修佛事于贺兰山及诸行宫"[5]。可见，蒙元时期的贺兰山中仍有大量僧人在此修行。另外，在现存壁画上的游人题记均为明代中期及其以后。其中最早的为明嘉靖三十五年（1556），说明这些石窟到了明代时才完全废弃。

二　出土文献的时代

山嘴沟石窟出土文献种类较多，其中却没有一件有明确纪年。但是，在这些文献中有一些的时代可以确定为西夏时期。

出土文献中的《同音》、《同义》和《同音文海宝韵合编》等是仅见于西夏的西夏文辞书。这三种辞书在黑水城中均有出土，存世的也有不同版本。《同音》依据其序言、重校序和跋可知，该辞书约成书于西夏早期[6]。《同义》据黑水城出土该文献序言注，其是于西夏乾祐十九年（1188）由梁习宝编撰、梁德养校定[7]。《同音文海宝韵合编》在黑水城也有出土，因其残甚，不知成书年代，但属于西夏辞书[8]。

西夏文佛经中还有一些佛经是由西夏僧人传译的。

《妙法莲华经集要义镜注》是与汉文《大藏经》中的《妙法莲华经玄赞》有一定联系的佛经，但它并不是《妙法莲华经玄赞》的西夏语译本。《妙法莲华经集要义镜注》第十二卷中曰："梵语'那落迦'，番语云'恶人'，是作恶者之住处。又云'捺落揭'，番云'苦器'，是受苦处器也。"

---

〔1〕《中国石窟·安西榆林窟》，页116。

〔2〕［宋］李焘：《续资治通鉴长编》卷一一五，中华书局，2004年，页2704。

〔3〕［元］王恽：《秋涧先生大全文集》卷八六，《四库丛刊》本，页6。

〔4〕史金波：《西夏佛教史略》，宁夏人民出版社，1988年，页310。

〔5〕《元史》卷三十《泰定帝纪二》，中华书局本，1974年，页679。

〔6〕史金波、克恰诺夫主编：《俄藏黑水城文献》（7），上海古籍出版社，1997年，页1。

〔7〕史金波、克恰诺夫主编：《俄藏黑水城文献》（10），上海古籍出版社，1999年，页1；李范文、韩小忙著：《同义研究》，中国社会科学出版社，2005年，页1。

〔8〕《俄藏黑水城文献》（7），页233～258。

其中的"番"是党项人自称，"番语"即西夏语。可见，《妙法莲华经集要义镜注》是西夏人在《妙法莲华经玄赞》的基础上所编撰的一种佛经。

"长寿功德颂"（K2：68）是真义国师等译施的。在安西榆林窟第29窟南壁东侧西夏壁画中有一位西夏国师像，旁有碑形西夏文榜题，译作"真义国师西壁智海"[1]。"长寿功德颂"的尾题不全，不知此处的真义国师之名讳。不过，其后又云他任西夏功德司正，即负责西夏全国佛教事宜。尽管"长寿功德颂"中没有出现真义国师姓名，但现有材料表明，西夏所赐予高僧的国师封号从不重复。另外，榆林窟壁画中的"真义国师西壁智海"是唯一一位见于壁画，并且是有名有姓的西夏国师，其宗教地位和社会影响自然不低，也只有这样的高僧大德才可适合担任西夏的功德司正职务。所以，"长寿功德颂"中的真义国师与榆林窟中的"真义国师西壁智海"当属同一人。榆林窟第29窟南壁壁画属西夏晚期壁画，那么，真义国师最晚也是西夏晚期人物，而"长寿功德颂"自然是这一时期译施的。

在西夏文写本佛经残页 K2：21 中存两行字，译为："奉诏师日夜供养不断而为次。贤觉　帝师　传"。贤觉帝师名波罗显胜，藏传佛教噶举派高僧[2]。关于他的生平事迹，藏文、西夏文、汉文文献中均未见记载。立于西夏乾祐七年（1176）的《黑河建桥敕》碑文中曾略提及贤觉帝师在河西甘州一带活动。碑文载："昔贤觉圣光菩萨哀悯此河年年暴涨，飘荡人畜，故以大慈悲，兴建此桥，普令一切往返有情，咸免徒涉之患，皆沾安济之福。"西夏仁宗皇帝为了嘉美贤觉兴造之功，亲临此桥，并躬祭诸神，立碑石记之[3]。碑文中的贤觉圣光菩萨应是指西夏的贤觉菩萨，贤觉菩萨就是贤觉帝师[4]。贤觉菩萨在俄藏西夏文佛经题记中多有出现，如《忏悔千种供养奉顺中已集当许文》、《等持集品》等。在《忏悔千种供养奉顺中已集当许文》中题"贤觉菩萨传，兰山智明国师沙门德慧译"，而在《奉敕修行者现在及转身利缘佛顶尊胜佛母依千种供养奉顺中共依略忏悔文》题"贤觉帝师传，兰山智明国师沙门德慧译，仁宗验定"，两种经典的译者相同。又《等持集品》是贤觉菩萨作，仁宗译经，《圣胜慧到彼岸功德宝集偈》为贤觉帝师传，仁宗验定。由此可见，贤觉帝师和贤觉菩萨是同一人，而《黑水建桥敕》碑中的贤觉圣光菩萨当为贤觉帝师。从上述碑文可知，贤觉帝师在西夏乾祐七年以前一度在河西甘州地区活动，做了不少利生的事业。后来，他在西夏政府中担任功德司正、偏袒都大提点之职，并授予一品官位"卧勒"的极高官号[5]。贤觉帝师精通经、律、论三藏，在西夏传播、著写了大量佛经，留存至今的有《佛说阿弥陀经》、《如来一切之百字要论》、《圣观自在大悲心依烧施法事（护摩仪轨）》、《圣观自在大悲心依净瓶摄受顺》、《默有（瑜珈）自心自劝要论》、《疾病中护顺要论》、《默有者（瑜伽士）随胜

〔1〕《中国石窟·安西榆林窟》，页241。

〔2〕聂鸿音在《西夏帝师考辨》（《文史》2005年第3辑）一文把贤觉帝师波罗显胜的藏文名勘同为 Pāla Gsal–rgyal。

〔3〕[清]叶昌炽撰，柯昌泗评：《语石 语石异同评》卷一，中华书局，1994年，页53；王尧：《西夏黑水桥碑考补》，《藏族研究文集》第二集，中央民族学院藏族研究所，1984年。

〔4〕黑水桥碑中的"贤觉圣光菩萨"，史金波先生据俄藏黑水城西夏文佛经题记研究认为，他就是西夏文佛经题记中的"贤觉菩萨"。"贤觉菩萨"与"贤觉帝师"是同一人。参见史金波：《西夏的藏传佛教》，《中国藏学》2002年第1期。

〔5〕罗炤：《藏汉合璧〈圣胜慧到彼岸功德宝集偈〉考略》，《世界宗教研究》1983年第4期。

住令顺要论》、《忏悔千种供养奉顺中已集当许文》、《等持集品》等。又常与西夏仁宗皇帝一起校勘佛经，被仁宗封为"贤觉帝师"。所以，山嘴沟石窟中出土的佛经残页 K2：21 当为西夏仁宗时期的佛经。

另外，山嘴沟石窟出土文献中绝大部分为西夏文文献。西夏文主要通行于西夏王朝，但是到了元代，仍有一些西夏人后裔在使用。有的还用西夏文印制佛经，散施河西各地，其中以松江府僧录管主巴最为有名。从现存为数不多的元代西夏文佛经来看，元代的西夏文佛经几乎都为印本，写本极少。而黑水城和山嘴沟石窟出土的西夏文文献中的写本几乎接近总数的一半，与现存元代西夏文文献情况不同。这也能说明元代的西夏语似乎已变成一种"经堂语"，不为大众所熟知。这从一个侧面亦可说明山嘴沟石窟中出土文献的年代应是西夏时期的。

第二节　部分出土文献讨论

一　《金刚般若经集》

山嘴沟石窟出土的有关金刚经类的佛经只有《金刚般若经集》。《金刚般若经集》是与《金刚般若经》有密切联系的佛经。《金刚般若经》又称《金刚般若波罗蜜多经》，简称《金刚经》。该经为印度大乘佛教的早期经典——般若类佛经中的一种。汉文大藏经中《金刚经》有六种译本，最早由姚秦鸠摩罗什翻译，后五种的译者分别为元魏菩提流支、陈代真谛、隋达摩笈多、唐玄奘和唐义净。这六种佛经在历代《大藏经》中均有收录[1]。现存西夏文献中有多种《金刚经》。俄藏黑水城文献中西夏时期的《金刚经》品类较多，有汉文的，也有西夏文的，多为刻本。其中西夏文《金刚经》，刊本共 60 多个编号，18 种版本。其中两种为蝴蝶装，余均为经折装。写本有两个版本，一为册子本，另一件为卷子装[2]。汉文《金刚经》的数量也相当可观，共 55 个编号，均为刻本，经折装，分属 9 个不同版本。其中刻印年款的就有数种，如西夏天盛十九年（1167）、天盛二十年和乾祐二十年（1189）等[3]。国内所藏西夏文《金刚经》有 1959 年敦煌出土完整的《金刚经》，经折装，共 108 折，每折 5 行，每行 12 字。20 世纪 90 年代初，在内蒙古额济纳旗绿城亦发现了 5 种西夏文《金刚经》残页，其中刻本 4 种，写本 1 种。刻本多与俄藏黑水城文献中的西夏文《金刚经》版本相类[4]。西夏汉文、西夏文《金刚经》数量、版本众多，是现存西夏

---

[1]　鸠摩罗什、菩提流支和真谛的译本均名为《金刚般若波罗蜜经》，达摩笈多译本名《金刚能断般若波罗蜜经》，义净译名为《佛说能断金刚般若波罗蜜经》，见《大正藏》卷八。玄奘译名《能断金刚分》，收于其译作《大般若波罗蜜多经》第五百七十七卷，见《大正新修大藏经》卷七。

[2]　（日）荒川慎太郎：《西夏文〈金刚经〉之研究》，京都大学博士论文，2002 年，页 17～34。

[3]　（俄）孟列夫：《黑城出土汉文遗书叙录》，王克孝译，宁夏人民出版社，1994 年，页 91～105；（日）荒川慎太郎：《西夏文〈金刚经〉之研究》，页 17～34。

[4]　史金波、翁善珍：《额济纳旗绿城新见西夏文物考》，《文物》1996 年第 10 期。

文献中数量最多的佛经之一，且多数出自姚秦鸠摩罗什译本。由于该经繁简适中，故历来传持很盛。西夏也特别重视《金刚经》，不仅刊刻汉文《金刚经》，还翻译成西夏文，大量印施。仅在乾祐二十年的一次大法会上就散施《金刚经》5万卷[1]。可见，《金刚经》在西夏非常盛行。

《金刚般若经集》在历代汉文《大藏经》中未见著录。起初认为该经为新发现的一种西夏佛经，最近参考日本学者荒川慎太郎的博士论文《西夏文〈金刚经〉之研究》，发现俄藏黑水城西夏文佛经中也有此经，编号为6806[2]。黑水城本仅尾部残缺，比较完整，现存46折。其版式、形制、字体与山嘴沟《金刚般若经集》完全一致，二者属同一版本。黑水城本第37、38折为山嘴沟K2：135中的两折，黑水城本所缺失的最后两折正是山嘴沟K2：230中的两折，也就是此经的尾题。由黑水城本可知，此经内容大致分为三个部分，第一部分启请八金刚和四菩萨及持诵功德文；第二部分是刘氏女子持诵《金刚经集》的应验和利益；第三部分为礼佛十斋日和十二月礼佛日时及持诵功德。此经篇幅不大，为了全面了解该经，现将全文翻译如下（文中黑体字为山嘴沟石窟出土部分）：

《金刚经集》一卷

若人诵持《金刚经集》时，初以心相诵净口业真言，其后召请八金刚四菩萨之名，乃常守护居所。

净口业真言

修利　修利　摩诃修利　修修利　萨婆诃

敬请八金刚

敬请青除灾金刚　敬请避毒金刚　敬请黄随求金刚　敬请白净水金刚

敬请赤声金刚　敬请定除灾金刚　敬请紫贤金刚　敬请大神金刚

敬请四菩萨

敬请金刚眷菩萨　敬请金刚索菩萨　敬请金刚爱菩萨　敬请金刚语菩萨

如是，善男子、善女人诵读此经一遍，故等同诵读《金刚经》三十万遍，后得众神圣以威力守护助佑。

昔大汉国岁七年，北山县城中有一刘氏女子，年十九病亡。后**到地狱中**见阎罗王，**问女子曰**："汝阳间[3]居时，做何利益功德。"女子答："我居阳间时，于七岁始每日受持《金刚般若经》未曾断绝，因至于此。"阎罗王曰："汝何不诵持《金刚经集》。"女子答曰："世间无本。"王曰："善哉善哉，今放汝回，寿限成百年。我示汝语，汝应分明记取谛听。汝到阳间后，刻于霍州众利[4]寺中之石壁上。因心诚勤书写诵持，故获无量无边福田成长寿。依彼劝他人书写、诵读，令行弘传。"如是句要终。复再令女子生还。

---

〔1〕　史金波、魏同贤、克恰诺夫主编：《俄藏黑水城文献》（2），上海古籍出版社，1996年，页48。

〔2〕　俄藏本《金刚经集》的影印件见荒川慎太郎《西夏文〈金刚经〉之研究》。该西夏文献除上述两件外，俄藏黑水城文献中还有一件缺尾的手抄本，编号为7107。

〔3〕　"阳间"的西夏文直译是"地上"，这里译作"阳间"。

〔4〕　"霍州众利"四字皆为音译。

遂往霍州众利寺舍中寻觅石壁。见有一石壁，从"如是我闻"至"心喜奉行"，共显现写下五千一百四十九字，五十三"佛"，五十一"世尊"，八十五"如来"，三十七"菩萨"，一百三十七"须菩提"，二十八"善男子善女人"，三十八"如何也"，三十六"众生"，三十一"如何于汝意"，三十"是也"，二十九"阿耨多罗三藐三菩提"，二十一"布施"，十八"福德"，十五"恒河沙"，十一"微尘"，七"三千大千世界"，七"三十二相"，八"功德"，八"庄严"，五"波罗蜜"，四"须陀洹"，四"斯陀含"，四"阿那含"，四"阿罗汉"。此者福果仙人昔我为歌利王割截身体。尔时，若有我相、人相、众生相、寿者相，则我见。三寿比丘数中七字四句偈。

十方无量佛，稽首三界尊。我今发弘愿，持此《金刚经》。上报四重恩，下济三恶苦。若有见闻者，乃起菩提心。尽此一报身，同生极乐国。

每日诵此经十遍，则积无边福。《大宝积经》中云：逐月有十大斋日。

一日善恶**童子下界，彼日**念定光佛名**一千遍**，则不坠刀山地狱中。赞曰：

闻说刀山不可攀，嵯峨险峻使心酸。逢斋日时勤修福，免见前程恶业牵。

八日，太子下界，念药师琉璃光佛名一千遍，则不坠锅汤地狱。赞曰：

劝君勤念药师尊，免向锅汤受苦辛。坠入彼中何时出，早修净土脱尘沦。

十四日，司命帝下界，念贤劫千佛名一千遍，则不坠寒冰地狱。赞曰：

彼中最苦是寒冰，至彼中后难救渡。唯念诸佛求福德，必定人天乐处生。

十五日，五道将军下界，念阿弥陀佛名一千遍，则不坠剑树地狱。赞曰：

闻说弥陀福最胜，剑树皆毁无踪影。自作自招还自受，尔时莫待手足急。

十八日阎罗王下界，念地藏菩萨名一千遍，则不坠拔舌地狱。赞曰：

菩萨能济众多苦，拔舌地狱何故见。今乃亲诵佛名者，后世必定不受苦。

二十三日，天大将军下界，念大势至菩萨名一千遍，则不坠毒蛇地狱。赞曰：

菩萨慈悲广大多，救苦常令出苦河。九品莲花中生受，毒蛇看见岂敢近。

二十四日，察命王下界，念观世音菩萨名一千遍，则不坠挫碓地狱。赞曰：

斩身挫碓不停止，受苦烦恼不可说。今问此身因何得，前世作罪不修持。

二十八日，太山府君下界，念（毗）卢舍那佛名一千遍，则不坠分锯地狱。赞曰：

如来功德本圆明，譬如繁星皓月辉。唯诵诸佛求功德，分锯由何与君亲。

二十九日，四天王下界，念药王菩萨名一千遍，则不坠铁床地狱。赞曰：

菩萨名者说药王，诵则去除重罪恶。获得人身常安稳，铁床地狱永清灭。

三十日，大梵王下界，念释迦牟尼佛名一千遍，则不坠黑暗地狱。赞曰：

大圣牟尼福最深，归依即刻贪欲离。人身获得需觉悟，放逸心思莫犯过。

诵此经集一遍，则与诵《金刚经》三十万遍一样。摩诃般若波罗蜜、除难般若波罗蜜、禅定般若波罗蜜、深行般若波罗蜜。

正月一日天明时，向东方礼佛四拜，则除罪一百四十劫。二月八日深夜时，向西方礼佛四拜，则除罪一百四十劫。三月七日鸡鸣时，向西方礼佛四拜，则除罪一百四十劫。四月八日午夜子时，向北方礼佛四拜，则除罪一百四十劫。五月五日黄昏时，向东方礼佛九拜，则除罪一千八百劫。**六月六日天晓时，向东方礼佛九拜，则除罪三万三千劫。七月七日天晓时，向东方礼佛九拜，则除罪三万三千劫。八月八日日出时，向南方礼佛十拜，则除罪三千三百劫。九月九日天明时，**向东方礼佛九拜，则除罪三千三百劫。十月一日拂晓，向南方礼佛九拜，则除罪一千劫。十一月十一日黑夜时，向西方礼佛九拜，则除罪一千劫。十二月十二日黑夜时，向西方礼佛九拜，则除罪一千劫。

初说"礼拜日月功德"皆因是大贤圣集会之日，方劝请众生应专心不失礼佛，令诸众生所求称遂。若能抄写一本行传，布施他人，则除罪一万九千六百劫。若能教授一人，则除罪恒河沙数劫。此本者在唐朝三藏大法师往西天所取一千卷经中，掠此礼佛日月功德，甚大稀有。又书写传施此国诸人受持诵读，则福德无量，功德最上。譬如须弥山王，深广如同大海，广积善根，无可演说。若有善男子善女人受持**诵读者，虔心尊崇，合掌恭敬，心喜奉行。**

金刚般若经集一卷　　终

金刚般若心咒

苏播法师　传

南无　跋伽跋底　毗罗那呢钵罗蜜怛耶　唵　那呢　怛底怛　医利尸医利尸　毗那耶　毗那耶　南无　跋伽跋底　毗罗怛哦　毗罗帝　医哩底医哩底　殊哩底殊哩底　呜殊哩　呜殊哩　**部喻耶　部喻耶　索诃**

今闻此金刚般若心咒，昔乃梵藏本中有，传者及译者等功德广大，般若不持，然依诵持此真心咒而灭除。此□□□**梵藏本等诵一遍，则等同诵持八万九千部般若功德。**

殿前司西壁□**呢赎印**

写者朱阿喜

《金刚经》是大乘学说主要读本之一，传入中国后受到佛教各个宗派的推崇。尤其从唐代开始，不少僧俗把它作为祈请延寿、避邪、愈疾、消灾的法宝。在这种礼忏式的民间信仰影响下，出现了许多有关诵持《金刚经》获得应验和利益的著述。具有代表性的如唐代孟献忠《金刚般若经集验记》、萧瑀《金刚般若经灵验记》、郎余令《冥报拾遗》、段成式《金刚经鸠异》等。《金刚般若经集》也许就在这种社会背景下产生的。

与《金刚般若经集》相关的文献在敦煌遗书中发现数种，如《佛说金刚经纂》、《玄奘法师十二月礼佛日》、《地藏菩萨十斋日》、《每月有十斋日》、《十二月礼佛名》等[1]。与西夏本相比，它们或者是西夏本的一部分，或者为之节略。比较接近西夏本的为《佛说金刚经纂》，但仍较简略，也没有西夏本最后两折咒语和功德文。

---

[1]　参见方广锠主编：《藏外佛教文献》第一辑，宗教文化出版社，1995年，页354～358；第七辑，2000年，页348～371；汪娟：《敦煌礼忏文研究》，法鼓文化（台北），1998年，页16～17。

唐代以来，有关礼忏文书在我国较为流行。山嘴沟石窟还出土有《占察善恶业报经》。该经是由隋天竺三藏菩提灯翻译的有关地藏菩萨所说投木牌占卜吉凶善恶之法和以示忏悔之法的经典。这些经典的发现反映了礼忏法在西夏较盛行，也从一个侧面反映了西夏佛教践修的情况。

二　《妙法莲华经集要义镜注》

山嘴沟石窟出土文献中有关妙法莲华经类的仅有《妙法莲华经集要义镜注》。该经在出土文献中数量最多，共有数十页（片）。从整理的情况看，其中包括卷一、卷五、卷八和卷十二的内容。换句话说，此经原来至少有十二卷。

《妙法莲华经集要义镜注》，顾名思义，是关于《妙法莲华经》义注疏之类的佛典。《妙法莲华经》又称《法华经》，姚秦鸠摩罗什译，是印度大乘佛教早期的佛典之一。它的主旨说不论声闻乘，还是圆觉乘、菩提乘，都为佛的权宜之说，佛的究竟之义是佛乘，即引导众生"开示悟入佛之知见"，使他们都能成佛。此经传入中国后，成中国佛教最有影响的佛典之一。在传世的西夏佛典中该经的版本数量最多，仅俄藏汉文《妙法莲华经》和《妙法莲华经观世音菩萨普门品第二十五》就有三十多个编号，十几种版本[1]。西夏文《妙法莲华经》、《妙法莲华经观世音菩萨普门品第二十五》等有写本，也有刻本，其中《妙法莲华经》还有金银字写本。此外，还有隋阇那崛多和达摩笈多译的《添品妙法莲华经》。可见，《妙法莲华经》在西夏也是非常流行。《妙法莲华经》在传入中国后，受到佛教各派尊崇，天台宗更以此经为本经。天台大师们关于此经义理的著述繁多，影响较大的主要为隋智顗《妙法莲华经玄义》、隋吉藏《妙法莲华经义疏》、唐湛然《法华文句记》以及唐窥基《妙法莲华经玄赞》等。但是，在西夏佛经中未见一件天台僧人的著述。《妙法莲华经集要义镜注》是我们唯一能见到的讲述《妙法莲华经》义理的西夏文献。该文献在现存西夏佛经中没有发现，在历代汉文《大藏经》中也未见收录，很可能是西夏人自己编撰的佛教文献。

在汉文《大藏经》中，与《妙法莲华经集要义镜注》最相近的佛教文献为唐释窥基撰十卷本《妙法莲华经玄赞》，但两者不完全相同。下面以《妙法莲华经集要义镜注》保存最为完整的两页为例，与《妙法莲华经玄赞》相关部分进行比较。

　　《妙法莲华经集要义镜注》第八

　　第四十八颂半依何义说。此分为二。初一颂半标一大事是佛智等。佛智慧者如前所说。今说此五有。故多菩提涅槃、智性慧用二法尽合智慧。或唯取真智，不取真如。佛出世者唯显此一，令生欣趣，唯此一实，是胜妙无上极竟果。余二乘者非极竟胜妙真竟体。终不以小乘济生。后十七颂开示悟入。此分为四。初一颂开者为佛自等，住大乘者合取真理正智。虚者佛身恒安住于此菩提涅槃。住即依止安处义。获得法者唯是法身真

---

〔1〕《黑城出土汉文遗书叙录》，页107～116。

理，或大乘者唯取真理。

《妙法莲华经玄赞》卷第四（本）

（前略）

赞曰：下第四段有十八颂半。颂第三依何等义，中有二：一颂半颂标一大事。十七颂开示悟入，此初也。佛之智慧如前所说。合有五种，今此多说佛果二法，菩提涅槃、智性慧用合多智慧，或唯真智不取真如。佛出世者为显此一令生欣趣。唯此一实，究竟极果，胜妙无上。余之二乘体非真极究竟胜妙。故经下文以前五度校量此经，不说般若故。终不以小乘济生。或此一事多说智性。涅槃经中师子吼说。佛性即空。空即智慧。由此智性亦名智慧。今此多取初解为正。二乘无故既言余二则非是真。故知不是破三会三以归于一。

经：佛自住大乘（至）以此度众生

赞曰：下十七颂开示悟入。中分四，一颂开、五颂悟。一颂入十颂示。此初也。大乘合取真理、正智。假者佛身恒安处此涅槃菩提名住。住即依止安处之义。所得唯是法身真理，或大乘者唯取真理[1]（后略）。

《妙法莲华经集要义镜注》第十二

后三十颂半，由不信故受恶果。此分二。初二十八颂一句不信果，此分二。初二十二颂，别历三趣，受异熟果。此分三。初一颂半受地狱果相者彼人命断等。地狱者地下牢狱，故方地狱是由此根本取名。梵语"那落迦"，番语云"恶人"，是作恶者之住处也。又云"捺落揭"番云"苦器"，是受苦处器也。地狱有三，一根本、二近边、三孤独。根本者是八寒八热。八热者等活令至不断。一等活者受苦相。其地狱中诸有情类恶，因同势诸苦器次第而起，相互残害闷绝躄地时，虚空中出声言。

《妙法莲华经玄赞》卷第六（本）

（前略）

经：其人命终（至）至无数劫。

赞曰：下三十颂由不信故，受恶果相。分二，初二十八颂明不信果，后二颂结成。初中复二，初二十二颂别历三趣，受异熟果相，后六颂总历四趣，受增上等流二果之相。初中有三，一颂半受地狱果相，次十颂半受畜生果相，后十颂受人中果相。不说饿鬼饿鬼多由贪生，不信此经生贪者少故。略而不说实非无也，下文亦有。前第一卷说五趣，以六门分别，上已释三门。一名、二体、三开合讫。今更辨余三门，一处所、二果相、三寿量。处所者捺落迦。有三，一根本、二近边、三孤独。根本即是八热八寒。八热者，一等活、二黑绳、三众合、四号叫、五大号叫、六烧燃、七极烧燃、八无间。此八苦器处所纵广皆十千由旬。八寒者一疱、二疱裂、三喝哳沾、四郝郝凡、五虎虎凡、六青莲

---

〔1〕《大正新修大藏经》卷三十四，页723下栏至724上栏。

华、七红莲华、八大红莲华。此下三万二千逾缮那有等活。等活下四千逾缮那有黑绳等七。如是以下六捺落迦相去皆隔二千由旬[1]（后略）。

通过上述对比看出，《妙法莲华经集要义镜注》要比《妙法莲华经玄赞》简略许多。从西夏人翻译佛典严格遵照原典进行翻译的习惯来看，《妙法莲华经集要义镜注》不是《妙法莲华经玄赞》的西夏文译本。在汉文《大藏经》中也找不出与这个西夏文本更为相近的佛经。另外，《妙法莲华经集要义镜注》第十二中有："地狱者地下牢狱，故方地狱是由此根本取名。梵语'那落迦'，番语云'恶人'，是作恶者之住处。又云'捺落揭'番云'苦器'，是受苦处器也。"其中的"番"是党项人自称，"番语"即西夏语。如果是转译的经典，其中不会出现类似"番语"或"番云"之类的语言。所以，此经极有可能是西夏人在《妙法莲华经玄赞》的基础上对《妙法莲华经》的诠释。

《妙法莲华经集要义镜注》的著译者是谁，我们无从查起，但这种西夏人诠释的经典最能折射当时教法的流行程度，从而也可以进一步说明关于龙树菩萨的般若中观思想在西夏是有相当影响的。

三 《圣妙吉祥真实名经》

山嘴沟石窟出土《圣妙吉祥真实名经》仅有2折。《圣妙吉祥真实名经》，共一卷，按汉文《大藏经》载，其由元释智（慧）从藏文本译出。该经共分为三个部分，前为文殊菩萨发菩萨心之愿文，中为明五智轮之功德，后为文殊之一百八名赞等。山嘴沟这两纸为五智轮功德之末尾。

该经在西夏遗址中发现多种，有汉文本，也有西夏文本，无一件完本。俄藏黑水城文献编号为TK-184的汉文本《圣妙吉祥真实名经》，木刻本，蝴蝶装。共14纸。四界单栏，高16.5、宽22厘米[2]。贺兰山拜寺沟方塔中也出土了汉文《圣妙吉祥真实名经》，刻本，经折装。上下单栏，高19、每折宽9厘米。现残为大小36纸[3]。西夏文《圣妙吉祥真实名经》已知就有两处藏有，即俄藏黑水城文献，编号为TK-254～257，木刻残本[4]；台湾中央研究院历史语言研究所也藏有刻本残片[5]。

---

[1] 《大正新修大藏经》卷三十四，页765下栏。

[2] （俄）孟列夫著，白滨编：《俄藏黑水城文献》（4），上海古籍出版社，1997年，页155～161。

[3] 《圣妙吉祥真实名经》在《拜寺沟西夏方塔》（文物出版社，2005年，页180）中暂拟名为《初轮功德十二偈》，并据专家考证认为，其"未为历代经录所记载，也不为历代《大藏经》所收"，此说不妥。此经在《碛砂藏》、《大正新修大藏经》中均有收录，在《大正新修大藏经》中收于卷二十，页826～834，名《圣妙吉祥真实名经》。从该报告照片和录文来看，《圣妙吉祥真实名经》有33个编号。事实上其中的F036-2、F036-9和F036-18各为互不相关的两纸拼接在一起。严格讲，应为36纸。

[4] （俄）戈尔芭切娃、克恰诺夫：《西夏文写本和刊本目录》，东方文献出版社，莫斯科，1963年，译文见中国社会科学院民族研究所历史研究室资料组编译的《民族史译文集》（3），1978年内部印行；（俄）克恰诺夫：《西夏文佛经目录》，京都大学文学部，2000年。

[5] 林英津：《史语所藏西夏文佛经残本初探》，《古今论衡》2001年第6期。

在这些西夏本中，仅贺兰山出土的就有两个版本。一个是山嘴沟石窟本，另一个是拜寺沟方塔本。拜寺沟方塔出土的《圣妙吉祥真实名经》大小共有36纸，在发掘报告中暂名为"初轮功德十二偈"，且由于文献残损严重，原报告中也没有厘定次第，只是按先散文、后偈语来录取。这也是该报告的缺憾之一。此次借《山嘴沟西夏石窟》一书对方塔和山嘴沟石窟出土的《圣妙吉祥真实名经》作一下简要勘注。

下面是两地出土的《圣妙吉祥真实名经》录文。缺文据《大正新修大藏经》（下文简称《大正藏》）补入。黑体字是指方塔或山嘴沟石窟出土的内容。每一处黑体字部分后面括号内附带的编号为原文献的顺序号，如 F036－1 是指《拜寺沟西夏方塔》报告中的第 1 纸，K2：100－1 是指山嘴沟石窟该经的第 1 纸。录文如下：

（前略）

此下十四颂。出现三十七菩提中围。故赞金刚菩提心即是八十六名数。

如是正觉出有坏	究竟正觉哑中出
哑者一切字中胜	是大利益微妙字
诸境之内出无生	即此远离于言说
是诸说中殊胜因	令显一切诸言说
大供养者是大欲	**一切**有情令欢喜
大供养者即大瞋	**一切**烦恼广大怨
大供养者是大痴	**亦**愚痴心除愚痴
大供养者即大忿	即是忿恚之冤雠
大供养者大贪欲	一切贪欲皆除断
大欲即是于大乐	大安乐者大喜足
大境色与广大身 (F036－7)	大色并及大形像
大明及与大广大	大中围者是广大
持于广大智慧器	钩烦恼钩大中胜
普闻妙闻皆广大	**显**中即是广大显
解者执持大幻化	**大幻化**中成利益
大幻化内喜中喜	**大幻化**中施幻术
大施主中最为尊	**大持戒中持殊胜**
于大忍辱即坚固	**以大精进悉弃舍**
以大禅定住静虑	以大智慧令持身
具足大力大方便	**大愿胜**智是大海
大慈自性无量边	**亦**是大悲胜智慧
有**大智慧具大智**	大解即是大方便
具大神**通及大力** (F036－8)	大力及与大速疾
复大神通大名称	大力令他令摧伏

三有大山悉能坏	持大坚固大金刚
大紧即是大雄勇	于大怖中施怖畏
尊者大种即殊胜	上师密咒大殊胜
住在于彼大乘相	大乘相中最殊胜

此下二十四颂三句，是出现众明主中围。故赞清净法界一百八名数。

（中略）

此下四十二颂，出现无量寿佛中围。故赞妙观察智即二百七十五名数。

真实无我真实性	即是真际无有字
宣说空性众中胜	甚深广大声哮吼
即是法螺具大声	亦法犍椎大音声
超越无住圆寂性	十方法中即大鼓
无色有色中微妙	具种种相意中生
具诸相者显吉祥	执持影相使无余
无能过中大名称	三界之中大自在
住于最极圣道中	大兴盛中之法幢
三世界中一孺童	长老尊者四生主
三十二相具庄严	三界所爱于中妙
是世间解为胜师	是世胜师无怖畏
救世间尊意无私	救中救者而无上
尽空边际悉受用	解一切中智慧海
解散一切无明？	亦能破坏三有网
能灭无余诸烦恼	到彼轮回大海岸
胜智灌顶具头冠	真实究竟令庄严
灭除三种诸苦恼 (F036-15)	灭三毒得三解脱 (F036-24)
决定解脱诸障难	住于如空平等中
超越一切烦恼垢	能解三时及无师
诸有情中即大尊	功德带中之鬘带
诸有身中即解胜	虚空道中真实住
持于如意大宝珠	遍主一切宝中胜
圆满是大如意树	胜妙净瓶大中胜
能作有情诸利益	随顺有情而利益
亦解善恶及时辰	遍主解记具记句
解时及解有情根	亦能作于三解脱
具足功德解功德	解法赞叹现吉祥
吉祥之中最吉祥	吉祥名称善名称

大止息中大法筵　　　　**大欢喜中大音乐**（F036－22）

恭敬承侍悉具足　　　　胜喜名称性吉祥

具胜施胜是尊者　　　　微妙归处堪归救

于世怨中胜中胜　　　　离一切怖无有余

顶髻及髻各分埵　　　　头发摸捹戴头冠

五面具有五种髻　　　　五髻各系花髻带

即是秃发大勤息　　　　行净梵行胜勤息

大苦行者建苦行　　　　微妙净宫乔答弥

梵婆罗门解净梵　　　　超圆寂时得净梵

脱离缠缚解脱身　　　　解脱圆寂是圆寂

超越悲哀灭悲哀　　　　微妙决定近出离

能除苦乐之边际　　　　离欲身中而超越

不可比量无与等　　　　非见非显非朗然

虽性不改亦普遍　　　　微细无漏离种性

无尘离尘即无垢　　　　离失舍除放过愆

最极寝寤觉自性　　　　诸解诸明即微妙

识心超越于法性　　　　持理即是无二智

离虚妄者默然成　　　　修于三世正觉行

正觉无垢亦无边　　　　最初正觉亦无因

独一智眼无垢染　　　　具足智身即如来

以句自在广宣说　　　　演胜丈夫法中王

宣陈微妙殊胜处　　　　诠说师子无与等

于胜观察殊胜喜　　　　积聚威势是入意

炽焰光中吉祥相　　　　手臂光耀令显现

殊胜大医即尊者　　　　能离痛刺无有上

亦是诸药枝茂树　　　　对治诸病大怨雠

入意三界中殊胜　　　　吉祥游宿具中围

十方一切虚空界　　　　建立法幢极微妙

游行唯一广大伞　　　　即具慈悲妙中围

吉祥莲华舞自在　　　　广大边主大宝伞

具于正觉大威势　　　　持于一切正觉身

是诸正觉大修习　　　**是诸正觉唯正法**

金刚大宝灌顶相　　　**诸大宝性即自在**

世间自在诸法性　　　**持金刚者一切王**

一切正觉即大心	一切正觉在心中
一切正觉之大身	亦是一切正觉语
金刚日是具大明（F036－9下）	金刚月是无垢光
离欲等中是大欲	种种诸色炽焰光
金刚跏趺正等觉	执持真实究竟法
吉祥正觉莲华生	亦能摄持正觉藏
复持种种幻化王	广大正觉持明咒
聪明金刚即大剑	真实清净殊胜字
是广大乘除苦恼（F036－9上）	金刚法者广大器（F036－25）
金刚甚深唧哪唧	金刚智慧依义解
诸到彼岸皆究竟	一切地中具庄严
真实清净无我法	真实智月殊胜光
广大精进幻化网	本续一切殊胜主
金刚坐者具无余	持于一切智慧身
一切殊胜妙智慧（F036－10）	即是[1]心地持往复（F036－28）
一切正觉之大心	复持种种之化轮
是一切体殊胜性	亦持一切体自性
即无生法种种义	持于一切法自性
广大智慧刹那中	解持诸法无遗余
现解一切诸法者	胜持寂默真实际（F036－2上）
殊胜不动自性净	持于正觉妙菩提
一切正觉现于前	智火炽焰光显盛（F036－21）

此下二十四颂，赞平等性智，故即是出现宝生佛中围即一百四名数。

随乐成就微妙义	一切恶趣悉清净
诸有情中殊胜尊	一切有情令解脱
烦恼敌中独勇猛	威猛能破愚痴怨
具吉祥智而严身	执持坚固之恶相（F036－30）
能令动于百种手	举步相中而作舞
吉祥百手皆圆满	遍空界中令作舞
大地中围一界分	以一足跟坚踏之
以足爪甲界分内	净梵世界尽令押
无二一义法之义	即微妙义无怖义
亦种种识具色义	于心意识具相续

---

〔1〕《大正新修大藏经》本中作"即于"，与方塔本异。

体义无余数欢喜 (F036-12)　　爱空之性殊胜智

舍离三有之贪欲　　　　　　二有欢喜广大者

色貌鲜洁若白云 (F036-16)　　光明殊胜如秋月

亦如初出妙日轮　　　　　　爪如赤铜光皎洁

头冠殊胜尖末青　　　　　　胜发亦复绀青色 (F036-26)

大宝光明具吉祥　　　　　　正觉化身庄严具

诸百世界皆令动　　　　　　而能具彼神足力

持于广大实性念　　　　　　四念住中静虑王

以七觉支为花香　　　　　　即是如来功德海

解八道支义理故　　　　　　是解真实正觉道

于诸有情大分着　　　　　　亦如虚空无所著

一切有情意中生　　　　　　速疾犹如有情意

解诸有情根与义　　　　　　能夺有情诸心意

亦解五蕴实性义　　　　　　清净五蕴令受持

决定出彼诸边际　　　　　　亦能出于决定中

向决定出道中住　　　　　　宣说一切决定出

拔十二支三有根　　　　　　持于清净十二种

具有四谛之义相　　　　　　解持八种之心识

十二实义令具足　　　　　　十六实性现体解

以二十种成菩提　　　　　　胜解一切正觉相

一切正觉幻化身　　　　　　无边亿界令出现

彼诸刹那现了解　　　　　　亦解刹那诸有义

种种乘者方便理　　　　　　利益去来皆了解

决定出于三乘者　　　　　　住在于彼一乘果

诸烦恼界清净性　　　　　　尽能灭除诸业果

过于一切江海中　　　　　　寂静如行中出现

烦恼及与随烦恼　　　　　　及以习气皆弃舍

以于大悲智方便　　　　　　于诸有情作利益

一切想义皆弃舍　　　　　　亦令灭除心识意

能缘一切有情心　　　　　　亦解一切有情意

在彼一切有情心　　　　　　随顺一切有情意

充满一切有情心　　　　　　令诸有情心欢喜

成就究竟无错谬　　　　　　一切谬解皆舍离

于三义中无疑智　　　　　　诸我三种功德性

五蕴义理三时中	于诸刹那能分别
一刹那中正等觉	持于一切正觉性
无身之身身中胜	解了诸身之边际
种种诸相诸处显	大宝即是大宝首

此下十五颂，赞成所作智。故出现有义成就佛中围，即九十五名数。

解了一切正觉者	正觉菩提即无上
出密咒处无文字	大密咒者是三种
诸密咒义令增长	大明点者无文字（F036－23）
大空即是五种字	空明点者六种字
种种诸空无种种	十六半半具明点
亦无支分超于数	即四静虑之初首
了解一切静虑支	明解静虑种族性
具静虑身身中胜	受用身者一切胜
化身即是殊胜身（F036－11）	持彼化现之种性（F036－27）
种种化现十方中	依法利益于有情
自在之天天中天	非天自在非天主
自在无灭天之师	作坏作坏即自在
三有寂静令超越	唯一师者有情师
名称普于十方界	施法之主广大者
备足庄严慈铠者	以慈愍心为坚甲
智慧如剑持弓箭	欲离不解烦恼敌
能降勇猛魔怨者	兼除四种怖畏魔
亦能退诸魔军旅	究竟正觉救世间
是堪供赞礼敬处	亦是恒常承侍境
应供咏处最殊胜	真堪礼敬胜上师
一步能游三世界	如空无边实镇押
清净三明是清净	具六神通随六种
菩提勇识大勇识	大神足者超世间
达彼智慧之实性	亦获智慧之体性
一切自明令他明（F036－13）	殊胜丈夫于一切
超离一切诸譬喻	能智所智殊胜主
尊者即是法施主	宣说四种手印义
有情奉施殊胜主	决定所入三种住
微妙义中净吉祥	三世间中大胜福
具足吉祥皆成办	曼祖悉哩胜吉祥

此下五颂，如次结赞五智。大圆镜清净法界妙观察平等性成所作智，如次一颂一智也。

胜施金刚我敬礼	真实边际我敬礼
出现空性我敬礼	正觉菩提我敬礼
正觉贪着我敬礼	正觉欲者我敬礼
正觉欢喜我敬礼	正觉戏论我敬礼
正觉微笑我敬礼	正觉笑者我敬礼
正觉语者我敬礼	正觉心者我敬礼
出现无者我敬礼	出现正觉我敬礼
出现虚空我敬礼	出现智者我敬礼
幻化网者我敬礼	正觉显论我敬礼
一切一切我敬礼	彼智身者我敬礼

此下初轮功德十二偈〔1〕

持金刚金刚手，此妙吉祥智勇识不共
真实名是出有坏之智身，一切如来之
智身。汝今应当生大欢喜，满净意乐增
长无上，即能清净身语意三之密。若不
能究竟、不能清净地者，令到彼岸福智
二足皆悉圆满令其清净，义无有上。若
未解者令解，未得者令得，自此至于一
切如来微妙法理真实持故。我为宣说
开示显解令其摄受。持金刚金刚手，
此者我于汝种性中及一切密咒法性
摄受中而作摄受。持金刚金刚手，此
真实名者，即是一切如来最极清净，真
实洁净一切智智之性。身语意三之密，
亦是一切正觉菩提，即能了解真实究
竟诸正觉故。亦是无上一切如来体解
一切善逝法界，于诸胜中而能破坏一 （F036－1＋29＋32＋33）
切诸魔之力。一切十力中即十力之十
力一切智。智性中即一切智智之性是
诸法中之敕。真实成就一切正觉，亦是
一切大菩提勇识。福智二足真实究竟
无垢最极清净也，亦是一切声闻缘觉

---

〔1〕《大正新修大藏经》本中无"此下初轮功德十二偈"句，与方塔本异。

出生之处。具足人天境界是大乘之体

性。出生诸菩萨行处即一切圣道之边

际也，亦是察度诸解脱道决定出生处，

亦是不断如来种性，增长菩提勇识大

勇识种族种性。亦能摄伏于他一切作

狂敌者，破坏一切外道，退舍四魔军将

之力。亦是真实摄受一切众生，决定成

熟**一切趣向圣果，诸净梵四宫之静虑，**

诸一心之禅定也。亦是调伏身语意三

精勤禅定，能离一切合集，**亦舍一切烦**

恼及随烦恼灭除一切障碍，解脱一切

系缚，亦是**解脱一切诸蕴，灭诸乱心成**

办一切出生处，舍离一**切盛衰事。亦能**（F036 - 19）

关闭一切诸恶趣门，开示解脱众乐胜

道，令其不入**轮回之中而能转大法轮，**

建立一切如**来伞盖幢旗。一切妙法正**（F036 - 20）

法之宫，亦是菩提**勇识，于密咒门而修**

习者速得成就，亦是了解菩萨摩诃萨

精勤般若波罗蜜多之定，**解了一切精**（F036 - 14 + 20 + 31）

勤无二戏论之空性，一切到彼岸之二

足，究竟真实清净一切究竟地。各各了

解诸圣四谛，一心体解一切诸法四种

念住。此真实名者，乃至一切正觉功德，

能作真实究竟也。持金刚金刚手，此真

实名者，能灭有情身语意三之行无

余罪业，亦能清净一切有情诸恶趣类，

令其退舍一切恶趣。真实断除一切业

障无有遗余，能生一切相续八难者令

其不生，能灭八种怖畏，能破一切恶梦

决定，能尽一切恶相，能灭一切恶见及

诸（F036 - 6）恶魔，亦能远离一切怨魔之行，增长

一切福善，亦能除灭诸恶觉观令其不

生，破灭一切骄慢威勇我执，不生一切

苦恼忧愁，亦是**一切如来之心，**诸菩萨

之密，一切声闻缘觉之大密，一切密咒

及其手印。真实增长诸不可说念及正

念，增长无上善巧智，亦能具足无患诸 (F036－2下)

力自在，亦能增长吉祥柔善微妙。名称

善说偈赞叹美，亦能真实除灭一切病

患广大怖畏，亦是极清净中最极清净，

极能作清净中最极能作清净，极成办

中最极成办，极吉祥中最极吉祥，诸欲

归依者为作归依，欲宫殿者为作宫殿。

欲拥护者为作拥护，欲亲军将者为作

军将，欲洲渚者为作洲渚，欲依仗者为

作无上依仗，欲过三有大海者为作舟

船，亦是除灭一切病苦之药王，分别取

舍之决智，摧诸恶见大暗之明智，能满

一切有 (F036－5) 情誓愿。如摩尼宝珠，亦能获得

妙吉祥智身一切智智之性，令得五眼

见清净智。亦是财施法施无畏施真实

舍故，令六波罗蜜而得圆满。亦是福慧

二足及诸静虑，令究竟故能得十地。亦

能舍离二边故，即无二法性非余法性，

无绮饰故即是真实自性。亦是如来清 (F036－18上)

净智自性故，即真实边际之自性。亦能

除灭百千恶见丛林故。即一切如来真

空之自性。此真实名者。即是无二法性

义之真实名。若有诵持演说者。是一切

法不可说之自性也。持金刚金刚手，

若有善男子善女人，依密咒门修习者，(F036－4)

于此出有坏妙吉祥智勇识，一切如来

智身无二真如之真实名，是顶髻之珠

者，文字句义一切通彻，无有遗犯亦无

增减。每日三时若持若诵若读若说，思

唯义理，依时为他解脱[1]时各各应想妙

---

〔1〕 方塔本作"说"字，误。此据《大正新修大藏经》本改。

吉祥智勇识身。向诸门中令心止处于 (F036-18下)
爱乐实性门中诚实作想，了解一切殊
胜法智慧无浊，信心具足相续系念一
心禅定者，彼诸三世及无始世，一切正
觉菩提勇识等皆来集会，得解一切法
并现其身。一切正觉菩提勇识以身语
意三业与自种性真实摄受。一切正觉
菩提勇识将诸利益而作饶益，能得一
切法中无怖无畏辩说无碍。复有一切
诸阿罗汉声闻缘觉摄持，圣法心中亦
皆现身。复有调伏一切诸恶大金刚王
及持大金刚等，为护诸有情故，将变化
身现种种形令其精神威势无能摄伏，
能成一切密咒手印记句中围无余。密
咒明咒王并频那夜迦诸恶魔怨并诸
退坏一切他不能者及大母等，于其昼 (F036-17)
夜各刹那时，诸威仪中潜伏其身为作
救护。复有净梵帝释并释近臣，大力摧
伏如伏婴童及大自在种族猫子大黑，
作戏自在狱主水神，孤屏啰鬼子母等，
拥护十方世界者恒常相续。若昼若夜
若行若住，若坐若卧若睡若觉，入定出
定独住在众，潜伏其身为作救护，或住
村邑聚落川原，国界王宫门限门楼，大
路小路四达三岐，村中店舍空舍 (F036-3)，山薮
江川丛林大丛林，若不作净昏醉放逸
之处，恒常一切门中昼夜潜伏殊胜救
护成胜妙乐。

　　　　（中略）

复次吉祥持金刚　　恳分欢喜而合掌
如来尊者出有坏　　敬礼究竟正觉已
复次尊者密自性　　持金刚之金刚王
所余种种同住处　　高声如是而白言
尊者我等亦随喜　　善哉善哉说善哉

为彼欲求解脱果	有情为无救度者
我等真实救度者	**作护菩提大利益**
宣说幻化微妙理	**此是清净微妙道**
亦是甚深极广大	**大义有情作利益** (K2：100－1)
一切正觉境界者	诸正觉等皆已说

出有坏妙吉祥智勇识所诵真如之真实名。出有坏世尊如来所说已毕。

三世诸佛真实说	**诸秘密中真实王**
此妙吉祥真实名	**真实无私而翻译**
为护真实善根故	**一切有情皆真实** (K2：100－2)
真实断除诸烦恼	速成真实究竟佛
真实不解于方言	不应真实伸言词
为妙吉祥真实名	具不思议真实德
见真实益舍是非	随力真实而翻对
真实失义文倒处	智者真实复正之

元讲经律论出家功德司判使铭个沙门道圆

缀文

专心此经文	菩提即不远
付与信菩提	逐日诵三卷

（后略）

　　另外，按《碛砂藏》和《大正藏》的记载，此经由元释智（慧）由藏文本译出。受此影响，有学者就将西夏遗址中出土的《真实名经》定为元代遗物，例如孟列夫便把俄藏黑水城文献编号为TK－184的汉文本《真实名经》定为元刊本[1]。黑水城和方塔出土的《真实名经》均为此经的前两部分内容，即文殊菩萨发菩萨心之愿文和明五智轮之功德。这两种版本加上山嘴沟出土的残页，共有三种不同版本的汉文《真实名经》，内容均与《大正藏》释智（慧）译的《真实名经》相同。汉文《大藏经》中《真实名经》的汉译本至少有四种，为宋施护译的《佛说最胜妙吉祥根本智最上秘密一切名义三摩地分》、金总持译《文殊所说最胜名义经》、元沙罗巴译《佛说文殊菩萨最胜真实名义经》以及智（慧）译《圣妙吉祥真实名经》[2]。前三部的偈句均为五字一句，其形式与现存的三种西夏本区别甚大。但是，三种西夏汉文本完全可以与智（慧）译的《圣妙吉祥真实名经》对应，偈语均为七字一句，而且一字不差。这就给我们提出了一个考古学中无法回避的事实，即拜寺沟方塔和山嘴沟石窟中出土文献的断代问题。如果汉文《大藏经》中所云释智（慧）译出的《真实名经》为元代译本，那么拜寺沟方塔和山嘴沟石窟出土文献为西夏文献

〔1〕 《黑城出土汉文遗书叙录》，页143。

〔2〕 四种佛经均收于《大正新修大藏经》卷二十。

就另当别论了。

关于释智（慧）其人，只知道他是河西马蹄寺的一位译经僧[1]。最近，中国人民大学国学院沈卫荣提供了一些信息，云美国学者卓鸿泽提出智（慧）所译的《文殊最胜真实名义经》（即《圣妙吉祥真实名经》）实际上是西夏时期的作品，其根据的原本不是梵文本，而是藏文本[2]。另外，沈教授也曾据《大乘要道密集》中转引《真实名经》的内容与拜寺沟方塔出土《真实名经》撰文，认为方塔出土的《真实名经》的确是智（慧）译本，但其时代不是元代，而是西夏时期[3]。今天，在山嘴沟石窟中也出土了与释智（慧）译本完全一致的《圣妙吉祥真实名经》，再一次证明专家的考证结论是符合史实的。也就是说，《碛砂藏》、《大正藏》所载释智（慧）译《圣妙吉祥真实名经》为元代译本是不准确的。

四　《圆觉经》

山嘴沟石窟出土圆觉经类的有《大方广圆觉修多罗了义经》和《圆觉注之略疏第一上半》。

《大方广圆觉修多罗了义经》由唐罽宾三藏法师佛陀多罗翻译，共一卷。其讲述了佛现诸净土，文殊、普菩贤等十二大士次第请问因地修证之法门，佛一一答之，因而共有十二章。在现存西夏佛经中，除山嘴沟石窟出土该经外，还未见有此经的著录。但与该经有关的唐释宗密撰述《大方广圆觉修多罗了义经略疏》，目前发现的汉文本就有三种版本。

第一，1991 年在贺兰山拜寺沟方塔出土的《大方广圆觉修多罗了义经略疏注》卷下一。刻本，蝴蝶装。共 15 纸，均残，最大者高 27.4、宽 36.8 厘米。四界有边栏，上下单栏，左右子母栏。每半页 7 行，每行 18 字。经文为阴文，疏文为阳文[4]。

第二，俄藏黑水城文献中编号为 TK - 251 的《大方广圆觉修多罗了义经略疏注》卷上二。木刻本，经折装。共存 2 折，高 20.5、每折宽 9.5 厘米。上下子母栏。每折 6 行，每行 15 字。经文为阴文，疏文为阳文[5]。

第三，俄藏黑水城文献中编号为 TK - 303 的《大方广圆觉修多罗了义经略疏注》卷下一。写本残片，楷书。经文为大字，疏文为双行小字，共存 3 纸[6]。

《大方广圆觉修多罗了义经》为华严宗的重要经典，也被禅宗僧人所重视。此经在宋代极为流行，因而它的注疏有多种。各家的注述主要有唐宗密的略疏、大疏、大疏钞、略疏之钞、大疏释义钞、略疏科、略疏注、略钞等，宋观复撰《圆觉经钞辨疑误》，宋清远《圆觉疏钞随文要解》，

---

〔1〕《大正新修大藏经》卷二十《圣妙吉祥真实名经》，页 826～834。

〔2〕Hoong Teik Toh, *Tibetan Buddism in Ming China* (Dissertation, Harvard University, 2004), pp. 23～33.

〔3〕沈卫荣：《〈大乘要道密集〉与西夏、元朝所传藏传密法》，《法鼓学报》（台北），2007 年第 1 期。

〔4〕宁夏文物考古研究所编：《拜寺沟西夏方塔》，文物出版社，2005 年，页 163。

〔5〕《俄藏黑水城文献》（4），页 321。该文献孟列夫在叙录中认为是金刻本［见《俄藏黑水城文献》（6）"叙录"，页 30］，不知其所据。

〔6〕（俄）孟列夫著，白滨编：《俄藏黑水城文献》（5），上海古籍出版社，1998 年，页 3。

宋孝宗皇帝注《御注圆觉经》，宋行霆《圆觉经类解》等。山嘴沟石窟出土的《圆觉注之略疏第一上半》，首尾残缺，在《碛砂藏》、《大正藏》中没有收录。其是否为宗密的作品，还不能断定。抑或西夏人的作品，亦未可知。现存西夏时期的《圆觉经》及其注疏共有五件，版本各不相同。说明《圆觉经》在西夏较为流行，也说明华严宗在西夏佛教中占有一定地位。

五　藏传佛教文献

1. 藏传文献的识别

山嘴沟石窟出土西夏文文献绝大多数首尾俱缺，无名少题。如果想确定哪些文献是从藏文本译出的，只能从文献的内容出发，特别是其中一些佛教名词术语的翻译。

众所周知，对于佛教术语的翻译，中原和吐蕃基本上有两种不同的译经传统，即以音译为主的中原传统和以意译为主的吐蕃传统。中原地区的佛经翻译发展到唐代，尤其是从唐释玄奘以后，对于梵文本中的佛教术语基本上采用音译的办法。玄奘不仅毕生致力于佛经翻译事业，而且还根据多年译经积累的经验，创立了一套有关翻译的理论。玄奘法师对于佛教术语一般有五种不翻："一秘密故，如陀罗尼。二含多义故，如薄伽梵具六义。三此无故，如阎浮树，中夏实无此木。四顺古故，如阿耨菩提，非不可翻，而摩腾以来常存梵音。五生善故，如般若尊敬，智慧轻浅。"[1]玄奘的"五不翻"是指在翻译这些佛经名词术语时采用音译法。这一套理论在后世的佛经翻译中渐成定式。吐蕃人的佛经翻译事业同现行的藏文几乎同步诞生。据《声明学要领二卷》记载，吐蕃在赤德松赞时期进行了第二次文字改革，当时针对佛经翻译制定的方法有四种：音译、意译、直译及转换与调动译法。但在实际翻译中吐蕃译师们主要是使用了意译和音译两种方法，如果藏文中无义可释的以音译为主，若能圆满表达原义的就要以意译为主，实际上往往以意译居多[2]。西夏人在翻译佛教名词术语则没有统一的标准，而是基本上忠实于原本。所以，在西夏佛经中出现汉式、藏式两套译经传统并存的局面[3]。例如：

坛城，我们在西夏文佛经中发现有"𗼃𘃸"、"𘜶𗦲𗵽"、"𗺓𗹢"三个词。第一个词义为"坛城"，一个纯粹的汉语译词；第二个词是音译汉语"曼荼罗"（梵文 Mandala 的音译）；第三个词义为"中围"，是意译藏语 dkyil vkhor（字面为"中围"），指梵文 Mandala。

世尊，在西夏文佛经中有"𗼃𘄒"、"𘝯𗵽𗦲"、"𗵽𘝵𗹢"三个词。第一个词义为"世尊"，为汉语译词；第二个词是音译汉语"薄伽梵"（梵文 Bhagavāt 的音译）；第三个词义为"坏有出"，是意译藏语 bcom ldan vdas（字面为"坏有出"），指梵文 Bhagavāt。

毗卢遮那佛，在西夏文佛经中有"𗷱𗾖𗫗𘝵"和"𘝵𗤻𘞪"两个词。第一个词是音译汉语

---

〔1〕［宋］周敦颐：《翻译名义集序》，《大正新修大藏经》卷五十四，页1055。

〔2〕大普布次仁：《略谈汉藏翻译中的直译方法》，《西藏大学学报》2000年第2期；热贡·多杰卡：《藏族古代佛经翻译史略》，《西藏研究》1996年第2期。

〔3〕孙昌盛：《西夏文〈吉祥遍至口合本续〉（第四卷）研究》，南京大学博士论文，2006年4月，页10～13。

"毗卢遮那"（梵文 Vairocana 的音译）；第二个词义为"众明主"，是意译藏语 rnam par snang mdzad（义为"众明主"、"遍照护"），指梵文 Vairocana。

灌顶，在西夏文佛经中有"󰀀󰀁"和"󰀂󰀃"两个词。前一个词义为"灌顶"，当为汉语"灌顶"之西夏语意译；后一个词义为"主授"，是藏语 dbang bskur ba（义为"主授"、"权授"）的西夏语直译，指梵文 Abhisikta，即"灌顶"。

山嘴沟石窟出土文献中，这种藏式意译词大量存在。根据这些特点，应该比较容易判断它们哪些为汉传佛经，哪些是藏传佛经。但凡能确定为藏传文献的，已在前文出土遗物中一一指出。

2. 文献所录藏传密法

山嘴沟石窟出土文献中有近一半是译自藏文。译自藏文的多为写本，印本则主要是译自汉传佛经。这一现象与《俄藏黑水城文献》和《黑城出土文书》相一致[1]。这些文献缺首断尾，残损严重，仅靠残存内容来确定经名有一定难度。不过通过它们可以判断这些文献并非义理方面的文书，多为密教修法仪轨。它们大致概括为以下几类：修法、仪轨、密咒、礼赞和祝祷等。如观想本尊、观想上师等修法；修供曼荼罗、遍缚供养印等仪轨；密咒方面有乳海咒、延寿咒等；"吉祥如是殊胜今愿此安乐"当为礼赞佛陀的文书。此外，还有上师成道传奇，提到的上师有"西尼降哇师"、"布噜钵弥怛"。这些数量多、种类杂的密教修法仪轨，或许能说明西夏的藏传佛教重实修而轻理论的一种现象。

现有材料表明，在西夏传法的藏传佛教喇嘛主要为噶举派和萨迦派的上师。萨迦派上师有萨迦二祖公哥宁卜（kun dgav snying po）的弟子大禅巴、萨迦三祖名称幢的弟子觉本（jo vbum）[2]等。噶举派喇嘛有格西藏波瓦（dge bshes gtsang po ba）[3]、藏巴敦库瓦（gtsang pa dung khur ba）[4]、帝师日巴（ti shri ras pa）[5]、贤觉帝师[6]、大乘玄密帝师[7]等。

萨迦派的根本大法为"道果法"，噶举派的主要教法是"大手印法"。众所周知，黑水城文献中有大量西夏译自藏传佛教密宗的文献，其中有噶举派的"大手印法"，也有萨迦派的"道果法"。在西夏都城兴庆府附近所见西夏藏传佛教密宗文献有拜寺沟西夏方塔出土的数种和山嘴沟石窟出土文书。

---

〔1〕　参见史金波、魏同贤、克恰诺夫主编：《俄藏黑水城文献》（1～6），上海古籍出版社，1996～2000 年；内蒙古文物考古研究所等编著：《黑城出土文书》（汉文文书卷），科学出版社，1991 年。
〔2〕　［明］阿旺·贡噶索南：《萨迦世系史》，陈庆英、高禾福等译，西藏人民出版社，1989 年，页 52。
〔3〕　此师到西夏传法的情况见黄颢译：《〈贤者喜宴〉摘译》，《西藏民族学院学报》1981 年第 2 期。
〔4〕　［元］蔡巴·贡噶多吉：《红史》，东嘎·洛桑赤列校注，陈庆英、周润年译，西藏人民出版社，1988 年，页 270；参见谢继胜：《西夏唐卡中的双身图像内容与年代分析》，《艺术史研究》第二辑，2000 年，页 477。
〔5〕　刘国威：《巴绒噶举以及其在青海的发展》，《当代西藏学学术研讨会论文集》，蒙藏委员会（台北），2004 年；E. Sperling, *Further Remarks Apropos of the 'Ba' - rom - pa and the Tanguts*, Acta Orientalia Academiae Scientiarum Hungaricae. Vol.57 （1），2004。
〔6〕　E. Sperling, *Lama to the King of Hsia*, The Journal of the Tibet Society, vol. 7, 1987. Dunnell. Ruth, *The Hsia Origins of the Yuan Institution of Imperial Preceptor*, Asian Major 5, No. 1, 1992. 另见邓如萍：《党项王朝的佛教及其元代遗存——帝师制度起源于西夏说》，聂鸿音、彭玉兰译，《宁夏社会科学》1992 年第 5 期。
〔7〕　陈庆英：《大乘玄密帝师考》，《佛学研究》2000 年第 9 期。

　　拜寺沟方塔中最为重要的是西夏文《吉祥遍至口合本续》及其多种释文，以及汉文《修持仪轨》和《吉祥上乐轮略文等虚空本续》。《吉祥遍至口合本续》是藏文 dpal kun tu kha sbyor zhe bya bavi rgyud 的西夏语译法，属于萨迦派"道果法"的文书[1]。"道果法"是融合《喜金刚本续》（kyevi rdo rje zhes bya ba rgyud kyi rgyal po）和《上乐根本大本续》（bde mchog vbyung ba zhes bya bavi rgyud po chen po）思想和修持方法的产物[2]。汉文本《修持仪轨》是萨迦派所修喜金刚本尊形噜割（Heruka）金刚修法。《吉祥上乐轮略文等虚空本续》也是萨迦派"道果法"的文书。可以肯定，拜寺沟方塔出土藏传文献是以萨迦派"道果法"思想为主。

　　山嘴沟石窟出土藏传文献大多数经名不存，且内容又断断续续，残缺不全。不过，透过这些残缺不全的文献，似乎仍可看出它们所录的藏传密法有两类。一类是"道果法"，另一类是"大手印法"。例如，在 K2∶166、K2∶164、K2∶136 中多次提到"获得大手印成就"。说到"大手印"，一般将其归入噶举派教法之中。事实上，由于萨迦派早期祖师曾随噶举派祖师玛尔巴（Marpa）译师等学修"大手印"法，故在萨迦派修法中亦夹杂有许多"大手印"成分[3]。在 K2∶341、K2∶350、K3∶55 中提到修"拙火"或"拙火要语"，在 K2∶202 中还提到"中有身"等。"拙火"（gtum mo）和"中有"（bar do）属藏传密法"那若六法"的内容。"那若六法"是以 11 世纪印度密教大师那若巴（Nāropa）命名的，经玛尔巴译师等于西藏传开的一种密法修行系统，是噶举派"大手印"法的基础。另外，K2∶21 为西夏贤觉帝师传授的佛经。贤觉帝师名波罗显胜，藏传佛教噶举派高僧，曾在西夏传法[4]。所以，山嘴沟石窟出土文献中记录有"大手印"修法是显而易见的。

　　山嘴沟石窟文献中除了"大手印"法外，应该还有"道果法"的内容。例如，在 K2∶145 中还提到一篇经名《三菩怛》。《三菩怛》当指《大乘要道密集》中多次转引的《三菩提续》，也就在拜寺沟西夏方塔中出土的西夏文佛经《吉祥遍至口合本续》。《三菩提续》是萨迦派道果法所依赖的重要怛特罗之一，萨迦派高僧在各自的著述中常常引用此续。所以，K2∶145 这件西夏文献也许与萨迦派道果法有一定联系。此外，山嘴沟一号窟出土的壁画残块上有毗卢巴（Virūpa）像。毗卢巴是印度八十四大成就者之一。据藏文文献记载，他出身于南印度的王族，后抛弃王位出家，先为东印度的苏摩补梨（Sumapuri）寺的一位上师，又曾任印度著名的那烂陀寺（Nālandā）的护法，是印度密教道果法的创始人[5]。其生活的时代约在 8～9 世纪。《八十四位成就师传》记载他："大众部的诸僧众，不知能力被驱逐。双足离水渡大海，截流涛涛恒河水。飘泊城中乞化缘，

〔1〕　孙昌盛：《西夏文〈吉祥遍至口合本续〉（第四卷）研究》，页 203～205。

〔2〕　索南才让（许德存）：《西藏密教史》，中国社会科学出版社，1998 年，页 353～366。

〔3〕　沈卫荣：《〈大乘要道密集〉与西夏、元朝所传藏传密法》。

〔4〕　E. Sperling, *Lama to the King of Hsia*, The Journal of the Tibet Society , vol. 7, 1987. Dunnell. Ruth, *The Hsia Origins of the Yuan Institution of Imperial Preceptor*. Asian Major 5, No. 1, 1992. 另见邓如萍：《党项王朝的佛教及其元代遗存——帝师制度起源于西夏说》。

〔5〕　［明］多罗那它：《印度佛教史》，四川民族出版社，张建木译，1988 年，页 162～165；《红史》，页 154；［清］松巴堪布·益西班觉：《如意宝树史》，甘肃民族出版社，蒲文成、才让译，1994 年，页 175～176；《西藏密教史》，页 350～354。

使役太阳抵酒钱。在因陀罗城调伏外道大天，在东印度提毗俱咤（Debikotra）调伏鬼魔。"[1] 关于毗卢巴所传密法，他的一些传奇故事，以及该密法在印度和西藏的师承关系，在方塔出土的西夏文《吉祥遍至口合本续广义文》下半有较为详尽的记录[2]。

从山嘴沟石窟和拜寺沟方塔出土的西夏藏传文献可以看出藏传佛教无上瑜伽密法中的"道果法"和"大手印法"在西夏已广为流传，而且在西夏都城兴庆府一带已有相当影响。

此外，山嘴沟石窟出土藏传文献中还有一些藏密修法、仪轨、密咒、礼赞和祝祷等，如观想本尊坛城、观想上师、烧施（护摩）法、乳海咒、延寿咒、礼赞佛陀等，体现了藏传佛教修法的各个重要方面。其中，尽管没有打截截的仪轨文书，但是在山嘴沟石窟中出土了数量众多的"擦擦"。"擦擦"藏文作 tsha tshas，《元史》记音为"擦擦"，西夏译作"截截"。如黑水城出土的汉文《佛说圣大乘三归依经》西夏乾祐十五（1184）御制发愿文云："朕适逢本命之年，特发利生之愿，恳命国师、法师、禅师暨副判提点承旨、僧录、座主、众僧等，遂乃烧施、结坛、摄瓶、诵咒，作广大供养，放千种施食，读诵大藏等尊经，讲演上乘等妙法。亦致打截截，作忏悔，放生命，喂囚徒，饭僧设贫诸多法事。"[3] 结坛护摩、打截截仪轨是藏传佛教萨迦派"道果法"中常见的仪轨。《大乘要道密集》中有"截截除影法"，该文书云此法是出自"密哩斡巴上师道果卷"[4]。在西夏佛教寺院遗址中"擦擦"的出土数量相当可观，仅贺兰山中拜寺沟方塔就出土了6000余个[5]，在拜寺沟口北寺塔群遗址中和附近紫疙瘩西夏僧人墓中出土了数千个[6]。打截截仪轨在西夏的流行可见一斑。由此可见，西夏佛教深受藏传佛教萨迦派的影响。

六　其他文献

山嘴沟石窟中还出土了西夏文辞书残页。这些辞书均残损严重，从内容上讲，其并不是首次发现，在俄藏黑水城文献和英藏黑水城文献中均有。但从版本学上看，它们与已发现的同类文献大部分不同，仍有一定的学术价值。从中也可看出西夏对于这些辞书的刊印是相当频繁的。

1.《同义》

西夏文辞书《同义》在黑水城出土文献中有两种本子。一种为讹青公茂势（也有学者译为"讹七舅茂势"）写本，较完整；另一种为无名氏写本，残存页码较少。两种本均为写本，无印本。山嘴沟石窟出土的《同义》为刻本，为《同义》增添了新的版本种类。黑水城出土《同义》

---

〔1〕［明］多罗那它：《八十四位成就师传》，《西藏密教史》，页85。

〔2〕孙昌盛：《西夏文藏传〈吉祥遍至口合本续广义文〉节译》，《西夏研究》第三辑（第二届西夏学国际学术研讨会论文集），中国社会科学出版社，2006年，页489～498。

〔3〕李伟国、白滨主编：《俄藏黑水城文献》（3），上海古籍出版社，1996年，页52、56。

〔4〕《大乘要道密集》，陕西摄影出版社，1994年，页233。"密哩斡巴"即前文"毗卢巴"的另一音译。

〔5〕《拜寺沟西夏方塔》，页302。

〔6〕宁夏文物考古研究所等：《宁夏贺兰县拜寺口北寺塔群遗址的清理》，《考古》2002年第8期；孙昌盛：《贺兰山拜寺口村紫疙瘩西夏墓》，《中国考古学年鉴》（2000），文物出版社，2002年，页288～289。

保存良好,基本完整,其序言中注有此书于西夏乾祐十九年(1188)由梁习宝编撰,梁德养校定[1]。从山嘴沟石窟出土《同义》看,较为完整的讹青公茂势写本的抄写格式是完全依照刻本《同义》格式抄写的。山嘴沟出土的两纸《同义》分别相当于讹青公茂势写本的第11页上半页和第29页下半页中的碎片[2]。

《同义》第11页上半页全文如下(黑体字为山嘴沟石窟出土内容):

筵、宴、飧食、飧食、筵、筵、牲、黍、谷物、稻、籽、苗、芽、穗

稻、麦、麦、麻、秫、粟、糜、米、米、豆、荞麦、果、果实、果实

饮、粥、粥、角黍、粽子、面粉、和面、牲、分食、膏脂、膏脂、煨、煨、脍

肉、肉末、**肉馅、肉馅、食**、分食、分食、医药、药、医、味、甘、淡、尝

润滑、润滑、酥油、熟酥、蜜、乳、酪、聚集、集结、集结、酪、酪、搅拌

熟酥、**熟酥、奶渣、奶渣、搅**、拌、搅、甜、淡、□、□、味、酥油、渣

《同义》第29页下半页全文如下(黑体字为山嘴沟石窟出土内容):

判逆、嫌、厌、嫌、谤、诽谤、讥、做、流言、诽谤、唆、难、唆、唆

骂、詈、怒、詈、恨、嫉、骂、愤怒、愤怒、妒忌、忌、憎、黥、恼、

筹、逼、迫、诬陷、谗、罪、犯罪、烦恼、烦恼、骂、恼、告、禳、守护

咒骂、讽、蛊、驱、诅咒、诅咒、咒骂、盗、窃、偷、盗、窃、盗、盗

密谋、密谋、隐藏、隐、劫、藏匿、埋藏、诛、斩、宰、隐匿、匿

默、默、隐、欺骗、诬、匿、隐藏、诣、**诈、骗**、诈骗、戏言、戏谑、□

悄悄、静、诈骗、诚、变幻、佯、骗术、□、**逃、诱**、诱、骗、倏、晃

2. 《同音》

西夏文辞书《同音》在黑水城出土数种版本,现藏于俄罗斯和英国[3]。黑水城出土的《同音》大致有四种版本,人们习惯称它们为甲种本、乙种本、丙种本和丁种本。依据序言、重校序和跋可知,《同音》成书约西夏早期。"初编者是切韵博士令昑犬长、罗瑞灵长等人,后又有学士浑□白、勿明犬乐的改编本,学士兀啰文信的整理本,德养的校勘本和义长的整理本等至少四种本子存世"[4]。按义长的整理本,即所谓甲种本,标明成书时间为西夏正德六年(1132)。这四种版本中后三种版本比较相近,唯甲种本与另三种版本的编排次序有较大区别。

山嘴沟石窟出土第一种版本中的2纸与黑水城出土《同音》乙种本和丁种本接近(丙种本中

[1] 《俄藏黑水城文献》(10),上海古籍出版社,1999年,页1;李范文、韩小忙著:《同义研究》,中国社会科学出版社,2005年,页1。

[2] 《俄藏黑水城文献》(10),页80、98。

[3] 《俄藏黑水城文献》(7),上海古籍出版社,1997年,页1~121;西北第二民族学院、上海古籍出版社、英国国家图书馆编:《英藏黑水城文献》(1~4),上海古籍出版社,2005年;李范文:《同音研究》,宁夏人民出版社,1986年。

[4] 《俄藏黑水城文献》(7),页1。

无此页），K2∶201－1 是该文献第 4 页上半页的残页，K2∶201－2 是第 3 页下半页残页。但是，山嘴沟第一种版本中的这两纸与黑水城出土的乙、丁种本并非同一版本。黑水城《同音》乙、丁种本中的第 3 页版心页码均为西夏文"三"，而山嘴沟第一种版本的第 3 页，即 K2∶201－2 中版心页码为汉文"三"。另外，黑水城出土《同音》中的第 3 页下半页每行之末端均为西夏文小字。山嘴沟出土的第 3 页下半页每行之末端不是西夏文小字，而是几个汉文数字。这些数字究系起何作用，尚不清楚。但至少可以看出，山嘴沟出土的第一种版本在目前发现的《同音》诸种本中并没有相同版本。

第二种版本中的 2 纸与黑水城出土《同音》乙种本和丙种本相近，K2∶218 是该文献第 29 页上半页中的残页（丁种本中该页不存），K2∶329 是第 28 页下半页中的残页（丁种本中该页不存）。

依据黑水城出土《同音》残本，K2∶201－1 三行内容补缺如下（黑体字为山嘴沟石窟出土内容）：

自我、听闻、同喂、投掷、抛弃、礼仪、**货物、勒薄**（党项人名）、

薄礼流（？）、同绵、设宴、同牛、安置、随从、**膨胀、颗粒**

鸳鸯、泊乌泥六（植物名）、补衲、疥癞疮、蛆虫、薄冷（草名）、**浮图**（塔）、**裸肚**

K2∶201－2 八行内容补缺如下（黑体字为山嘴沟石窟出土内容）：

光明、茁壮、丰稔、驾乘、精气、仪表、**人士**、黑暗

  同音   三

名怛（族姓）、壬米（树名）、官宦、寻觅、神通、星辰、**大象、小畜**

贪婪、舅父、布袜、金刚、鬼怪、熄火、羖犝、**清扫**

妻妾、嗔怒、至尊、财宝、男阴、高上、晨晓、**立即**

时节、蜣螂、鸣响、补衲、凡俗、富有、高升、**仰视**

危险、烘烤、檀树、相互、解说、姓氏、诸种、**茉芋**

声音、生长、蚊蝇、游戏、夫妻、忧恨、牛虻、姊妹

K2∶218 三行内容补缺如下（黑体字为山嘴沟石窟出土内容）：

多余、嬉戏、弯曲、停止、面容、密绒、践踏、喏已、故语助

兴盛、穿著、瘦弱、停止、嘎啊（地名）、驱驰、时节、鸠梵语

伽迦（梵音）、**钵子、迦伽**（梵音）、嘎梵语、皋乞劳（音译）、丘乞别（音译）、岸吾杆（音译）、篌恰耶（音译）

K2∶329 三行内容补缺如下（黑体字为山嘴沟石窟出土内容）：

摧毁、**溢满**、区别、饮食、灾祸、围绕、穿孔、稀奇

自强、锹镢、锦罗、雕刻、仡凄（族姓）、咬嚼、苦地名、咸淡

鼾鸣响、**堡垒**、管族姓、饱满、青真言、清真言、处罚、源渊

3. 《同音文海宝韵合编》

西夏文辞书《同音文海宝韵合编》现存有四种版本，均出土于黑水城，现分别藏于俄罗斯和

英国[1]。山嘴沟石窟出土《同音文海宝韵合编》残页与现有四种版本均不同，"该残片的体例，类似于俄藏《合编》乙种本乙01，行文格式为《同音》部分在前，《文海》部分在后，仅注音形式略有不同；反切注音形式类似于俄藏《合编》丙种本（但位置不同），其与俄藏丙种本不同之处是，宁藏《合编》在韵类代表字之上给出了该字的声调，而俄藏丙种本仅有韵类代表字而无声调"[2]。其应是《同音文海宝韵合编》的一种新版本。

第三节 出土文献反映的西夏印刷技术

作为活字印刷术肇始时期的宋代，采用活字技术印刷的实物，到目前为止无一页保存。但是，从20个世纪90年代中期开始，在西夏文献中却不断发现采用活字技术印成的实物[3]。这些文献有名称的就有《吉祥遍至口合本续》及其总义和两种释文[4]、《维摩诘所说经》、《德行集》、《三代相照言文集》、《大乘百法明镜集》、《地藏菩萨本愿经》等。山嘴沟石窟出土文献中也有几件采用活字技术印成，有泥活字，也有木活字。

一 泥活字印本

《妙法莲华经集要义镜注》和《圆觉注之略疏第一上半》中有活字印本的特点，如边栏断断续续，时隐时现；边栏四角有大缺口；透墨不匀，深浅有别，有的字一半轻、一半重；同一面上字体风格不同，有肥有瘦，笔划有粗有细；行不平行，列不垂直，有的甚至弯曲；不少字丁边缘有落墨印痕等等。这些特点常体现在活字印本中。

更为重要的是，在《妙法莲华经集要义镜注》某卷末页有6行题款，记录了参加印刷该经的人名及其工作分工。现将其翻译如下：

（前缺）

印面校者　梁释迦喇嘛　嵬古竭　慧治

印字取者　毗慧照　梁慧勇　段慧照　庞于慧盛

　　　　梁慧成　嵬名慧善　杨慧能　米勒慧盛　魏慧善

〔1〕《俄藏黑水城文献》（7），页233～258；《英藏黑水城文献》（1）。

〔2〕 韩小忙：《西夏文辞书〈同音文海合编〉整理与研究》，四川大学博士后工作报告，2006年，页241。

〔3〕 这些西夏文文献参见（俄）捷连提耶卡——卡坦斯基：《西夏书籍业》，王克孝、景永时汉译本，宁夏人民出版社，2000年，页127～128；牛达生：《我国最早的木活字印刷品——西夏文佛经〈本续〉》，《中国印刷》1994年第2期；孙寿岭：《西夏泥活字版佛经》，《中国文物报》1994年3月27日；史金波：《现存世界上最早的活字印刷品——西夏活字印本考》，《北京图书馆馆刊》1997年第1期。

〔4〕《吉祥遍至口合本续》的总义指《吉祥遍至口合本续之要文》，两种释文是《吉祥遍至口合本续之广义文》和《吉祥遍至口合本续之解生喜解补》。

　　□慧明　甲狄慧□　贾罗讹慧宝　梁那征

　　作字兼丁者　梁慧宝　六□□照

　　印本者　　梁慧善

　　该页佛经清楚记载了印刷该经的几道工序，有校对、取字、作字兼作字丁、刷印。虽然仅有十余字，但已概括了活字印刷所经历的必要工序。其中最能证明其为活字印本的有"印字取者"、"作字兼丁者"。此工序在雕版印刷中根本不需要，因为雕版印刷是将所印内容刻在一块版上，活字印刷则先作字丁，然后以文取字、排版、刷印。这样的记载在国内已认定为活字印本的西夏文献中还未见，是西夏使用活字印刷书籍最直接的证据，对研究活字印刷具有重要价值。

　　关于早期活字印刷方法的记录首推《梦溪笔谈》和《农书》。毕昇创造泥活字印书的方法、经验在沈括的《梦溪笔谈》中有比较完整的记述。记载活字印刷术最详尽的为王祯《农书》附录中的"造活字印书法"。按王祯的记载，当时活字印书工序有"写韵刻字法"、"锼字修字法"、"作盔嵌字法"、"造轮法"、"取字法"、"作盔安字刷印法"等[1]。《妙法莲华经集要义镜注》中"作字兼丁"之工序相当于《农书》中"写韵刻字法"和"锼字修字法"两道工序。"写韵刻字法"载："先照监韵内可用字数，分作上、下、平上、去、入五声，各分韵头，校勘字样，抄写完备。择能书人取活字样制大小，写出各门字样，糊于板上命工刊刻。稍留界路以凭锯截。""锼字修字法"云："将刻讫板木上字样用细齿小锯，每字四方锼下，盛于筐笤器内。每字令人用小裁刀修理齐整。先立准则，于准则内试大小高低一同，然后令贮别器。"《妙法莲华经集要义镜注》中"取字"工序，在《农书》称为"取字法"。"将元写监韵另写一册，编成字号，每面各行各字俱计号数，与轮上门类相同。一人执韵依号数喝字，一人于轮上元布轮字板内取摘字只，嵌于所印书板盔内"。当然了，西夏人在具体印刷中是否与《农书》中记载的一样，如是否以轮贮字，是否作盔嵌字等，就不得而知了。不过，从《妙法莲华经集要义镜注》的尾题可知，西夏活字印刷的工序与《农书》中的"造活字印书法"基本上一致，从而证明西夏文《妙法莲华经集要义镜注》为活字印本。

　　学者们认为，武威出土的西夏文《维摩诘所说经》为泥活字印本[2]。从目前的研究成果看，此经为西夏仁宗时期的泥活字印本，似乎已被学界所认可。我们并非专门从事印刷史和版本学研究，但是从《妙法莲华经集要义镜注》上述残页的记载以及它们所表现的印刷特点，认为《妙法莲华经集要义镜注》和《圆觉注之略疏第一上半》为活字本应毫无疑义，是否为泥活字印本则没有十分把握。我们仅是以山嘴沟石窟出土文献与现在认为的泥活字印本进行比定。在现存西夏文献中，被认为用泥活字印成的好像只有两种，一种为前面提到的《维摩

---

〔1〕　王祯《农书》后附的"造活字印书法"不一定是王祯发明的，如同《梦溪笔谈》记载的泥活字印书法的发明者不是沈括一样。王祯记录的"造活字印书法"也许早在宋代就已经存在，他只不过是进行总结归纳，并附于《农书》后罢了。

〔2〕　孙寿岭：《西夏泥活字版佛经》，《中国文物报》1994年3月27日；《武威发现我国最早的泥活字版西夏文佛经》，《陇右文博》1997年第1期；史金波：《现存世界上最早的活字印刷品——西夏活字印本考》，《北京图书馆刊》1997年第1期；牛达生：《西夏文泥活字印本〈维摩诘所说经〉》，《中国印刷》2000年第12期。

诘所说经》〔1〕，另一种为现藏于国家图书馆的西夏文佛经《现在贤劫千佛名经》裱背揭纸的西夏文佛经《大方广佛华严经》残页〔2〕。与这些文献相比，《妙法莲华经集要义镜注》、《圆觉注之略疏第一上半》的印刷特点与它们有很大的相似性。

第一，从字体上观察，字体有欠工整，笔划钝拙；横不水平，竖不垂直；缺笔少画，且多有断笔。造成这种现象可能因为泥字质坚性脆，在搬运、排字中易掉边角和断笔画所致。

第二，从印成的文字看，墨色浓淡不一，有的着墨很淡，有的只印出一半文字，有的却漆黑一团。印出一半字的可能因排版不平所致。文字成黑团的，学者们认为这并非"晕染"的结果，而是泥活字在烧制过程中温度过高，在笔画周围形成釉面造成的。

第三，在个别字中存在所谓的"气眼笔画"现象，即印出字画上存在一些小白点。这是因为泥质不好，在烧制过程中形成的小气眼。

从整体感觉，《妙法莲华经集要义镜注》、《圆觉注之略疏第一上半》印刷效果要比《维摩诘所说经》好多倍，更接近于国家图书馆藏的西夏文佛经《现在贤劫千佛名经》裱背揭纸的西夏文佛经《大方广佛华严经》残页。所以，山嘴沟石窟出土的西夏文《妙法莲华经集要义镜注》、《圆觉注之略疏第一上半》等佛经，是新发现的西夏活字印本，且极有可能为泥活字印本。

二　木活字印本

西夏文献中的木活字印本发现不少，如《吉祥遍至口合本续》、《德行集》、《三代相照言文集》、《大乘百法明镜集》、《地藏菩萨本愿经》等。山嘴沟石窟出土的《占察善恶业报经》也应为西夏木活字印本。

《占察善恶业报经》为经折装，现仅存2折。其是木活字印本的理由主要体现在字丁、墨色和字体上。

该经中许多字的左右两侧有与字同长的黑线（字的上下不见）。仅K2：135，1折6行中就有十七八处。这些黑线应属排版不平，字丁边缘落墨形成的印痕。而在雕版中不可能在字的边缘出现这种类似边框的黑线。

墨色不匀，有的深，有的浅。同一页面上字体风格不同，有肥有瘦，笔画有粗有细；有的字歪斜，说明这些字出自不同人之手。行不平行，列不垂直，有的甚至弯曲，应是因聚版不精所致。

上述特点在雕版中则不会出现。之所以认为该经为木活字印本，主要是它与《妙法莲华经集要义镜注》、《圆觉注之略疏第一上半》相比，每字较为工整，有棱有角，很少出现缺断笔现象，且笔画较为流畅、犀利。这一点在泥活字印本中难以见到。

---

〔1〕 同样形制、行款、字体的《维摩诘所说经》在俄藏黑水城文献中也有，参见史金波：《现存世界上最早的活字印刷品——西夏活字印本考》，《北京图书馆馆刊》1997年第1期。

〔2〕 史金波主编：《中国藏西夏文献》(6)，甘肃人民出版社、敦煌文艺出版社，2005年，页293～316。据史金波研究，该经是西夏泥活字印本。

［附　　录］

山嘴沟石窟壁画及其相关的几个问题

谢继胜

一　内容辨识与风格分析

以往研究西夏石窟壁画，学者关注的只是敦煌莫高窟及安西榆林窟、东千佛洞等地的壁画，宁夏作为西夏京畿之地，过去并没有发现西夏时期的石窟壁画，这种现象是不正常的，贺兰山山嘴沟壁画的出现改变了这种情况[1]。

山嘴沟见于明代方志记载，称"山嘴儿口"[2]。在沟内一处称为葫芦峪的岔沟东坡崖壁有 6 孔石窟。石窟依山间天然岩洞崖壁凸凹，外面涂抹草麻泥皮、敷白灰成画壁。现就其中有壁画的一至三号窟分述如下：

1. 一号窟（K1）

此窟壁画泥皮大多脱落。在窟内南壁下部残存一幅壁画，现存壁画有黑色（原色为红色）边框，上框之上仍有壁面，与下方画面以框线相隔，表明残存画面位于壁画下方。按照西夏时期壁画的作法，下方画框是绘画供养人的位置，这对我们判断壁画残片的内容非常重要。壁画图像漫漶甚重，难以辨认，有"嘉靖四十五年（1566）四月"的游人刻划。画面正中为一僧人，头冠样

---

[1] 贺兰山为历史名山，王维《老将行》诗云："贺兰山下战如云，羽檄交驰日夕闻。"卢如弼诗《和李秀才边庭四时怨》云："半夜火来知有敌，一时齐保贺兰山。"岳飞"踏破贺兰山阙"指的是西夏时期的贺兰山。唐高祖武德五年（622）宇文歆于贺兰山下的"崇岗镇"大破突厥。

[2] ［明］胡汝砺编，管律重修：《嘉靖宁夏新志》记："贺兰山，在城西六十里，峰峦苍翠，崖壁险削，延亘五百余里，边防倚以为固。上有颓寺百余所，并元昊故宫遗址。峡口山，城西南一百四十里。两山相夹，黄河经其间，古名青铜峡，有古塔一百八。观音湖，在城西北九十三里，贺兰山大水口下。拜寺口：安塞王诗'风前临眺豁吟眸，万马腾骧势转悠。戈甲气消山色在，绮罗人去辇痕留。文殊有殿存遗址，拜寺无僧话旧游。紫塞正怜同笔画，可堪回首暮云稠。'山嘴儿口。"宁夏人民出版社，1985 年。

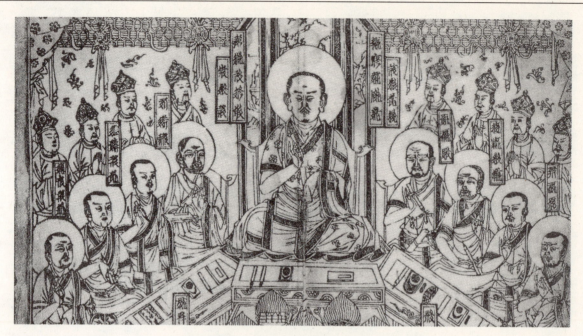

附图一　《西夏译经图》（局部）

式独特，为宽边布冠，冠顶有并列圆形凸起，与西夏前期僧人常见的中央桃形、边沿莲花的冠帽形制不同，目前还没有找到其他相似的例证。僧人面部缺失（山嘴沟石窟很多造像面部被抠去），着袈裟，右手当胸执经卷，左手下垂，持物不清（或持数珠）。散跏坐于方毯之上，造像特征与莫高窟第464窟，尤其与肃南文殊山石窟西夏上师相似[1]，与山嘴沟二号窟上师像可以比较。其中僧人右手执书卷造像当与西夏文《现在贤劫千佛名经》卷首版画《西夏译经图》白智光左侧僧人持经式样相同（附图一）。座前有石绿色鼎状香炉，细颈宽腹，炉沿有柄与炉腹相连。这种在人物像前置香炉或鼎于嶙峋怪石之上，是两宋汉地流行的审美风尚，如宋徽宗赵佶所绘《听琴图》。上师左侧似立有侍童。

　　上师右侧为一坐像，面部被抠掉，有头冠，隐约可见幞头状装饰，后见软角[2]。颈上系头巾或披风，外罩连身紧袖大翻领长袍，长袍掩靴，腰间有笏板，当为官服。人物坐于覆皮几上，左腿略伸出，右手握拳，拳心向下撑住大腿，左手掌心向下撑于左腿，使人异常英武。这种坐姿与黑水城所出一幅现已失传的《西夏王》（附图二）卷轴画像中西夏王及其仆从的造像样式基本相同，与莫高窟第409窟回鹘王像（附图三）装束可资比较，与两宋皇帝画像有风格联系，如故宫博物院藏宋画赵匡胤像与明刘俊《雪夜访普图》中的宋太祖。考虑到贺兰山中此处寺庙群的规模、东侧窟室尊贵的方位、壁画下方的供养人位置，供养人并没有像其他施主（如山嘴沟二号窟及莫高窟第464窟同样装束的供养人）那样虔诚的朝向上师而是气宇轩昂的直面观众的神态，表明此供养人像可能为西夏王。

〔1〕　这两处上师像参见谢继胜：《西夏藏传绘画》，河北教育出版社，2002年，页410～411。

〔2〕　关于幞头，参见孙机：《中国古舆服论丛》，"幞头的产生和演变"，文物出版社，1993年，页156～167。

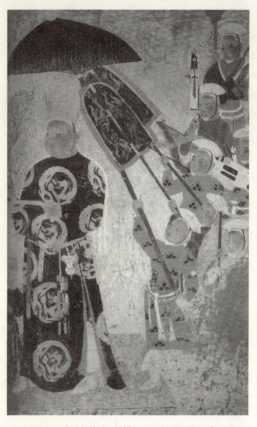

附图二 黑水城出土卷轴画《西夏王像》（局部）　　附图三 敦煌莫高窟第409窟壁画回鹘王像

西夏上师左侧壁画可见部分衣裙下摆，装饰繁复，像前有桌几，应为与右侧男性供养人对称的女供养人，或为西夏王后。

此窟出土相当数量的西夏文文献残片，以及大量擦擦，风格与安西东千佛洞所见擦擦相同。

该窟清理出的壁画残片较多，其中较大的一块高28、宽15厘米，其上所绘人物右手当胸持钵，左手前指，腿上有瑜伽师修持支撑带，可以很容易的辨认出为抬手指日的大成就者毗卢巴（西夏时称为密哩呃巴）。据此画构图，该造像或置于画面左右上方，属于壁画上方绘画主题的部分。根据此大成就者出现在壁画中的情况判断，该窟壁画的内容或与藏传佛教本尊神相关。该图像与西夏王共同出现在壁画中，表明密哩呃巴造像元代以前就进入汉地。

2. 二号窟（K2）

二号窟由入口通道、外室和后室组成。后室是天然石洞，最深处原为佛龛，现已损毁，龛侧北胁侍菩萨似为骑狮文殊于须弥座，右为立像菩萨，也可能是高发髻西夏女供养人，有头光。右向上为头光佛像一尊，着搭右肩袈裟。再右有高发髻女供养人、跏趺坐僧人。值得注意的是，北壁中央有穿白袈裟、跏趺坐的西夏上师像，戴宁玛式样莲花冠。左右回首上师的为着官帽的俗供养人夫妇。上师与供养人再右似为四尊立像菩萨。

佛龛南侧胁侍菩萨漫漶而无法辨识，当为骑象普贤。其左似为立像菩萨，菩萨右侧立女供养人。其右侧疑为菩萨，有头光。菩萨右侧为与北壁对应的众供养人簇拥的西夏上师像，此上师像大部脱落，但桃形莲花帽[1]清晰可辨，跏趺坐，着黑色白边圆口布鞋。

外室顶部圆形边框"藻井"为藏式风格佛坐像，残损较甚，可见石绿背光。其着袒右袈裟，施禅定印，下为仰覆莲座，应为释迦牟尼佛或大日如来。其下为完全卫藏波罗风格的十一面八臂观音，现已漫漶不清，可见高发髻及八臂，主臂双手当胸捧如意宝作合十印，右臂各手分别持数珠、作与愿印、执金轮；左臂各手应持白莲花、净瓶和弓箭。腰肢纤细，跏趺坐于仰莲座，莲座由升腾于后室的红色祥云托举。此窟画像右侧多有榜题，但字迹已无从辨认。此像榜题框被后人刻写"嘉靖三十五年（1556）五月初九日……"字样。观音北侧壁上方绘金刚手，左手上举似持金刚（金刚手造像多右手上举持金刚），右手当胸作期克印，系兽皮围腰，脚踩侧卧魔。其下为藏式护法神常见的三角垫[2]。

金刚手护法下方为典型汉式的伏虎罗汉，画法与五代西蜀高僧贯休胡貌梵相的罗汉笔法如出一辙，长眉凸额的造像异于中土。罗汉披红色条纹袈裟，面容慈祥，左手握经卷，右手抚虎背。虎背有坐垫，表明此虎或为罗汉之坐骑[3]。这一人虎关系对于探讨伏虎罗汉图像的形成有重要作用。虎与人物的亲昵关系与宋代禅余水墨人物画体现的情绪相仿，如北宋画家石恪《二祖调心图》中，丰干禅师即以颔枕臂、伏于虎背之上（附图四）。壁画中虎之造型如西北布老虎，有较强的装饰性。虎前方有奔逃的野牛，与虎形成情节延展关系。与伏虎罗汉相对的南壁罗汉，虽然没有看到明确的龙形象，但极可能是降龙罗汉。与伏虎罗汉为高眉深目的老者形象不同，画家在崎岖不平的崖面上刻画了一位血气方刚的青年，双腿叉开，脚趾扣地，强化人物的稳固，勾线晕染的形体凸现了降龙罗汉的男性肌肉力量，并与飘逸的袈裟形成对比。罗汉左手上举托钵，似召遣身后人形化的龙魔进入钵中。画师笔意构思令人折服，其间自然蕴涵了道教阴阳五行观念，虎属阴，龙属阳，伏虎以阴柔之术，降龙则以阳刚之力。

降龙罗汉以西壁面残损，右下窟门南壁浅龛上方绘藏式风格五方佛，漫漶甚重，中央佛顶云纹蜿蜒而上，其上可见马蹄状龛，其中壁画全无。南壁上方有"大清康熙三十八年（1699）十月十五日释门弟子照瑛普学二到此随喜"及众多游人题名。再往西保留一块残壁，其上绘数十西夏装供养人，皆双手合十。画面颜料剥落，只见西夏装人物头饰边缘。此处当是原窟壁画的边缘。

伏虎罗汉以西壁面凸起受太阳直晒，画面褪色严重，仅见墨色和石绿，依稀可见树木、野牛、林间力士等。力士窄额、卷发、粗眉、短鼻、鼓腮，共出现三位，靠近伏虎罗汉的力士面朝东。相

---

〔1〕 虽然西夏前期上师皆着宁玛派式样的莲花帽（pad - zhva），但目前很难找到12世纪以前西夏或党项与宁玛派联系的确凿文献证据。实际上，这种莲花帽并非得之于西夏中后期与之交往的萨迦派或噶举派，而是得之于其先于其地流行宁玛派的回鹘上师。回鹘自840年以后，大部移居至当时吐蕃控制多年的敦煌与河西地区而接受了藏传佛教。9～10世纪藏传佛教各派尚未兴起，流行的教派就是宁玛派。与西夏人对待藏传佛教的态度相同，回鹘人亦视之甚高，并将其冠帽样式作为得道上师标识。最早传入西夏的佛教就是这些回鹘上师引荐的，《西夏译经图》出现的白智光、白法信等上师，可能都是回鹘上师，西夏"释氏之宗永济和尚"就是出自河西。因此，现今看到的大部分西夏上师都戴着宁玛派的莲花帽。

〔2〕 西夏至元时期所见本尊或护法像，常见足下三角坐垫，如黑水城出土 X2391 的《金刚亥母》、X2374 的《大黑天神》。

〔3〕 明末清初古董商人吴其贞《书画记》卷一记载："唐无名氏伏虎罗汉图绢画一大轴：绢质多剥落，丹墨颇佳。一罗汉一手抚虎作摩顶受戒状。意味如真，笔法简健，无异于《驺虞图》。"人民美术出版社，2006年，页34。此罗汉抚虎背的形象与山嘴沟伏虎罗汉最为相似。

附图四　传北宋石恪《二祖调心图》（局部）

邻的壁画缺损处应该与西侧呼应有一位禅定的僧人。西侧下方可见二力士朝一位禅定的上师奔来。力士赤裸上身，仅着围腰。与僧人线描画法不同，力士以晕染凸凹法画出，形体肌肉极为写实，造像特征与贺兰县宏佛塔所出力士彩塑非常相似[1]。后一力士形体现已不存。僧人面容清秀，着袈裟，双手合十，身后似有随侍童子。画面可见黑云、翠绿的垂柳，垂首抵角的野牛，降服野牛的力士，野牛与力士的前进方向有一位禅定的僧人。

　　根据这部分壁画的绘画风格和内容分析，似乎是晚唐五代时期开始流行的经变画《劳度叉斗圣变》，但情节并不完全相符。莫高窟的《劳度叉斗圣变》以第 196 窟和第 9 窟最为完整。壁画内容出自《贤愚经》卷四十一（《大正新修大藏经》卷四）《须达起精舍品》改写的变文（伯4524），故事情节讲印度舍卫国波斯匿王的大臣须达以黄金铺地的代价买下了祇陀太子的花园建造精舍请佛说法，六师外道尽全力阻止佛祖来这里说法，商议与佛斗法取得花园。外道派出劳度叉，佛陀弟子舍利弗应约。劳度叉变幻宝山，舍利弗变金刚力士以金刚击溃；劳度叉变幻白牛，舍利弗为狮王食牛；劳度叉变宝池，舍利弗则变大象以长鼻吸净池水；劳度叉变毒龙，舍利弗变金翅鸟擒龙；劳度叉变夜叉鬼，舍利弗变毗沙门天王降服；最后，劳度叉又变大树，舍利弗化作旋风，把大树连根拔起，还吹倒了劳度叉作法的帷帐。最后，劳度叉等外道心悦诚服，皈依了佛教。

　　《劳度叉斗圣变》壁画采用左右对称的构图形式，劳度叉与舍利弗各坐一方，如莫高窟第 196窟。山嘴沟中二号窟靠近伏虎罗汉的位置，能看到一位力士像，与西侧稍下方的禅定僧人构成对应，或许分别是劳度叉和舍利弗。这些"外道"形象的绘画手法与敦煌第 196 窟等壁画中出现的劳度叉非常相似。然而，此处壁画虽然出现了三位力士（外道?）及禅定僧人（舍利弗?）、野牛，甚至大树，但《劳度叉斗圣变》极具情节冲突的场面并未发现，如毒龙、金翅鸟、狮子、大象、

---

〔1〕　参见中国国家博物馆、宁夏回族自治区文化厅编：《大夏寻踪：西夏文物辑萃》，页 155 图版。

天王等图像。其次，《劳度叉斗圣变》出现的时间集中在晚唐、五代，特别是在张议潮收复敦煌以后，与北周按照《贤愚经》绘制的小幅作品不同，是根据《降魔变文》绘制的巨幅经变画。西夏时期，尤其是西夏中后期的石窟壁画，这一经变题材非常少见[1]。假若是《劳度叉斗圣变》，山嘴沟壁画的年代或许应重新认识。

考虑到该窟伏虎罗汉图像的出现，此处壁画疑与两宋流行的寓示禅机的禅宗画《牧牛图》有关，壁画清晰可见的黑色的牛，依依的杨柳、溪流，或与《牧牛图》描述的情节相仿[2]。

北壁再往西上方有"万历十年（1582）三月"，稍下可见西夏文墨书"佛"及"光绪三十四年（1908）七月二日"及西夏文题刻多处，但漫漶不可辨认。左下方有"康熙七年（1668）四月"刻写。留存壁面保留较为完整的壁画一块，所绘人物从头光判断或为僧人供养人，但壁画残迹看似冠帽，故也可能是俗供养人。若为男性，多着圆领长衫，衣袍多为红色，罩衫石绿色不适宜。榆林窟第29窟壁画只有女供养人或尼姑，服饰才有石绿，所以此供养人应为女子。此画技法高超，是西夏时期人物绘画少见的精品。作品与罗汉画法相似，人物面部采用凸凹晕染法，衣饰则以线描勾勒后平涂色彩，线条本身讲究笔法，如以钉钩鼠尾处理袖口衣褶，以游丝描表现外衣丝绸的质感。从画面看，此人肯定不是等闲之辈，罩衫领口镶嵌珠宝，左侧有一侍童，其髡发样式表明了山嘴沟壁画的年代，与榆林窟第29窟西夏供养人左侧所立髡发侍童画法相仿。

窟门两侧原本皆有壁画，现仅见于北壁，由于此幅壁画位于下方，被往来羊只摩挲，已漫漶不清，仅可见釉蓝与黄色。画像似为护法金刚，忿怒相，三目，五缕发髻竖起成头冠，赤裸上身。十二臂，左右各六臂。最上左右臂似持物相交于头顶，两主臂持物于当胸。右臂依稀可见持剑及

〔1〕《劳度叉斗圣变》莫高窟现存14铺，榆林窟3铺，西千佛洞1铺，五个庙1铺。其中西千佛洞第10窟东壁门北北魏绘，莫高窟第335窟西壁龛内、第9窟南壁通壁、第85窟西壁通壁、第196窟西壁通壁皆晚唐绘；莫高窟第6窟前壁（残）、第72窟东壁（残）、第98窟西壁通壁、第103窟西壁（残）、第53窟南壁（残）、第146窟西壁通壁、第342窟南壁皆为五代绘；莫高窟第32窟南壁、第25窟南壁、第55窟西壁通壁、第454窟西壁通壁皆为宋代绘；安西榆林窟第16窟东壁（残）、第19窟东壁亦皆为五代绘。敦煌绢画中，有一卷纸本彩色绘制的《降魔变相画卷》，全长570、宽27厘米，以横卷式连环画，完整地描绘了此章的内容情节，此《画卷》中配有变文诗句。参见李永宁、蔡伟堂：《降魔变文与敦煌壁画中的劳度义斗圣变》，《1983年全国敦煌学术讨论会文集·石窟考古艺术编》上卷，甘肃人民出版社，1985年，页187～188。

〔2〕《牧牛图》源出自鸠摩罗什《佛遗教经论疏节要》（《大正新修大藏经》卷四十）及《佛说放牛经》（《大正新修大藏经》卷二）。根据《遗教经》记："譬如牧牛，执杖而视之，不令纵逸，犯人苗稼。"马祖（710～788）问石巩："汝在此何务？"答曰："牧牛。"又问："牛怎么牧？"答曰："一回入草去，蓦鼻拽将来。"（《五灯会元录》卷十三）。《遗教经》系鸠摩罗什（？～413）所译，而以"牧牛"修心、习禅，却直到马祖的年代才被引用。宋《廓庵和尚十牛图颂并序》云："……间有清居禅师观众生之根器，应病施方作《牧牛》以为图，随机设教。"牧牛图应以清居禅师为滥觞。关于牧牛图，参见李志夫：《关于禅宗牧牛图的两个问题——从〈增一阿含经·牧牛品〉说起》（《中华佛学学报》第19卷，2006年。）牧牛图为两宋流行的禅宗画题材，大足牧牛石刻亦寓含此意。明代乂见普明禅师《牧牛图颂》，共十节。未牧第一：狰狞头角恣咆哮，奔走溪山路转遥；一片黑云横谷口，谁知步步犯佳苗。初调第二：我有芒绳蓦鼻穿，一回奔竞痛加鞭；从来劣性难调制，犹得山童尽力牵。受制第三：渐调渐伏息奔驰，渡水穿云步步随；手把芒绳无稍缓，牧童终日自忘疲。回首第四：日久功深始转头，癫狂心力渐调柔；山童未肯全相许，犹把芒绳且系留。驯伏第五：绿杨阴下古溪边，放去收来得自然；日暮碧云芳草地，牧童归去不须牵。无碍第六：露地安眠意自如，不劳鞭策永无拘；山童稳坐青松下，一曲升平乐有余。任运第七：柳岸春波夕照中，淡烟芳草绿茸茸；饥餐渴饮随时过，石上山童睡正浓。相忘第八：白牛常在白云中，人自无心牛亦同；月透白云云影白，白云明月任西东。独照第九：牛儿无处牧童闲，一片孤云碧嶂间；拍手高歌明月下，归来犹有一重关。双泯第十：人牛不见杳无踪，明月光含万象空；若问其中端的意，野花芳草自丛丛。

禅杖，左臂可见三叉戟、罥索或法轮等。腰间系裙，右腿微屈，左腿外展。考虑到榆林窟西夏石窟所绘火头金刚等，此神当为此类护法，具体身份有待辨识。画面右侧有墨书汉字题记，可见"财（神到全叩）"字样。此幅造像所绘护法神或属汉密，这使得山嘴沟壁画展示了西夏佛教密宗的不同体系，是西夏佛教真实面貌的再现。

3. 三号窟（K3）

该窟位于二号窟的北侧。现存壁画在山嘴沟留存壁画的三个石窟中保存最好，但由于直接曝露于阳光下，画面变色极为严重。壁画原为一组，主铺为释迦牟尼说法图，中央为释迦佛及听法弟子，下方左右安置两尊坐像菩萨，右侧为佛顶尊胜，左侧壁画壁面已经脱落。主铺两端另有两尊菩萨与主铺形成一主二辅三尊之势。现存壁画分为两个部分，北侧为主铺释迦牟尼说法图，中央是释迦牟尼佛及十八位听法弟子（右下方二弟子像脱落）。主尊佛具有继承晚唐、五代遗风的西夏汉传佛造像特征，即螺髻扁平，面部圆阔，额头略窄，眉向外三分之二处上挑，眼睛狭长，视线朝下，有眉间白毫，双耳垂肩，唇上有八字髭，下颌尖有须，画法如同晚唐、五代时的菩萨像和西夏时期最为常见的接引佛阿弥陀佛。应该提及，画释迦牟尼佛唇上有髭，下颌有须，仅见于西夏汉传佛陀像。佛双手当胸，应作说法印，跏趺坐，可见石绿头光。内穿僧祇支，下衣以腰带于衬布之上束紧，上衣可见锦缎镶边，外罩红色田相袈裟，袈裟只覆左肩。头顶有云气蜿蜒腾起，画法与西夏流行的弥勒上生经变上方的烟云相同，如肃南文殊山石窟西夏弥勒经变壁画及西夏此类版画的样式，同类云气画法也见于莫高窟第464窟门楣。然而，其他地方的此种云气画法并未见于释迦牟尼说法图。释迦佛周围绘有十八尊菩萨，右上方四尊，左侧及下方十四尊，其中左右各有四位菩萨朝向主尊，作合十印，或为八大菩萨。其中一尊菩萨朝向北侧，当为北侧胁侍菩萨的眷属。菩萨头饰为敦煌晚唐五代样式，可见向后倾的双鬟，两侧花钿，面部造像与主尊相同，可见上唇八字胡髭和须髯。

主尊佛像右侧胁侍菩萨从其持物可以容易判定为佛顶尊胜佛母，发髻与莫高窟第91窟菩萨头饰可以比较。其面部漫漶，八臂，主臂右手持交杵金刚，左手转轮印。右臂其余手持大日如来化佛，箭（残），作慈悲印；左臂其余手作无畏印、持弓、禅定印并托甘露瓶。造像标识为典型的藏式佛顶尊胜，但完全是汉式菩萨画法。佛顶尊胜佛母本身两侧有坐相胁侍菩萨。此期藏式造像佛顶胁侍多为左侧金刚手，右侧观音。这里的菩萨漫漶甚重，很难辨识身份，左侧菩萨坐于悬裳座，可见手中单茎莲花，但未见莲花上金刚杵；右侧菩萨侧身倚坐，可见手持拂子，考虑拂子常与净瓶一同出现，可以判定右侧菩萨或为观音。佛顶尊胜头光外侧有外射的光芒，在西夏卷轴画中，接引佛常绘此光芒，其间绘接引往生者的十景[1]。

考虑到主尊佛像左侧与佛顶尊胜佛母胜相对的位置有绘制大幅图像痕迹，可以判定此窟所绘为三位一体组像，然而，释迦牟尼、佛顶尊胜与哪一位佛母构成组像，目前还无法判断。假如主尊为阿弥陀佛或无量寿佛，作为长寿三尊，对应的一位当为白度母。但主尊无寿瓶，身色不明，

---

[1] 如俄罗斯艾尔米塔什博物馆黑水城藏品 X2419。

无禅定印，不可能是无量寿。另外，白度母在西夏佛教造像中也很少见。

佛顶尊胜佛母云气上方可见藏传佛教双身造像，虽然漫漶甚重，但仍可以判定为二臂上乐金刚与金刚亥母双身像，男尊蓝色身色已褪为白色，女尊红色也变为黑色。根据造像学仪轨，男尊上乐金刚一身蓝色，生有一面三眼，拥抱金刚亥母的双手，右手持金刚铃，左手持金刚杵，高发髻，戴五骷髅头冠和断头饰带；女尊金刚亥母一身红色，左手拥抱男尊，右手持剥皮刀，右腿上举环于男尊腰部，左腿与男尊平行踏于时阴女。莲座样式为藏式仰覆莲座。与主尊右侧、佛顶尊胜云气中双身像对应的左侧胁侍菩萨位置图像或为另一藏式图像，但现已脱落。

佛顶尊胜佛母北侧另绘一铺壁画，现存菩萨像，漫漶，可见菩萨头冠、四臂，左上臂手执莲花，双手合捧如意宝，应为四臂观音，右手当持数珠。此类观音源出于藏传佛教造像[1]，但造像风格是西夏化的汉式风格，与佛顶尊胜的处理方式相同。

观音下方有圆形五腿供桌，桌腿外翘成螺旋状，旁立童子。

与北侧四臂观音相对的南侧位置应另有一铺菩萨造像，现亦已脱落。

从三号窟壁画的处理方式看，西夏画家在崖壁找出相对平坦的部位安置素壁绘画，不同铺的壁画之间有间隔，中间点缀花卉图案，这些花卉图案与敦煌莫高窟第465、464窟及149窟北壁所见花卉图案相同，在安西榆林窟、东千佛洞等西夏石窟壁画中极为罕见，可见山嘴沟石窟壁画与莫高窟西夏壁画属于同一个系统。

通过对山嘴沟石窟壁画题材及内容的梳理，我们会对西夏佛教的多元性及其发展演变有一个直观形象的认识。一号窟壁画，根据残存的毗卢巴图像可以判定，壁画内容肯定与藏传佛教仪轨修习的本尊有关，可能是噶举派或萨迦派的本尊，或藏传佛教的尊像与经变。从壁画下方供养人的身份反映出藏传佛教当时在西夏社会生活中高高在上的位置。然而，下方的供养人（西夏王夫妇？）近侍供养的却是西夏自己的上师而非吐蕃僧，可见深山石窟的壁画与流动的卷轴画表现的意识稍有不同，前者应是更真实思想地流露，其中也透露出藏传佛教修习法是通过西夏上师施行的。二号窟反映的观念较为复杂，假如将此窟壁画平面展开，可以发现窟顶最上方是藏式的佛陀或大日如来像，下方仍然是藏式的八臂观音，观音右侧有藏式金刚手护持，其下两侧则变成融合汉地禅宗的伏虎与降龙罗汉，沿罗汉向外展开，分别是情节故事画和石窟众多的供养人列像，可见仍将藏式造像置于至高无上的地位。实际上，此窟的中心在于隐秘的后室，后室门的守卫换成了汉地的力士（火头金刚？）。从两侧残见的壁画可以判定原来的主尊塑像当为汉式，两旁侧立的八大菩萨，东西两壁中央安置的西夏上师像，以及带着极虔诚面容供奉上师的贵族施主，说明西夏的基本信仰仍以西夏人自己的佛教体系为主。三号窟佛顶尊胜佛母、四臂观音像的汉化与上乐金刚双身像的安置方法，反映了中晚期西夏佛教的多元性，表明

---

〔1〕 四臂观音是观音的密教身形之一，梵文名称为 Sadaksari-Lokeśvara，藏文作 vjig rten dbang phyug，即世自在观音，身色白色，作合十印（Añjali），象征标帜为数珠和莲花，胁侍神灵为右侧的持宝（Manidhara / nor bu vdzin）和左侧的大明佛母（Sadaksari Mahāvidyā／rig pa chen mo），右手持莲花，左手持念珠，主要的双手置于胸前作合十印。四臂观音的真言为六字大明咒，当观音与大明佛母出现在同一组绘画中时，称为世观音。

藏传佛教已经演化为西夏多元佛教的有机组成部分。山嘴沟石窟呈现的宗教多元性与石窟出土文献中不同宗教所占的比例一致，有《妙法莲花经》，《圣妙吉祥真实名经》，华严宗、禅宗同重的《圆觉经》及藏传佛教的修法仪轨。

据考察，我们可以将山嘴沟等西夏石窟的建造归纳为 11～12 世纪西北石窟一种独特类型。这种方式或许与禅宗修习、密教，特别是藏传密教修习有关。此类石窟刻意将石窟建在嶙峋陡峭山崖的半山腰，甘青藏区 11 世纪石窟沿袭早期样式，凿方形石室于岩壁，西夏窟则依崎岖山势成窟。前者如青海互助白马寺上方峭壁凿成的若干 3 米见方的石室、青海尖扎金刚岩石窟群；后者典型如安西的旱峡石窟、武威亥母洞石窟以及山嘴沟石窟。

山嘴沟石窟壁画中虽然没有发现直接的建窟证据，但根据石窟壁画风格及出土的文物与文献分析，此窟建于西夏时期应该没有疑问。壁画的样式和特征与入元以后的作品风格有很大的区别，如二号窟北壁的髡发儿童；所出文献几乎都是西夏时期的西夏文文献[1]，其中的藏文经页残片字体为西藏 11～12 世纪流行的无头体，可见反写的元音 i。虽然元代也曾在贺兰山修缮寺庙[2]，但山嘴沟石窟并未见元代痕迹，所有题刻都是明代中期以后的游人所题。此外，山嘴沟石窟出土的擦擦，壁画存留褐红色梁柱样式与拜寺沟方塔及拜寺口双塔所见完全相同，大致处于同一个时期，即 12 世纪中后期。

二　几个相关问题的分析

作为西夏都城京畿之地的贺兰山石窟壁画，虽然留存状况不尽理想，但壁画的内容与敦煌莫高窟、安西榆林窟、东千佛洞、文殊山石窟等西夏壁画相比，仍有自己突出的特点，即山嘴沟壁画将汉藏风格明显的佛教造像错落安置在同一铺壁画中，并将藏传图像完全西夏式"汉化"为宋画菩萨；出现了确定的西夏王夫妇供养人；壁画出现了其他石窟壁画少见的题材，如伏虎、降龙罗汉及其故事等。山嘴沟石窟壁画最重要的价值在于它是 12～13 世纪我国社会各民族之间在思想与文化领域互相交流、融合的直接证据。

（一）山嘴沟伏虎罗汉图像源流探讨

1. 西夏禅宗与伏虎罗汉渊源

山嘴沟二号窟窟顶上方左右出现了护持窟门藏式八臂观音的伏虎、降龙罗汉图像，考虑到该石窟建造的年代，即 12 世纪中晚期，以及伏虎罗汉图像背后的禅宗背景，乃至该罗汉图像此后在藏传佛教图像学中的发展，使得我们有必要对伏虎罗汉图像出现的意义加以剖析。

---

〔1〕　有关出土西夏文文献的分析，参见孙昌盛：《贺兰山山嘴沟石窟出土西夏文文献的初步研究》，《黑水城人文与环境国际学术研讨会论文》，2006 年 8 月。

〔2〕　如泰定四年（1327）"修佛事于贺兰山及诸行宫"《元史》卷三十《泰定帝纪卷二》，中华书局，页 679。

现今的伏虎罗汉被看成是十八罗汉之一，脱胎于十六罗汉。有关十六罗汉的名号、居所、眷属等内容最早见于难提蜜多罗（Nandimitra 庆友）著、三藏玄奘法师（约600～664）于唐高宗永徽五年（654）译出的《法住记》[1]。禅月大师贯休创作胡貌梵相的罗汉图只有十六罗汉。十八罗汉是在十六罗汉的基础上再增加两位尊者，是适应汉地的吉祥数字"十八"而形成的，并没有确凿的佛经依据。苏轼以《法住记》作者庆友为第十七、宾头卢为第十八罗汉；也有人在前加迦叶（Mahākāśyapa）与军徒钵叹（Kundapadhanīyaka）；藏传佛教通常补入达摩多罗（Dharmatrāta，法救或法增 chos‑skyong/chos‑vphel）与布袋和尚。但人们对苏轼的排列有争议，认为宾头卢其实就是十六罗汉已列出的宾度罗跋啰惰阇，或指摘庆友并不在住世之列。南宋咸淳五年（1269）四明沙门志磐撰《佛祖统纪》卷三十三认为诸阿罗汉之中，除四大罗汉与十六罗汉之外均要入灭，去除二者中重复的两位，应将迦叶与军徒钵叹增加到后者内[2]。

至于伏虎、降龙罗汉的起源及其如何成为十八罗汉的成员，艺术史界还没有一个确切的答案。苏轼《应梦罗汉记》记载，北宋元丰四年（1081）歧亭庙中有一罗汉像，左龙右虎[3]。甘肃庆阳北石窟寺第165窟明窗南北两壁上，有一组宋代十六罗汉的浮雕，其中有一位罗汉的身侧即伴随一只老虎，这位罗汉很可能就是一位伏虎罗汉。陕西子长安定镇的钟山石窟前壁下方石雕，陕北富县直罗镇柏山寺宋塔石雕等北宋（960～1127）雕造的十六罗汉像上亦发现类似的例子。由此看来，宋代的罗汉系列已经包含了伏虎罗汉。此外，现今发现的伏虎罗汉石雕，都集中在西北（甘肃东南部与陕西北部，紧靠宁夏），与山嘴沟所见伏虎罗汉形成一片特定图像分布区域，年代多为11世纪前后，这与卷轴画伏虎罗汉年代跨越南北宋，地域集中在江南杭州一线形成对比。

北京故宫博物院藏《六尊者像》，传为唐代画家卢楞伽作，其中第十七嘎沙鸦巴尊者持长棍作降恶龙状，而第十八纳纳答密答喇尊者面前有伏卧的老虎。卷轴上有乾隆留下的墨书十七、十八尊者的藏传梵文名字[4]，从名称"嘎沙鸦巴"判断，即为大迦叶 Mahā‑kāśyapa 的"迦叶"，而"纳纳答密答喇"即 Nandimitra，即"庆友"。图像名称经章嘉国师审定，进而确定降龙、伏虎二罗汉为十八罗汉成员，从《六尊者像》译名看章嘉国师认为降龙罗汉即迦叶尊者，伏虎罗汉为庆

---

〔1〕 十六罗汉，即宾度罗跋啰惰阇（Pindolabhāradvaja）、迦诺迦伐蹉（Kanakavatsa）、迦诺迦跋厘堕阇（Kanakabhāradvaja）、苏频陀（Suvinda）、诺距罗（Nakula）、跋陀罗（Bhadra）、迦理迦（Karīka）、伐阇罗弗多罗（Vajraputra）、戍博迦（Jīvaka）、半托迦（Panthaka）、啰怙罗（Rāhula）、那伽犀那（Nāgasena）、因揭陀（Angaja）、伐那婆斯（Vanavāsi）、阿氏多（Ajita）以及注荼半托迦（Cūlapanthaka）。

〔2〕 《大正新修大藏经》卷四十九，页319。参见谢继胜等《江南藏传佛教艺术：杭州飞来峰石刻造像》（浙江古籍出版社，2007年）有关十八罗汉的分析。

〔3〕 《苏轼集》卷三十八记："元丰四年正月二十一日，予将往岐亭。宿于团封，梦一僧破面流血，若有所诉。明日至岐亭，过一庙，中有阿罗汉像，左龙右虎，仪制甚古，而面为人所坏，顾之惘然，庶几畴昔所见乎！遂载以归，完新而龛之，设于安国寺。"

〔4〕 关于卢楞伽所绘罗汉，朱景玄《唐朝名画录》说"卢棱迦"所绘为"佛像、地狱"，张彦远《历代名画记》也确认卢楞伽在京都"化度寺"绘"地域变"；邓椿《画继》明确提到"蜀之罗汉虽多，最称卢楞伽，其次杜措、丘文播兄弟耳。楞伽所作多定本，止坐、立两样"。作品只见"小本《十六罗汉图》"，看来卢楞伽绘制伏虎罗汉的说法不可信。

友或者是弥勒[1]。事实上，此画中人物及家具当摹自南宋传本，已难见唐人气象。卢楞伽究竟有没有画过降龙伏虎图，虽然无法从此画得到十分肯定的答案，但是在8世纪中似应已有降伏恶毒龙虎的立意了[2]，至北宋时期当流行开来，前文提及苏轼的记载即为明证。可以确定，故宫博物院藏传卢楞伽绘《六尊者像》，虽见伏虎罗汉，但其并非唐画。至于新疆喀拉和卓出土的8世纪的壁画残片举拳大喝的罗汉图，虽有可能是伏虎或降龙的罗汉，但没有老虎的图像。

　　两宋时期，由于禅宗绘画虎与上师形象的出现，人们将伏虎罗汉的形成与禅宗联系起来，台北中国文化大学陈清香撰《降龙伏虎罗汉图像源流考》就从这一途径对伏虎罗汉的图像渊源进行了考察[3]。据陈清香推断，伏虎罗汉图像的出现，"或是伴随着宋元时代禅余水墨画的崛起而盛行。禅余水墨画，简称禅画，起于五代，经北宋，至南宋、元代，臻于鼎盛，在题材上以释迦出山、白衣观音，或高僧祖师的公案故事为主，间或以山水自然果蔬等题材，以寓意禅机，表现悟道境界者是其宗旨。其中寒山、拾得、丰干、布袋等四位散圣的形迹，是禅余画家僧人最喜爱创作的画题。四位散圣的外形各有其特殊的表征，寒山、拾得衣衫褴褛、蓬头垢面，手持扫帚，一副叫花子的模样，布袋则以大肚，或背负布袋为标记，而丰干则有老虎相伴。"[4]传为石恪的《二祖调心图》中有老僧抱虎而眠，疑为丰干[5]。

　　笔者认为，伏虎、降龙罗汉的出现，虽然与禅余画及散圣大士有关，但其立意似来自道教，龙虎之阴阳观念更是道家思想的直接反映。道教文献《周易参同契·龙虎两弦章》、《龙虎经》等以龙虎喻阴阳乾坤，宋代出现与之对应的罗汉造像，不排除禅宗适应当时的社会思想作出的变通，或者以伏虎降龙来象征佛教战胜道教的寓意。其次，伏虎罗汉图像虽然与禅余水墨画密切相关，但应当是这种绘画形式促进了此类图像的传播，而非其创造了伏虎罗汉图像。

　　唐、五代、两宋的绘画史籍，如张彦远《历代名画记》、郭若虚《图画见闻志》和邓椿《画继》，甚至《宣和画谱》等都未提到"伏虎罗汉"，可见这一名称形成较晚。现今留存最早的与伏虎罗汉相关的禅画是传为五代至北宋时的画家石恪《二祖调心图》。然而，除去作品的真伪外，

---

[1] 乾隆皇帝《宋李公麟画十八罗汉》书轴题跋云："世俗相传十八阿罗汉，虽以苏轼之精通禅悦，亦未能深考博究。尝咨之章嘉国师，知西域止有十六应真，又别有降龙、伏虎二尊者，亦得称罗汉。"《御制唐贯休十八罗汉赞》云："今重阅秘殿珠林贯休罗汉像十帧，其八并列二像，与前所定数悉合。其二像各一，则世所为降龙、伏虎者也。始览而疑之，复询诸章嘉，则一为嘎沙鸦巴尊者，一为纳纳达密答喇尊者，乃知西域十六应真之外，原别有降龙、伏虎二尊者，以具大神通法力，故亦得阿罗汉名。"章嘉国师将伏虎罗汉确定为弥勒，是受到12世纪以来西夏至元时期伏虎罗汉于布袋和尚图像纠结的影响，具体情形参见本文。

[2] 与卢楞伽同时代的诗人王维在《过香积寺》一诗有"薄暮空潭曲，安禅制毒龙"句。

[3] 陈清香：《佛教与中国文化国际学术会议论文集》上辑，页101～123。

[4] 陈清香：《佛教与中国文化国际学术会议论文集》上辑，页112～113。如《景德传灯录》所载天台三圣："天台丰干禅师者，不知何许人也，居天台山国清寺，剪发、齐眉、布裘。人或问佛理，止答'随时'二字，尝诵唱道歌，乘虎入松门，众僧惊畏，本寺厨中，有二苦行，曰'寒山子、拾得'，二人执爨，终日晤语，潜听者都不体解，时诵风狂子，独与师相亲。"又如《国清寺记碑刻》云："丰干，垂迹天台山国清寺，庵于藏殿西北隅，来一虎，游松径。"（元释觉岸《释氏稽古略》卷三引《国清寺记碑刻》）

[5] 参见陈清香：《佛教与中国文化国际学术会议论文集》上辑。传石恪《二祖调心图》藏于日本东京博物馆，画一老僧抱虎而眠，画风虽符合画史上所载石恪的笔法，但日本学者户田桢佑却举出三点来断定此画不是石恪原作，此画也不可能早于北宋。但如果认定石恪曾画过这样的稿本，由后人再加以摹写，则石恪应是最早创作伏虎罗汉画迹的人了。

《调心图》中的僧人丰干和尚,其绘画方法与五代两宋时已经盛行的胡貌梵相罗汉大相径庭,是所谓禅宗散圣人物画,类似五代、宋吴越杭州一带世俗相罗汉,而山嘴沟的伏虎罗汉,形象与贯休罗汉非常接近,说明12世纪后半叶至13世纪初中国美术史上伏虎罗汉造像已经成形,但此时中国内地又找不到与山嘴沟罗汉图像完全对应的例证,所见多为禅余水墨风格的伏虎罗汉。

最值得我们关注的是断代在元代的莫高窟第95窟,窟内中心柱北通道口上方绘有虎头[1],形象与山嘴沟石窟西北民间老虎形象非常相似。老虎的职能也是守住洞门,与山嘴沟内室窟门上方绘画伏虎罗汉的作用相仿。此外,该窟绘有完整的十六罗汉像,其中并没有看到伏虎罗汉或降龙罗汉,可见西夏、元时期,伏虎罗汉仍然未进入十八罗汉体系。及至明代初年,伏虎、降龙罗汉仍然作为成组的护法,与四大天王并列,典型的例证就是北京建于明初的真觉寺(五塔寺),塔基西侧与东侧与四大天王并列,分别雕刻伏虎与降龙罗汉[2]。

考虑到西夏时期的壁画和雕塑出现了不少的布袋和尚,同时山嘴沟也看到伏虎罗汉,该罗汉图像的起源与禅宗画的关系应该没有大的疑问。

此外,印僧菩提达摩传入中国的禅宗提倡"见性成佛"的快速成佛法,与讲究实践仪轨的藏传佛教一样,在西夏中后期得到了很大的发展,唐代宗密所撰一系列禅宗文献也被译成了西夏文[3],禅宗僧人在西夏享有较高的地位,如通晓"禅观之学"的黑禅和尚[4]。在岩窟修习禅宗也非常流行,贺兰山众多的西夏寺院,其中不乏禅宗道场。必须注意的是,西夏流行的禅宗并非北派神秀而是南派慧能的禅宗,慧能语录《六祖坛经》就有西夏文译本[5],西夏偏僻之地都可见北宋僧道原撰《景德传灯录》[6]。属于南派禅宗的禅宗绘画进入西夏也在情理之中。

禅宗信仰是禅余水墨画及伏虎罗汉图像进入西夏的契机,然而,现今藏传佛教"伏虎罗汉"图像呈现的特征更多与唐五代流行的行脚僧或行道僧图像有关,并与五台山新样文殊、贺兰山、佛陀波利、菩提达摩、达摩多罗、宝胜如来、布袋和尚图像等形成纠葛,这或是伏虎罗汉起源的另一条并行线索。因为远早于石恪禅画《二祖调心图》,藏于大英博物馆、法国吉美博物馆、俄罗斯爱尔米塔什博物馆的数幅行脚僧、"高僧经典将来图"或"宝胜如来"造像(附图五),已有僧人与老虎形象,画中行脚僧背负沉重经囊背架踽踽独行,身体右侧有老虎陪伴[7]。此种行脚僧或行道僧图像流行于中晚唐[8],最初样式为西安兴教寺藏石刻线画《玄奘法师像》。画面为一汉

〔1〕 参见敦煌研究院编:《敦煌石窟艺术——莫高窟四六四、三、九五、一四九窟》图版126、145,江苏美术出版社,1997年。

〔2〕 真觉寺为迎请印度班智达而建,最初建于明永乐年间,成化五年重修。

〔3〕 K. J. Solonin, *Tangut Chan Buddhism and Guifeng Zong-mi* 刊《中华佛学学报》第11期。宗密所撰如《禅源下》、《诸说禅源集都序之解》、《诸说禅源集都序略文》、《注华严法界观门》、《诸说禅源集都序发炬记》、《中华传心地禅门师资承袭图》。

〔4〕 [明]朱旃撰修:《宁夏志笺证》"寺观"条记:"黑禅和尚,河西人,深通禅观之学。年六十余示微疾,先知死期,至日坐化。"

〔5〕 史金波:《西夏佛教史略》,宁夏人民出版社,1988年,页161～163。

〔6〕 马格侠:《俄藏黑城出土写本〈景德传灯录〉年代考》,《敦煌学辑刊》2005年第2期。

〔7〕 图版参见王卫明:《大圣慈寺画史从考:唐、五代、宋时期西蜀佛教美术发展探源》,文化艺术出版社,2005年,页195。

〔8〕 [唐]张彦远:《历代名画记》"两京寺观壁画"记载唐代名画家韩干、陆曜在浙西甘露寺文殊堂内外壁各绘"行道僧四铺",吴道子在长安景公寺绘"僧",刘行臣在敬爱寺绘"行脚僧"。

僧，着袈裟，右手持拂子，左手持经卷，身背竹质经箧，经箧前端有悬挂的油灯，然而身侧无虎[1]。唐代涉及此类图像时还称之为"行脚僧"或"行道僧"，如张彦远《历代名画记》"两京寺观壁画"所记数躯"行脚僧"壁画，尚无"宝胜如来"名号，但敦煌绢画所见五代至宋时期此类图像，已称为"宝胜如来佛"[2]。早期图像人物立于流云之上，高鼻深目如贯休罗汉，戴斗笠，以此判定当为中土僧人。背负竹经箧，经箧上盖孔中云气飘逸而出成云朵，上绘坐佛一身，身右侧随行一虎，装具一如仪轨的记载[3]。必须引起注意的是，虽然唐代画史文献记载了唐代寺院壁画绘制行脚僧图，以上提到的晚唐、五代敦煌绢画也多见宝胜如来像，但在敦煌石窟壁画中，行脚僧图像集中在莫高窟第306、308和363窟，刘玉权所划定的沙州回鹘时期的洞窟壁画内，时代大约在10～12世纪[4]。考虑到敦煌十六罗汉最早亦出现与五代至宋（回鹘）时期的莫高窟第97窟，可见行脚僧与完整的十六罗汉图像是由长安西传至敦煌的。虽然吐蕃统治敦煌时期的中晚唐壁画有五台山图，也见到若干带有古藏文的罗汉造像，但藏传佛教罗汉与行脚僧图像确实如后世藏文文献所言，是在后弘期经由安多及丝路一线传入吐蕃的，并非吐蕃人统治时期得自敦煌。

与汉地十八罗汉形成的情形相仿，十六罗汉进入藏地与候补者达摩多罗与和尚的形成是在不同的时期。现今所见最早的达摩多罗图像见于藏西阿里，年代大约在13世纪后半叶到14世纪，如藏西古格托林寺及阿钦寺[5]壁画所见（附图六、七）。卫藏早期壁画所见达摩多罗极少，多见

[1]　图版参见王卫明：《大圣慈寺画史丛考：唐、五代、宋时期西蜀佛教美术发展探源》，文化艺术出版社，2005年，页196插图。

[2]　参见爱尔米塔什博物馆、上海古籍出版社编：《俄藏敦煌艺术品》第一卷图版二六。宝胜如来断代在五代、宋，纸本彩绘。画面左侧榜题框书"宝胜如来佛"。吉美博物馆所藏绘画较为工整，宛然汉僧形象。画面左上方榜题云："宝胜如来一躯意为亡弟知球三七斋尽造庆赞供养。"《西域美术》卷二，图版八八之二。

[3]　关于行脚僧的典型装束，《百丈清规》记述甚详：道具菩萨比丘戒僧之资生，顺道增善之具。按《梵网经》十八种，与律稍异，今当合而述之：一，安陀会（即五衣）；二，郁多罗僧（即七衣）；三，僧伽黎（即大衣）；四，尼师坛（即坐具，亦名随坐衣。五分律云为护身、护衣、护僧床褥、故蓄坐具）；五，僧祇支（即偏衫，亦名覆膊衣，又号掩腋衣）；六，泥缚些罗（即禅裙，俗呼金刚裤，坐禅袱子，尤为利用）；七，直缀（俗呼袍子，亦名海青，以上三物，出比丘律）；八，钵多罗（此云应量器，盖西域僧，皆以托钵乞食，此钵随自量，而应大小，以一钵食饱为度，故云应量器也）；九，隙弃罗（即锡杖，按经有二种：一种四股十二环，今时所用，一种二股六环，形细小，重一斤许，佛世比丘所用）；十，拄杖（毗柰耶云，佛听蓄拄杖，为老瘦无力，或病苦婴身所用也）；十一，拂子（律云：比丘患草虫，听作拂子。僧祇云：佛听作线拂，樷拂。若马尾并金银宝物装柄者，皆不可执也）；十二，数珠（俗呼念佛珠，多用木槵子，一百八粒为一挂，随身也。以上三物，出比丘律）；十三，揩雉迦（即军迟，常贮水随身，以用净手。《寄归传》云："军迟有二，甆瓦瓶是净用，铜铁瓶是触用"）；十四，澡豆（即皂角洗净用）；十五，手巾；十六，火燧（即火刀、火石、火纸等）；十七，滤水囊（增辉记云，为器虽小，其功甚大，为护生命故。用细密绢为之，水虫可滤净也）；十八，戒刀（即剃刀类），依《梵网经》加杨枝（擦牙齿用）、绳床（东土即棕蒲、团。以代绳床）、镊子、香炉奁、经、律、佛像、菩萨像。（《梵网》重在行脚远游，故用经律佛像等；《律藏》重在分卫乞食，故用拄杖拂子数珠等。合用之，共二十六物）。凡行脚僧，此二十六物，如鸟二翼，常随其身，故名道具也。《百丈丛林清规证义记》卷第七之上。唐洪州百丈山沙门怀海集编清；杭州真寂寺苾蒭、仪润证义；越城戒珠寺住持妙永校阅。

[4]　刘玉权：《沙洲回鹘石窟艺术》，《中国石窟·安西榆林窟》，文物出版社，1997年，页216～217。壁画皆绘于甬道两侧壁上，共6铺，左右对称式构图。行脚僧头戴斗笠，身穿窄袖裙衫，脚登木履，背行李与经卷，一手执拂尘，一手引虎，庞眉隆鼻，"胡貌梵像"。

[5]　阿钦寺达摩多罗壁画系陕西省文物考古研究所张建林先生提供，谨致谢忱。

附图五　甘肃敦煌莫高窟出土绢画宝胜如来图

1. 现藏大英博物馆　2~4. 现藏居美博物馆

附图六　西藏古格托林寺壁画达摩多罗　　　　　　附图七　西藏阿里阿钦寺壁画达摩多罗

于唐卡。这一现象恰好说明了该罗汉图像进入西藏的路径。值得注意的是，托林寺壁画这位居士并不是出现在十六尊者系列，而是将达摩多罗绘于西壁高僧大德群像中，阿钦寺图像的情形当大抵如此[1]。表明13世纪前后正是作为藏传"罗汉"的达摩多罗图像的形成期。比较阿钦寺图像与五代、宋宝胜如来绘画，尤其是随侍老虎粗线简笔的勾勒画法，显然是尊奉的早期样式，与后期写实的老虎图像大不相同，竹制经箧亦属前期式样。此图像风格或许继承了五代至宋形成的宝胜如来样式。

　　关于宝胜如来及行脚僧为何又被称为此佛名号，目前还没有找到相应的文献和更多的研究著作[2]。仅作为佛名来讲，佛典如《华严经·普贤行愿品》等多有记述[3]。此时宝胜如来，

---

〔1〕　托林寺达摩多罗图像参见西藏自治区文物管理局编《托林寺》，中国大百科全书出版社，2001年，页38～39图版。

〔2〕　《西域美术》法国卷Ⅱ，图版87、88、89、96。《敦煌绘画中的行脚僧图新探》，鲁多娃附注：宝胜如来是佛教密教捕捉恶鬼的五如来之一，是善男信女穿越荒漠之地的保护神。

〔3〕　如《大方广佛华严经卷第三十一》之《入不思议解脱境界普贤行愿品》记"药王如来、宝胜如来、金刚慧如来、白净吉祥如来。"《地藏菩萨本愿经卷下》，《称佛名号品第九》记："又于过去无量无数恒河沙劫，有佛出世，号宝胜如来。"《佛说大乘大方广佛冠经卷下》记："复次迦叶，东方去此佛刹，过阿僧祇世界，有世界名宝耀，彼土有佛，号曰宝胜如来，应供正等正觉。"《佛说佛名经卷第二》记"南无华世界名宝胜如来"；《金光明经功德天品第八》记"应当至心礼如是等诸佛世尊，其名曰宝胜如来。"又《瑜伽集要救阿难陀罗尼焰口轨仪经》记"诸佛子等，若闻宝胜如来名号，能令汝等尘劳业火悉皆消灭。"《佛说称赞如来功德神咒经》记"南无西方宝胜如来"。

有时等同"宝生如来"[1]，但佛典又记"宝胜如来"居于西方，不是五方佛所记"宝生如来"居于南方，证明两者有差别，如《佛说称赞如来功德神咒经》："南无西方宝胜如来。"除了晚唐、五代的敦煌绢画外，笔者还没有找到将行脚僧转化为宝胜如来的文献证据。考察乾元元年（758）的一份文献，提到唐中京及东京一些寺院整理、修葺过去一些三藏法师由印度携来的经夹，其中提到义净、善无畏、流支、宝胜等[2]，可见"宝胜"确为当时往来丝路的三藏法师之一，而且他由印度带回了梵夹。宝胜如来护持西方，往来取经的僧人供奉此如来，行脚僧画像上方榜题"南无宝胜如来"，或指行脚僧对如来的祈祷，云气上方的佛当为宝胜如来。因为携经的唐代僧人确实有名为宝胜者，晚唐五代至宋时期逐渐演变为行脚僧本人为"宝胜如来"，其间的轨迹大致如此。

2. 藏传佛教罗汉图像寓含的文化寓意

藏传佛教罗汉仍然称十六罗汉（gnas－brten bcu－drug），与汉传并无二致。但增补的两位，确定为达摩多罗与和尚，前者图像表现为有虎随行的行脚僧，或者是图像各异的"伏虎"罗汉；后者"和尚"（hvu－shang）的图像则较为统一，都是大肚弥勒布袋和尚。这两位罗汉经由西夏进入藏传佛教造像的时间在 13 世纪前后。布袋和尚由西夏进入藏传图像的线索较为清晰，因为在西夏留存的绘画和雕塑中可以看到很多布袋和尚的造像，如瓜州东千佛洞第 2 窟肃南文殊山石窟，杭州飞来峰则交融了西夏、宋元和藏传的因素，展示了布袋和尚进入藏传佛教造像的路径[3]。

必须分辨的是，藏传佛教增补的达摩多罗，根据藏传佛教自己的图像解释，与佛教史籍中出现的几位"达摩多罗"并没有任何的关系，他们都没有到过中土传法[4]。唯一的联系是禅宗初祖菩提达摩有时亦称"达摩多罗"，但也作菩提达磨、菩提达摩、菩提达磨多罗、达摩多罗、菩提

---

[1] 如丁福保《佛学大辞典》解释为"（佛名）于施饿鬼法，五智如来之南方宝生如来，称为宝胜如来。《教行录》一放生文曰：'释迦本师，弥陀慈父，宝胜如来。'秘藏记本曰：'施饿鬼义，宝胜如来南方宝生佛。'"

[2] 《代宗朝赠司空大辨正广智三藏和上表制集卷第一》，《上都长安西明寺沙门释圆照集》请搜检天下梵夹修葺翻译，制书一首：中京慈恩荐福等寺，及东京圣善长寿福光等寺，并诸州县舍寺村坊，有旧大遍觉义净、善无畏、流支、宝胜等三藏所将梵夹，右大兴善寺三藏沙门不空奏，前件梵夹等，承前三藏多有未翻，年月已深绦索多断，湮沉零落实可哀伤，若不修补恐违圣教，近奉恩命许令翻译，事资探讨证会微言，望许所在检阅收访，其中有破坏缺漏随事补葺，有堪弘阐助国扬化者，续译奏闻福资，圣躬最为殊胜。天恩允许，请宣付所司中书门下，牒大兴善寺三藏不空牒奉，敕宜依请牒至准，敕故牒。乾元元年（758）三月十二日。

[3] 参见谢继胜等：《江南藏传佛教艺术：杭州飞来峰石刻造像》卷首论文，浙江古籍出版社，2007 年。相反，伏虎罗汉图像如何进入西藏，成为藏传罗汉之一的文献与图像证据并不多见。山嘴沟石窟出现的伏虎罗汉图像提供了有力的图像证据。

[4] 佛典提到的第一位达摩多罗（梵文 Dharmatrāta，巴利文 Dhammatāta，藏文 Chos－skyob）又作昙摩多罗、达磨怛逻多，意译法救，印度说一切有部之论师。《大毗婆沙论》卷七十七云（大正 27·396a）："说一切有部有四大论师，各别建立三世有异。谓尊者法救说类有异，尊者妙音说相有异，尊者世友说位有异，尊者觉天说待有异。"故古来将法救与妙音、世友、觉天等称为婆沙会四大论师。师之生平事迹不详，然《大毗婆沙论》、《尊者婆须蜜菩萨所集论》，及《俱舍论》等书，尊称其为"大德法救"、"尊者法救"、"尊者昙摩多罗"，或单称"大德"，并多处引用其论说。第二位"达摩多罗"，又作达摩怛逻多，译法救，乃说一切有部之论师。健驮逻国布路沙布逻城人，住于健驮逻国布色羯逻伐底城北四、五里之伽蓝，以著述《杂阿毗昙心论》十一卷解释法胜所著《阿毗昙心论》而闻名。故或属法胜之门下，如《杂阿毗昙心论》卷一〈序品〉偈云（大正 28·869c）："敬礼尊法胜，所说我顶受，我达摩多罗，说彼未曾说。"

多罗，梵名还原为 Bodhidharma，通称达磨[1]。

达摩多罗梵文作 Dharmatrāta，即 Dharma‑trāta，Dharma 梵文的"法"，–trāta 梵文为"救度"，藏文应为 chos‑skyong（法救）。然而，藏文文献多称达摩多罗为 chos‑vphel（法增），可见他与梵文的 Dharmatrāta 并不等同。而且，藏文对这位"罗汉"的梵文转写名称不确定，有时与 Dharmatrāta 相同，音转为"达磨怛逻多"，更多的写作 Dharmatāla，即藏文的 dharam‑tva‑la[2]，梵文‑tāla 即"多罗叶"或以树木多果实象征增益。达摩多罗是一位在家居士（dge‑bsnyen）。与这位"法增"事迹相符的有著名的噶当派大师仲敦巴·杰卫炯乃（vbrom‑ston‑pa rgyal‑bavi‑vbyung‑nas），大师是观世音的化身，是在家的俗人，法名 dge‑bsnyen chos‑vphel，正好就是法增居士[3]。一些藏文史料也提到正是仲敦巴遵照阿地峡大师之命祈请尊者入藏并随侍尊者左右，可以确定达摩多罗事迹与仲敦巴传说确实有互相重叠之处[4]。东噶仁波且（dun‑dkar rin‑po‑che）在注释《红史》"十六尊者"条目时，曾提到达摩多罗就是来源于仲敦巴[5]。然而，大名鼎鼎的仲敦巴却没有被藏族传统等同于进入罗汉体系的"法增"，罗汉法增的相关文献见于后期高僧大德所撰十六尊者传记，如益西坚赞撰《十六尊者传》（ye‑shes rgyal‑mtshan/ gnas brten bcu drug gi rtogs brjod）及五世达赖所著《十六尊者供奉法·无尽佛法之宝》（vphags pavi gnas brten chen po bcu drug gi mchod pa rgyal bstan vdzad med nor ba）[6]。非常令人吃惊的是，这些文献及传说都认定达摩多罗（法增）居士是宁夏贺兰山人（he‑lan），因侍奉十六尊者而得到感应，每日都见有无量光佛出现于云中。他的画像常是背负经箧，身旁伏有卧虎。五世达赖喇嘛认定达摩多罗到了贺兰山，扎雅仁波且（brag‑yag rin‑po‑che）根据以上藏文文献描述达摩多罗道：

---

[1]　菩提达摩名号的混淆始于西蜀保唐寺无住上师（714～774）《历代法宝记》（《大正新修大藏经》卷五十一），称为"菩提达摩多罗"。书末有"大历保唐寺和上传顿悟大乘禅门，门人写真赞文并序"年代当在 8 世纪后半叶。

[2]　如东噶仁波且，见《东噶藏学大辞典》"十六罗汉"条（gnas brten bcu drug），页 1226。

[3]　仲敦巴（1005～1064）为藏传佛教噶当派开派祖师，热振寺创建人，阿底夏尊者晚年在藏入门弟子和法统传承人。一生未曾受戒，为一虔诚佛教居士。西藏唐卡绘画仲敦巴多长发披肩，身着俗装，背景画热振寺，左侧天空中画阿底峡。

[4]　扎雅仁波且：《西藏宗教艺术》引述藏文文献记载了很多仲敦巴与十六尊者、叶尔巴寺相关的传说。这些史料显示藏传佛教罗汉达摩多罗形成的过程中确实加入了仲敦巴的事迹，或者说仲敦巴是达摩多罗图像形成的元素之一。

[5]　东噶仁波且注释云：十六尊者：按佛教说法，释迦牟尼圆寂时对罗睺罗等十六尊者说："我的教法在赡部洲消亡前，你们也不会入灭，须护持我的教法。"因而十六尊者在赡部洲十六个地方弘扬佛教。汉地佛教十八罗汉中的和尚尊者是唐太宗迎请十六尊者到国都长安时，负责招待十六尊者的人，以后成为皇帝供养的对象，当了八个皇子的老师。十八罗汉中的居士达哈达拉（达摩多罗）的来历是，11 世纪初，阿底峡到了西藏，住在扎叶巴寺时，一天十六尊者来到阿底峡的面前，仲敦巴招待十六尊者，因而他被列入罗汉之中。西藏十六尊者的画像和塑像，最先是在十世纪末，喇钦贡巴饶色的弟子鲁麦仲穷到了长安后，临摹了唐太宗迎请十六罗汉时所造的塑像，回到拉萨后，照此摹本在扎叶巴的十圣地佛殿中塑造了十六尊者的塑像，此后流行于西藏各寺院。虽然十六尊者都是印度的阿罗汉，但通常西藏寺院中他们的画像上的衣着与汉地的和尚相同，原因即在于此。十六尊者的事迹详见策却林喇嘛容增仁波且意希坚赞所著《十六尊者的传记》十函。参见蔡巴司徒·贡噶多杰：《红史》，陈庆英、周润年译，注释 323，西藏人民出版社，1984 年。

[6]　东噶仁波且：《东噶藏学大辞典》，中国藏学出版社，2002 年，页 1226～1227。五世达赖喇嘛这篇颂文收入作者全集 na 函，木刻本，民族图书馆编号 003411《西藏宗教艺术》所列藏文参考书目 87～93 皆为藏族大德所撰十六尊者传记或颂文。西藏人民出版社，1989 年。

　　居士达摩多罗是一位在家俗人，是观世音菩萨的化身、十六尊者的侍仆。据说，他拥有超凡的奇妙法力，无限的谋略，自然而威严的神情和高深的智慧，达摩多罗严格修习佛法，拥有渊博的知识。释迦牟尼佛曾预示阿难陀，居士达摩多罗将从北印度的具祥王宫而来安慰一些信仰佛法的人，其中有信徒也有施主，他们害怕在释迦牟尼佛死了之后，佛法将会衰微，他们的上师也将不和他们在一起。针对如上情况，达摩多罗说：

　　"佛陀的教法仍会和我们在一起，你们不必生疑和害怕。相反，你们要努力掌握尚未理解的佛法，要以自己的智慧和能力所及获取更高的成就。"说了这番安抚和鼓励的话后，达摩多罗将他们引导到正确的道路上，并且传播了佛法。

　　在宗教绘画中，位于居士达摩多罗前方的是无量光佛。达摩多罗每天要听取无量光佛的指示。

　　人们相信十六尊者在未来佛，即弥勒佛（强巴佛）到来之前要一直住在人间护持传播佛陀的教法，居士达摩多罗的任务是侍奉十六尊者。在宗教艺术造像中，常常把他描绘成背负经书的虔诚信徒，张开的华盖表示对经典的敬意。

　　达摩多罗的右边画的是一只虎。虎的来源可以追溯到十六尊者应唐肃宗的邀请访问大唐的时候。在十六尊者访问期间，尊者进行夏季静修，还经常去贺兰山，由于这座山上有很多伤人的猛兽，居士达摩多罗施用法力，从自己的右膝处生出一只猛虎保卫尊者免受其他野兽的攻击。因而在造像中就把虎画在达摩多罗的右侧。

　　达摩多罗手里的拂子是表示居士侍奉十六尊者，例如用拂子给尊者扇凉。宝瓶是为尊者准备的净水瓶，包括居士为尊者净脚和以如净水之心侍奉尊者。

　　达摩多罗手中的宝瓶和拂子内在的含义是象征观世音菩萨的大慈大悲。他的同情怜悯心给那些处在火热地狱之中的人带来了凉爽，正如净水洗去人们心灵的污垢一般，宝瓶所盛之物表示观世音菩萨慈悲心如净水般纯洁，有无比的效力。[1]

　　五世达赖生活在17世纪，但其所记的罗汉事迹当有所本，藏传罗汉达摩多罗形成的时间远在此之前。从达摩多罗化身观音、出北印度而来传法的记载，似乎与菩提达摩的事迹相关，只是将由来地由南印度改为与藏地相关的北印度。如《传法正宗定祖图》卷一："第二十八祖菩提达磨，南天竺国人，姓刹帝利，盖其国王之子也。从般若多罗出家，得其付法，谓是观音菩萨之所垂迹。"[2]《佛祖统纪》卷五三《历代会要志》第十九"圣贤出化"："达磨观音化身，梁武大通元年，自南天竺来。"

　　至于藏传佛教如何认定法增是"贺兰山人"，笔者以为有如此下因素：

　　第一，吐蕃与五台山信仰有直接的关系，敦煌壁画五台山图最早出现在吐蕃占据敦煌时的中

---

〔1〕 扎雅：《西藏宗教艺术》，谢继胜译，西藏人民出版社1989年，页287～289。

〔2〕《大正新修大藏经》卷五十一，2079号。

唐窟，如莫高窟第 159、222、237 窟壁画，吐蕃曾有僧人入五台山求法[1]。

第二，禅宗在西夏的传播为禅画进入西夏提供了土壤。西夏建国后与汉地禅宗多有接触，草堂寺圭峰山宗密（780～841）大师语录很多被译成了西夏文，索罗宁认为圭峰禅曾为西夏佛教主干，而且会昌灭佛（845）后并没有消灭而在西夏继续发展[2]。

第三，西藏罗汉的传说与灵武[3]、贺兰山、西夏五台山的形成背景符合。西藏传说十六尊者在唐肃宗时期曾访问汉地，此时玄宗幸蜀，肃宗驻兵灵武。《宋高僧传》卷三十"唐朔方灵武下院无漏传"记新罗国僧人无漏"所还之路山名贺兰，乃冯（凭）前记遂入其中，得白草谷结茅栖止。无何安史兵乱，两京版荡，玄宗幸蜀，肃宗训兵灵武，帝屡梦有金色人念宝胜佛于御前。翌日，以梦中事问左右，或对曰：'有沙门行迹不群，居于北山，兼恒诵此佛号。'肃宗乃宣征，不起。命朔方副元帅中书令郭子仪亲往谕之，漏乃爰来。帝视之曰：'真梦中人也。'"[4] 此外，《宋高僧传》"唐朔方灵武龙兴寺增忍传"记载，该僧"会昌初，薄游塞垣访古贺兰山，中得净地者白草谷，内发菩提心，顿挂儒冠直归释氏，乃薙草结茅为舍，倍切精进。羌胡之族竞臻供献酥酪，至五载，节使李彦佐嘉其名节，于龙兴寺建别院号白草焉，盖取其始修道之本地也。"僧人在武宗会昌元年（841）灭法之初避入贺兰山，所居"中贺兰山净地者白草谷"，或为西夏时拜寺口与拜寺沟所在。

从以上记载来看，贺兰山是中晚唐京师动荡，佛法衰微之时的避难所，吐蕃也在这段时间从汉地引入了十六罗汉。据藏文文献记载，在赞普朗达玛（唐武宗会昌元年）灭法时，西藏六位大师来到多康，见到当地各寺普遍绘塑十六尊者像，卢梅、仲穷大师等都摹绘了罗汉像，迎到藏中叶尔巴地方，这就是著名的耶尔巴尊者像[5]。依此契机，即中晚唐僧人于贺兰山避难修法及肃宗

[1] "为了将来重修佛寺，（桑喜等）五位使臣便到五台山圣文殊菩萨的佛殿去求取图样。这座佛殿修建在山顶上，笼罩在非人的雾霭之中，据说只用七天便修成了。"《巴协》第 8 页。(de nas sang shi vgran bzangs shig pa glo ba la bcags nas bsad mi lnga po rgyavi ri mgo rde vu shan gyi rtse la/ mi ma yin gyi na bun stibs pavi khrod na zhag bdun la rtsigs pavi vphags pa vjam dpal gyi pho brang tav pa la dpe len du phyin te) 另可参见扎洛：《吐蕃求〈五台山图〉史实杂考》，《民族研究》1998 年第 3 期。

[2] K. J. Solonin, *Tangut Chan Buddhism and Guifeng Zong–mi* 刊《中华佛学学报》第 11 期。

[3] 唐人经常将灵武与贺兰山联系在一起，如唐代诗人韦蟾《送卢潘尚书之灵武》云："贺兰山下果园成，塞北江南旧有名。水木万家朱户暗，弓刀千队铁衣鸣。心源落落堪为将，胆气堂堂合用兵。却使六番诸子弟，马前不信是书生。"《全唐诗》卷五六六。

[4] 《佛祖历代通载》卷第十二记："秋七月，皇太子即位于灵武，是为肃宗。旬日，诸镇节度兵至者数十万，乃以房管为相，兼元帅讨贼，未几为禄山所败。于时寇难方剧，或言宜凭福佑，帝纳之。引沙门百余人，行宫结道场，朝夕讽呗。帝一夕梦沙门身金色诵宝胜如来名，以问左右，或对曰：'贺兰白草谷有新罗僧名无漏者，常诵此佛，颇有神异。'帝益讶之，有旨追见无漏，固辞不赴。寻敕节度郭子仪谕旨，无漏乃来见于行在。帝悦曰：'真梦中所见僧也。'既而三藏不空亦见于行宫，帝并留之，托以祈禳。"

[5] 如噶妥司徒《雪域卫藏朝圣向导》记："其后不久，鲁梅从汉地所请唐卡安放在罗汉殿内，正中为一层楼高、古代制作的释迦牟尼佛像，内地的十六罗汉仪态优美，难以言表。"(de nas mar ring tsam phyin par klu med vbrom chung gis rgya nag nas gdan drangs pavi zhal thang nang gzhuug yer pavi gnas bcu khang du/ dbus su thub dbang thog so mtho nges gcig sngon gyi bzo mying/ gnas bcu rgya nag ma bag dro mi tshad re/ 注意：这里的 gnas bcu 实际上就是 gnas brten bcu drug 之略称）；夏格巴《西藏政治史》第一卷页 111 云："藏地早于丝唐的鲁梅本尊画是叶尔巴十尊者绘画唐卡"(bod yul du si thang las snga ba klu mes kyi thugs dam rten yer ba rwa ba mar grags pavi gnas bcuvi bris thang dang/) 参见 Jackson, David, *A History of Tibetan Painting：The Great Tibetan Painters and Their Traditions.* Beiträge zur Kultur–und Geistesgeschichte Asiens, 15. Vienna, 1996. Chapter 5.

进入灵武等，西夏时将此地繁衍为佛教圣地五台山。

关于唐肃宗在灵武梦见僧人颂宝胜佛号的记载对藏传佛教达摩多罗的来源至关重要，证明五世达赖所言盖有所本，记载以上事迹的著作都在五代至宋，此时的宝胜如来佛已经完全演变成行脚僧形象，肃宗梦见的新罗僧人在贺兰山内诵念的"宝胜佛"就是行脚僧形象的宝胜佛。因此，五世达赖才谈到肃宗时期藏地传入罗汉，达摩多罗是贺兰山人。从字义分析，"宝胜如来佛"的"宝"可为"法宝"，理解为藏文的 chos，"胜"可以是增益、发展，藏文动词 vphel 为"增益"、"壮大"之意，vphel 可见藏文达摩多罗之名 chos – vphel（法增）来源于"宝胜"而非"法救"。

第四，贺兰山原有的佛教圣地传统使得西夏时期的贺兰山取代了五台山的位置，并将文殊道场搬到贺兰山，建五台山寺。因此，文殊菩萨在西夏受到特别的尊崇，在敦煌莫高窟、榆林窟及河西诸石窟，西夏文殊变是刻意表现的题材，西夏王室成员往往化身文殊变内的人物。明朱旃撰《宁夏志》记：

> 文殊殿，在贺兰山中二十余里。闻之老僧，相传元昊僭居此土之时，梦文殊菩萨乘狮子现于山中，因见殿宇，绘塑其相。画工屡为之，皆莫能得其仿佛。一旦，工人咸饭于别室，留一小者守视之，忽见一老者鬖幡然，径至殿中，聚诸彩色于一器中泼之，壁间金碧辉焕，俨然文殊乘狮子相。元昊睹之甚喜，恭敬作礼，真梦中所见之相也，于是人皆崇敬。逮之元时，香火犹盛，敕修殿宇，每岁以七月十五日，倾城之人及邻近郡邑之人诣殿供斋、礼拜。今则兵火之后焚毁荡尽。[1]

以上记载实际上是演绎莫高窟第 61 窟《五台山图》[2] 描绘的佛陀波利故事。据文献记载，唐仪凤元年（676）罽宾佛陀波利由北印度至五台山求见文殊菩萨，文殊化身白衣老者，要佛陀波利携佛经至中土方可见之，高僧返回携陀罗尼刻于经幢[3]。贺兰山内文殊殿与原称"文殊堂"的敦煌莫高窟第 61 窟所绘黑衣人见白发老者同出此说，只不过元昊自比佛陀波利。

第五，西夏将贺兰山作为北五台山之后，原与山西五台山相关的人物、传说等皆移入贺兰山体系，典型的就是宋代文献广为记载的文殊菩萨与佛陀波利入五台山故事。由于中印僧人往来于途，吐蕃人将从中晚唐以来汉藏文化交流中得到的行道僧类形象，赋予包括佛陀波利在内的所有

---

〔1〕 [明] 朱旃撰修：《宁夏志笺证》，吴忠礼笺证本，宁夏人民出版社，1996 年，页 96。

〔2〕 该窟由五代归义军节度使曹元忠出资开凿，约在 950 年完成。洞窟为崇拜文殊菩萨而造，原有文殊骑狮子的泥塑像，故俗称为"文殊堂"，可惜塑像已倒塌，尚存少许狮子尾巴和四足残迹。西壁的一幅高 3.6、宽 13.6 米的巨型《五台山化现图》，描绘文殊在五台山显灵的故事和众生登山拜佛情况。

〔3〕《宋高僧传》卷二"唐五台山佛陀波利传"云：释佛陀波利，华言觉护，北印度罽宾国人，忘身徇道遍观灵迹。闻文殊师利在清凉山，远涉流沙躬来礼谒。以天皇仪凤元年丙子杖锡五台，虔诚礼拜悲泣雨泪，冀睹圣容。倏焉见一老翁从山而出，作婆罗门语谓波利曰："师何所求耶？"波利答曰："闻文殊大士隐迹此山，从印度来欲求瞻礼。"翁曰："师从彼国将佛顶尊胜陀罗尼经来否？此土众生多造罪业，出家之辈亦多所犯，佛顶神咒除罪秘方，若不赍经，徒来何益？纵见文殊亦何能识？师可还西国取彼经来流传此土，即是遍奉众圣广利群生，拯接幽冥报诸佛恩也。师取经来至，弟子当示文殊居处。"波利闻已，不胜喜跃，裁抑悲泪向山更礼，举头之顷不见老人。波利惊愕，倍增虔恪，遂返本国取得经回。既达帝城便求进见，有司具奏，天皇赏其精诚崇斯秘典，下诏鸿胪寺典客令杜行顗与日照三藏于内共译。《广清凉传》亦有记载，见《大正新修大藏经》卷五十一。

行道僧人。他们对作为禅宗始祖的菩提达摩的认知度超过佛陀波利，故将佛陀波利与五台山传说中的佛陀波利替换为菩提达摩，佛陀波利访问的五台山疑被11～13世纪的吐蕃人认定为西夏的北五台山，即贺兰山。在这种情势下，佛陀波利成为贺兰山人，与之形象转换的菩提达摩或达摩多罗自然变成了贺兰山人。12～13世纪前后，禅宗画的兴起，西夏人对汉地书画感悟极深，一些远在江南的禅余画题材被西北边陲的西夏人照单全收，伏虎罗汉图像进入西夏，如山嘴沟壁画。在蕃夏交往中，西夏人禅宗画中的布袋和尚，伏虎罗汉又进入藏传图像体系，自然形成禅宗伏虎罗汉与行道僧"达摩多罗"的图像重叠。此外，伏虎罗汉进入贺兰山，或许与早期文献所记五台山出现老虎，阻挡大师行进的传说有关[1]。

当然，伏虎罗汉有自己独特的成长路径，或与禅余水墨画的兴起有关，我们不能将虎伴其右的敦煌晚唐、五代行脚僧就等同于伏虎罗汉，藏传佛教达摩多罗造像分为两种类型，一类图像显然继承了敦煌五代时期的行脚僧或玄奘造像的主要特征；另一类则更接近禅宗伏虎罗汉的图像特征，有僧人与虎，但并非行道于途。如藏区东部15世纪的一幅唐卡，高僧作疾行状，背经架，然而，右手执禅杖，净瓶系于腰间，前方有猛虎回首[2]。至16世纪的西藏唐卡所绘达摩多罗，行旅特色逐渐消退，虽仍背经架，但已无负重孤寂之感，锦衣帛带，右手持拂子，左手执净瓶，身体右侧有如同大猫般的卧虎[3]。可见藏式十六罗汉的一类造像主要继承了敦煌行脚僧样式。最值得关注的是内蒙古阿尔寨石窟第33窟左壁有较为完整的藏传佛教十六罗汉供养图，其中有居士达摩多罗藏、蒙文榜题和壁画，壁画中的人物并非敦煌样式的行脚僧，而是伏虎罗汉造像（附图八）。画中人物着俗人装，有背光，右手执拂尘，左手持净瓶，坐于大石几上，前方蹲坐老虎。可见元代伏虎罗汉图像已经进入藏传佛教罗汉造像系统。明代万历年间的缂丝唐卡，其间出现的伏虎罗汉，手持净瓶与拂子，前方有卧虎，同样没有背经架（附图九）[4]。可见藏传佛教达摩多罗造像仍有行脚僧与伏虎罗汉两种样式。因此，戴密微文章提到汉藏地十六罗汉增加的是达摩多罗和参与顿渐之争的和尚摩诃衍[5]。假设藏传罗汉最初为达摩多罗与和尚摩诃衍，宋元之际逐渐置换为伏虎罗汉和布袋和尚，故藏传罗汉有伏虎罗汉画法，更多的早期达摩多罗图像仍描绘为行脚僧样式。然而，即使是作为玄奘或行脚僧样式的藏传罗汉达摩多罗，仍与西夏相关，因为玄奘取经图皆出现在西夏统治

〔1〕　如成书于7世纪后半叶（680～683，宋高宗永隆元年至弘道元年），667年参拜五台山的释慧祥编撰《古清凉传·卷上》记："昔有一僧，游山礼拜，到中台上，欲向东台，遥见数十大虫，迎前而进。其僧，誓毕身命，要往登之。俄而祥云郁勃，生其左右，顾眄之间，冥如闭目，遂深怀大怖，慨恨而返。余与梵僧释迦蜜多，登中台之上，多罗初云必去，后竟不行，余以为圣者多居其内矣。"《大正新修大藏经》卷五十一，页1095。

〔2〕　Marylin M. Rhie and Robert A. F. Thurman eds, *World of Transformation*: *Tibetan Art of Wisdom and Compassion*, p. 115, p. 163, published in 1999 by Tibet House, NY.

〔3〕　Marylin M. Rhie and Robert A. F. Thurman eds, *Wisdom and Compassion*: *the Sacred Art of Tibet*, p. 115, p. 117, Published in 1991 by Harry N Abrams, Inc, NY.

〔4〕　西藏文物管理委员会编：《西藏唐卡》，文物出版社，1985年，图版46。

〔5〕　参见沈卫荣：《西藏文献中的和尚摩诃衍及其教法——个创造出来的传统》，台北《新史学》第十六卷，2004年。

附图八　内蒙古阿尔寨石窟第33窟壁画伏虎罗汉

附图九　明万历年间缂丝唐卡伏虎罗汉（局部）

瓜州晚期的榆林窟[1]。可以确认，藏传佛教罗汉造像同时出现的伏虎罗汉和布袋和尚与西夏人的引荐相关。

　　有确切年代的伏虎罗汉出现在南宋至元代，如陈清香介绍的京都妙心寺所藏的李斛所画布袋

---

[1]　见安西榆林窟第2、3、29窟和东千佛洞第2窟。

丰干图一组两幅[1]。文章行至于此，我们会对山嘴沟出现的伏虎罗汉图像的价值有真切的认识，与拜寺沟方塔、拜寺口双塔及贺兰山其余西夏遗迹进行对比分析，山嘴沟石窟的创建年代，当在12世纪中后期，相对确凿的造像年代表明，该图像或许是中国美术史上现今所知最早的伏虎罗汉造像。

（二）毗卢巴图像渊源

山嘴沟石窟一号窟所见毗卢巴图像对藏传佛教大成就者造像出现的年代探讨有极为重要的意义。关于大成就者图像的形成及其传入吐蕃的时间，目前还没有一个统一的认识，根据大成就者中出现涉及吐蕃佛教的一些历史人物，如蒂洛巴和那若巴，人们推测大成就者在藏地出现大约在9世纪后半叶[2]。结集为八十四大成就者赞颂文最早的文本据说为12世纪前半叶由印度班智达 Abhayadattaśrī 所作，并由其与其西夏弟子翻译成藏文或汉文[3]。此处所指当为由党项进入吐蕃的学问僧，这些僧人名前往往冠有"木雅巴"（mi－nyag－pa）、"木雅"（mi－nya）或"咱米"（rtsa－mi）的名称，如《贤者喜筵》所记生于下多康弥药（即木雅）地区的高僧咱米桑杰扎巴（rtsa－mi sangs－rgyas grags－pa），就是一位著名的西夏译师，也是蔡巴噶举派创始人贡唐相喇嘛（gung－thang zhang－bla－ma）依止的上师之一，在贡唐相喇嘛的传记中对这位上师有记载：生于多康木雅咱米地方，曾任印度金刚座寺（印度比哈尔的超岩寺）的堪布二十年之久[4]。其事迹还见于《青史》[5]，很多西夏唐卡中的上师像，很可能就是描绘这位上师。

---

［1］ 布袋图画腹部硕大若球的后侧身影，袖口身后又拖着一个大布袋。丰干佝偻着身子、倚着禅杖、有虎随行的样子，双幅均以淡墨简逸的笔法画出人物轮廓，再用浓墨画五官及禅杖、鞋履、虎只。丰干图的图上段，有自左及右的泾山偃溪题赞："只解据虎头，不解收虎尾，惑胤老闾丘，罪头元是你。"用句浅显白话，诙谐有趣，亦含禅机，正是禅余水墨画的代表作，此画的创作于13世纪的南宋时代。丰干和尚的昼题盛行于南宋、元代，除了伴虎而行的造型外，亦有抱虎而眠，如前述二祖调心图，亦有寒山拾得丰干老虎睡成一团，而名之曰四睡图，在13、14世纪之际，稿本为人辗转相摹。陈清香《佛教与中国文化国际学术会议论文集》上辑，页114～115。

［2］ 参见 Matthew T. Kapstein, *An Inexhaustible Treasury of Verse：The Literary of the Mahāsiddhas*，Holy Madness：Portraits of Tantric Siddhas, ed by Rob Linrothe, Rubin Museum of Art, New York, 2006. p. 50, note 5.

［3］ 注释同上，p. 52：Certainly the most popular collection of the hagiographical accounts of the siddhas is the one composed by the Indian teacher Abhayadattaśrī and translated by him and his student Möndrup Sherap, perhaps during the early part of twelfth century. 另可参见 note 2 in p. 50. Kapstein 此处实际上指 Elliot Sperling 所撰 "*Rtsa－mi Lo－tsa－ba Sangs－rgyas grags－pa and the Tangut Background to Early Mongol－Tibetan Relations*" ＜Tibetan Studies 6＞（Oslo：Institute for Comparative Research in Human Culture，1994），pp. 801～24.

［4］ 参见前引东噶仁波且：《东噶藏学大辞典》，页1673。rtsi mi lo tsva ba sangs rgyas grags pa/ lo tsva ba vdi gung thang bla ma zhang gi rnam thar nang gsal bas khong dang dus thog phal cher mtshungs par mngon/ vkhrungs yul mdos khams mi nyig gi yul rtsa mir vkhrungs/ lo tsva mkhas par mkhyen cing/ mdo sngags gnyis kar mkhas pas rgya gar rdo rje gdan mgon pavi mkhan po yang mdzad/ khevu gda pa vkhor lo grags dang/ spang zho gsal bag rags gnyis dang mnyam du pndit ta a bha ya ka gupd bsten nas dus vkhor/ phreng ba skor gsum/ thub pa dgongs rgyan/ man ngag snye ma bcas bsgyur ba dang/ rgya gar rdo rje gdan du ston pavi rgyal tsab kyang mdzad.

［5］ 郭和卿：《青史》，汉译本，西藏人民出版社，1987年，页44～67；罗列赫：《青史》，英译本第49页（George N. Roerich, *The Blue Annals*, Delhi 1988, p. 49）。

　　西夏与元时的仪轨文献集《大乘要道密集》所载《成就八十五师祷祝》应是早期的版本，署名"金刚座师造"，或是贡唐喇嘛相传记中记载的咱米师徒。桑杰扎巴曾任印度金刚座寺主持二十年，正好就是"金刚座师"。另有篇末署名"修习自在密哩呱巴祷祝洛拶呱贡儿葛坚藏班藏布于萨思加集"的《修习自在密哩呱巴赞叹》，[1] 此处的"洛拶呱贡儿葛坚藏班藏布"还原藏文为 lo－tsa－ba kun－dgav rgyal－mtshan－dpal－bzang－po，今译即"译师贡噶坚赞贝桑布"，假若此祷祝文确为萨迦班智达（1182－1251）所作，年代当为 1206 年萨班出家以后，然而，萨班罕见被人称为"译师"。

　　毗卢巴，西夏元时译"密哩呱巴"，藏文为 birwapa（bir 即所谓"二合"的"密哩"），梵文为 viru-pa[2]，系古代印度修习密宗、卓有成就的八十四位大成就者之一，深受后世藏传佛教教派的推崇。据北京版藏文《大藏经》中收录的《八十四位大成就者传》，密哩呱巴出生于印度东部一个名为哲乌拉的地方，随后前往印度南方的大寺中出家受戒，修习金刚亥母。他偷吃寺院中的鸽子被驱逐出寺，使死鸽子死而复生后，来到恒河边向恒河之女乞食，被恒河之女拒绝之后，他一怒之下将恒河之水一分为二，涉水而过。之后，密哩呱巴来到噶纳剌达城第酒馆饮酒，发大神力，以手定日，使太阳三天未动，当地国王十分惊恐，付完密哩呱巴所欠酒馆酒妇之酒钱之后，密哩呱巴才让太阳西下而归。之后，密哩呱巴与外道大自在天斗法，使大自在天皈依佛法，并降服了许多魔女[3]。

　　现今见到的毗卢巴造像，多出现在 12 世纪以后的卫藏绘画中，山嘴沟一号窟出现的毗卢巴造像证明在西夏时期该图像已非常流行。我们目前还不能确定毗卢巴是 12 世纪前后随着噶举派和萨迦派在西夏的传播进入这里，还是西夏早期所接受的藏传佛教宁玛派原有的图像。从图像风格分析，山嘴沟毗卢巴形象与 12 世纪前后风格相近，应为前者。元代尚有杭州飞来峰密哩呱巴石刻造像，稍后时期的云南晋宁地区的壁画中得到了表现，与飞来峰造像样式相同（附图一〇）[4]。一

〔1〕《修习自在密哩呱巴赞叹》：敬礼最妙上师足！清信水中言词花，敬奉称恶胜足莲；与此所生诸善根，普施无边众生界。胜尊能了所知法，赞誉普遍称大车；其名号为胜护法，无谓尊处我敬礼。与诸法中得自在，心通诸法皆明显；千种征难不能敌，无碍尊处我敬礼。昼日聚会僧伽众，讲论书集微妙法；夜间勤修得解脱，无比尊处我敬礼。汝之妙用不思议，于比余无能比对；少分百劫尽无穷，大德尊处我敬礼。人之所行少分德，启白诸佛世尊者；佛如教示皆称赞，应赞尊处我敬礼。其足名称外道师，但闻汝名皆昏迷；皈依三宝归正教，大威尊处我敬礼。修习尊德之行人，思惟尊德之神通；而复忆念名号者，百千万亿魔军众。若能害者而发誓，是故我今定得知；除汝无有胜救护，心中思念如尊德。与人付敕传法门，或寄书信教示者；彼之苦恼所逼火，决定消灭无疑惑。于此三宝是证明，是故除汝无最胜；若复有时与我说，最上三宝即是汝。除汝无有胜三宝，尊德之外无上师；亦复无有救护尊，是故尊德之妙用。悠念一切众生故，闻名罪业皆解脱；具大慈悲愿摄受，自从今日而为始。行住坐卧常念汝，乃至末等尊德间；愿我恒常不舍离。如此决定得摄受，上师亦复如是传；于此曾见好验相，是故我心无改变。若人每日依此句，赞叹大悲尊德者，与彼决定愿摄受。"修习自在密哩呱巴祷祝"洛拶呱贡噶儿（二合）监藏班藏卜于萨思加集，愿利众生者。《萨迦道果新编》元朝八思巴国师译集，民国陈健民上师整编，赖仲奎等纂辑，页 165～169。

〔2〕Birwapa，有时写作 bi－rvu－pa 或 bhi－ra－ba－pa。

〔3〕巴卧沃色（dbav－bo vod－ser）《八十四位大成就者传》（grub－thob brgyad－cu－rtsa－bzhivi lo－rgyus），北京版藏文大藏经《丹珠尔》卷八十七，页 175～176。

〔4〕关于此龛造型及其云南晋宁地区壁画，参见赖天兵《杭州飞来峰第 91 龛藏传佛教造像考》，《中国藏学》，1999 年第 3 期。关于晋宁同类题材壁画，参见《云南佛教艺术》（云南教育出版社，1993 年）中的相关图版。

附图一〇 云南晋宁壁画大成就者密哩呱巴像

附图一一 浙江杭州飞来峰 91 号龛密哩呱巴石刻造像

件 13 世纪初叶萨迦派的唐卡，与飞来峰密哩呱巴造像风格极为相似（附图一一）[1]。可见，这一题材在元代内地流行甚广。实际上，内地藏传佛教包括密哩呱巴在内的大成就者造像最早出现在西夏传的藏传佛教艺术中，如现今发现的西夏唐卡中，密哩呱巴是刻意表现的人物之一[2]，敦煌莫高窟第 465 窟已经描绘了完整的八十四位大成就者造像。

（三）佛顶尊胜图像源流探讨

山嘴沟三号窟有大铺佛顶尊胜佛母像，佛母造像样式与西夏时期其他"汉装"菩萨造像风格完全相同，这很容易让人认为此造像尊奉的是汉地佛顶尊胜陀罗尼造像系统，实际情况并不如此。我们必须首先分清楚汉藏佛顶尊胜造像之间、佛顶尊胜陀罗尼经幢与佛顶尊胜像之间的区别。在此基础上，才能界定山嘴沟佛顶尊胜图像的造像渊源及其在汉藏佛教艺术交流中的地位。

汉传佛教所谓佛顶尊胜最初见于唐代盛行的佛顶尊胜陀罗尼经幢，这些经幢几乎都刻有《佛顶尊胜陀罗尼》[3]。然而，此类经幢幢身大多没有我们熟悉的密教佛顶尊胜像：即三面八臂，右臂各手持交杵金刚、莲上化佛、箭和与愿印；左臂各手分别为转轮印、无畏印、弓与禅定印及净瓶的佛顶尊胜造像样式。所谓佛顶尊胜佛母与佛顶像实际上造像样式完全不同，陀罗尼经咒所言佛顶像样式与所谓菩提瑞像风格近似，或如金刚座释迦像[4]。如昆明大理国佛顶尊胜经幢，所刻

---

〔1〕 参见 Kossak, Steven M. & Singer, Jane Casey, "SACRED VISION: Early Paintings from Central Tibet", The Metropolitan Museum of Art, October 6, 1998 – January 17, 1999. 图版 35，其中侍女的身姿与飞来峰如出一辙。

〔2〕 谢继胜：《一件极为珍贵的西夏唐卡》，《宿白先生八秩华诞纪念文集》，文物出版社，2002 年，页 597～613。

〔3〕 刘淑芬：《〈佛顶尊胜陀罗尼经〉与唐代尊胜经幢的建立——经幢研究之一》，《中央研究院历史语言研究所集刊》卷六七。

〔4〕 "时佛世尊为诸会众说佛顶法……若依行者，于净室中安置佛顶像，其作像法，于七宝华上结跏趺坐，其华座底戴二狮子，其二狮子坐莲华上，其佛右手者，申臂仰掌当右脚膝上，指头垂到于华上。其左手者，屈臂仰掌向脐下横着，其佛左右手臂上，各着三个七宝璎珞，其佛颈中亦着七宝璎珞，其佛头顶上作七宝天冠，其佛身作真金色，披赤袈裟。其佛右边作观自在菩萨（一本云十一面观世音像）。右手屈臂向上把白拂，左手申臂向下把澡罐，其罐口中置于莲华，其华端直，至菩萨顶，临于额前。其佛左边作金刚藏菩萨像，像右手屈臂向肩上，手执白拂，左手掌中立金刚杵，其一端者从臂上向外立着。咒师于佛前，在（左）右边胡跪，手执香炉，其佛光上作首陀会天，散花形。作此像已，于清净处，好料理地庄严道场于中定置此已。"（《大正新修大藏经》卷十八，页 785）按佛顶像法的解释，佛顶坛像主要为一佛二菩萨的三尊像形式，佛顶尊结跏趺坐于七宝莲台，右手置于膝上，左手横向脐下，类似造像中的降魔印，佛头着七宝冠，臂钏，项饰璎珞两侧胁侍，右为观自在菩萨，持物为净瓶和白拂，左为金刚藏，持物为金刚杵和白拂。除此三尊像外，另有佛座下的二狮子，佛前胡跪执香炉的二咒师，以及佛光上方的散技天。观此仪轨记载的佛顶坛像与唐高宗武则天时期流行的三尊造像极相近。西安宝庆寺旧藏的四铺金刚三尊像。中间主尊祖右结跏趺坐，右手臂钏前伸，置于膝上，左手仰掌屈臂横向脐前，头者宝冠或在螺发间饰宝华，两侧胁侍菩萨，一为持白拂澡罐的观世音菩萨，一为手托金刚杵抚飘带的金刚藏菩萨。金刚座间刻二胡跪状小人或狮子，其间置香炉。像后双树交荫，形同华盖，树两侧各刻一飞天。宝庆寺三尊像取法摩伽陀国摩诃菩提树像，却也基本合于佛顶像法，不同之处仅在佛座的形制一为莲座，一为金刚座。至于佛顶像法中未见记述的菩提双树，《陀罗尼集经》卷二"画一切佛顶像法"有专轨叙说："其像背后画朩双树形，树上画作噜晓陀迦布瑟波形（唐云陵霄华也）间锡树叶……"至此佛顶像法轨则与三尊像样式之间的异同已很显明，广元千佛崖菩提瑞像窟中心坛像与宝庆寺同出一源，铺像组合与佛顶像轨间的对应关系亦不言自明了。参见罗世平：《广元千佛崖菩提瑞像考》，《故宫学术季刊》第 9 卷第 2 期（台北），1992 年。

图像仍为"释迦牟尼像"[1]。敦煌莫高窟 55 窟、454 窟存世的佛顶尊胜陀罗尼经变[2]，其主尊图像本身为佛说法图，与密教身相的佛顶尊胜佛母造像有极大的区别，构图一如净土变，主佛中央下方绘方形坛，中置一瓶，佛两侧绘有"四镇天王"，下端绘帝释天于初夜来诣佛所，向佛问"善住天女"因缘，此种经变用于祈求"消灾免难"[3]。

有关佛顶尊胜的密教图像经典，善无畏译《尊胜佛顶修瑜伽法轨仪》与不空译《佛顶尊胜陀罗尼念诵仪轨法》皆有描述。依善无畏之仪轨，乃于中心画大圆明，又分为九圆，中央圆中画毗卢遮那如来，四方之圆画白伞盖佛顶、最胜佛顶、尊胜佛顶、光聚佛顶，四隅之圆画胜佛顶、广生佛顶、无边声佛顶、发生佛顶，以上为八大佛顶；大圆外下方之左右画降三世、不动二明王，中间安置香炉，上方之左右则画六个首陀会天。依不空之仪轨，曼荼罗中央画毗卢遮那如来，其四方四隅安置观自在菩萨、慈氏菩萨、虚空藏菩萨、普贤菩萨、金刚手菩萨、文殊师利菩萨、除盖障菩萨、地藏菩萨八大菩萨，四门安置四香炉，四隅安置四净瓶，四角燃置四盏酥灯[4]。其中与藏密佛顶尊胜图像类似者，应为八大佛顶之一的尊胜佛顶："中圆明前画尊胜佛顶，亦名除障佛顶轮王。于莲华台上结跏趺坐、白肉色、两手脐下如入禅定，掌中承莲华，于莲华上金刚钩。"[5]此除障佛顶最具有标志性的"金刚钩"或如藏式佛顶造像手中的交杵金刚。

藏式典型的顶髻尊胜佛母九尊坛城，佛母安于塔龛内，左右两侧为立式胁侍观音和金刚手菩萨，其外两侧分别雕有两尊明王，分别为不动明王、欲帝明王、蓝杖护法和大力明王，与藏文大

---

[1] 该经幢第一层幢基为鼓形，雕刻汉文段进全撰《佛顶尊胜宝幢记》以及梵文《佛说般若波罗密多心经》、《大日尊发愿》、《发四宏誓愿》；第二层刻四天王及梵文《陀罗尼经》；第二层四角分雕四神及释迦牟尼坐像；三层以上雕佛像、菩萨、胁侍、灵鹫等；第七层幢身变为柱形，上雕小佛像，幢顶为葫芦形，四周有莲瓣装饰。从《佛顶尊胜宝幢记》中，可看出是大理国议事布燮为歌颂大理国郡阐侯高明生的功德而造的石幢。

[2] 近日日本学者下野玲子通过对敦煌莫高窟法华经变的考察，认为第 23 窟窟顶东披、第 31 窟窟顶东披、第 103 窟南壁、第 217 窟南壁的法华经变是尊胜经变。此 4 窟均属于盛唐，第 103、217 窟的尊胜经变均绘于南壁、均有佛陀波利事迹画，时代接近，归为一类。第 23、31 窟的尊胜经变均绘于窟顶东披，内容较少，均没有佛陀波利事迹画，时代稍晚于第 103、217 窟，可归为一类。王惠民对画面完全与《尊胜经》吻合的第二类中的 23 窟窟顶东披尊胜经变进行详细解读后认为，在经变画解读过程中，因为一些没有榜题或榜题已经漫漶的经变画，或由于与一些佛经的内容类似，是导致盛唐时期的尊胜经变被误断为其他作品的原因。此前学术界一直以为存世的尊胜经变仅在敦煌有 2 铺，即五代晚期至宋初的第 55、454 窟。

[3] 参见《敦煌大辞典》，上海辞书出版社，1998 年，页 151。

[4] 《尊胜佛顶修瑜伽法轨仪卷上画像品》、《佛顶尊胜陀罗尼念诵仪轨法》，《大正新修大藏经》卷十九，972 号。

[5] 关于此除障佛顶的由来，《尊胜佛顶真言修瑜伽轨仪》卷下《大灌顶曼荼罗品第八》又云："尔时世尊慈悲愍念，便入除障三摩地，从如来顶上发生惹耶三摩地，状若轮王之像，白色首戴五佛宝冠，手执金刚钩，项背圆光，通身如车轮状，晖曜赫奕。现此三摩地时，十方世界六种震动，十方世界一切地狱六趣众生应堕恶道者，皆悉灭除一切恶业不复受。若便得生天及十方清净国土，为此善住天子七返恶道之身一时消灭，是故号为除障佛顶轮王，即是五佛顶轮王之一数，并通三佛顶八大顶轮王也。"

附图一二　宁夏拜寺口方塔出土佛顶尊胜佛母木刻版画（局部）

藏经记载相同[1]。

　　幢身镌刻梵文的密教经幢大多出现在辽金时期，其上多为陀罗尼，图像多为说法类佛像。贺兰山拜寺口方塔出土雕版纸画残片，虽然刻成碑状，但看得出是刻意模仿经幢样式（附图一二），有幢首、幢身、莲座和幢座，幢身及幢座可见梵文兰扎体经咒，此种作法可见其遵从辽金密教经幢的样式，但中央图像为典型的藏式佛顶尊胜像。可见西夏信仰中将佛顶尊胜陀罗尼经幢与藏传佛教佛顶尊胜佛母的功能是同等看待的。这件雕版残片或许就是藏式佛顶与汉式陀罗尼经幢结合的开始，也是西夏人的创造。除此之外，西夏多佛塔，除了明代保定西夏文经幢外，陀罗尼经幢

〔1〕　这些经典大多收录在日本西藏研究会影印的北京版藏文《大藏经》卷八十和八十一的《丹珠尔·秘密部疏》中。第4071号经典藏文为：gtsug tor rnam par rgyal mavi sgrub thabs，梵文为Ushnisha – vijiya – sadhana，汉文译作《顶髻胜母成就法》，见第八十卷第197 – 5 – 7（294a7 – 294b6）页，译者无畏作Abhaya，楚臣坚赞作Tshul – khrims rgyal – mtshan；第4198号经典藏文和梵文与4071号经典相同，汉文译名作《佛顶尊胜成就法》，译者顿月多吉作Don – yod rdo – rje，巴日译师作Ba – ri lo – tsa – ba，见第八十卷第245 – 1 – 2（67a2 – 8）页；第4205号经典藏文作：rnam par rgyal mavi sgrub thabs，梵文作：Vijiya – sadhana，见第八十卷；4402和4424号经典藏文和梵文与4071号经典相同，汉文译名作《顶髻胜母成就法》，译者扎巴坚赞作Grags – pa rgyal – mtshan，分别见第八十一卷第36 – 5 – 1（28a1 – 7）页和第43 – 1 – 6（295b3 – 297a2）页；第4423号经典藏文作：vphags ma gtshug tor rnam pat rgyal mavi rgrub thabs，梵文作：Arya – ushnisha – vijiya – sadhana，，汉文译名作《圣顶髻胜母成就法》，见第八十一卷42 – 4 – 2（294b2 – 295b6）页。

反而非常少见，可见，西夏人信仰的佛顶尊胜与佛顶尊胜经幢本生分属不同的宗教传承系统[1]。

　　由此可见，莫高窟西夏以前并未出现密教身相的佛顶尊胜佛母，现今看到的密教佛母出现在西夏时期，分别见于东千佛洞第2窟、榆林窟第3窟南壁东侧。其造像具有强烈的个性特征。该两窟佛顶像右臂上手所执化佛莲茎蜿蜒向上至佛母头顶，视之宛如头上化佛，假如不是主臂右手所持交杵金刚及弓箭、手印等标志，很容易误判为八臂观音[2]。

　　再看山嘴沟佛顶尊胜像，其头冠、衣饰、坐姿，甚至胁侍都是一派汉风，但描摹的对象却是藏传佛教密教身相的佛母。从以上分析可知，在此之前并没有此类身相的佛顶。考虑到1141年（仁宗大庆二年）和1193年（乾祐十四年）西夏刻印了汉文《胜相顶尊总持功德依经录》（此经经首必定有佛顶尊胜像）和《顶尊胜相总持经》，卷首有雕版印画《顶尊胜相佛母》[3]。藏传风格佛顶佛母进入西夏的时间当在12世纪上半叶，至山嘴沟所见的佛顶尊胜像，西夏人已经将其完全"汉"化了。

---

〔1〕　关于辽金密教经幢，参见刘淑芬：《经幢的形制、性质和来源——经幢研究之二》，《中央研究院历史语言研究所集刊》第六十八本，第三分册。

〔2〕　现今所见画册皆称此二窟菩萨为"三面八臂观音"或"观音曼荼罗"，如敦煌研究院编《中国石窟·安西榆林窟》（文物出版社，1997年，图版153）。关于榆林窟第3窟佛顶尊胜像，参见 Rob Linrothe, Ushnīshavijayā and the Tangut Cult of the Stūpa at Yü－lin Cave 3，《故宫学术季刊》卷31，1996年，台北。

〔3〕　俄罗斯圣彼得堡东方研究所藏 TK－164。此经与《圣观自在大悲心总持功德依经录》卷首出现的波罗风格插图是西夏绘画中见到的最早的卫藏波罗风格雕版印画。

Xixia Grottoes Temple in Shanzuigou Valley

Abstract

The Shanzuigou Grottoes Temple, an ancient grottoes temple built in Xixia times, is located at the recesses of the Shanzuigou Valley in the Mount Helan, Ningxia Hui Autonomous Region. The Institute of Archaeology and Cultural Relics of Ningxia, from August to October, 2005, discovered a great amount of Xixia cultural relics in the temple. Among these cultural relics are documents, Buddhist paintings, *Tangkha*, clay Buddha statues, *Tsha-tshas*, porcelain, pottery, wooden wares, iron wares, building materials, coins etc. The most valuable finding, however, is over 100 different kinds of Xixia documents. Except the documents unearthed in the Square Pagoda in the Baisigou Valley in 1991, this excavation is another significant discovery in Xixia archaeology after the founding of the People's Republic of China.

The book consists of two parts:

Part One (Chapters Ⅰ to Ⅴ) is a report of the archaeological investigation and excavation.

In Shanzuigou Valley, there are 6 Grottoes Temple. We investigated 4 Grottoes numbered 1 to 4. On the wall of Grottoes No.1 to 3, there are a large number of wall-paintings (frescos), including Explaining Buddhist sutra, Avalokitesvara with eight arms, Lama, *Panca-buddha* (五方佛), Buddha of Sammasamadhi, *Fuhuluohan* (伏虎罗汉), *Xianglongluohan* (降龙罗汉), bodhisattvas, *Raudraksa*(劳度叉斗圣变)detail, *Vajra*(金刚), worshippers, Buddhist Saint Arhat(*Luohan*), Preaching scene, *Usnīsavijaya* (顶髻尊胜佛母), *Samvara* (上乐金刚) etc.

A total of over 700 pages or pieces of Xixia documents have been unearthed here, they are extremely rich in contents and roughly belong to over 100 different kinds of materials, but none of them is complete. The majority of these documents are Buddhist sutra in the Xixia language, and the rest are Buddhist sutra and incantations in Chinese and Tibetan. Some of the documents were handwritten, while the others were printed. The printed materials were printed with both block printing and typographic printing. Styles of the writings varied, including formal script, semi-cursive script, and script.

The first part of the report is the naming and then description, translation and annotation of the documents. In these documents, Buddhist sutra include *Dafang Guangyuan Juexiu Duoluo Liaoyi jing*（大方广圆觉修多罗了义经）, *Zhancha Shane Yebao jing*（占察善恶业报经）, *Yuanjue Zhuzhi Lueshu*（圆觉注之略疏）, *Miaofa Lianhua Jingji Yaoyi Jingzhu*（妙法莲花经集要义镜注）, *Shengmiao Jixiang Zhengshi Mingjing*（圣妙吉祥真实名经）, *Jingang Banruo Jingji*（金刚般若经集）, *Jixiang Rushi Shusheng Jinyuan Cianle*（吉祥如是殊胜今愿此安乐）, *Kewen*（科文）, *Changshou Gongde Song*（Benevolence Gatha For Prolonged Life）, *Qiyuanji*（Gatha of Wish）,Tibetan tantric texts, and incomplete pages of other Buddhist sutra. In addition, the documents unearthed here also include *Tongyin, Tongyi, Tongyin Wenhai Baoyun Huibian*, and the Xixia language dictionaries, etc.

Part Two (Chapter Ⅵ) is focused on the academic values of the materials excavated in Shanzuigou. Firstly, the author defines the times of the Shanzuigou Grottoes Temple and the Cultural relics excavated in it, and attempts to find out the Chinese or Tibetan originals of the Xixia Buddhist sutra, compare the original texts with the Xixia translation and find out the omissions in the Xixia scriptures. The author also makes comparisons between these documents and the literature found in Khara Khoto and studies their similarities and differences in form and contents.

Jingangjing（金刚经）, an important textbook of the early Mahayana in ancient India, it had been worshipped in all Buddhist sects after its entry into China. Especially since the Tang dynasty, a lot of Buddhists and laymen have regarded it as a magic weapon for prolonging life, avoiding evils, healing diseases and ridding calamities. Under the influence of the folk belief of the repentant, lots of book containing stories of people benefiting by chanting *Jingangjing* appeared. *Jingang Banruojing Ji* perhaps was written at that time. This sutra was not included in the Chinese *Tripiṭakas* of the previous ages, but the same sutra in Xixia language unearthed in khara khoto. We find that the *Jingang Banruojing Ji* unearthed in Khara Khoto and in Shanzuigou valley are exactly the same in format and script and obviously belong to the same version. There are some documents related to *Jingang Banruojing Ji* in lost books of Donghuang, such as *Foshuo JingangJingzuan*（佛说金刚经纂）, *Xuanzang Fashi Shieryue Lifori*（the day of service Buddha in twelvemonth of Xuanzang Fashi, 玄奘法师十二月礼佛日）, *Shieryue Lifoming*（the name of service Buddha in twelvemonth, 十二月礼佛名）etc. To compare them, we will find the documents of Donghuang should be either a part or an abridged version of the Xixia documents. Among them, *Foshuo Jingangjingzuan* is comparatively similar to the Xixia document. The excavation of these sutra proved worship and confession was common practice in the Xixia Kingdoms, it also reflected an Buddhists' emphasis on practice in Xixia.

Of the documents unearthed in Shanzuigou valley, more than 60 pages（pieces）are from *Miaofa Lianhuajing Jiyaoyi Jingzhu*, including contents of volumes 1, 5, 8 and 12. In other words, the original manuscript of this sutra in Xixa language consists of at least 12 volumes. Up to now, it is the only edition extant in Xixia language *Tripiṭakas* all over the world, and isn't included in the

Chinese *Tripiṭakas* of past ages. It was very likely compiled by people of Xixia. Thus, it also show that *Nāgarjuna 's Madhyamika* thoughts had significant influence in Xixia.

Shengmiao Jixiang Zhengshi Mingjing had been discovered for a certain number in Xixia sites. According to Qisha *Tripiṭakas* and Dazheng *Tripiṭakas,* it was translated from Tibetan by a monk named Zhihui in Yuan Dynasty. But the Chinese document and Xixia documents are entirely the same, including the length of the sentences in the Gatha. This shows that the statement in Chinese *Tripiṭakas* that *Shengmiao Jixiang Zhenshi Mingjing* was translated by Zhihui of Yuan Dynasty contradicts historical facts.

Half of the documents unearthed in Shanzuigou valley were translated from Tibetan, and the majority of them were handwritten. From them, we could tell that contents are focused on not on theory, but on *sgrub thabs*（修法）and *cho ga*（仪轨）of Tibetan tantric Buddhist texts. They were mostly *sgrub thabs, cho ga, sngags*（密咒）, *bstod pa*（礼赞）, and *vdebs gsol*（祝祷）etc, and this fact proves that Tibetan Buddhism in Xixia had a preference for the practices, not the theories. The existing materials make known that Tibetan Lamas who introduced Tibetan Buddhism into the Xixia Kingdom belonged to two different sects: *Bkav brgyud pa* （噶举派） and *Sa skya pa*（萨迦派）. The titles of the majority of the Tibetan Buddhism texts in Shanzuigou valley are missing, the contents of them are intermittently and incomplete. Through these texts, it seems that its Tibetan tantric fall into two different categories: *lam vbras bu dang bcas pa*（道果法）, and *phyag rgya chen po*（大手印法）, which may make out that lam vbras bu dang bcas pa and phyag rgya chen po of Tibetan tantric Buddhist had already spread extensively in Xixia, furthermore, had rather a great influence at the around capital of Xixia Kingdom.

In the documents unearthed in Shanzuigou valley, more significant is that the names of proofreaders, printers, type choosers and type makers were all listed in the final pages of the *Miaofa Lianhua Jingji Yaoyi Jingzhu* in Xixia language. Type making and type choosing are the two steps only in type printing, but they were missing in the present Xixia literature.

后　记

山嘴沟石窟的调查、发掘和报告的编写由孙昌盛主持。本报告的编写具体分工如下：

第一章、第三章、第五章、第六章及英文提要由孙昌盛执笔；

第二章由孙昌盛、乔国平执笔；

第四章由孙昌盛、边东冬执笔；

蒙首都师范大学谢继胜教授慨允将《山嘴沟石窟壁画及其相关的几个问题》收入本报告附录，为本书增色。

本书照片由边东冬拍摄，线图由乔国平绘制，山嘴沟石窟的地形图由童文成、雷昊明绘制成，文物修复由张莉、钟雅玲担任，拓片由钟雅玲完成。孙昌盛负责全书的统稿工作。

山嘴沟石窟的调查和发掘曾得到国家文物局文物保护司，宁夏回族自治区文化厅、文物局，贺兰山自然保护区管理局，银川西夏陵区管理处的大力支持和帮助。宁夏文物考古研究所所长罗丰、宁夏大学西夏研究中心韩小忙在本报告的编写过程中提出了许多宝贵的建议。王银、王仁芳在调查、发掘工作中付出不少努力。高文霞、沙妍利用业余时间为本报告的整理做了大量工作。谨此一并致谢！

山嘴沟石窟出土文献中绝大部分为西夏文佛经。研究《大藏经》的学者认为，翻译被中国人视为"天语"的梵文佛经并不是印度佛教典籍的简单译介，而是印度佛教学术借助于中国当时、当地汉文化的再创作。西夏文字虽然是仿汉字形态结构创造的一种古代少数民族文字，但是它的修辞方法和语言习惯与汉语大相径庭。所以，要把残缺不全、佶屈拗口的西夏文佛经译出来，本身就不是一件容易的事。这不仅涉及语意本身的对译，还要使翻译过来的汉文符合汉语的语言习惯。这种翻译也是一项研究的过程。语言学并非我们的专长，更何况本报告还涉及佛学、藏学、文献学等学科领域。由于我们水平有限，时间仓促，毋庸讳言，书中存在不少不足和错误，诚望学界同好不吝指正。

编　者

2007 年 9 月 6 日于银川